Gusel Jachina
Wolgakinder

atb aufbau taschenbuch

Gusel Jachina, geboren 1977 in Kasan (Tatarstan), russische Autorin und Filmemacherin tatarischer Abstammung, studierte an der Kasaner Staatlichen Pädagogischen Hochschule Germanistik und Anglistik und absolvierte die Moskauer Filmhochschule. Ihr erster Roman »Suleika öffnet die Augen« wurde in 31 Sprachen übersetzt. Mit »Wolgakinder«, bisher in 14 Sprachen übersetzt, legt die international erfolgreiche Autorin ihren zweiten Roman vor. Gusel Jachina lebt mit ihrer Familie in Moskau.

Helmut Ettinger, Dolmetscher und Übersetzer für Russisch, Englisch und Chinesisch. Übersetzte Ilja Ilf und Jewgeni Petrow, Polina Daschkowa, Darja Donzowa, Sinaida Hippius, Michail Gorbatschow, Henry Kissinger und viele andere ins Deutsche.

Jakob Bach ist 1916 Schulmeister in Gnadental, einem deutschen Dorf am Ufer der Wolga, um das die Zeitläufte keinen Bogen machen. Als er Klara, die Tochter eines reichen Bauern unterrichten soll, findet er in ihr die Liebe seines Lebens. Aber dann wird Klara vergewaltigt und stirbt bei der Geburt des Kindes. Unter schwierigsten Umständen zieht Bach Annchen allein groß. Doch die Politik aus Moskau macht vor den Dörfern der Wolgarepublik nicht Halt, und er, der nach Klaras Tod die Sprache verloren hat, vermag seine Tochter nicht an sich zu binden, die Kind einer neuen Zeit ist und den Verheißungen der Sowjets folgt …

Gusel Jachinas großer Roman erzählt am Schicksal berührender Figuren die Geschichte der Wolgadeutschen.

»Es sind immer wieder märchenhafte Fügungen und Zufälle, die Spannung aufbauen und die Handlung vorantreiben. Jachina mischt sie sorglos mit legendenhaften Elementen und historisch Verbrieftem. Ein sehr farbiges Sprachgewebe entsteht auf diese Weise.« Frankfurter Allgemeine Zeitung

GUSEL JACHINA

Wolgakinder

ROMAN

Aus dem Russischen
von Helmut Ettinger

atb aufbau taschenbuch

Die Originalausgabe unter dem Titel
Дети мои
erschien 2018 bei AST, Moskau

Die Übersetzung wurde gefördert
vom Institut for Literary Translation, Russland

ИНСТИТУТ ПЕРЕВОДА

FSC
www.fsc.org
MIX
Papier aus verantwortungsvollen Quellen
FSC® C083411

ISBN 978-3-7466-3806-5

Aufbau Taschenbuch ist eine Marke der Aufbau Verlage GmbH & Co. KG

2. Auflage 2022
Vollständige Taschenbuchausgabe

Die deutsche Erstausgabe erschien 2019 bei Aufbau,
einer Marke der Aufbau Verlage GmbH & Co. KG

Umschlaggestaltung www.buerosued.de, München unter Verwendung von Motiven von mauritius images/Zoonar GmbH/Alamy, mauritius images/Dmitriy Moroz/Alamy, Arcangel/Mary Wethey und Arcangel/Svetoslava Madarova Satz LVD GmbH, Berlin
Druck und Binden CPI books GmbH, Leck, Germany
Printed in Germany

www.aufbau-verlage.de

Für meinen Großvater,
den Deutschlehrer einer Dorfschule

Die Ehefrau

1

Die Wolga teilte die Welt in zwei Hälften.

Das linke Ufer war niedrig und gelb; flach lag es da und ging in die Steppe über, aus der jeden Morgen die Sonne heraufstieg. Die Erde schmeckte bitter und war von Zieselmäusen durchwühlt, das Gras wuchs dicht und hoch, die Bäume hingegen waren niedrig und selten. Getreide- und Melonenfelder bis zum Horizont, farbenprächtig wie eine baschkirische Bettdecke. Am Ufer klebten die Dörfer. Der Steppenwind war heiß und würzig, er roch nach den Wüsten Turkmeniens und dem Salz des Kaspischen Meeres.

Wie es am anderen Ufer aussah, wusste niemand. Über der rechten Seite des Flusses erhoben sich mächtige Berge, die senkrecht, wie mit einem Messer abgeschnitten, in den Fluss stürzten. An der Kante rieselte zwischen den Steinen Sand herunter, doch die Berge sanken nicht ein, sie wurden Jahr um Jahr nur steiler und fester – von blaugrünem Wald bedeckt im Sommer und tief verschneit im Winter. Hinter diesen Bergen ging die Sonne unter. Auch dort wuchsen kühle Laub- und finstere Nadelwälder. Dahinter lagen die großen russischen Städte mit ihren weißen Kremlburgen, Sümpfe und glasklare blaue Seen mit eiskaltem Wasser. Vom rechten Ufer her wehte es immer kalt; der Wind musste von der fernen Nordsee kommen. Manch einer nannte sie nach alter Sitte noch immer das Deutsche Meer.

Schulmeister Jakob Iwanowitsch Bach spürte diese unsichtbare Trennlinie, die mitten durch die Wolga lief, wo das Wasser wie Stahl und schwarzes Silber schimmerte. Doch die wenigen Menschen, zu denen er von seinen merkwürdigen Gedanken sprach, schauten ihn befremdet an, denn sie sahen das heimatliche Gnadental eher als Mittelpunkt ihres kleinen, von der Wolgasteppe umschlossenen Universums, nicht als einen Grenzort. Bach stritt nicht mit ihnen, denn jede Unstimmigkeit bereitete ihm seelische Schmerzen. Er litt schon, wenn er im Unterricht einem faulen Schüler die Leviten lesen musste. Wahrscheinlich hielt man ihn deswegen auch nur für einen mittelmäßigen Lehrer. Bach sprach mit leiser Stimme, war spindeldürr und von so unscheinbarem Äußeren, dass niemand darüber je ein Wort verlor. Wie auch über sein ganzes Leben.

Wenn morgens am Himmel noch die Sterne leuchteten, erwachte Bach unter seinem Federbett aus Entendaunen und lauschte den Klängen der Welt. Das Gewirr der Laute fremden Lebens, das um ihn herum und über ihn hinweg strömte, beunruhigte ihn. Um die Dächer fegte der Wind – stürmisch, mit Schnee und Graupel vermischt im Winter, böig, mit Feuchtigkeit und himmlischer Spannung geladen im Frühling, träge und trocken, von Staub und den leichten Flugsamen des Steppengrases durchsetzt im Sommer. Hunde begrüßten ihren Herrn, wenn er vor die Tür trat, mit freudigem Gebell. In tiefem Bass brüllten die Rinder auf dem Weg zur Tränke – ein guter Bauer ließ seinen Ochsen oder sein Kamel niemals abgestandenes Wasser oder getauten Schnee aus dem Eimer saufen, sondern führte sie stets zur Wolga, und das, bevor er sich zum Frühstück niedersetzte oder an andere Arbeiten ging. Hier und da ließ eine Frau auf dem Hof ein gedehntes Lied erklingen, um sich den kalten Morgen zu verschönern oder einfach, um nicht wieder einzuschlafen. Die Welt atmete, ratterte, pfiff, muhte, trappelte mit den Hufen, tönte und sang mit vielen Stimmen.

Die Laute seines eigenen Lebens waren so dürftig und unbedeutend, dass Bach sie gar nicht mehr wahrnahm. Das einzige Fenster seines Zimmers klapperte im Wind. Schon im vergangenen Jahr hätte er die Scheiben besser am Rahmen befestigen und die Ritzen mit Kamelwolle abdichten sollen. In dem lange nicht gereinigten Rauchabzug knackte es hin und wieder. Manchmal ließ eine graue Maus hinter dem Ofen ihren Pfiff hören. Vielleicht war es auch nur die Zugluft zwischen den Dielen, die Maus war längst tot und von den Würmern vertilgt. Mehr gab es von Bach nicht zu berichten. Viel interessanter war es hingegen, dem Leben *draußen* zu lauschen. Dabei vergaß Bach manchmal, dass er selbst zu dieser Welt gehörte, dass er seine Schwelle überschreiten und sich diesem vielstimmigen Chor anschließen konnte – ein lautes, übermütiges Lied anstimmen wie das von den deutschen Siedlern so geliebte »Ach, Wolga, Wolga!«, seine Tür krachend zuschlagen oder wenigstens einmal geräuschvoll niesen. Doch Bach hörte lieber zu.

Um sechs Uhr morgens stand er, fertig angezogen und gekämmt, bereits an der Schulglocke, die Taschenuhr in der Hand. Wenn die beiden Zeiger genau übereinanderlagen, der kleine auf die Sechs und der große auf die Zwölf zeigte, zog er mit aller Kraft an dem Seil, und weithin hallte der Ton der Bronzeglocke. In all den Jahren erlangte Bach in dieser Übung eine solche Meisterschaft, dass dies genau in dem Augenblick geschah, da der Minutenzeiger den höchsten Stand erreichte. Einen Moment später, das wusste Bach genau, wandte sich jeder Bewohner des Dorfes der Glocke zu, nahm die Kopfbedeckung ab und murmelte ein kurzes Gebet. In Gnadental begann ein neuer Tag.

Zu den Pflichten des Schulmeisters gehörte es, die Glocke jeden Tag dreimal zu läuten – um sechs Uhr morgens, zu Mittag und um neun Uhr abends. Dieses Ritual galt Bach als sein einziger würdiger Beitrag zu der Sinfonie des Lebens, die um ihn herum erklang.

Bach wartete ab, bis auch der letzte Ton der Glocke verstummt war, und lief dann ins Schulhaus zurück. Dieses hatte man aus festen Kanthölzern erbaut, welche die Dorfbewohner den Flößern abkauften, die vom Shiguli-Gebirge oder gar aus dem Gouvernement Kasan die Wolga herunterkamen. Das Fundament bestand aus Steinen, die man für größere Haltbarkeit mit Lehm verschmiert hatte. Das Dach war nach der neuen Mode mit Blech gedeckt, das erst seit Kurzem die ausgedörrten Bretter ersetzte. Fensterrahmen und Tür strich Bach jedes Frühjahr in strahlendem Himmelblau.

Das Schulhaus war langgestreckt und hatte sechs Fenster auf jeder Seite. Der Klassenraum füllte es fast zur Gänze aus; nur an der Stirnseite war für den Lehrer eine kleine Kammer als Schlafraum mit Kochnische abgetrennt. An der Zwischenwand stand der große Ofen. Da er für das Heizen des ganzen Hauses im Winter nicht ausreichte, hatte man an den Wänden drei weitere gusseiserne Kanonenöfchen platziert. Daher roch es im Klassenzimmer ewig nach Eisen – im Winter nach glühendem und im Sommer nach feuchtem. Am entgegengesetzten Ende des Raumes stand das Pult des Schulmeisters, vor dem sich die Bänke für die Schüler aufreihten. In der ersten Reihe, der für die »Esel«, hatten die jüngsten Schüler und jene ihren Platz, deren Verhalten oder geringer Fleiß dem

Lehrer Sorge bereiteten. Dahinter gruppierten sich die älteren Jungen und Mädchen. Außerdem gab es im Klassenzimmer eine große Tafel, einen Schrank mit Schreibpapier und Landkarten, ein paar gewichtige Lineale, die in der Regel nicht nach ihrer eigentlichen Bestimmung, sondern für erzieherische Zwecke benutzt wurden. Außerdem ein Bild des Zaren von Russland, das dort hing, weil das Schulamt das angeordnet hatte. Das Bild bereitete nur zusätzliche Scherereien. Seit es in der Schule aufgetaucht war, musste Dorfvorsteher Peter Dietrich eine Zeitung beziehen, um, was Gott verhüte, die Nachricht von einem Wechsel des Herrschers im fernen Petersburg ja nicht zu verpassen und sich vielleicht vor der nächsten Kommission zu blamieren. Zuvor hatten die Geschehnisse im russischen Russland die deutsche Ansiedlung mit einer Verspätung erreicht, als läge sie nicht im Herzen des Wolgagebietes, sondern im letzten Winkel des Reiches, was ein derartiges Vorkommnis durchaus als möglich erscheinen ließ.

Einst hatte Bach davon geträumt, das Klassenzimmer mit dem Konterfei des großen Goethe zu schmücken, aber aus dieser Idee wurde nichts. Müller Julius Wagner, der geschäftlich häufig in Saratow zu tun hatte, versprach ihm, »ein Porträt des Dichters zu beschaffen, falls es denn irgendwo in einem Laden herumliegen sollte«. Da der Müller aber von der Dichtkunst wenig hielt und vom Aussehen des genialen Landsmanns nur eine sehr vage Vorstellung hatte, ließ er sich leicht übers Ohr hauen. Statt Goethe drehte ihm eine verschlagene Krämerseele das zweitklassige Bildnis eines blutarmen Aristokraten mit albernem Spitzenkragen, üppigem Schnauzer und Spitzbart an. Der hätte zur Not als Cervantes durchgehen können, aber auch das nur bei trübem Licht. Der Gnadentaler

Kunstmaler Anton Fromm, der mit seinen Arbeiten vor allem Truhen und Geschirrregale schmückte, bot Bach an, beide Bärte zu übermalen und unter dem Spitzenkragen Goethes Namen in Großbuchstaben hinzuzufügen. Aber auf eine solche Fälschung wollte sich Bach nicht einlassen. So blieb das Schulhaus ohne Goethe. Das Unglücksbild überließ Bach dem Maler, der es sich zur Anregung seiner Phantasie erbat.

Nachdem Bach pflichtgemäß die Glocke geläutet hatte, ging er daran, die Öfen zu heizen, damit es die Schüler bei ihrem Eintreffen warm hatten, und lief dann in sein Kämmerchen, um zu frühstücken. Was er des Morgens aß und trank, hätte er selbst nicht recht sagen können, weil er dem nicht die geringste Bedeutung beimaß. Eines stand jedoch fest: Statt Kaffee trank Bach »ein rotbraunes Gebräu, das an Kamelpisse erinnert«. So die Worte von Dorfvorsteher Dietrich, der den Schulmeister vor fünf, sechs Jahren frühmorgens in einer wichtigen Angelegenheit aufgesucht und mit ihm dessen frugales Mahl geteilt hatte. Seitdem war weder Dietrich noch ein anderer je wieder zum Frühstück bei ihm erschienen, aber die Worte hatte sich Bach gemerkt. Betroffen machten sie ihn allerdings nicht, denn für Kamele empfand er eine ausgesprochene Sympathie.

Die Kinder erschienen um acht Uhr morgens im Schulhaus – die Schulbücher in der einen und ein Bündel Feuerholz oder eine Tüte mit einem getrockneten Kuhfladen in der anderen Hand. Neben dem Schulgeld leisteten die Dorfbewohner ihren Beitrag zur Bildung ihrer Kinder auch in Form von Naturalien wie Heizmaterial für die Öfen. Unterricht wurde vier Stunden vor der Mittagspause und zwei Stunden danach erteilt. Der Schulbesuch galt als ernste Angelegenheit. Für das Versäumen eines halben Unterrichtstages hatte die Familie des Schwänzers drei Kopeken Strafe zu zahlen. Die Lehrfächer waren deutsche und russische Sprache, Schreiben, Lesen und Rechnen. Zur Vermittlung von Katechismus und Geschichten aus der Bibel kam der Gnadentaler Pastor Adam Händel in die Schule. Eine Einteilung in Klassen gab es nicht. Die Schüler wurden gemeinsam unterrichtet – in einem Jahr bis zu fünfzig, in einem anderen bis zu siebzig an der Zahl. Zuweilen teilte sie der Schulmeister in Gruppen ein, die er mit unterschiedlichen Aufgaben beschäftigte. Dann wieder sprachen oder sangen sie im Chor. Das gemeinsame Lernen war die wirksamste pädagogische Methode für eine so große und ausgelassene Kinderschar wie in der Schule von Gnadental.

In seinen Jahren als Lehrer, da eines dem anderen glich und nichts Besonderes passierte, außer dass man im vergangenen Jahr das Dach erneuert hatte und es nun nicht mehr auf das Pult des Schulmeisters tropfte, hatte sich Bach derart daran gewöhnt, immer wieder die gleichen Worte zu sprechen und die gleichen Rechenaufgaben aus dem Lehrbuch vorzutragen, dass sein Kopf gelernt hatte, zwei Dinge gleichzeitig zu tun. Die Zunge wiederholte eine bekannte Regel der Syntax, die Hand klopfte träge mit dem Lineal auf den Hinterkopf eines allzu schwatzhaften Schülers, die Beine trugen ihn durch den Klassenraum, aber Bachs Gedanken dämmerten vor sich hin, eingelullt von der eigenen Stimme und dem gleichmäßigen Nicken des Kopfes im Takt der schlurfenden Schritte. Ein paar Minuten später hielt er nicht mehr die »Russische Sprache« von Wollner in der Hand, sondern das Rechenbuch von Goldenberg. Und aus seinem Munde strömten nicht mehr Haupt-, Eigenschafts- und Tätigkeitswörter, sondern die Regeln des Rechnens. Bis zum Ende des Unterrichts blieb eine ganze Kleinigkeit, höchstens eine Viertelstunde. War das nicht angenehm?

Das einzige Fach, bei dem seine Gedanken sofort wieder auflebten, war Deutsch. Über die Tücken der Rechtschreibung mochte sich Bach nicht lange verbreiten, ihn zog es zur Dichtkunst hin, zu Novalis, Schiller und Heine. Gedichte ergossen sich über die jungen Wuschelköpfe so reichlich wie Wasser am Badetag.

Die Liebe zur Poesie hatte Bach schon in seiner Jugend gepackt. Bereits damals schien es, als ernähre er sich nicht von Kartoffelpuffern und Melonenkaltschale, sondern allein von Balladen und Oden. Er glaubte, er könnte sie allen nahebringen – deshalb war er Lehrer geworden. Wenn er vor der Klasse die geliebten Verse deklamierte, spürte Bach immer noch ein andächtiges Beben in seiner Brust, irgendwo nahe beim Herzen. »Wanderers Nachtlied« konnte er zum tausendsten Mal aufsagen, und schon erblickte er draußen alles, was der große Goethe beschrieben hatte – die mächtigen dunklen Berge am rechten Wolgaufer und die ewige Ruhe über der Steppe am linken. Und er selbst, Schulmeister Jakob Iwanowitsch Bach, zweiunddreißig Jahre alt, in der vom langen Tragen fadenscheinig gewordenen Uniformjacke mit den geflickten Ärmeln und unterschiedlichen Knöpfen, der vom herannahenden Alter bereits kahl und faltig wurde, wer war er denn, wenn nicht jener Wanderer, zu Tode erschöpft und zugleich bedauernswert in seiner Furcht vor der Ewigkeit?

Die Kinder teilten diese Leidenschaft ihres Lehrers nicht. Ihre Gesichter, die je nach Temperament frech oder aufmerksam dreinblickten, nahmen schon bei den ersten Verszeilen einen apathischen Ausdruck an. Jenaer Romantik und Heidelberger Schule wirkten auf die Klasse wie ein starkes Schlafmittel. Mit Hilfe von Gedichten waren die Rangen offenbar besser zur Ruhe zu bringen als mit den üblichen Ermahnungen und dem Lineal. Höchstens Lessings Fabeln, in denen die Abenteuer von Wesen beschrieben wurden, die den Kindern von klein auf vertraut waren – von Schweinen, Füchsen, Wölfen oder Lerchen –, fanden bei den Wissensdurstigeren unter ihnen Interesse. Aber auch die konnten den Geschichten bald nicht mehr folgen, die in korrektem, gestelztem Hochdeutsch daherkamen.

Die deutschen Siedler hatten die Heimatdialekte ihrer Ursprungsregionen Westfalen und Sachsen, Bayern, Tirol und Württemberg, Elsass und Lothringen, Baden und Hessen mitgebracht. In Deutschland selbst, das längst vereinigt war und sich jetzt stolz Deutsches Reich nannte, kochten die Dialekte seit Langem in einem Topf wie das Gemüse in der Suppe, aus der kunstfertige Köche – Gottsched, Goethe oder die Brüder Grimm – ein exquisites Gericht bereitet hatten: die deutsche Literatursprache. Doch in den deutschen Ansiedlungen an der Wolga gab es niemanden, der sich in dieser Spitzenküche auskannte. Die regionalen Dialekte verschmolzen zu einer gemeinsamen Sprache, die einfach und ehrlich klang, wie eine Zwiebelsuppe mit eingeweichten Brotkrusten. Das Russische bereitete den Siedlern große Mühe. In ganz Gnadental brachte man nicht mehr als hundert russische Wörter zusammen, die man den Kindern schon in der Schule eingetrichtert hatte. Doch um auf dem Markt in Pokrowsk Handel zu treiben, reichten sie vollkommen aus.

Nach dem Unterricht des Tages schloss sich Bach in seinem Kämmerchen ein und verschlang eilig ein spätes Mittagessen. Das hätte er auch bei unverschlossener Tür tun können, aber der vorgeschobene Riegel schien den Geschmack des Gerichts zu verbessern, das in der Regel längst ausgekühlt, genauer gesagt, eiskalt war. Für ein sehr bescheidenes Entgelt brachte ihm die Mutter eines der Schüler einen Topf Erbsbrei oder Milchsuppe mit Nudeln – den Rest der Mahlzeit einer großen Familie vom vergangenen Tag. Natürlich hätte er die gute Frau bitten können, ihm das Essen wenn nicht heiß, dann wenigstens warm zu liefern, aber dafür fehlte ihm immer die Zeit. Erst recht dafür, es selbst aufzuwärmen, denn jetzt kam der wichtigste Teil des Tages, die Stunde der Besuche.

Sorgfältig gekämmt und zum zweiten Mal gewaschen, stieg Bach die Stufen des Schulhauses hinunter und stand bald auf dem zentralen Platz von Gnadental vor der großartigen Kirche mit dem weitläufigen Innenraum, den von Maßwerk umrankten Fenstern und dem Glockenturm, der an einen scharf gespitzten Bleistift erinnerte. Jetzt war zu entscheiden, wohin er sich wenden sollte: an geraden Tagen zum Ufer der Wolga und an ungeraden in entgegengesetzte Richtung. Heute schritt er eilig die Hauptstraße entlang, die breit und schnurgerade war wie ein ausgerollter Ballen guten Tuchs. Vorbei an blitzsauberen Holzhäuschen mit Vorhaus und schmucken Fensterrahmen, die mit ihrem stets frischen Anstrich in Himmelblau, Beerenrot oder Maisgelb besonders adrett wirkten. Vorüber an Zäunen aus gehobelten Brettern mit breiten Toren für Wagen und Schlitten, mit einer kleinen Pforte für die Menschen. Vorbei an kieloben liegenden Booten, die auf das Frühjahrshochwasser warteten. An Frauen, die mit ihren Tragjochen am Brunnen standen. An Kamelen, die vor dem Petroleumladen angebunden waren. Er überquerte den Marktplatz, dessen Mitte drei mächtige Ulmen zierten. Bach schritt so schnell aus, stapfte mit den Filzstiefeln so laut knirschend über den Schnee oder platschte mit den Schuhen durch den Frühjahrsmatsch, dass man glauben konnte, er hätte ein Dutzend unaufschiebbarer Dinge zu erledigen, und das unbedingt an diesem Tag. So war es in der Tat.

Als Erstes stieg er auf den Kamelhügel und umfing die bis zum Horizont reichende Wolga mit einem Blick: Von welcher Farbe und wie durchsichtig waren heute die Wellen? Lag kein Nebel über dem Fluss? Kreisten viele Möwen darüber? Sprangen die Fische weiter draußen oder näher am Ufer? Diese Fragen stellte er sich in der warmen Jahreszeit. In der kalten hingegen: Wie dick war die Schneeschicht auf dem Fluss? Taute sie nicht schon irgendwo, und das blinkende Eis war der Sonne schutzlos ausgesetzt?

Dann ging es durch ein kurzes trockenes Tal über die Kartoffelbrücke zum Soldatenbach, der selbst bei strengstem Frost nicht zufror. Dort musste er einen Schluck probieren: War der Geschmack des Wassers unverändert? Er hatte in die Schweinelöcher zu schauen, wo man den Lehm für die berühmten Gnadentaler Ziegelsteine gewann. Anfangs hatte man dem Lehm nur Heu beigemischt. Einmal probierte einer zum Spaß aus, die Masse mit etwas Kuhmist zu versetzen. Es stellte sich heraus, dass die Ziegel davon hart wurden wie Stein. So entstand die bekannteste Redensart der Gegend: »Ein bisschen Scheiße schadet nicht.« Danach ging es das Süßholzufer entlang bis zum Abhang der Drei Ochsen, wo sich der Schindacker des Dorfes befand. Dann rasch weiter durch die Brombeermulde und die Mückensenke zum Pastorensee, in dessen Nähe das Teufelsgrab lag.

Wenn Bach bei seinem Rundgang etwas entdeckte, das nicht in Ordnung war – einen vom Schneesturm umgeworfenen Pfahl am Schlittenweg oder ein schiefes Brückengeländer, dann litt er an diesem Wissen. Die enorme Aufmerksamkeit machte Bachs Leben zur Qual, denn jede Störung der gewohnten Umwelt versetzte ihn in Aufregung. So gleichgültig seine Seele gegenüber den Schülern im Unterricht war, so leidenschaftlich widmete sie sich während dieser Streifzüge den Gegenständen und Einzelheiten seiner Umgebung. Er sprach mit niemandem über seine Beobachtungen, aber voller Ungeduld hoffte er jeden Tag darauf, dass der Schaden behoben werden und die Welt in ihre geordneten Bahnen zurückkehren möge. Erst dann fand er seine Ruhe wieder.

Wenn Siedler dem Schulmeister mit den ewig eingeknickten Knien, dem steifen Rücken und dem zwischen die Schultern gezogenen Kopf begegneten, dann riefen sie ihn manchmal an und begannen ein Gespräch über die schulischen Leistungen ihrer Kinder. Doch Bach, außer Atem vom schnellen Lauf, antwortete stets unwillig und kurz, denn dafür hatte er überhaupt keine Zeit. Demonstrativ zückte er seine Taschenuhr, warf einen bekümmerten Blick darauf und lief kopfschüttelnd weiter. Das begonnene Gespräch hatte er im Nu vergessen.

Es gab noch einen Grund, weshalb er solchen Situationen so eilig zu entkommen suchte: Bach stotterte. An diesem Gebrechen litt er erst seit einigen Jahren und ausschließlich außerhalb der Schule. Während des Unterrichts funktionierte seine geübte Zunge störungsfrei. Die langen zusammengesetzten Wörter des Hochdeutschen sprach er mühelos aus und gab solche Tiraden von sich, dass mancher Schüler den Anfang vergessen hatte, bevor der Lehrer das Ende erreicht hatte. Doch die Zunge versagte ihm den Dienst, wenn Bach beim Gespräch mit den Dorfbewohnern in den Dialekt wechseln musste. Ganze Passagen aus dem zweiten Teil des »Faust« vorzutragen bereitete der Zunge Vergnügen. Doch der Witwe Koch zu sagen: »Ihr Sohn, der Lümmel, hat sich heute wieder ein Ding geleistet!«, vermochte sie nicht, blieb bei jeder Silbe stecken oder klebte am Gaumen wie ein großer, nicht gargekochter Kloß. Bach schien, dass sein Stottern mit den Jahren immer schlimmer wurde. Doch diesen Verdacht zu prüfen war schwierig, denn seine Gespräche mit den Leuten wurden immer seltener.

Nach diesen Rundgängen, die er zuweilen bei Sonnenuntergang und manchmal sogar erst im Halbdunkel beendete, trottete Bach müde, aber hochzufrieden nach Hause. Oft hatte er nasse Füße, die Wangen brannten vom Wind, doch das Herz schlug freudig in seiner Brust. Er hatte sich den Lohn für die Tagesarbeit verdient: das Lesen in den Abendstunden. Wenn er seine letzte Pflicht erfüllt und exakt um neun Uhr die Glocke geläutet hatte, warf Bach die feuchten Kleider über den Ofen, wärmte die kalten Füße in einer Schüssel mit einem Thymianbad, trank heißes Wasser, um sich nicht zu erkälten, und schlüpfte mit einem Buch ins Bett. Es war uralt, in Pappe gebunden und der Name des Verfassers kaum noch zu erkennen.

Chroniken der Übersiedlung deutscher Bauern nach Russland berichteten von der Zeit, da die ersten Siedler auf Einladung von Zarin Katharina per Schiff in Kronstadt vor St. Petersburg eingetroffen waren. Bach hatte bereits die Stelle erreicht, da die Monarchin persönlich am Kai erschien, um ihre mutigen Landsleute willkommen zu heißen. »Meine Kinder!«, rief sie schallend und paradierte zu Pferde vor den auf der Überfahrt durchgefrorenen Siedlern. »Ihr neuen Söhne und Töchter Russlands! Freudig nehmen wir euch in unsere sichere Obhut, verheißen euch Schutz und elterliche Gunst! Dafür erwarten wir Gehorsam und Fleiß, beispiellose Pflichterfüllung und tapferen Dienst an eurem neuen Vaterland! Wer dem nicht zustimmt, der möge sofort umkehren! Schwächlinge an

Herz und Hand werden im russischen Staat nicht gebraucht!«

Doch weiter als bis zu dieser bewegenden Szene kam Bach nicht: Unter dem Federbett wurde sein von dem Kontrollgang erschöpfter Körper weich wie eine mit geschmolzener Butter übergossene Pellkartoffel. Die Arme, die das Buch hielten, wurden schlaff, die Augen fielen ihm zu, und das Kinn sank ihm auf die Brust. Im gelben, trüben Licht der Petroleumlampe schwebten die gelesenen Zeilen davon, mischten sich die verschiedenen Stimmen und verstummten, vom Schlaf überwältigt, schließlich ganz. Das Buch entglitt seinen Fingern und wanderte langsam über die Bettdecke. Selbst wenn es polternd zu Boden fiel, konnte das Bach nicht mehr aufwecken. Und er wäre höchst verwundert gewesen, hätte ihm einer gesagt, dass er in dieser glorreichen Chronik seit drei Jahren las, nicht mehr und nicht weniger.

So floss sein Leben dahin. Ruhig, voller kleiner Freuden und geringfügiger Aufregungen, stellte es ihn durchaus zufrieden. In einem gewissen Sinn empfand er es als glücklich. Man hätte es sogar tugendhaft nennen können, wäre da nicht ein Umstand gewesen: Schulmeister Bach war einer unheilvollen Leidenschaft verfallen, von der er offenbar nicht mehr lassen konnte: Er liebte Gewitter. Nicht wie ein friedlicher Maler oder ein ehrbarer Dichter vom Fenster her dem Tosen der Naturgewalten zuschaut, sich an dem rollenden Donner und den grellen Farben eines Unwetters ergötzt. O nein! Bach war Gewittern verfallen wie ein armer Säufer dem Wodka aus Kartoffelschalen oder ein Morphiumsüchtiger seiner Droge.

Jedes Mal – das passierte alljährlich an zwei, drei Tagen im Frühjahr oder im Frühsommer –, wenn sich der Himmel über Gnadental dunkelviolett färbte und eine solche

Spannung in der Luft lag, dass man schon beim Schließen der Augenlider blaue Funken zu sehen glaubte, fing es in Bachs Leib seltsam zu brodeln an. Ob es sein Blut war, dessen besondere chemische Zusammensetzung auf die Turbulenzen in den Magnetfeldern so heftig reagierte, oder ob der Rausch des Ozons kleinste Muskelkrämpfe in ihm auslöste, wusste Bach nicht zu sagen. Doch sein Körper schien ihm plötzlich fremd zu werden. Knochen und Muskeln fanden in der Haut nicht mehr genügend Raum und drohten sie zu sprengen, den Schlag seines Herzens spürte er bis in Hals und Fingerspitzen, in seinem Hirn dröhnte etwas und rief ihn ins Freie. Bach ließ die Tür des Schulhauses weit offen stehen und folgte diesem Ruf in die Steppe hinaus. Während die Dorfbewohner eilig ihr Vieh zusammentrieben und im Pferch unterbrachten, während die Frauen, ihre Säuglinge und die gerade geschnittenen Rohrkolben an die Brust pressend, vor dem Gewitter ins Dorf zurückliefen, ging ihm Bach gemessenen Schrittes entgegen. Am Himmel, der von dicken Wolken so angeschwollen war, dass er fast bis zur Erde reichte, erhob sich ein Rauschen, ein Krachen und ohrenbetäubendes Dröhnen. Dann wurde es plötzlich taghell, und mit dumpfem Stöhnen stürzte eine wahre Wasserflut herab – ein Gewitterguss begann. Bach riss den Hemdkragen auf, entblößte die schmächtige Brust, warf den Kopf zurück und öffnete den Mund. Ströme von Wasser klatschten auf seinen Körper, umspülten ihn ganz und gar, die Füße spürten, wie die Erde bei jedem Donnerschlag erbebte. Blitze – gelbe, blaue und schwarz-violette zuckten immer schneller herab – über seinem Kopf oder tief in seinem Inneren. Das Brodeln in seinen Muskeln steigerte sich zu solcher Heftigkeit, dass ihm war, als müsste der nächste Schlag vom Himmel seinen Körper in tausend winzige Stückchen zerfetzen und in der Steppe verstreuen.

Es dauerte lange, bis er wieder zu sich kam, am aufgeweichten Boden liegend, mit zerkratztem Gesicht und Kletten im Haar. Das Rückgrat tat ihm weh, als sei es gebrochen. Bach erhob sich und trottete nach Hause. Dabei stellte er fest, dass alle Knöpfe seines Hemdes samt dem Stoff herausgerissen waren. Über ihm erstrahlte ein farbenprächtiger Regenbogen, manchmal waren es auch zwei. Durch die Lücken in den über die Wolga abziehenden Wolken lugte das Himmelsblau. Aber seine Seele war zu ermattet, um sich an diesem friedlichen Bild der besänftigten Elemente zu freuen. Die Löcher in den Hosenbeinen mit den Händen bedeckend und fremden Blicken ausweichend, beeilte sich Bach, das Schulhaus zu erreichen. Die merkwürdige Leidenschaft erschien ihm jetzt abwegig, und er schämte sich ihrer. Sie war nicht nur anstößig, sondern auch gefährlich. Einmal tötete ein unweit von ihm einschlagender Blitz eine Kuh, die ihre Herde verloren hatte. Ein anderer fuhr in eine einzeln stehende Eiche, die niederbrannte wie eine Fackel. Und ruinös war das Ganze auch: Allein die Knöpfe, die er während eines Sommers verlor – welche Verschwendung! Aber sich zurückzuhalten, einem Gewitter aus dem Fenster oder von der Schwelle des Schulhauses her zuzuschauen brachte Bach nicht über sich. Die Einwohner von Gnadental, die wussten, welch wunderliche Dinge mit ihrem Schulmeister im Frühling und Sommer geschahen, nahmen es gelassen. »Was kann man von so einem schon erwarten, einem Gebildeten!«

2

Eines Tages kam es in Bachs Leben jedoch zu einer jähen Wende. An jenem Morgen erwachte er in bester Laune. Das lag nicht nur am tiefen Blau des Maihimmels, der zum

Fenster hereinschaute, an der leichtsinnigen Munterkeit, mit der flauschige Wölkchen über diesen Himmel eilten, sondern einfach daran, dass der Frühling da war und die Ferien bevorstanden.

Das Schuljahr endete in Gnadental zu Ostern. Wenn der Gottesdienst in der festlich geschmückten Kirche zu Ende war, die Dorfbewohner sich an dem Glanz der Kerzen ergötzt, einander mit Süßigkeiten und hartgekochten Eiern beschenkt, ihre verstorbenen Verwandten auf dem Friedhof und die lebenden in den Nachbardörfern besucht und sich bei ihnen an glasklarem Magerkäse und bernsteingelber Butter satt gegessen hatten, spannten sie all ihr Zugvieh an und brachen in ganzen Familien in die Steppe zum Pflügen auf. Zu Hause blieben nur die zahnlosen Großmütter mit den unverständigen Kindern und Frauen, die eine so große Hauswirtschaft zu betreuen hatten, dass ihre ständige Anwesenheit erforderlich war. Mehrere Wochen lang sollten die Bauern nun von den letzten Sternen des Morgens bis zu den ersten des Abends mit dem Pflug den Steppenboden aufbrechen. Mittags versammelten sie sich am Lagerfeuer, schlürften Kartoffelsuppe und tranken den Steppentee, den sie aus dreimal ausgekochter Süßholzwurzel mit einer Prise Thymian und einer Handvoll frisch gezupftem Gras brühten.

Als Bach am Morgen zuvor die Schulglocke geläutet hatte, wusste er, dass sie nur wenige hörten. Die Pflüger waren mit ihren Wagen bereits in der Nacht beim fahlen Schein des abnehmenden Mondes aufgebrochen. Gnadental war leer. Auf Bachs exakte Pflichterfüllung hatte das jedoch keinen Einfluss. Im Gegenteil, er spürte jetzt noch größere Verantwortung dafür, dass die Zeit und alle Abläufe in der gleichen Ordnung weitergingen wie bisher.

Gerade wollte er seine Füße unter der Bettdecke hervorstrecken und am Boden nach den bequemen Schaffellpantoffeln tasten, da fiel ein Schatten über sein Kissen. Als er aufblickte, sah er, dass ein Mann mit einem wunderlichen Dreispitz auf dem Kopf das Gesicht gegen die Fensterscheibe drückte und zu ihm hereinschaute. Bach schrie vor Schreck auf, fuhr hoch und warf die Decke von sich. Doch der Unbekannte verschwand so rasch, wie er gekommen war. Sein Gesicht hatte Bach nicht erkennen können, denn das Licht fiel von hinten auf ihn. Er stürzte zum Fenster. An der Scheibe war noch eine Spur vom Atem des Fremden zu sehen. Er zerrte am Flügel und suchte ihn zu öffnen, doch der eiserne Riegel schien über den Winter mit dem Holz des Rahmens geradezu verwachsen zu sein und gab nicht nach. Bach warf sich die Felljacke über und lief zur Tür. Er umrundete das ganze Schulhaus, konnte aber weder am Zaun noch auf dem Hof jemanden entdecken. Die Füße wurden ihm kalt und fühlten sich unangenehm an. Als er auf sie hinabschaute, stellte er fest, dass er in Hausschuhen durch den Frühjahrsmatsch gelaufen war. Noch ganz benommen, schüttelte er den Kopf und eilte ins Haus zurück.

Der seltsame Besuch brachte Bach ziemlich durcheinander. Das hatte seinen Grund: Der Tag begann mit einer ganzen Reihe zweifelhafter Zeichen und Vorgänge.

Als Bach mit einem stumpfen Messer die Reste der Farbe des Vorjahres von den Fensterrahmen des Schulhauses kratzte, um diese frisch zu streichen, schaute er zufällig nach oben und bemerkte am Himmel eine Wolke, die eindeutig die Form des Gesichts eines Menschen hatte, genauer gesagt, einer Frau. Die blies die Backen auf, spitzte die Lippen, schloss dann müde die Augen und löste sich auf. Während er mit dem Pinsel über die hölzernen Fensterrahmen fuhr, hörte er hinter sich eine vorüberlaufende

Ziege meckern. Das tat sie mit solcher Inbrunst, als spürte sie ein Unglück nahen. Bach fuhr herum. Da war es gar keine Ziege, sondern ein fettes, geflecktes Schwein, das nur ein Ohr hatte und mit seinem Rüssel eine so abscheuliche Grimasse schnitt, wie sie Bach im Leben noch nicht gesehen hatte.

Nein, er war nicht abergläubisch wie die meisten Bewohner von Gnadental. Schließlich konnte man nicht ernsthaft glauben, dass wegen eines unabsichtlich zerstörten Schwalbennestes statt Milch Blut aus dem Euter der Kuh lief oder dass eine Elster, die auf dem Dach ihr Gefieder putzte, voraussagte, ein Hausbewohner könnte zum Krüppel werden. Doch die Elster war das eine, ein Schwein etwas ganz anderes. Da Bach nun genug von schlimmen Vorzeichen hatte, schloss er das Eimerchen mit der Farbe und zog sich in seine Behausung zurück, ohne sich noch einmal umzuschauen und zufällige Geräusche zu beachten. Er wollte den Rest des Tages im Hause verbringen, seine Kleider ausbessern und dabei über Novalis nachdenken.

Er zog die Tür des Schulhauses fest hinter sich zu und schob den Riegel vor. Sogar in seiner Kammer schloss er sich ein. Dann wurde auch noch die Gardine vor das Fenster gezogen. Zufrieden wandte sich Bach nach dem Tisch um, da sah er vor sich ein längliches weißes Rechteck – einen versiegelten Brief.

Erschrocken blickte er um sich, ob der geheimnisvolle Überbringer nicht vielleicht noch im Raum war. Da er niemanden sah, ließ sich Bach auf dem Stuhl nieder und betrachtete das vor ihm liegende Kuvert mit der krakeligen Anschrift »Herrn Schuhlmeisder Bach« genauer. Das Wort »Schulmeister« wies zwei Rechtschreibfehler auf.

Noch nie im Leben hatte Bach einen Brief geschrieben

oder bekommen. Sein erster Gedanke war, das Schreiben zu verbrennen. Ein Schriftstück, das auf so verdächtige Weise zu ihm gelangt war, konnte nichts Gutes enthalten. Vorsichtig nahm er das Kuvert in die Hand. Es war leicht, offenbar lag nur ein Blatt Papier darin. Dann betrachtete er die Schrift. Sie war eckig und gehörte gewiss keinem Menschen, der häufig von der Feder Gebrauch machte. Als Bach an dem Brief roch, spürte er einen schwachen Duft von Äpfeln. Er legte ihn auf den Tisch zurück und bedeckte ihn mit einem Buch. Dann drehte er den Stuhl zum Fenster hin, schlug ein Bein über das andere, verschränkte die Arme und kniff die Augen zusammen. Nachdem er eine Viertelstunde so dagesessen hatte, seufzte er ergeben auf, runzelte in schlimmer Vorahnung die Stirn und öffnete den Umschlag.

Sehr geehrter Schuhlmeisder Bach,

ich grüße Sie herzlich und lade Sie zum Abendesen ein, um mit ihnen eine Angelegenheit zu besprechen. Wenn Sie dazu bereit sind, dann komen sie heute Nachmittak um fünf Uhr zur Anlegestelle von Gnadental. Dort wird Sie ein Mann erwarten.

Mit freuntlichen Grüßen, aufrichtig
Ihr Udo Grimm

P. S.: Haben Sie keine Furcht vor meinem Abgesanten. Er ist äuserlich ungeraten, hat aber ein gutes Herz.

Bei der Unterschrift hatte der Verfasser so stark aufgedrückt, dass die Feder durch das Papier gefahren war.

Bach spürte, wie ihm der Schweiß ausbrach. Er legte die Oberbekleidung ab und behielt nur die Unterwäsche an. Vom Regal nahm er ein Tintenfass, tauchte die Feder ein und korrigierte schwungvoll die Fehler im Text, von denen er acht feststellte. Seine Hand arbeitete kraftvoll, die Stahlfeder kratzte und die Tinte spritzte. Dann zerknüllte er den befleckten Bogen und warf ihn in den Abfalleimer. Er kroch unter sein Federbett und entschied, bis zur Abendglocke nicht mehr aus dem Haus zu gehen.

Wäre das Dorf nicht so menschenleer gewesen, dann hätte er den Vorsteher Dietrich oder andere Männer nach diesem Grimm fragen oder gar einen von ihnen bitten können, ihn bei dem Besuch zu begleiten. Der Verfasser des Briefes wohnte offenbar in der Nähe in einem der Nachbardörfer den Fluss hinauf oder hinab. Weshalb hätte er ihn sonst aufgefordert, mit dem Boot zu ihm zu kommen? Allein zu fahren bedeutete, etwas Unbesonnenes oder gar Törichtes zu tun. Davon konnte keine Rede sein.

Ob nun bereits die ersten Vorboten eines Gewitters die Luft elektrisiert hatten oder es andere Gründe gab, jedenfalls verspürte Bach urplötzlich Anzeichen jener heftigen Erregung in sich aufsteigen, die ihn dazu zwang, durch den dichtesten Regen zu laufen, um den Mittelpunkt eines Unwetters zu finden. Ihm war, als durchströme eine unwiderstehliche Kraft seinen Körper, die ihn gegen seinen Willen mit sich zog. Das erschreckte und faszinierte ihn gleichermaßen. Dagegen Widerstand zu leisten hatte er weder die Kraft noch den Wunsch. Alles schien vor ihm und für ihn bereits entschieden, er hatte es nur noch auszuführen.

So stand Bach also zur angegebenen Zeit an der Anlegestelle von Gnadental, sorgfältig gekämmt und mit einem frischen Taschentuch in der Westentasche. Das Herz schlug ihm so stark, dass die speckigen Revers des Schulmeisterjacketts sichtbar zitterten. Seine Hand umkrampfte den Stock, den er bei seinen Rundgängen stets bei sich hatte. Er konnte auch zu seinem Schutz dienen.

Der Anlegeplatz von Gnadental war nichts als ein hölzerner Steg, der etwa fünfzehn Meter weit in die Wolga ragte. Daran wurden zu beiden Seiten Flöße, Kähne und flache Boote festgemacht. Am Ende befand sich eine rechteckige, aus Brettern gezimmerte Plattform, aus der weiß gestrichene Pfähle ragten, an denen Taue befestigt werden konnten. Soweit Bachs Erinnerung reichte, hatte noch nie ein größeres Schiff in Gnadental angelegt. An den Pfählen wurden höchstens Schafe festgebunden, bevor man sie in die Boote lud und nach Pokrowsk zum Markt brachte.

Bach ging auf dem knarrenden Steg hin und her, um das Zittern seiner Knie zu überwinden. Dann lehnte er sich an einen der Pfähle und schaute über die riesige leere Wasserfläche der Wolga. Als er auf seine Uhr sah, war es Punkt fünf. Er stieß einen Seufzer der Erleichterung aus und wollte gerade gehen, als sich direkt unter seinen Füßen, genauer gesagt unter den gesprungenen Brettern des Stegs, mit leisem Plätschern ein kleines Boot herausschob. Ein Mann, der darin gesessen hatte, erhob sich, griff nach oben, zog das Boot geschickt längsseits und schaute Bach erwartungsvoll an.

Das war er, sein morgendlicher Gast – ein hochgewachsener Kirgise in einer Pelzweste ohne Ärmel über dem nackten Oberkörper und einem Dreispitz aus Filz auf dem Kopf, unter dem leicht schräg gestellte schmale Augen ihn misstrauisch musterten. Seine großporige gelbe Haut umspannte das Gesicht so fest, dass man alle Einzelheiten des Schädels oder des Kinns erkennen konnte, aus dem schüttere und harte schwarze Stoppeln sprossen. Der einzige fleischige Teil war eine große Nase, die plattgedrückt und schief im Gesicht stand. Offenbar hatte man sie ihm bei einer Schlägerei gebrochen. Unvermittelt musste Bach daran denken, wie die Mutter ihm als Kind gedroht hatte »Der Kirgise kommt und nimmt dich mit!«

»M-m-m!«, sprach oder brummte der Kirgise, was wohl eine Aufforderung zum Einsteigen sein sollte.

Glauben Sie etwa, ich bin verrückt geworden?, wollte Bach schon rufen. Sie denken doch nicht, dass ich bei Ihnen einsteige?!

Doch sein Körper, der an diesem Tag die Stimme der Vernunft kaum wahrzunehmen schien, stand bereits am Rand des Stegs, die Beine stießen sich ungeschickt ab, und er sprang in das Boot, das davon heftig ins Schaukeln geriet. Dabei fiel ihm der Stock aus der Hand, platschte ins Wasser und versank.

Der Kirgise löste seinen Griff, das Boot drehte sich und wurde sofort von der Strömung erfasst. Der Mann ließ sich auf der Bank gegenüber Bach nieder und ruderte vom Ufer fort. Seine sehnigen Arme mit den kräftigen Muskeln hoben und senkten sich, sein plattes Gesicht näherte sich Bach und zog sich wieder zurück. Dabei ließ der Kirgise sein Gegenüber nicht aus den Augen.

Bach drehte sich zur Seite, um dem durchdringenden Blick zu entgehen, aber in der Nussschale war das kaum möglich. Um sich zu beruhigen, fasste er die Uferlandschaft ins Auge. Erst jetzt bemerkte er, dass der Ruderer das Boot nicht am Ufer entlang, sondern quer über die Wolga steuerte.

Von Ansiedlungen am rechten Wolgaufer wie Balzer, Kutter, Messer, Schilling oder Schwab hatte Bach gehört. Sie alle lagen weiter oben oder unten am Flusslauf, wo das Steilufer den Zugang zum Wasser nicht verwehrte. Aber am hohen Ufer der Wolga war Bach selbst noch nie gewesen. Denn gegenüber von Gnadental war es so steil und unzugänglich, dass selbst im Winter, wenn der Fluss fest zugefroren war, niemand dorthin ging. Witwe Koch hatte einmal erzählt (das wusste sie genau von der verstorbenen Großmutter Fischer, die von der Frau des Schlächters Hauff und jene von der Schwägerin des Pastors Händel), dass der Grund und Boden dort früher oder bis heute einem Kloster gehörte und gewöhnlichen Sterblichen der Zutritt verwehrt war.

»Erlauben Sie«, murmelte Bach hilflos und drehte an den Knöpfen seiner Jacke. »Wohin fahren Sie? Wohin fahren wir?«

Der Kirgise schwieg, ruderte und starrte den Schulmeister weiter unverwandt an. Die Ruderblätter zerteilten die schweren Wellen, die in Ufernähe braungrün schimmerten und sich über tieferem Wasser dunkelblau färbten. Das Boot, von kräftigen Stößen vorwärtsgetrieben, wurde keinen Augenblick langsamer und wich keine Elle vom eingeschlagenen Kurs ab. Das mächtige gegenüberliegende Ufer, eine gelblichweiße Steilwand, die oben dicht mit dunkelgrünem Wald bewachsen war und von Weitem an einen im Wasser ruhenden riesigen Drachen mit gezacktem Rücken erinnerte, kam mit jedem Stoß unerbittlich näher. Einmal schien es Bach gar, als werde das Boot nicht von den starken Armen des Kirgisen bewegt, sondern durch eine Kraft angezogen, die von der gigantischen steinernen Masse ausging. Von oben bis unten, von der Kante bis zum Fuß durchzogen das Steilufer tiefe gewundene Risse. Dort rieselte feiner Sand nach unten und erreichte das Wasser, wodurch die steinerne Fläche wie zum Leben erwacht schien: Die Berge atmeten. Den Eindruck verstärkte das Spiel der Sonnenstrahlen, die von Zeit zu

Zeit hinter Wolken verschwanden. Dann füllten sich die Risse mit violetten Schatten und wirkten dadurch tiefer, während sie im Widerschein des Sonnenlichts kaum sichtbar waren.

Schließlich gab es einen kräftigen Ruck, das Boot berührte den Grund, sein Bug stieß zwischen von grünem Schleim bedeckte Steine. Ein Ufer war fast nicht vorhanden. Die Steilwand stieg jäh zum Himmel auf und endete in einer scharfen Kante. Der Kirgise sprang aus dem Boot und forderte seinen Fahrgast mit einer Kopfbewegung auf, ihm zu folgen. Bachs von der Aufregung erschöpftes Herz erbebte, aber müde und unwillig, als füge er sich in dieses unglaubliche Geschehen, blickte er sich befremdet um und kletterte an Land, wobei er auf dem Gemisch von Schlamm und Algen ausglitt. Der Kirgise zog das Boot aufs Trockene – Bach staunte, welche Kraft in diesem ausgemergelten Körper steckte – und brachte es hinter einem großen braunen Steinblock in Sicherheit.

Ganz in der Nähe, am Grund eines der Risse, die das Steilufer von oben bis unten durchzogen, wurde ein kaum erkennbarer Pfad sichtbar. Den kletterte der Kirgise jetzt hinauf. Das geschah federnd leicht, als laufe er den Anstieg nicht hinauf, sondern hinab. Der erwies sich als gar nicht so steil, wie es von fern den Anschein hatte. Bach, der sich wegen seiner Teilnahme an diesem zweifelhaften Abenteuer bereits Vorwürfe machte, kraxelte, mit den Händen nach den wenigen Sträuchern greifend, dem Kirgisen nach. Er kam quälend langsam voran, fiel immer wieder auf die Knie und schluckte den Sand, den die flinken Füße seines Vordermanns aufwirbelten. Als er endlich oben ankam, war er klatschnass, seine Wangen glühten und die Knie zitterten. Er zog Jacke und Weste aus und legte sie über den Arm.

Wo der Wald begann, stieg das Gelände nicht mehr so steil an und ging wahrscheinlich in eine Ebene oder in flache Hügel über. Aber das konnte man nur vermuten, so dicht war der Wald. Und Bach musste sich beeilen, um die Gestalt des Kirgisen nicht aus den Augen zu verlieren. Allein hätte er zwischen den dicht stehenden Ahornbäumen, Eichen, Espen und dem Unterholz aus Buchsbaum- und Heckenrosengestrüpp wohl kaum einen Weg gefunden. Doch schon nach wenigen Minuten öffnete sich der Wald, und auf einer geräumigen Lichtung erblickte Bach ein großes einzelnes Gehöft.

Das Blockhaus schwebte wie ein Schiff über der Lichtung. Es hatte ein langgestrecktes, gewaltiges Fundament aus großen Flusssteinen, und seine Wände bestanden aus so dicken Stämmen, wie Bach sie noch nie gesehen hatte. Die waren mit den Jahren nachgedunkelt und verwittert. Die mit Teer verschmierten Astlöcher, von denen Risse ausgingen, wirkten darauf wie Leberflecke. Die Fensterläden aus glatt gehobelten Brettern standen nur an wenigen Fenstern offen, die übrigen waren fest verschlossen. Das hohe Dach war mit Stroh gedeckt, aus dem zwei dicke Schornsteine ragten.

Hinter dem Haus waren weitere Wirtschaftsbauten zu erkennen – eine Scheune, ein Schuppen, ein geräumiger Stall, ein flaches Eishaus und ein Brunnenhäuschen. Auf dem Hof drängten sich Kistenstapel, Wagen und Wägelchen, Fässer, Brennholz und zersägte Stämme. Dahinter begann offenbar ein Garten mit niedrigen, locker gepflanzten und akkurat gekalkten Obstbäumen. Einen Zaun besaß das Gehöft nicht. Seine Grenze war der Wald, der es umstand. Menschen waren nicht zu sehen. Auch der schweigsame Kirgise war plötzlich verschwunden, als Bach sich einen Moment umschaute.

Dabei wirkte alles so, als sei das Leben an diesem Ort gerade eben zum Stillstand gekommen. Im Hackklotz steckte eine Axt mit langem Stiel, daneben häufte sich gespaltenes Holz. Auf der Vortreppe dampfte es aus einer Schüssel mit frisch zubereitetem Teig, neben der jemandes ausgetretene Schuhe standen. Aus einer umgekippten Gießkanne lief Wasser, im Herd der kleinen Sommerküche glühten Kohlen. Ansonsten – kein Laut und keine Bewegung. Nur am Waldrand flatterte Wäsche an einer Leine, von der ab und zu ein leises Klatschen herüberwehte.

»Guten Tag«, brachte Bach beim Nähertreten nur mit Mühe über die vor Aufregung trockenen Lippen. Er sagte es in Richtung der Tür, die einen Spaltbreit offen stand. »Ich möchte Herrn Udo Grimm sprechen.«

Er wartete ein wenig ab und stieg dann die Vortreppe hinauf. Dort kratzte er lange an der Schwelle herum, um seine Schuhe vom Schmutz zu säubern. Schließlich griff er nach der Türklinke und trat in die schweigende Finsternis ein.

Hier roch es nach heißem, fettem Essen. Bach stand in der Küche des Hauses. An der Wand ragte ein geweißter Ofen auf, der mit großen und kleinen Kupferkesseln, Tontöpfen, Sieben, Fässchen, Bügeleisen, Kaffeekannen, Tabletts, Wurstfüllspritzen und sonstigem Gerät dicht vollgestellt war. Daneben hing an der Bohlenwand ein Regal aus blankem Holz für das Geschirr. Darauf sah Bach zahlreiche grob gearbeitete Tonschüsseln, Bündel von Löffeln und Kellen, dazu eine merkwürdig gebogene Schere. Überall – auf dem Arbeitstisch, auf den Schemeln und sogar auf den Fensterbrettern – stand oder lag etwas: weitere Töpfe und Pfannen verschiedener Größe, Krüge mit Milch und Honig, Bretter mit fertig geformten Klößen, über denen noch eine leichte Mehlwolke schwebte, ein Fleischwolf, aus dem das fertige Gehackte hing, von Fett tropfende Pinsel, gehacktes Gemüse, Fischköpfe und Eierschalen. Doch auch hier war kein Mensch zu sehen. Nur aus dem Nachbarzimmer, das von der Küche nicht durch eine Tür, sondern nur durch einen leichten Vorhang getrennt war, hörte man ein kräftiges Knirschen.

Bach ging dem Geräusch nach. Leise scharrte er an den dicken Bohlen des Durchgangs, doch niemand antwortete. Da hob er den Vorhang auf und trat in einen Wohnraum, geräumig wie eine Tenne. Die Mitte nahm ein großer Tisch ein, der mit Essen in solchen Mengen vollgestellt war, dass davon selbst der Riese von Ossling aus der sächsischen Sage satt geworden wäre. Am Tisch saß ein großer, starker Mann und verschlang das Essen. Er stopfte es sich mit den Fingern in den Mund und hielt sich nicht mit dem Gebrauch von Besteck auf, das unbenutzt neben seinem Teller lag. Das laute Knirschen war das Geräusch, mit dem seine wuchtigen Kiefer die Nahrung zermahlten.

Erstaunlicherweise war an diesem Bild nichts Hässliches. Im Gegenteil, der Anblick dieses kraftstrotzenden Hausherrn passte so gut zu dem reich gedeckten Tisch und jedem einzelnen Gericht, das die ganze Komposition einer eigenwilligen Künstlerphantasie entsprungen schien. Der kahlrasierte Schädel des Mannes glänzte wie der frische Weißbrotlaib mitten auf dem Tisch, den man vor dem Backen mit Eigelb bestrichen hatte. Das Rosa der üppigen Wangen glich dem des Schinkens, der in dicken, feuchten Scheiben auf einem Teller lag. Die dunklen Äuglein hatten exakt die gleiche Farbe wie die Weinbeeren in der Flasche mit hausgemachtem Likör. Und die großen weißen Ohren, die ihm angriffslustig vom Kopf abstanden, ähnelten verblüffend den in einer tiefen Schüssel aufgestapelten

Teigtaschen. Mit seinen Wurstfingern nahm der Mann eine Handvoll Sauerkraut aus einem Fässchen und stopfte es sich in den Mund. Dabei waren das zottige Barthaar und der Kohl einander so ähnlich, dass Bach bei dem erstaunlichen Anblick die Augen zukneifen musste.

»Meine Tochter ist ein dummes Ding«, ließ der Mann statt einer Begrüßung fallen und kaute weiter, ohne Bach zur Teilnahme an dem Schlemmermahl aufzufordern. »Sorge dafür, dass man das nicht merkt.«

Zwar fiel Bach auf, dass der Tisch für zwei Personen gedeckt war, aber er konnte sich nicht entschließen, Platz zu nehmen. Stattdessen räusperte er sich und zog sein Jackett zurecht. Dabei spürte er, wie er zitterte und sein leerer Magen sich meldete. Denn da er den ganzen Tag über den rätselhaften Brief gegrübelt hatte, war das Essen vollkommen in Vergessenheit geraten.

»Sie sind Udo Grimm?«, fragte Bach zur Sicherheit.

»Na, der Herrgott bestimmt nicht«, bestätigte der und nahm aus einer Pfanne Bratkartoffeln mit Speckgrieben. In der brutzelte und spritzte es noch, doch Grimms Finger zuckten nicht einmal.

»Wie alt ist Ihre Tochter?« Jetzt bemerkte Bach auf dem Tisch gleich mehrere Sorten Wurst – kalte Leberwurst, die lilafarben schimmerte, heiße Bratwurst mit goldfarbener Kruste, dazu Räucherwurst. Bei ihrem Anblick spürte er einen salzigen Geschmack im Mund.

»Zu Pfingsten wird sie siebzehn.«

Inzwischen war Grimm mit den Fleischgängen fertig und wandte sich dem Nachtisch zu: einer süßen Suppe aus Melonensirup, in der Stückchen von Trockenfrüchten – Birnen, Äpfeln, Kirschen und Rosinen – schwammen. Auch hierfür benötigte er keinen Löffel. Grimm schlürfte das köstliche Nass direkt vom Rand des Tellers, den er in den gespreizten Fingern hielt, so wie die Tataren ihren Tee trinken.

»Und sie ist, wie Sie es ausgedrückt haben …« – Bach musste den Speichel schlucken, der ihn am Sprechen hinderte –, »nicht mit großem Verstand gesegnet. Wie ausgeprägt ist dieses Gebrechen?«

»Ich hab doch gesagt: Sie ist ein dummes Ding!«, knurrte Grimm und spuckte genussvoll einen Kirschkern aus, der ihm in eine Zahnlücke geraten war. Bach fuhr erschrocken zurück, doch das kleine Ding pfiff an ihm vorbei und hüpfte in einer Ecke mehrmals über den Fußboden. »Sie hat nichts als Stroh im Kopf! Dazu Kindermärchen und Weiberlaunen. Wer nimmt so eine zur Frau? Die hiesigen Schwachköpfe würden sie mit Handkuss nehmen, aber im Reich … da hilft nicht mal eine Mitgift. Nein, im Reich krieg ich sie, so wie sie jetzt ist, nicht los …«

»Sie wollen auswandern«, stellte Bach vorsichtig fest. »Wie bald?«

»Du bist Lehrer. Also lehre!« Grimm knallte den leeren Teller geräuschvoll auf den Tisch, so dass Bach erneut zusammenfuhr. »Die Fragen stelle ich! Bring meiner Tochter bei, gut und zusammenhängend zu sprechen! Und wenn nicht, dann wenigstens zu verstehen! Eine Frau, die den Mund hält, ist sogar besser. Und wenn sie dazu noch ein paar richtige Dinge im Kopf hat – das genügt. Mir erleichtert es die Sache, und bei dir klimpert das Geld in der Tasche.«

Grimm griff nach einer Waffel, tunkte sie in ein Schüsselchen mit Honig und steckte sie sich in den Mund, wobei er die Honigfäden mit der Hand abwischte.

Benehmen Sie sich wenigstens einigermaßen, Sie Flegel, sonst ist unser Gespräch zu Ende!, wollte Bach ihm zurufen und sogar mit der flachen Hand sacht auf den

Tisch schlagen, doch stattdessen senkte er nur den Blick und rieb seine Hände an der Hose, um die in ihm aufsteigende Entrüstung zu unterdrücken.

»Sie wünschen also, dass ich Ihre Tochter im Hochdeutschen unterrichte«, fasste er einige Minuten später mit leicht zitternder Stimme zusammen. »Könnten Sie mich in diesem Falle mit der Schülerin bekanntmachen?«

»Tritt morgen mit deinem Kram hier an, mit Büchern und Stiften oder womit du sonst hantierst. Wenn der Unterricht anfängt, wirst du sie schon kennenlernen.« Dabei goss sich Grimm aus einer schweren Glasflasche trüben Himbeerlikör ein. Nachdem er Bach einen durchdringenden Blick zugeworfen hatte, füllte er ein zweites Glas. »Einverstanden?«

»Herr Grimm, wir kennen uns kaum, ich bitte Sie also, die Vertraulichkeiten zu unterlassen und mich anzureden …«

»Einverstanden?«, unterbrach ihn Grimm, stand auf und hielt Bach das Likörgläschen hin.

Bach nahm es (oh, wie der Likör duftete! Schon der Geruch konnte einen betrunken machen!), zuckte mit den Schultern und zog vielsagend die Brauen hoch. Doch da er Grimms durchdringenden Blick nicht ertragen konnte und der unangenehmen Begegnung so schnell wie möglich ein Ende setzen wollte, bewegte er ruckartig und unentschlossen das Kinn, als wollte er seinen Hals aus einem zu engen Kragen befreien. Diese Bewegung, dazu die gequälte Grimasse auf seinem Gesicht konnte alles Mögliche bedeuten, aber der nicht zu langem Nachdenken neigende Grimm nahm sie für ein klares Ja. Die Gläser klangen, und die Vereinbarung war geschlossen. Von dem Tempo ganz verwirrt, führte Bach sein Gläschen an die

Lippen und goss sich die kühle Flüssigkeit gierig in die trockene Kehle.

Im Augenblick veränderte sich alles ringsum. Ob das Getränk zu stark oder der hungrige, an derartige Genüsse nicht gewöhnte Bach zu schwach war, jedenfalls erwachte das Gehöft, das bisher finster und abweisend gewirkt hatte, plötzlich zum Leben: Vor dem Fenster huschten kräftige Rücken vorüber, vom Hof tönten Axtschläge herein, Schafe blökten, und die Haustür klappte. Jemand schlurfte mit schwerem Schritt in der Küche umher und fragte in mürrischem Ton: »Soll ich den Samowar bringen?«

»Später«, antwortete Grimm.

Er nahm eine lange, gebogene Tabakspfeife von der Wand, setzte sich mit dem Gesicht zum Fenster und begann sie zu stopfen. Bach, der das Gespräch für beendet hielt, ging, ohne sich von dem ungewöhnlichen Verhalten des Hausherrn beeindrucken zu lassen. Die Menschen und Laute, die ihn umgaben, machten ihn froh, seine Ängste erschienen ihm jetzt unsinnig und lächerlich, selbst der Hunger, der ihn in der letzten Stunde grausam geplagt hatte, war verschwunden. Stattdessen durchströmten eine angenehme Leichtigkeit und frischer Elan seinen ganzen Körper.

Eine alte Frau, die sich in der Küche zu schaffen machte, vertrocknet wie Faulbeergestrüpp im Herbst, würdigte Bach keines Blickes, was er für Diskretion hielt. Der bereits bekannte Kirgise, der ihn am Vorhäuschen erwartete, kam ihm jetzt viel weniger furchteinflößend und das Gehöft geradezu anheimelnd vor. Ohne den Blick zu heben oder den Mund aufzumachen, eilten weitere Arbeitsleute geschäftig hin und her. Einer wie der andere hatten sie finstere asiatische Gesichter, die kaum voneinander zu unterscheiden waren. Schnatternd und gackernd lief das Hausgeflügel über den Hof – Gänse, Enten und sogar ein paar Fasane mit langen gestreiften Schwänzen. In einem Pferch standen gut genährte Pferde mit glänzenden Kruppen und scharrten mit den Hufen. Die Bäume im Garten hinter dem Haus waren von riesigen faustgroßen Blüten in Rosa und Weiß übersät, die so stark dufteten, dass man das honigsüße Aroma der Äpfel bereits auf der Zunge schmeckte.

Der Wald, durch den Bach mit dem Kirgisen zurückging, kam ihm jetzt nicht mehr wie ein undurchdringliches Dickicht, sondern wie ein von der Frühlingssonne durchfluteter Hain vor. Darin zu spazieren war für ihn ein reines Vergnügen, das die frohen Gedanken noch beträchtlich verstärkten: Der bevorstehende Unterricht für Fräulein Grimm schien ihm eine wenig komplizierte, nutzbringende Aufgabe zu sein. Sie entsprach der heiligen Pflicht eines Lehrers und war zudem finanziell attraktiv. Bald stellte Bach fest, dass die Beine ihn auf ganz erstaunliche Weise über den Pfad trugen – mit jedem Schritt überwand er fünf, ja zuweilen zehn Ellen, so dass er schon nach wenigen Minuten den Rand des Steilufers erreicht hatte.

Der Blick, der sich ihm von hier oben bot, war einfach umwerfend. Bach blieb stehen und vergaß alles um sich her. Vor ihm bis zum Horizont breitete sich die Wolga aus. Sie war von einem atemberaubenden Blau, wie bestickt von den glitzernden Sonnenstrahlen. Zum ersten Mal im Leben schaute er in eine so weite Ferne. Zu seinen Füßen lag die ganze Welt: beide Ufer des riesigen Flusses, die Steppe im grünen Flor jungen Grases, die Bäche und Flüsschen, die sie durchströmten, das tiefere Blau an den Rändern des Blickfelds und ein einsamer Seeadler, der auf der Suche nach Beute über der Wasserfläche kreiste. Vor dieser Weite breitete Bach die Arme aus, stieß sich ab und – an diesen Augenblick konnte er sich später nicht genau erinnern – flog wie ein Vogel oder lief in rasendem Tempo hinter dem leichtfüßigen Kirgisen den Pfad hinab …

Als Bach am nächsten Morgen erwachte, fiel ihm als Erstes die bevorstehende Bekanntschaft mit der neuen Schülerin ein, und sofort überkam ihn eine widerliche Schwäche. Die Zähne taten ihm scheußlich weh, als wäre ihm kalte Zugluft in die Kiefer gefahren. Ähnlich eisig fühlte sich der Magen an. Schon schoss ihm durch den Kopf, er könnte ja krank sein und so diesem zweifelhaften Auftrag entgehen, da entdeckte er unerwartet eine nicht geringe Summe Geldes in der Tasche seines Jacketts. Offenbar hatte sie Grimm dem Schulmeister als Vorschuss zugesteckt. Allerdings war er sich absolut nicht bewusst, wie das passiert sein sollte. Doch ablehnen konnte er jetzt nicht mehr.

Zur vereinbarten Zeit wartete Bach an der Anlegestelle, von Unruhe über den bevorstehenden Unterricht gequält. Unter dem Arm trug er ein Bändchen Goethe, ein Lehrbuch der deutschen Sprache und einen Packen Papier für Schreibübungen. Er hatte sich entschlossen, unter der Weste ein frisches Hemd anzuziehen und es vorher auch noch zu bügeln. Mochte sich der Vater auch sehr exzentrisch aufgeführt haben, die Tochter konnte durchaus anspruchsvoller sein, was die in der Gesellschaft üblichen Normen des Anstands betraf.

Jungen Damen Privatunterricht erteilen – das hatte Bach bisher noch nie tun müssen. Er fürchtete, dass ein einziger spöttischer Blick von Fräulein Grimm oder ein unüberlegtes Wort seinerseits ihn in Verwirrung stürzen könnte, dass er rot anlief oder zu stottern begann. Daher entschloss er sich, zu der Schülerin streng zu sein. Er nahm sich vor, ihr während des Unterrichts nicht in die Augen zu sehen. Welche Augen manche Mädchen hatten! Er wollte sie überhaupt keines Blickes würdigen, sondern nur aus dem Fenster schauen oder höchstens an die Decke. Lieber wollte er kalt und distanziert wirken, als sich lächerlich machen. Er bereitete ein paar Sätze vor, um inmitten der häuslichen Behaglichkeit eine strenge Unterrichtsatmosphäre zu schaffen. Die hatte er sich nicht selbst ausgedacht, sondern einem Lexikon von Pastor Händel entnommen. Mit diesen Gedanken stieg er in das Boot des Kirgisen. Während der Überfahrt murmelte er die Worte vor sich hin, um den richtigen Tonfall zu finden.

Von der Überfahrt merkte er gar nichts, so sehr beschäftigte ihn die Begegnung, die nun bevorstand. Der Aufstieg am Steilufer brachte ihn diesmal weniger außer Atem. Der Wald machte einen friedlichen Eindruck. Und auch das Gehöft empfing ihn freundlich und geschäftig. Der Besitzer war nirgends zu sehen. Der Kirgise führte Bach in das Wohnzimmer, das sich nach seinem Eindruck so sehr verändert hatte, dass er den Raum vom Vorabend nicht wiedererkannte.

Der riesige Esstisch war verschwunden. Bach fragte sich verwundert, wie man einen Gegenstand hatte forträumen können, der wesentlich größer war als alle Tür- und Fensteröffnungen. An seiner Stelle stand jetzt ein mit Stoff bespannter Wandschirm, der die gute Hälfte des Raumes abtrennte. Davor ein Holzstuhl mit gedrechselter Lehne. Am Fenster saß die alte Köchin vom Vortag. Sie hatte sich auf einem niedrigen Bänkchen niedergelassen und ein rot gestrichenes Spinnrad vor sich. Das drehte sich so schnell, dass rote Lichtflecke über die Wände huschten. Die Alte griff sich mit ihren langen Fingernägeln eine Handvoll Wolle aus einem großen Korb, der neben ihr stand und ließ die Fasern auf eine sich vor ihrer Nase drehende, aus Horn gefertigte Spule laufen, wofür sie immer wieder den Zeigefinger an der Zunge anfeuchten musste. Ein feiner, kaum sichtbarer Faden entstand. Dabei tropfte ihr der Speichel auf die gestreifte Schürze, so dass es beinahe schien, der Faden entstehe nicht aus der Wolle, sondern aus dem, was ihr da aus dem halb geöffneten Mund lief. Die Spinnerin hatte einen Schuh ausgezogen und trat mit dem nackten Fuß, der unter ihrem blauen Wollrock hervorlugte, unermüdlich das Pedal. Bach kam es vor, als hätte die Alte mehr als fünf Zehen an ihrem Fuß. Aber sie bewegte ihn unablässig, so dass er sie nicht zu zählen vermochte. Er sprach einen Gruß, doch beim Surren des Spinnrades hatte sie ihn wohl nicht gehört. Sie wandte nicht einmal den von einem winzigen weißen Häubchen bedeckten Kopf nach ihm.

Bach wagte es nicht, hinter den Wandschirm zu schauen, den man gewiss mit einer bestimmten Absicht aufgestellt hatte. Er legte seine Bücher auf den Stuhl und wartete ab, wobei er eine an der Wand hängende große Vitrine mit einem Dutzend Tabakspfeifen des Hausherrn betrachtete – bernsteingelbe aus Apfelbaumholz, tiefrosafarbene aus Birne und Pflaume, dunkelgraue aus Buche –, jede mindestens eine Elle lang.

»Du bist zum Unterrichten gekommen, also fang an und trödle nicht!«, wurde er unerwartet von hinten grob angefahren.

Erschrocken fuhr Bach herum. Er hätte schwören können, die ärgerliche Stimme gehöre der alten Frau, aber die war in ihre Arbeit vertieft und starrte auf die sich vor ihrer Nase drehende Spindel.

»Wenn Sie erlauben, ich bin bereit«, sagte er trotzdem in ihre Richtung. »Aber für den Unterricht ist der Lehrer zu wenig. Dafür braucht es auch die Schülerin. Wo ist sie?«

»Ich bin hier«, ertönte da eine kaum hörbare Stimme hinter dem Wandschirm, so zart, dass man sie fast für die eines Kindes halten konnte.

»Scherzen Sie, Fräulein?« Bach trat ganz nah an den Schirm heran und beschaute den massiven Rahmen genauer, der mit Hilfe von kleinen Nägeln mit einem ungebleichten Stoff bespannt war. »Ich hoffe, Sie verstehen, dass derartige Spielchen bei einer derart ernsten Sache wie dem Unterricht nicht geduldet werden. Ich möchte beginnen. Kommen Sie also unverzüglich hervor.«

»Das kann ich nicht«, ließ sie hören, wobei sie vor Aufregung ins Flüstern verfiel. »Es ist mir nicht erlaubt.«

»Wenn das so ist, bin ich gezwungen, Ihren Vater rufen zu lassen und ihm von Ihrem Verhalten zu berichten. Nach meiner gestrigen Bekanntschaft mit ihm zu urteilen, ist er ein sehr entschlossener Mann und wird solche Verzögerungen nicht dulden … Was heißt das eigentlich, es ist Ihnen nicht erlaubt? Wer erlaubt es nicht?« Bach schritt den Wandschirm ab, drei Schritte vor und drei zurück. Dabei überlegte er, ob er das Ding nicht einfach beiseiteschieben sollte, um dieses schon viel zu lange Versteckspiel zu beenden.

»Der Vater«, raunte die Stimme höchst vorsichtig, ja geradezu ängstlich. »Der Vater erlaubt es nicht.«

»Hören Sie …« Bach trat ganz dicht an das künstliche Hindernis heran, und ihm schien, als vernehme er dahinter ein hastiges Atmen. »Wie heißen Sie?«

»Klara.«

»Hören Sie, Fräulein Klara. Sie sind erwachsen und begreifen, dass Lernen ein sehr komplizierter Vorgang ist. Er ist nicht möglich, wenn man hinter einem Wandschirm sitzt, in der Wolga schwimmt, auf dem Kopf steht oder etwas anderes Merkwürdiges tut! Schließlich kann ich nicht diesem Wandschirm Hochdeutsch beibringen!« Mit diesen Worten packte Bach den Rahmen und versuchte den Wandschirm anzuheben, um ihn in eine Ecke des Zimmers zu tragen. Doch das gelang ihm nicht. Das unerwartet schwere Ding wankte nur ein wenig, und Bach verlor beinahe das Gleichgewicht.

Hinter dem Schirm ertönte ein unterdrückter Schreckensschrei, und das Spinnrad hörte auf zu surren. Bach, von seiner eigenen Ungeschicklichkeit peinlich berührt, wandte sich um und traf auf den starren Blick der Spinnerin. Ihre vom Alter verblassten Augen, die unter den grauen Wimpern kaum noch zu erkennen waren und an in Milchsuppe schwimmende Klößchen erinnerten, warfen ihm einen unverwandten, doch gleichgültigen Blick zu. Unablässig drehte sie etwas zwischen ihren krummen Fingern, aber es war nicht der ihr entglittene Faden, sondern nur noch Luft. Bach wurde unheimlich zumute. Er nahm die Hände von dem Schirm, rieb sie am Jackett und trat einen Schritt zurück. Sofort hob die Alte den entglittenen Faden auf und brachte das Spinnrad wieder in Schwung.

Auf die Stuhllehne gestützt, stand Bach eine Minute lang unbeweglich da, während sein Blick zwischen dem blassen Gesicht der alten Frau, faltig wie eine Eidechsenhaut, und dem unglückseligen Wandschirm hin und her irrte. Von dort vernahm er ein leises Geräusch – das Knistern von Papier oder einen Schluchzer.

»Also gut ...« Bach klopfte mit der flachen Hand auf die glatt gehobelte Stuhllehne. »Gibt es eine Erklärung für eine so merkwürdige Art des Unterrichts? Haben Sie ein ungewöhnliches Äußeres? Einen körperlichen Makel oder

Schaden? Dann sollten Sie wissen, dass ich so etwas nie ausnutzen würde, um Sie zu kränken. Und das nicht nur aus christlicher Toleranz, wie sie jedem gebildeten Menschen eigen ist. Glauben Sie mir, ich kenne Leiden nicht nur vom Hörensagen und würde es mir nie, hören Sie, nie erlauben, einem anderen Menschen Schmerz zuzufügen.«

Nun wurde Bach klar, dass er zu offene Worte gebrauchte. Da er Klara nicht sah, hatte er gleichsam zu sich selbst gesprochen.

Hinter dem Wandschirm war nur Schweigen.

»Vielleicht sind Sie ungewöhnlich schüchtern? Dann verspreche ich Ihnen, Sie nicht anzusehen. Ich bin es gewohnt, während des Unterrichts in Lehrbücher und Hefte zu blicken und nicht auf die Schüler. Wenn Sie wollen, schaue ich von Anfang bis Ende aus dem Fenster und nur dorthin!« Jetzt wurde Bach ein wenig ärgerlich. Da er keinen sichtbaren Gesprächspartner hatte, drang sein Unmut nach außen. »Glauben Sie mir, es interessiert mich kein bisschen, wie Sie aussehen, welche Farbe Ihre Augen, Ihre Wangen, Ihr Kleid oder Ihre Schuhe haben! An Ihrer Person interessiert mich lediglich, ob Sie in der Lage sind, die vollendete Vergangenheit zu bilden und die Zeiten des Tätigkeitsworts richtig zu gebrauchen!«

Das Schweigen hinter dem Schirm hielt an.

In dieser Stille erschien ihm das Surren des Spinnrads so laut, dass er am liebsten den Stuhl danach geworfen hätte.

»Fräulein Grimm«, sagte er nun, so streng er konnte, »ich bin Ihr Lehrer und verlange eine Erklärung dafür, weshalb unser Unterricht unter so merkwürdigen Umständen vonstattengehen soll.«

Von jenseits des Schirms war ein krampfhafter Seufzer zu hören.

»Der Vater fürchtet …«, hub Klara endlich zu sprechen an, verstummte aber sofort wieder, weil sie nicht die richtigen Worte fand, »… dass ich zu einem Gefäß der Sünde werde, wenn ich einen fremden Mann anschaue.«

»Wenn Sie mich anschauen?« Vor Verwunderung wusste Bach gar nicht gleich, was er sagen sollte. »Mich?!«

Er besah seine Finger, an denen noch die Tinte vom Morgen zuvor klebte, als er in dem Brief von Udo Grimm herumgekritzelt hatte. Da stieg eine derartige Heiterkeit in ihm auf, dass er anfing, stoßweise zu atmen und mit zusammengepressten Lippen lautlos zu kichern, als wollte er ein Lachen unterdrücken. Das gelang ihm jedoch mit jeder Sekunde weniger, und schließlich wieherte er aus vollem Halse.

»Mich!«, prustete er, ließ sich auf den Stuhl fallen, direkt auf das Lehrbuch der deutschen Sprache, und wischte sich die Tränen von den Wangen. »Gefäß der Sünde …, wenn Sie mich anschauen!«

Er lachte hemmungslos, bis ihm der Bauch wehtat. Als er langsam wieder zu Atem kam, wurde ihm klar, dass er sich lange nicht mehr so herrlich amüsiert hatte, vielleicht überhaupt noch nie im Leben. Er stand auf, nahm seine Bücher, legte das am Vortag erhaltene Geld aus seiner Tasche auf den Stuhl und ging, sich über die eigene Entschlossenheit wundernd, hinaus, um Udo Grimm aufzusuchen und ihm zu erklären, dass er in ein derartiges pädagogisches Experiment nicht eingewilligt habe.

Er lief auf dem ganzen Hof herum, hielt einen der Kirgisen nach dem anderen an und fragte nach dem Hausherrn. Die verstanden entweder das Deutsche nicht, waren verängstigt oder vielleicht sogar stumm. Unter halb geschlossenen Lidern warfen sie Bach nur finstere Blicke zu, gaben ihm keine Antwort und fuhren in ihrer Arbeit fort. Ihre teilnahmslosen Mienen waren unbewegt. Die vom Wind ausgedörrten Lippen blieben geschlossen, ja nicht einmal ein Runzeln der sonnenverbrannten Stirnen war zu erkennen.

»Herr Grimm!«, rief Bach, vom langen Suchen nun ernsthaft wütend, so laut, dass er über das Donnern seiner Stimme selbst erschrak. »Herr Udo Grimm, ich gehe! Suchen Sie sich einen anderen Lehrer für Ihre Tochter!«

Doch nur die Schafe im Pferch ließen ein mehrstimmiges Blöken hören. Da Bach seinen Begleiter unter den Angestellten nicht entdecken konnte, entschied er, zum Ufer zu gehen und dort auf ihn zu warten. Auf diesem merkwürdigen Gehöft wollte er einfach nicht länger bleiben. Er nahm das Bändchen Goethegedichte fester unter den Arm und stieß ärgerlich einen Holzklotz beiseite, der ihm im Weg lag. Der war wesentlich schwerer als erwartet, und Bach spürte den Schmerz in seinem Fuß noch mehrere Tage lang. Dann nahm er den Pfad durch den Wald.

Den Weg kannte er. Die Büsche des Buchsbaums kamen ihm wie zusammengerollte Igel vor. Die knorrigen Eichen umarmten sich selbst, umschlangen mit ihren Zweigen den eigenen Stamm. Hier und da sah man an ihnen Astlöcher wie aufgerissene Münder, aus denen flinke Schatten hervorhuschten – Eichhörnchen, Marder und anderes Getier ... Jede Wendung des Pfades kam Bach bekannt vor, und doch ging er erstaunlich lange – eine halbe Stunde oder gar eine ganze.

Bald dämmerte ihm, dass etwas nicht in Ordnung sei. Anfangs beruhigte er sich damit, dass den Weg mit einem Begleiter zu gehen stets kürzer und leichter erschien. Dann räumte er ein, er könnte sich doch ein wenig verirrt haben. An einem unbekannten Ort war das schon denkbar. Wie dem auch sei, in wenigen Minuten musste er das Wasser erreichen, von dem ihn nur noch ein schmaler Streifen Ufergebüsch trennen konnte.

Er beschleunigte seinen Schritt. Schließlich steckte er sich die Bücher in die Jacke und begann zu laufen, wobei er auf dem feuchten Boden immer wieder ausglitt. Bekannte Bilder flogen an ihm vorbei. Die struppigen Zweige der Eberraute am Rande des Pfades hatte er schon einmal gesehen. Die riesige Linde, die ein mächtiger Spalt vom Gipfel bis zur Wurzel durchzog, ebenfalls. Dem faulenden Baumstumpf, den ein riesiger Ameisenhaufen fast verschlungen hatte, war er schon begegnet, zum Teufel noch mal! Ebenso der vertrockneten Birke mit den knorrigen Ästen! Doch das Ufer wollte nicht in Sicht kommen! Auch die Sonne stand nicht mehr am Himmel. Der hatte sich mit Wolken bedeckt, so dass man den Stand des Gestirns und damit auch die Zeit nicht mehr bestimmen konnte.

In vollem Lauf zog er die Taschenuhr aus der Weste. Sie war stehen geblieben! Zum ersten Mal, seit er sie gekauft hatte. Er hielt einen Moment inne, schüttelte die Messingzwiebel und hielt sie ans Ohr. Sie gab keinen Laut von sich. Ringsum nur das quälende, endlose Rauschen der Zweige. Jetzt schaute er sich genauer um. Dieser Wald kam ihm fremd vor. Ein unbekanntes Dickicht aus zahllosen Stämmen, die sich knarrend und wie betrunken nach allen Seiten beugten. Zu seinen Füßen Brombeergestrüpp, vermischt mit den trockenen Ranken vorjährigen Hopfens. Einer der Baumstümpfe erinnerte an die Alte am Spinnrad. Bach zwang sich, den Blick von ihr zu wenden und weiterzulaufen. Jetzt schaute er sich nicht mehr nach allen Seiten um, sondern schlug die Hände vors Gesicht, um es vor den peitschenden Ästen zu schützen. Dabei spürte er, wie aus der Tiefe seines Magens eine schwere, kalte Übelkeit aufstieg.

Er lief, solange sein Atem reichte. Die Kehle brannte, jeder Atemzug schien sie zu zerschneiden. Die geschwächten Füße kamen auf dem nassen, glitschigen Lehm kaum noch voran. Mit einem blieb er an einer hervorstehenden Baumwurzel hängen, und Bachs fast atemloser Körper schoss nach vorn. Seine Stirn prallte auf etwas Glattes, Kaltes, ein steinharter Schlag traf Brust und Hüften, und ihm war, als würden ihm Arme und Beine zugleich aus den Gelenken gerissen.

»A-a-a!«, brüllte der Schulmeister, um den bohrenden Schmerz zu dämpfen, der seinen ganzen Körper durchfuhr.

Als er die Augen öffnete, war er mit dem Gesicht auf einen flachen Stein in einem tiefen Graben gestürzt, wo Stämme, Baumstümpfe und Wurzeln wild durcheinander lagen. Die Oberfläche des Steins war glitschig von Moos und dem Blut, das Bach aus der Nase lief. Als er nach Brombeerranken griff, um sich hochzuziehen, hatte er die Handflächen voller Stacheln. Mit den Füßen suchte er Halt an den Ästen, auf denen er lag, doch die Unterschenkel schmerzten unerträglich, als seien sie gebrochen.

Bach spürte, wie rasch und heftig sein Herz unter den Rippen schlug. Er verfluchte den Wald, diesen Graben und die Stämme, auf denen sich zu bewegen einer Folter gleichkam. Er presste die Stirn gegen den kühlen bemoosten Stein, um erst einmal wieder zu Atem zu kommen. Da spürte er, dass das Moos weicher wurde. Nein, es war nicht das Moos, sondern der Stein gab unter dem Gewicht seines Kopfes nach wie ein Kissen, wurde mit jeder Sekunde lockerer. Jetzt fühlte er sich bereits an wie eine Daunendecke, nicht aus Moos, sondern aus zartem Samt. Bach wollte sich mit den Armen hochstemmen, aber seine Hände fanden keinen Halt. Sie versanken in der von trockenen Blättern bedeckten Erde, in dem weichen Rindenmulch wie in Treibsand. Er wollte sich von den Stämmen abstoßen, die ihm mit ihrer Härte und ihren spitzen Ästen soeben noch Schmerz zugefügt hatten, doch seine Füße spürten nur noch etwas Dickes, Weiches, als schwimme er in einer sämigen Suppe.

Als er den Kopf drehte, traute er seinen Augen nicht: Die Welt um ihn herum schmolz wie Speck in einer heißen Pfanne. Die Dinge verloren ihre Umrisse und zerflossen. Sie liefen an den Wänden des Grabens herab: Dicke Baumstämme, Felsblöcke, Wurzelstöcke, verfaultes Laub. Die Farben vermischten sich und flossen ineinander – das Schwarz der Erde und das Rot der vorjährigen Blätter, das Grau des Holzes und das Grün des Mooses – alles glitt langsam abwärts. Bach begann verzweifelt zu zappeln, versuchte, in der ihn umgebenden Masse etwas Festes zu packen, aber es gelang ihm nicht. Er schwamm in einem weichen Teig aus Stämmen, Steinen und Wurzeln. Unaufhaltsam versank er immer tiefer darin und fühlte sich wie eine Fliege im Honig, wie ein Falter in schmelzendem Kerzenwachs.

»Lass mich heraus! Ich bitte dich!«, stöhnte er und reckte den Hals, obwohl er spürte, dass jede Bewegung ihn nur noch tiefer hinabzog. Schließlich hatte er alle Worte vergessen und konnte nur noch heulen wie ein Tier.

Vor seinen Augen schwankte der niedrig hängende Himmel, in den sich die Zweige der Bäume bohrten. Nun schmolz auch das Firmament, lief an den Stämmen herab und ertränkte die Welt von oben. Lichte Ströme rannen an den Eichen und Ahornen herunter und färbten sie weiß. Bach klammerte sich mit dem Blick an dieses Licht in der Ferne, das von den Stämmen um ihn herum noch halb verdeckt war. Er hängte sich daran wie an einen Haken, weil er keinen anderen Halt mehr finden konnte. Er strebte mit aller Kraft dorthin, schlug mit Ellenbogen und Knien um sich, wünschte sich verzweifelt nur das eine – erneut die Härte einer Berührung, den Schmerz eines Aufpralls zu verspüren.

Da geriet ihm plötzlich etwas Schuppiges in die rechte Hand – ein Zapfen oder ein Stück Rinde – und verschwand wieder in der unergründlichen Tiefe. Einen Augenblick später kratzte ihn etwas im Nacken – eine Wurzel? Ein Brombeerzweig? Etwas anderes stieß ihm in den Bauch … Verzweifelt wie ein Fisch im Netz, warf Bach sich hin und her, und allmählich traten aus dem ihn umgebenden Brei die Umrisse der verschwundenen gegenständlichen Welt wieder hervor, langsam, wie das Gras vom vergangenen Jahr im April den tauenden Schnee durchstößt. Äste und Baumstümpfe, dann Erdboden und Steine gewannen ihre frühere Festigkeit, Härte und Schärfe zurück. Bach griff nach irgendetwas, stütze sich auf etwas anderes, arbeitete mit Armen und Beinen, kroch, glitt, genoss den Schmerz jedes Stoßes, jedes Astes, der sich in seine Hüfte bohrte, jedes Dorns, der an seiner Stirn hängen blieb. Noch immer reckte er den Hals, so hoch er konnte, nach jenem Licht, das Rettung verhieß. Durch die Wolken drang ein einzelner Sonnenstrahl, traf ihn ins Gesicht und blendete seine an die Dämmerung des Grabens gewöhnten Augen. Doch Bach blinzelte nicht einmal, so sehr fürchtete er, diese Helligkeit wieder aus dem Auge zu verlieren. Bach kroch und kletterte immer weiter, bis er sich an einem Apfelbaum wiederfand, dessen Stamm weiß gekalkt war.

Er presste seine Wange an die raue Rinde voller Kalkkrümel und rieb sie so lange daran, bis er das weiße Pulver zwischen den Zähnen spürte. Dann setzte er sich auf, lehnte sich mit dem Rücken an den Stamm und suchte wieder zu Atem zu kommen. Ringsum sah er weitere Apfelbäume; ihre gekalkten Stämme standen wie Kerzen auf der schwarzen Erde. Der große gepflegte Garten erstreckte sich weit nach allen Seiten. Über seinem Kopf schwebten wie Wolken die Baumkronen, die mit weißen Blüten und den hellgrünen Sprossen junger Blätter übersät waren.

Gegen seinen Willen stand Bach auf. Er fuhr mit seinen bis aufs Blut zerkratzten Handflächen über die weißen Stämme. Während er langsam durch den Garten ging, begriff er alles. Bald erreichte er das Wohnhaus von der Rückseite her. Ohne dass ihn jemand ansprach, schleppte er sich durch das Gehöft und stieg die Vortreppe hinauf.

Das rote Spinnrad lief immer noch, und die Alte drehte den Faden. Ohne seine Schuhe zu säubern, schlurfte Bach bis in die Mitte des Wohnzimmers. Als er die auf dem Stuhl liegenden Geldscheine sah, wedelte er sie mit einer Handbewegung fort und setzte sich.

»Sind Sie noch da, Klara?«, fragte er müde.

»Ich bin hier«, antwortete die leise Stimme hinter dem Wandschirm.

»Lassen Sie mich gehen.« Die Worte fielen Bach unsagbar schwer. Zunge und Lippen gehorchten ihm kaum, und er musste sich anstrengen, um das Surren des Spinnrads zu übertönen. »Ich höre an Ihrer Stimme, Klara, dass Sie ein gutes Mädchen sind. Haben Sie Erbarmen und versündigen Sie sich nicht. Sie haben ein langes Leben vor sich, eine Sünde könnte es Ihnen sehr erschweren ...«

»Ich verstehe Sie nicht«, kam als Antwort ein erschrockenes, kaum hörbares Flüstern.

»Nein, ich verstehe nicht!« Unerwartet für sich selbst hob Bach die Stimme bis zum Schrei. »Ich verstehe nicht, was das alles bedeutet! All das Seltsame und Widerwärtige in diesem Haus! Die stummen Kirgisen mit den leeren Blicken! Das Geld, das ich in der Tasche habe, obwohl niemand es mir gegeben hat! Die Wege, die im Kreis laufen! Die schmelzenden Bäume! Die Hexen mit Spinnrädern!« Bach schielte ängstlich zu der Alten hin, aber die arbeitete unbeeindruckt weiter. »All diese teuflische Zauberei und die unheimlichen Rätsel. Mädchen hinter Wandschirmen ... Und wenn ich sie jetzt einfach umwerfe, diese verdammte Wand?«, meldete sich ein böser Gedanke. »Sie mit einem Fußtritt zum Teufel schicke?«

»Dann bringt mein Vater Sie um«, sagte Klara nüchtern.

»Allmächtiger Gott!« Bach ließ das Gesicht in die Hände sinken, saß lange so da, lauschte dem Surren des Spinnrads und zweifelte keinen Augenblick daran, dass Klara die Wahrheit gesagt hatte.

»Wozu brauchen Sie mich?« Er hatte schließlich den Kopf gehoben, doch seine Worte klangen heiser, als habe er in diesen Minuten des Schweigens die Stimme verloren. »Ich bin zweiunddreißig Jahre alt, ich besitze nichts. Bei mir gibt es nichts zu holen, und ich habe nichts zu vergeben. Suchen Sie sich einen anderen, der jünger, schöner oder wenigstens reicher ist als ich. An Gott glaube ich nicht, und meine nichtswürdige Seele bringt Ihnen keinen Nutzen. Sagen Sie das nur nicht Pastor Händel. Ach was, Sie können es ihm ruhig sagen, mir ist es gleich ... Sie haben sich geirrt, als Sie mich für Ihre Experimente ausgewählt haben. Ich weiß nicht, wie Sie das machen und warum. Ich bitte Sie nur: Besinnen Sie sich. Mir Leid zuzufügen ist leicht, aber es wird Ihnen kein großes Vergnügen bereiten. Ich bin körperlich schwach und seelisch völlig hilflos. Wozu eine kranke Maus quälen? Sie verreckt ohnehin bald. Suchen Sie sich ein starkes Tier als Opfer, das wehrt sich lange und verzweifelt. Das wollen sie doch, oder? Und ich vergesse das alles, das schwöre ich. Selbst wenn ich es nicht könnte, ich habe niemanden, dem ich von Ihnen erzählen kann. Mein Bekanntenkreis besteht aus mir allein. Ich komme nie wieder an dieses Ufer. Ich werde es nicht einmal von fern beschauen und, wenn Sie wollen, nicht einmal drüben an der Wolga spazieren gehen …«

»Ich verstehe rein gar nichts von dem, was Sie da reden …«

»Was wollen Sie? Haben Sie Mitleid und sprechen es endlich aus! Hol's der Teufel, was wollen Sie von mir?!«

»Ich will lernen. Und all das …«

»Und all das!«, äffte er sie nach und betrachtete seine mit Blut, Schmutz und Kalk beschmierten Hände. »Nun gut. Wenn ich Sie heute unterrichte, versprechen Sie mir dann, mich am Abend gehen zu lassen?«

»Hält Sie denn jemand mit Gewalt hier fest?«

Vor Schmerz die Stirn runzelnd, schüttelte Bach Erde und Kalkstaub von den Händen.

»Wenn ich Sie heute unterrichte, versprechen Sie mir dann, den Kirgisen zu rufen und ihm streng zu befehlen, mich nach Hause zu bringen?«

»Natürlich. Das ist ihm ohnehin befohlen.«

»Von Ihrem Vater«, vermutete Bach, fuhr sich durch das wirre Haar, entdeckte ein darin hängen gebliebenes Zweiglein, warf es zu Boden und wischte sich mit dem Jackenärmel übers Gesicht. »Also gut, Fräulein, erlauben Sie, dass wir beginnen …«

Und sie begannen. Als Erstes prüfte Bach das Wissen der Klara Grimm. Dabei kam er zu dem Schluss, dass absolut keines vorhanden war. Ungeachtet ihrer zarten Stimme und des höflichen Umgangs war dieses Mädchen unwissend wie eine afrikanische Wilde. Von Geographie wusste sie nur so viel, dass es zwei Länder, Russland und Deutschland, gab, dazu einen Fluss, die Wolga. Die verband in Klaras Vorstellung die beiden Länder, so dass man ohne Weiteres zu Wasser von einem ins andere gelangen konnte. Die übrige Welt war für Klara eine dunkle Wolke, welche die bekannten Gegenden umgab. Weiter als bis zum heimatlichen Wolgaufer reichte das Wissen des Mädchens nicht. Vom Inneren der Erde und den Bodenschätzen darin hatte sie eine ähnliche Vorstellung wie von den himmlischen Sphären – im wissenschaftlichen und im religiösen Sinn. Christlich erzogen war sie, doch vom Katechismus wusste sie nur wenig. Pastor Händel wäre entsetzt gewesen, hätte er sie über die Abenteuer von Adam und Eva oder Noahs Mühen in ihrer naiven Variante sprechen hören. Die Sterne und Sternbilder bezeichnete sie nach Bauernart: Den großen Bären als Waage, Orion als Rechen, das Siebengestirn als Glucke. Die Fragen nach dem Platz der Erde im Universum oder der Existenz weiterer Planeten stürzten Klara in völlige Verwirrung. Von Astronomie hatte man auf dem Gehöft Grimm noch nie gehört. Auch nicht von Goethe und Schiller.

Der absolute Mangel an Bildung bei diesem Mädchen erstaunte Bach mit jeder neuen Frage mehr. Nach und nach geriet sein kürzliches Missgeschick in den Hintergrund, weil er sich darauf einließ, nach den Krümchen von Wissen zu suchen, die es bei Klara zu finden gab. Er kam sich vor wie ein Goldgräber, der Tonnen von Erde und Gestein wäscht, um ein paar Körnchen Edelmetall zu finden. Klara antwortete gern, ohne etwas zu verhehlen, doch sie konnte nur von ihrem kurzen, ereignisarmen Leben berichten, das vom ersten bis zum letzten Tag auf Grimms Gehöft abgelaufen war.

Schon als Kleinkind hatte sie die Mutter und damit jede weibliche Zuneigung verloren, wuchs, eingeschüchtert von dem strengen Vater und allein in Gesellschaft einer halbtauben Kinderfrau als ein schüchternes Wesen von rührender Zartheit auf. Ein unbedachtes Wort konnte sie in Verwirrung bringen, eine traurige Erinnerung sie in Tränen ausbrechen lassen. Dann saß sie lange stumm hinter ihrem Wandschirm, zog die Nase hoch und seufzte schwer.

Zum ersten Mal im Leben begegnete Bach einem Wesen, das noch verletzlicher und scheuer war als er. In Gesellschaft kapselte er sich gewöhnlich ab, so wie die Schildkröte Kopf und Beine unter ihren festen Panzer zieht, um nicht aus Versehen verletzt zu werden. Jetzt war er gezwungen, die entgegengesetzte Rolle zu spielen: Er musste auf die geringsten Nuancen in Klaras Rede hören, um erste Anzeichen von Verwirrung oder Traurigkeit zu erkennen. Jede Frage hatte er sorgfältig zu durchdenken und dabei all seinen Takt und seine angeborene Sanftmut zu Hilfe zu nehmen.

Da er der Möglichkeit beraubt war, dem Mädchen ins Gesicht zu schauen, konzentrierte er sich auf ihre Stimme. So dünn und leise sie auch war und so rasch sie zu zittern begann, sagte sie ihm binnen weniger Stunden mehr über diese Person, als Bach von vielen Dorfbewohnern wusste. Der Reiz, eine fremde Seele zu erkunden, vertrieb ihm Furcht und Müdigkeit. Bach bemerkte gar nicht, wie die Schatten durch das Zimmer wanderten, wie aus der anfänglichen Empörung über die barbarische Unwissenheit von Fräulein Grimm Mitleid wurde.

Als er gegen Ende des Unterrichts das Bändchen Goethegedichte unter dem Wandschirm durchschob, um die Lesefähigkeit seiner Schülerin zu prüfen, schaute er genau hin, ob sich dabei nicht ein paar zarte Fingerchen zeigten. Aus irgendeinem Grund war ihm das wichtig. Nein, es geschah nicht, das Buch verschwand auf der anderen Seite wie von einem Luftstrom angesaugt. Schade.

Klara las sehr schlecht. Anfangs hörte Bach nur die Seiten rascheln, dann folgten ein paar aufgeregte Atemzüge, worauf sie zu lesen begann – langsam, stockend und gequält wie eine Schülerin der unteren Klassen. Kaum hatte sie ein paar Zeilen gelesen, da tauchte das dunkle Gesicht des Kirgisen am Fenster auf, der kurz darauf an der Türschwelle erschien.

»Sie kommen doch morgen wieder?«, fragte Klara, als sie ihm das Bändchen unter dem Wandschirm durchschob.

Bach nahm es an sich. Ihm schien, der Einband bewahre noch die Wärme von Mädchenfingern. Als er sich vom Stuhl erhob, spürte er, wie steif ihm die Beine geworden waren. Erst jetzt wurde ihm klar, dass er mehrere Stunden lang überhaupt nicht mehr an sein Herumirren im Wald, an den heimtückischen Graben und an die Rettung im Apfelgarten gedacht hatte. Hatte er das überhaupt erlebt? Und wenn ja, was war tatsächlich vorgefallen?

Klar bewusst war ihm jedoch, dass er an diesem Tag vor Wut gebrüllt, laut gelacht, sich gefürchtet hatte und offen gewesen war wie noch nie zuvor in seinem Leben. Und dabei nicht ein einziges Mal gestottert hatte.

Und er wusste, dass er Klaras Gesicht sehen wollte.

»Auf Wiedersehen, Fräulein Grimm«, sagte er nur und schritt zur Tür.

Knie und Ellenbogen brannten, die Schrammen an den Wangen schmerzten, aber all das interessierte ihn seltsamerweise kaum. Er war müde, unsagbar und unerträglich müde.

Sie fragte noch einmal: »Sie kommen doch?«

Unfähig, ihr etwas zu versprechen, verbeugte er sich zum Abschied nur in Richtung der alten Frau am Spinnrad und verließ das Haus.

Als er der hohen Gestalt des Kirgisen durch den Wald folgte, schaute Bach sich um und konnte absolut nicht begreifen, wie er sich auf diesem klaren und einfachen Weg so hatte verirren können. Da standen die Eichen und Ahorne mit der rauen Rinde, die nach Feuchtigkeit und Frühling rochen und an deren Zweigen sich bereits erste grüne Sprosse zeigten. Da war der Pfad, auf dem er noch ihre Fußspuren vom Morgen entdeckte. Er führte geradewegs zum Ufer. Und da war auch die Wolga, nur einen Steinwurf vom Gehöft entfernt. Schon blinkte sie zwischen den braunen Baumstämmen hindurch. Konnte eine Welt, die so greifbar und voller Gerüche, so gegenständlich wie immer war, für eine bestimmte Zeit ihre Festigkeit verlieren und zu einem bodenlosen Sumpf werden? Oder hatte er sich das alles nur eingebildet? Müdigkeit überwältigte ihn und hinderte ihn am Denken.

»Ist das wirklich wahr?«, fragte er und schaute dem Kirgisen in die Augen, der das Boot mit dem Fuß vom Ufer abstieß und nach den Rudern griff. Er erhoffte sich keine Antwort, hatte nur so gefragt, weil er es nicht mehr aushielt, diese quälende Frage für sich zu behalten. »Soll alles, was mir heute passiert ist, in Wahrheit geschehen sein?«

Das Boot durchschnitt das Wasser und wurde von den kräftigen Ruderschlägen immer weiter vom Ufer fortgetrieben. In den dunklen Augen des Kirgisen, die von seinen Lidern zu schmalen Schlitzen verengt waren, hüpften die Lichtreflexe der Wellen. Von den Schaufeln fielen große Tropfen auf seine nackten Arme und Schultern, rannen zwischen den Muskelpaketen hinab. Gleichmäßig quietschten die Rudergabeln.

Bach wandte sich ab. Er wollte noch einmal die Buchseiten berühren, in denen Klara Grimms Hand noch vor kurzer Zeit geblättert hatte. Er öffnete das Bändchen, das kaum spürbar nach etwas Unbekanntem, Frischem duftete. Dann fand er das gesuchte Gedicht. Über den Titel war in krakeligen Buchstaben, schräg und ohne Satzzeichen geschrieben: Verlassen sie mich nicht ich bitte sie.

3

Von nun an begab sich Bach jeden Tag nach dem Mittagsläuten der Schulglocke zum Gehöft Grimm. Dabei spielte ihm seine Phantasie nie wieder einen so üblen Streich. Das rechte Ufer der Wolga hatte den Fremdling angenommen. Mehrmals durchstreifte Bach die nähere Umgebung, um den denkwürdigen Ort mit dem wie eine alte Frau geformten Baumstumpf und dem Graben voller Bruchholz wiederzufinden. Es gelang ihm nicht. Der Wald war dicht, aber begehbar. Die Bäume blieben fest und rau, die Steine schwer, die Wege sicher. Auch das Gehöft samt seinen Bewohnern wirkte bei näherem Kennenlernen höchstens ein wenig seltsam.

Die kirgisischen Landarbeiter verstanden in der Tat nur sehr wenig Deutsch. Miteinander redeten sie in ihrer abgehackt und scharf klingenden Sprache. Bach prägte sich einzelne Worte ein und wunderte sich immer wieder, wie unterschiedlich ein und dieselben Gegenstände und Erscheinungen in den verschiedenen Sprachen klangen. Zum Beispiel so einfache Dinge wie Himmel und Sonne. Am deutschen *Himmel,* einem Wort, so leicht wie ein Atemhauch und hell wie seine azurblaue Farbe an einem wolkenlosen Tag, scheint die *Sonne* in allen Farben des Regenbogens, ihre Strahlen klingen wie goldene Saiten und schillern zart. Bei den Kirgisen ist das völlig anders: Ihr Wort *Kök* für Himmel klingt hart und gewölbt wie der Deckel eines großen Kochkessels, der über dem Menschen zuklappt und ihn nicht mehr herauslässt. An diesen Deckel wurde mit glühendem Nagel das kupferrote *Kun* angeschlagen. Ist es da verwunderlich, dass die Menschen, die eine so herbe Sprache benutzen, genauso finster dreinschauen, wie diese klingt? Mag sein, die Kirgisen selbst sehen das vielleicht genau umgekehrt, und das wortreiche Deutsch klingt für ihre an knappe, prägnante Wörter gewöhnten Ohren ebenso unangenehm.

Die alte Tilda, die mit den Jahren fast völlig ertaubt war, aber immer noch scharfe Augen und geschickte Finger hatte, verbrachte ihre Zeit lieber an Spinnrad und Webstuhl als im Gespräch mit Menschen. Ihre schwieligen Hände spannen einen ungewöhnlich dünnen Faden. Nicht umsonst sagten die Dorfbewohner: »Je grauer das Haar, desto feiner das Gesponnene.« Und der Stoff, den sie webte, war glatt wie ein Industriefabrikat. Alles, was die Leute in Grimms Anwesen sommers wie winters am Leibe trugen, war von ihr gewebt und genäht. All die schmucken Tischdecken, die an schwarze Spinnennetze voller roter und blauer Blüten erinnerten, die Laken und Kissenbezüge, die Tagesdecken der Betten wirkten, als seien sie aus Spitze gemacht. Als Bach Gelegenheit hatte, betrachtete er einmal ihre bloßen Füße. Jeder hatte tatsächlich nur fünf Zehen, keine einzige mehr.

Der Besitzer des Gehöfts, der unersättliche Udo Grimm, ließ sich selten sehen. Er war beinahe dauernd unterwegs, zuweilen wochenlang. Bach beobachtete mehrmals, wie der hochgewachsene kirgisische Fährmann seinen Herrn die Wolga abwärts nach Saratow ruderte. Grimm zog den Fluss dem Landweg vor, spannte nur selten ein Pferd vor den Wagen und ritt auch kaum.

Der genannte Kirgise hieß Kaissar. Er war nicht stumm, nur sehr wortkarg. Während des ganzen Sommers hörte Bach ihn nur ein einziges Mal fluchen, als sich sein Ruder mitten auf der Wolga in einem toten Stör verfing, der mit dem aufgedunsenen perlmuttfarbenen Bauch nach oben vorüberschwamm. Das galt als ein schlechtes Zeichen, zog jedoch keine schlimmen Folgen nach sich.

Wenn Bach abends nach Hause zurückfuhr, wunderte er sich, dass er Kaissars flinkes Boot, das stets an der Steilküste vertäut war, nicht früher bemerkt hatte. Dafür gab es eine einleuchtende Erklärung: Die Wolga war in dieser Gegend so breit, dass selbst die soliden Häuser des Dörfchens Gnadental vom rechten Ufer aus wirkten wie verstreute bunte Knöpfe, zwischen denen der Kirchturm als Stecknadel aufragte.

Das Leben auf dem Hof war sehr einsam. Jede Abreise und Ankunft des Hausherrn stellte ein Ereignis dar, nach dem die Tage gezählt wurden. Außer Grimm verließ niemand diesen Ort. Klara hatte die Außenwelt noch nie gesehen und Tilda mit den Jahren vergessen, wann sie ihr zum letzten Mal begegnet war. Die Kirgisen – es waren ihrer fünf oder sieben, Bach konnte sie kaum unterscheiden und daher auch nicht zählen – schienen mit dem Leben in diesem abgeschiedenen Waldidyll zufrieden zu sein. Bach vermutete, dass einige, vielleicht sogar alle, dunkle Geheimnisse aus ihrer Vergangenheit hüteten, vor denen sie sich an diesem abgelegenen Ort geborgen fühlten. Wie dem auch sei, er hatte noch nie bemerkt, dass einer von ihnen der heimatlichen Steppe jenseits des Flusses sehnsuchtsvolle Blicke zuwarf. Einer der Kirgisen war ein leidenschaftlicher Jäger, der tagaus, tagein mit einer Doppelflinte in den Wald zog. Kaissar hingegen kannte sich mit der Fischerei aus und brachte an guten Tagen zum Abendessen mehrere Kilogramm schwere Zander oder Schuppenkarpfen nach Hause. Bisher war Bach noch nie Kirgisen begegnet, die jagen oder fischen konnten. Aus Sicht der deutschen Siedler war ihr einziges angestammtes Gewerbe die Viehzucht. Doch entgegen dieser Annahme gab es im Hause Grimm Wild und Fisch im Überfluss. Ansonsten betrieb man Naturalwirtschaft. Vieh und Geflügel waren ausreichend vorhanden, der Garten lieferte das Gemüse, und die Apfelernte reichte fast fürs ganze Jahr, mindestens bis zum nächsten Frühling.

In dieses gleichförmige Leben fügte sich Bach bald ein. Seine kleine, unauffällige Gestalt schlüpfte ins Haus, ohne dass jemand davon Notiz nahm, denn er bedrängte keinen mit neugierigen Blicken oder aufdringlichen Fragen. In der Küche erwartete ihn bereits sein Mittagessen, das stets warm und überaus schmackhaft war. Im Wohnzimmer saß seine Schülerin hinter dem gewohnten Wandschirm bereit, und die Aufpasserin in Gestalt der schweigsamen Alten mit dem Spinnrad war zur Stelle.

Er begann seinen Unterricht mit dem Wichtigsten, der mündlichen Rede. Er forderte Klara auf, ihm etwas zu erzählen, hörte ihr zu und übersetzte, das heißt, er formulierte ihre im Dialekt gesprochenen kurzen Aussagen in elegante hochdeutsche Sätze um. Diese hatte die Schülerin zu wiederholen. Beide ließen sich Zeit, bildeten Satz für Satz, Wort für Wort, als stapften sie hintereinander durch eine tief verschneite Landschaft. Anfangs fiel es Klara schwer, ein Thema für das Gespräch zu finden. In ihrem eigenen Leben war kaum etwas passiert, und von fremden Schicksalen hatte sie noch nie gehört. Aber eine Lösung war bald gefunden: Sie wandten sich Märchen zu. Kinderfrau Tilda hatte Bachs Schülerin von klein auf mit Gruselgeschichten unterhalten – von blinden Riesen, die Schafe hüteten, von Mäusen, die während der großen Hungersnot den bösen Bischof auffraßen, von Schlössern, die beim Absingen von Psalmen abends aus Seen und Flüssen emporwuchsen, um bei Sonnenaufgang wieder zu verschwinden, von bösen Zwergen, die in unterirdischen Höhlen nach Silber gruben, von Vätern, die ungehorsamen Töchtern die Hände abschlugen, und von Töchtern, die böse Mütter auf glühenden Kohlen tanzen ließen. Von einem Jäger, der nach dem Tod, umgeben von seiner Hundemeute den Geistern der von ihm gequälten Tiere nachjagen musste und sie doch nie erreichen konnte … Klara wusste viele dieser Legenden auswendig und erzählte sie bereitwillig nach.

Wie sehr unterschieden sie sich doch von den Märchen aus den Büchern, die Bach kannte! In dem kunstlosen Dialekt erzählt, bar jeder Eleganz und Politur des Hochdeutschen, ohne den kritischen Blick eines Herausgebers klangen sie wie banale Berichte von Vorgängen im Nachbardorf oder wie knappe Zeitungsmeldungen über alltägliche Verbrechen. Man hatte sie wahrscheinlich schon zu Katharinas Zeiten aus der deutschen Heimat mitgebracht und seitdem kaum oder gar nicht verändert, weil sie von Generationen wortkarger und wenig phantasiebegabter Frauen vom Schlage Tildas mündlich überliefert wurden. In diesen Geschichten gab es weder Zauberei noch Schönheit, allein das materielle Leben. Und Klara glaubte sie ebenso, wie sie dran glaubte, dass vom Auflegen eines Sauerkrautblatts der Kopfschmerz verschwinde oder ein besonders dicker Fladen vom Ochsen eine reiche Ernte verspreche. Sie sah keinen großen Unterschied zwischen den Abenteuern der Ritter aus den Märchen und den Irrfahrten Moses, zwischen den Feldzügen verzauberter Prinzen und dem Aufstand des schrecklichen Jemeljan Pugatschow, zwischen dem blauen Flämmchen der Pest, das durch die Welt tanzte, und dem kürzlichen Großbrand in Saratow, von dem man selbst in den entferntesten Winkeln des Wolgagebiets gehört hatte. Das Erste, Zweite und Dritte konnte ohne Zweifel irgendwann passieren oder war in der grenzenlosen dunklen Wolke bereits geschehen, als die sich Klara die Welt außerhalb des einsamen Gehöfts vorstellte. Wer hätte das Gegenteil behaupten können?

Als es mit der mündlichen Rede genug war, ging Bach zum Schreiben über. Er lehrte Klara die Regeln der Rechtschreibung, übte Diktate und verlangte von ihr, sie möge die Geschichten des Lehrers mit eigenen Worten aufschreiben. Diese Stunden mochte Bach am wenigsten. Denn nun hörte er statt Klaras Stimme nur das Kratzen ihrer Feder, das er bald vom Surren des Spinnrads der Alten zu unterscheiden lernte.

Doch dann kam die Stunde des dritten Themas, das Bach sehr am Herzen lag und den Höhepunkt des Tages bildete – das Lesen. Er übergab der Schülerin jeweils ein Buch, das er mitgebracht hatte. Wie alles bisher hatte er es ihr unter dem Wandschirm durchzuschieben. Und mit ihrer leisen Kinderstimme begann Klara zu lesen – langsam, Silbe für Silbe. Ihr unschuldiger Mund ließ die Balladen von Goethe und Schiller höchst merkwürdig klingen: Der engelgleiche Sopran, mit dem die feurigen Liebesschwüre vorgetragen wurden, verlieh ihnen einen Hauch von Verworfenheit; die zarte Schilderung schrecklichster Geschehnisse verstärkte um ein Vielfaches deren düsteren Sinn.

Den Vater grauset's, er reitet geschwind,
er hält in den Armen das ächzende Kind,
erreicht den Hof mit Müh' und Not;
in seinen Armen das Kind war tot.

Bach hörte die Verse, die er seit seiner Jugend kannte, und es lief ihm kalt den Rücken herunter, so fesselte ihn Klaras Vortrag. Er korrigierte ihre Aussprache, murmelte, um den Schein zu wahren, irgendwelchen belehrenden Unsinn, wollte aber nur das eine – dass Klara weiterlas. Und sie las – tragische deutsche Balladen, denen grausame Märchen und finstere Legenden zugrunde lagen: Schiffer ertranken in den Wellen, betört von der süßen Stimme einer schönen Jungfrau, Könige fielen bei fröhlichen Festen tot um, verstorbene Bräute kehrten zurück, um mit ihren noch lebenden Verlobten das Lager zu teilen, und tranken ihr Blut …

Zuweilen verlieh Klaras Stimme den Gedichten auf wundersame Weise den entgegengesetzten Sinn: Offensichtliche Ausweglosigkeit, die aus den Zeilen sprach, wandelte sich zu aufkeimender Hoffnung:

Über allen Gipfeln
Ist Ruh,
In allen Wipfeln spürest du
Kaum einen Hauch.
Die Vögelein schweigen im Walde.
Warte nur, balde
Ruhest du auch.

Als Bach sie »Wanderers Nachtlied« lesen hörte, glaubte er zum ersten Mal im Leben daran, dass den einsamen Wanderer nicht die Ewigkeit in den eisigen Abgründen des Gebirges erwartete, sondern ein neuer Morgen voller Licht und Wärme, dass die Sonne über die fernen Berge lugen, dass der Wanderer wieder aufstehen und weiterziehen werde …

Stundenlang hätte er Klara zuhören können. Sie aber wollte, dass seine Stimme erklang, und wenn sie vom Lesen erschöpft war, bat sie ihn, ihr etwas »Lehrreiches« aus Geographie und Geschichte oder etwas »Spannendes« aus der Chronik von Gnadental zu erzählen, das sie sich als ein Zentrum pulsierenden Lebens vorstellte. Meist gab Bach nach, aber wenn er das baldige Ende des Unterrichts kommen sah, befahl er streng: »Lesen Sie weiter!«

Klaras leise Stimme füllte Bachs Leben bald so aus wie Luft ein leeres Gefäß. Sie begrüßte ihn am Morgen, wenn er die Augen aufschlug. So leise und kaum hörbar sie auch klang, übertönte sie die Geräusche des Alltags – das Brüllen des Viehs, das Krähen der Hähne, die Lieder der Bäuerinnen, selbst das Dröhnen der Schulglocke. Wenn er einschlief, glaubte er sie manchmal noch vor dem geschlossenen Fenster zu hören. Dann verfluchte Bach seine Phantasie und erhoffte sich nichts, sprang trotzdem aus dem Bett, lief halb angezogen vor das Haus und schaute sich wie von Sinnen nach allen Seiten um. Enttäuscht schleppte er sich zurück, bemüht, rasch einzuschlafen, damit möglichst schnell der nächste Tag anbrach.

Bachs Träume, die bisher lebende Bilder gewesen waren, wandelten sich jetzt zu erzählten Geschichten. All die vielen Gestalten flossen in einer einzigen Stimme zusammen. Bach sah seine Träume nicht mehr, er hörte sie. Er lauschte mit Freude, wenn die Stimme ruhig und zart klang, mit Sorge, wenn sie vor Aufregung zitterte. Doch manchmal … oh, manchmal klang diese Stimme ein wenig tiefer, leicht heiser und mit bisher nicht gekannten Anzeichen von Erschöpfung. In solchen Augenblicken fuhr Bach im Bett hoch und war von einem unverständlichen Schrecken schweißnass. An Einschlafen war dann bis zum Morgen nicht mehr zu denken.

Oft sann Bach darüber nach, was wohl geschehen werde, sollte der Wandschirm, der ihn von Klara trennte, einmal umfallen, ganz von selbst, zum Beispiel bei einem unerwarteten Luftzug. Bis in die kleinsten Einzelheiten stellte er sich vor, wie die Eingangstür beim Öffnen quietschte, wie ein Windstoß das Fenster aufstieß, wie die Flügel krachten und die Scheiben klirrten, wie der Wandschirm, dessen Stoffbahnen sich wie Segel blähten, knarrte und krachend zu Boden fiel. Was würde er, Jakob Bach, dann tun? Natürlich die Augen schließen. Sie mit den Händen bedecken und das Gesicht in seinem Schoß bergen, bis die alte Tilda den Schirm wieder aufgestellt und ihm durch einen leichten Klaps auf die Schulter mitgeteilt hätte, er dürfe sich nun aufrichten und die Augen öffnen. Bach wollte nicht, mehr noch, er fürchtete sogar, dass der Schirm umfallen könnte. Er hatte Angst, Klara ins Gesicht zu sehen.

Nein, anfangs wünschte er es sich, sogar sehr. Lange versuchte er, sich ihre Züge vorzustellen. Vor dem Einschlafen ging er mehrere Varianten durch: Sie konnte eine Schönheit sein, ein schlichtes Wesen oder auch nur ein Dummchen. Er hätte ein liebes Durchschnittsgesicht ohne deutliche Merkmale von Schönheit vorgezogen: pausbäckig oder mager und blass, stupsnäsig oder pockennarbig, fast ohne Augenbrauen wegen des flachsblonden Haars oder mit dunkler Zigeunerhaut … Dann wieder fürchtete er, Klara könnte einen angeborenen Makel haben – nur ein Löchlein statt der Nase oder eine fliehende

Stirn. Vielleicht war sie verkrüppelt, hatte Brandnarben am ganzen Körper, nur einen Arm oder ein Bein. Sie konnte blind sein, einen Hinkefuß oder krumme Beine haben. Einen verdorrten Arm. Einen Buckel. Sie konnte kleinwüchsig sein. Schlimmer als all das war für ihn nur eine makellose, betörende Schönheit ... Derartige Gedanken waren quälend und marterten ihn so sehr, dass er sich verbot, über das Äußere der Schülerin zu phantasieren. Ihre zauberhafte Stimme war ihm genug. Wie weise, o wie weise hatte Udo Grimm doch gehandelt, als er die rettende Wand zwischen sie stellte!

Und doch drängte der verwegenste Teil von Bachs Natur danach, ungeachtet des Verbots, das die Vernunft ihm auferlegt hatte, mehr über Klara zu erfahren. Wie am ersten Tag hielt er nach ihren Fingerspitzen Ausschau, wenn er ihr das Buch für die Leseübung oder Papier für das Diktat unter dem Schirm durchschob. Zuweilen bekam er dabei ein kleines Stückchen rosafarbener Nägel zu sehen, was ihn in große Verwirrung stürzte. An klaren Abenden drangen die Strahlen der untergehenden Sonne ins Zimmer. Dann erschien auf dem Schirm wie auf einer Leinwand ein verschwommener grauer Fleck – Klaras Schatten. Sehr selten – diese Momente gruben sich tief in sein Gedächtnis – erhob sich Klara, vom Gespräch oder ihren Gedanken angeregt, und tat ein paar Schritte hinter dem Schirm – drei nach der einen und drei nach der anderen Seite –, wodurch die Stoffbahnen in kaum sichtbare Bewegung gerieten. Bach drehte sein Gesicht nach dem Geräusch der Schritte, atmete tief und lautlos ein. Es schien ihm, als spüre seine Nase den leichten Duft eines Mädchenkörpers. Das war unanständig und beschämend, er rügte sich dafür und nahm sich vor, es nicht mehr zu tun, aber er konnte nicht davon lassen.

Im Übrigen strebte auch Klara selbst danach, ihm näherzukommen. Bald waren alle Seiten des Goethebändchens von ihren naiven Kurzbotschaften bedeckt. Sie schrieb sie mühsam mit dem Bleistift auf die Seitenränder, sooft sie es von ihm erhielt. Wenn er es dann durchblätterte, dieses Mittel ihrer geheimen Korrespondenz, konnte Bach die Erfolge seiner Lehrtätigkeit sehen: Bald waren die Buchstaben nicht mehr so ungelenk, die Rechtschreibfehler wurden weniger und die Satzzeichen mehr.

Ich habe heute von einem schwarzen Hecht geträumt

Ich habe blaue Augen, und sie?

Wie kleiden sich die Leute von Gnadental?

Ich kann nicht schwimmen

Haben sie sich als Kind auch vor Hunden gefürchtet?

Tilda tut nur so, als sei sie taub, sie hört alles.

Erzählen sie mir noch etwas Lustiges über Dorfvorsteher Dietrich.

Heute habe ich von einem weißen Wolf geträumt.

Warum ist ihre Stimme so traurig?

Ich will nicht nach Deutschland, ich will nicht heiraten.

Anfangs war Bach sich nicht sicher, ob er auf die geheimen Botschaften antworten und damit ihre Korrespondenz vorantreiben sollte. Wenn Tilda etwas bemerkte und es Grimm meldete, dann wäre das wohl das Ende des Unterrichts gewesen. Dann beschloss er zu antworten, aber auf so ausgeklügelte Art, dass es für einen Uneingeweihten nicht zu erkennen war. Er flocht seine Antworten auf Klaras Fragen in seine täglichen Diktate ein:

Schreiben Sie folgenden Satz, Klara, und geben Sie gut acht: »Ich habe hellgraue Augen.« Denken Sie genau nach, wenn Sie das Wort »hellgraue« schreiben. Und erinnern Sie sich an die gestern besprochene Regel über die Schreibweise zusammengesetzter Wörter …

Wenn er von Dichtern und Feldherrn sprach, fügte er Einzelheiten aus seinem eigenen Lebenslauf hinzu:

… Es ist kaum bekannt, dass Goethe sein Leben lang Angst vor Hunden hatte. Er konnte auch nicht schwimmen, obwohl er an einem großen Fluss namens Main geboren wurde. Sehen Sie, Klara: Niemand ist vollkommen, nicht einmal anerkannte Genies.

Manche seiner Antworten schrieb er Dichtern, Politikern, Philosophen oder Monarchen zu:

Da sagte sich die künftige Zarin Katharina, die damals noch nicht Herrscherin von Russland war und die Große genannt wurde, sondern nur eine junge, unbekannte deutsche Prinzessin: »Schwer ist der Brautkranz, aber unvermeidlich.«

Bach war sicher, dass Klara ihn verstand. Sie war in der Lage, seinen Code zu entschlüsseln und die Antworten zu erkennen.

Alles, was Bach jetzt tat, worüber er nachdachte, hatte mit ihr zu tun. Abends nach der Rückkehr ging er sogleich an die Vorbereitung des nächsten Unterrichtstages, dachte sich Gesprächsthemen aus, grub in seinem Gedächtnis nach Geschichten, mit denen er Klara erheitern oder ihr Schreckenslaute entlocken konnte. Er beobachtete die Gnadentaler genauer, suchte nach Merkwürdigem oder Lustigem in ihrem Aussehen, merkte sich Geschichten, die man sich im Dorf erzählte. Ach, wie viele Dinge gab es da, über die man herzlich lachen konnte! Zum ersten Mal im Leben fiel ihm auf, dass die runzlige Physiognomie des Malers Fromm einer Zieselmaus erstaunlich ähnlich sah, dass die Figur der dicken Emmy Böll, die alle nur Melonen-Emmy nannten, tatsächlich an einen Berg dieser runden Früchte erinnerte.

»In Gnadental gibt es eine unglaublich dicke Frau«, erzählte Bach am nächsten Tag, schritt mit den Händen auf dem Rücken vor dem Wandschirm auf und ab und blickte listig auf die Stoffbahnen. Man nennt sie nur Melonen-Emmy. Und zwar nicht wegen ihrer Pausbacken, die auch an einem trüben Tag strahlen wie rote Äpfel, dass man es kilometerweit sehen kann. Und nicht wegen ihrer winzigen Äuglein, die wie schwarze Samenkörner in ihrem Gesicht blitzen. Es geht um etwas ganz anderes!«

»Worum denn?«, fragte Klara leise und sog gespannt die Luft ein.

Bach gab die Antwort nicht sofort, sondern entwickelte das Thema langsam, wie er es sich vorgenommen hatte.

»Was sagen die Frauen in Gnadental wie in jedem anständigen Dorf, in Zürich, Basel, Schönchen und sogar in Balzer, wenn sie Gemüse oder Beeren pflanzen?«

»Wachse in Gottes Namen«, antwortete Klara, die sich mit Gartenarbeit auskannte.

»Ja, oder manchmal auch: ›Wachse unter dem Himmel und komme auf unseren Tisch‹«, stimmte Bach zu. »Doch was sagt Emmy?«

»Was denn?«

Jetzt legte Bach eine lange Pause ein. Er wartete ab, bis Klara es nicht mehr aushielt und ärgerlich nachfragte: »Ja, was? Was sagt sie denn?«

»Wenn sie die Kerne der Wassermelonen in die feuchte Erde drückt, flüstert sie jedem einzelnen schamlos zu ...« Bach senkte die Stimme und sprach langsamer, als berichte er von etwas Tragischem: »Wachse meinem Hintern gleich, dann wird unsre Ernte reich!«

Jenseits des Wandschirms war ein verschämtes Kichern zu hören.

»Und zu den Samen der Honigmelonen spricht sie ...«

»Was sagt sie zu denen?«

»Wachse groß wie meine Brust, und so süß du werden musst!«

Aus dem Kichern wurde ein Lachen.

»Und so wachsen sie wirklich!« Bachs Stimme gewann an Kraft und donnerte geradezu durch den Raum. »Auf den Feldern anderer Leute sind die Wassermelonen klein und sauer. Die von Emmy werden so riesig, dass ein Mensch allein sie gar nicht umfassen kann. Es ist, als lasse sie eine innere Kraft anschwellen!« Bach warf die Arme auseinander, so wie ein Schauspieler auf der Bühne höchste Begeisterung ausdrückt.

Das Lachen hinter dem Wandschirm wurde zu lautem Gelächter.

»Wenn Emmy im Juli auf ihrem Wassermelonenfeld zwischen den gestreiften Prachtexemplaren arbeitet, sich niederbeugt und ihren berühmten Hintern im grünen Rock der heißen Sonne entgegenstreckt, dann ist der von ihren Melonen kaum zu unterscheiden.« Bach hob die Brauen und zuckte mit den Schultern. »Ähnlich prächtig geraten die Honigmelonen: Sie sind schwer, an der einen Seite hübsch gerundet und mit einem neckisch abstehenden Zipfelchen. Jeder anständige Mann, der sie erblickt, wird rot im Gesicht ...«

Klara schien etwas sagen, gegen die pikanten Einzelheiten protestieren zu wollen, aber sie brachte vor Lachen kein Wort heraus. Und Bach, einmal in Schwung geraten, warf den Kopf zurück, dass die Haare flogen, und steigerte sich weiter.

»Es wird erzählt, ein unbedarfter Student aus der Familie Dürer habe aus rein wissenschaftlichem Interesse Emmy einmal beim Bad in der Wolga beobachtet, um die Früchte mit ihren Körperteilen zu vergleichen. Danach verkündete er, ja, Emmys Melonen und ihre Rundungen seien wie aus einem Guss!«

Bach beschrieb mit den Händen die Formen in der Luft, ohne daran zu denken, dass Klara ihn gar nicht sehen konnte. Die war hinter ihrem Wandschirm nur noch in der Lage, erschöpft zu stöhnen, zum Lachen hatte sie keine Kraft mehr.

»Andere Frauen sollen, rot vor Scham und in aller Heimlichkeit Emmys Sprüche ausprobiert haben, aber vergeblich. Bei ihnen sollen die Samen sogar in der Erde verrottet sein. Die Frauen grämten sich so, dass sie keinen neuen Versuch wagten. Melonen-Emmy gibt es eben nur einmal! Gelobt sei die Vorsehung, die dafür gesorgt hat, dass sie in Gnadental geboren wurde!« Bach packte den Stuhl, auf dem er gewöhnlich saß, und stieß ihn geräuschvoll auf den Boden, um das Ende der Geschichte zu markieren. Das geriet ihm so laut, dass die sonst so gleichmütige Tilda zusammenfuhr und sogar ihre Spule für einen Moment aus den Augen ließ.

»Allmächtiger Gott«, flüsterte Klara, die nach dem Lachen allmählich wieder zu Atem kam. Jetzt schwang in ihrer eben noch so fröhlichen Stimme ein wenig Enttäuschung mit. »Wird es mir jemals beschieden sein, dieses herrliche Gnadental zu erleben?!«

Seit er Klara kennengelernt hatte, gingen mit Bach erstaunliche Dinge vor. Die Unwetter, die gewaltigen Gewitter des Wolgagebiets mit ihren zottigen dunkelblauen Wolken, groß wie der halbe Horizont, und Blitzen, die den Himmel füllten, hatten ihre Macht über ihn verloren. Nicht die Naturgewalten versetzten Bachs Blut jetzt in Erregung, sondern die Gespräche mit einem jungen Mädchen, das hinter einem lächerlichen Wandschirm saß. Jeder Tag war für ihn nun wie zuvor ein ersehntes Gewitter, jedes Wort Klaras wie ein lang erwarteter Donnerschlag. Die von Zeit zu Zeit in der Steppe tobenden Unwetter, die über der Wolga niedergehenden üppigen Frühjahrsgüsse nahm Bach höchst gelassen zur Kenntnis. Er war inzwischen selbst so aufgeladen wie die mächtigste Gewitterwolke, die am Firmament heraufzog.

So vergingen Wochen und Monate.

Im Mai, als die vom Pflügen zurückgekehrten Bewohner von Gnadental auf den Feldern die Samen von Honig-, Wassermelonen und Kürbissen steckten und in ihren Gärten Kartoffeln legten, lasen Bach und Klara Goethe.

Im Juni, als im Dorf die Schafe geschoren und Heu gemacht wurde – früh genug, dass die heiße Steppensonne das Gras nicht verbrannte –, wandten sich Bach und Klara Schiller zu.

Im Juli, als man den Roggen erntete, was in der Nacht geschehen musste, damit bei der Tageshitze die Körner nicht aus den Ähren fielen, als junge Hammel abgestochen wurden, deren Fell weicher als Federgras und deren Fleisch zarter als Beerenmus war, schlossen die beiden Schiller ab und begannen Novalis zu lesen.

Im August, als sich die Scheunen mit ausgedroschenem Weizen und Hafer füllten und danach die ganze Kolonie Melonensirup kochte, den man mit etwas Eis und ein paar sauren Schlehen das ganze Jahr lang trinken konnte, kam Lessing an die Reihe.

Im September, als Kartoffeln, Rübchen und Kohlrüben geerntet wurden, als die Bauern in der Steppe neues Land urbar machten, als das Vieh von den Sommerweiden geholt und aus den in der Sommersonne gebrannten Lehmziegeln Häuser und Ställe gebaut wurden, waren sie wieder bei Goethe angekommen.

Doch als Anfang Oktober bis zum Beginn des neuen Schuljahres nur noch wenige kurze Tage blieben, schrieb Klara in das schon sehr zerlesene Bändchen auf die Seite mit »Wanderers Nachtlied«: »Morgen fahren wir nach Deutschland.«

Diese Botschaft fand Bach erst, als er bereits im Boot des schweigsamen Kaissar saß. Zuerst wollte er sie gar nicht glauben. Es war doch nicht möglich, dass dieses reiche, wohl eingerichtete Leben von einem Tag zum anderen den Ort wechseln und in ein anderes Land verlegt werden konnte. All diese Schafe und Lämmer, Truthähne und Gänse, Pferde und Wagen, diese Fülle von Äpfeln in den Lattenkisten, die Fässchen mit dem Likör, die endlosen Schnüre mit Trockenfisch, die Unmengen noch ungebleichter Laken und Bettbezüge, die Regale mit dem Geschirr, die Vitrine mit den Tabakspfeifen mussten doch irgendwo bleiben …, die finsteren Kirgisen, Kaissar mit seinem Boot, Tilda mit dem unvermeidlichen Spinnrad. Und Klara.

Jetzt erinnerte er sich, dass auf dem hinteren Hof tatsächlich eine Menge Kisten herumgestanden hatten, die später auf Pferdewagen geladen und festgezurrt wurden. Auch die Hühner und Gänse waren in der letzten Zeit nicht mehr auf dem Hof herumgelaufen, als seien sie völlig aus Grimms Wirtschaft verschwunden. Und die Stämme der Apfelbäume hatte man bereits mit Sackleinwand umwunden, was man sonst bei Wintereinbruch tat, wenn der erste Schnee fiel.

»Halt an!«, rief er Kaissar zu. »Hör auf zu rudern! Reist deine Herrschaft tatsächlich morgen ab?«

Da fiel ihm ein, dass der Mann kein Deutsch verstand. Er wollte sich ihm mit den paar Brocken Kirgisisch verständlich machen, die er während des Sommers aufgeschnappt hatte. Aber daraus wurde nichts. Er suchte nach Worten, fuchtelte aufgeregt mit den Armen, wies bald auf das Steilufer, dann nach Westen, wo Saratow lag. Dabei fielen auch noch die Blätter mit dem Diktat vom selben Tag in die Wolga. Irgendwo hinter dem Heck des Bootes schwammen sie davon. Kaissar sah nur abwesend und finster zu, als beobachte er einen Fisch bei seinen letzten Zuckungen. Und ruderte weiter.

»Halt an!« Bach griff in die Ruder. »Wir fahren zurück zum Hof!«

Kaissar hielt einen Moment inne, wehrte dann die fremden Hände ab, wobei Bach zum ersten Mal zu spüren bekam, was für einen kräftigen Griff der Mann hatte, und begann wieder zu rudern.

Vor Aufregung nach Luft ringend und von seinen Gedanken überwältigt, musste Bach zusehen, wie sich die weiße Steilwand Schlag um Schlag von ihm entfernte. Es war, als stoße sie das Boot ab – kalt und unerbittlich. Durch die Bäume auf dem Steilufer fuhr ein Wind, riss die ersten gelben Blätter ab und peitschte das trübe Septemberwasser zu bedrohlichen Wellen auf. Hunderte weißer Schaumkämme liefen über die Wolga wie eine riesige Schafherde über ein endloses Feld. Das Boot begann zu schaukeln, doch Kaissar steuerte es mit ruhiger Hand. Der Bug durchschnitt jede anrollende Welle. Bach hockte zusammengekauert auf der Bank, presste das Goethebändchen an die Brust und wusste nicht mehr, ob ihm von dem heftigen Wind so kalt wurde oder von seiner eigenen Kümmernis. Die Flocken weißen Schaums, die ihm auf Gesicht und Schultern fielen, nahm er gar nicht wahr.

Nachts floh ihn der Schlaf, weil er nachdenken musste. Am Morgen, gleich nach dem Sechs-Uhr-Läuten, lief er zu Dorfvorsteher Dietrich und bat ihn um ein Boot samt Ruderer. Statt einer Antwort führte Dietrich den Schulmeister zum Fenster und schob schweigend die Vorhänge beiseite. Hinter den Scheiben tobte ein Unwetter. Mit kaltem Nass vollgesogene schwarze Wolken zogen tief über den Fluss, den sie fast berührten. Hohe, schwere Wellen rollten darüber hin. Niemand konnte sich bei diesem Wetter auf die Wolga wagen. Bach hätte sein Anliegen in Ruhe erklären, bitten, vielleicht sogar fordern können, aber er stammelte und flehte nur, begann schließlich zu stottern und zog unverrichteter Dinge wieder ab.

Dann lief er ohne den Vorsteher allein durch die Bauernhöfe. Er bat jeden, der auch nur die kleinste Nussschale besaß: den Schlachter Hauff, den Müller Wagner, den beleibten Sohn von Witwe Koch, den Ehemann von Melonen-Emmy, den dürren Böll ohne Schnurrbart – es gab auch einen Böll mit Schnurrbart, aber der war so ein brutaler Kerl, dass er sich an ihn nicht herantraute – und noch viele andere. Überall sprach er die gleichen Worte, presste die Hände an die Brust, als wollte er sie gegen das Rückgrat drücken, nickte heftig, schaute den Leuten in die Augen und lächelte jammervoll. Alle lehnten ab. Dabei bekam er zu hören: »Sie, Schulmeister, sollten sich nicht zum Narren machen, sondern Ihre Kräfte besser für unsere Kinder schonen. Wenn Sie untergehen, dann können Sie den Fischen das Abc beibringen! So ist das!«

Er schleppte sich zur Anlegestelle und saß dort allein, ohne Wind und Kälte zu spüren. Er schaute zu, wie hohe graue Wellen gegen den Steg klatschten und ihn mit schmutzig gelbem Schaum bedeckten. Bei dem Regen und dem trüben Licht war das gegenüberliegende Ufer gar nicht zu erkennen.

Die Boote hatte man bereits am Abend zuvor ans Ufer gezogen. Jetzt lagen sie kieloben im grauen Sand. Als die Regentropfen, die ihm die Wangen peitschten, immer dicker wurden, kam Bach zu sich, kroch unter eines der Boote, dessen Seiten dick mit Wasserpflanzen bewachsen waren. Dort saß er zusammengekrümmt auf der blanken Erde, den Hinterkopf gegen die Planken gepresst. Er lauschte dem Regen, der auf die Bretter trommelte, und fuhr unablässig mit den Fingern durch den feuchten Sand. Was hätte er getan, wenn ihn ein mutiger Mann tatsächlich ans rechte Ufer gebracht hätte? Was zu Udo Grimm gesagt, wenn er von unten auf dessen dicken Bart und mächtigen Schnurrbart hätte schauen müssen? Bach wusste es nicht. Aber vom Ufer fortzugehen brachte er auch nicht über sich.

Zwei Tage lang regnete es ohne Unterlass. In dieser Zeit ging Bach nur zum Schulhaus, um die Glocke zu läuten. Sonst saß er am Ufer, gegen die Kälte in eine alte Schaffelljacke gehüllt. Zwei Tage genügten, um nach Saratow zu fahren, dort in den Zug nach Moskau zu steigen und dann Kurs aufs ferne Deutschland zu nehmen.

Gegen Abend des dritten Tages, als die Wellen kleiner und träger wurden, keine Schaumkämme mehr trugen und die ersten trüben Sonnenstrahlen die Wolkendecke durchbrachen, kamen ein paar Fischer zu dem auf einem umgedrehten Boot hockenden Schulmeister, um ihm mitzuteilen, dass sie ihn über die Wolga fahren würden, wenn es denn unbedingt sein müsse, aber erst am nächsten Morgen, wenn Mütterchen Wolga sich endgültig beruhigt habe. Bach schaute sie nur aus trüben Augen an und schüttelte schweigend den Kopf. Die Männer wechselten Blicke, zuckten mit den Schultern und gingen davon.

Er saß noch lange dort, den Blick starr auf den Fluss gerichtet. Er beobachtete, wie am anderen Ufer die Konturen der Berge allmählich als helle rosa Streifen aus dem grauen Dunst hervortraten. Da bemerkte er, wie lange er nicht mehr geschlafen hatte. Und ihm fiel ein, dass in den nächsten Tagen der Oktober begann und mit ihm das neue Schuljahr. Bach kletterte von dem Boot herunter und schleppte sich nach Hause. In diesen Tagen war er bis ins Innerste durchgefroren, zitterte am ganzen Leib und fieberte bereits seit mehreren Stunden. Doch zum Heizen war nichts da, Brennholz und getrockneten Kuhmist brachten die Schüler erst am nächsten Morgen mit.

Als er sich dem Schulhaus näherte, bemerkte er auf der Treppe eine menschliche Gestalt. Dort saß jemand, klein, zusammengesunken und bewegungslos. Hitze stieg in Bach auf, doch das Zittern legte sich nicht, sondern verstärkte sich noch.

Als die Person seine Schritte in der Dunkelheit hörte, fuhr sie zusammen, als erwache sie, und erhob sich langsam.

Ein paar Meter vor der Treppe blieb Bach stehen. Er fühlte, wie ihm ein heißer Tropfen den Rücken hinunterlief. In der tiefen Dunkelheit konnte er seinen nächtlichen Besuch unmöglich erkennen. Nur ein paar Atemzüge, leicht und stockend, wie erschrocken, waren zu vernehmen.

»Ich habe gehört, dass hier Schulmeister Bach wohnt«, sagte eine bekannte Stimme leise.

»Seien Sie gegrüßt, Klara«, antwortete er mit trockenen Lippen, die ihm kaum gehorchten.

Er schloss die Tür auf, und Klara trat ins Haus.

4

In dieser Nacht log Bach, seine Petroleumlampen seien leer. Licht anzuzünden und ihr Gesicht zu sehen war undenkbar. Bachs erschöpftes Herz hätte das nicht ausgehalten.

Auf sein Drängen entkleidete Klara sich und legte sich in sein Bett unter die einzige Federdecke, die er besaß. Während sie dies tat, zog er sich in den Klassenraum zurück, lief dort hin und her und versuchte sich auszumalen, welche Beschwernisse und Nöte sie an diesem Tag hatte auf sich nehmen müssen. Sie hatte erzählt, wie sie dem Vater entkommen war. Beim ersten Halt nach Saratow war sie aus dem Abteil geschlüpft, in dem sie die ganze Reise nach Moskau verbringen sollte. Tilda war vom Schaukeln des Waggons eingenickt. Es gelang ihr, auszusteigen, und niemand nahm Notiz davon. Sie lief aufs Geratewohl davon, ohne sich noch einmal umzuschauen oder den Blick zu heben, bis sie sich auf einem Markt zwischen Verkaufsständen, Wagen, Pferden und Menschen wiederfand, die in einer unbekannten Sprache miteinander redeten. Sie versuchte den Weg nach Gnadental zu erfragen, doch lange wollte sie niemand verstehen. Schließlich hörte ein rotbärtiger Bauer aus ihrem Redefluss den Namen des Dorfes heraus und erbot sich, sie hinzubringen. Er täuschte sie nicht und erfüllte sein Versprechen. Zunächst ging es mit der Fähre über die Wolga, und dann mit seinem Pferdewagen das linke Ufer flussaufwärts bis nach Gnadental. Als Lohn nahm er die Reisebörse entgegen, welche die umsichtige Tilda ihr an den Gürtel geknüpft hatte. Wie viel Geld darin war, wusste Klara nicht; sie hatte nicht hineingeschaut.

Nachdem Bach eine gute Stunde, vielleicht auch zwei im Klassenzimmer verbracht hatte, stellte er fest, dass das Frösteln und die Müdigkeit spurlos verschwunden waren. Er zog die Schuhe aus und tappte in sein Zimmer, krampfhaft darum bemüht, dass die Dielenbretter nicht knarrten. Klaras Atemzüge waren nicht zu hören. Tief erschrocken glaubte er, sie sei nicht mehr da oder habe seine dunkle Kammer nie betreten, sondern sei ihm nur im Traum erschienen. Er stürzte zum Fenster, warf dabei den Stuhl um und riss die Fenstervorhänge auf. Da lag sie! Ihre kaum erkennbare Gestalt hatte sich tief unter das Federbett gekuschelt, ihr Haar lag über das ganze Kissen ausgebreitet, doch das Gesicht konnte er im Dunkel der Nacht nicht erkennen. Von dem Geräusch zuckte sie zusammen, drehte sich aber nur zur Wand um und schlief weiter.

Die Fenstervorhänge schloss Bach nicht wieder. Vorsichtig stellte er den Stuhl auf, rückte ihn neben das Bett und ließ sich darauf nieder. Die Ellenbogen auf die Knie und das Kinn in die Hände gestützt, schaute er Klara an. An Schlafen war nicht zu denken. Wie krumm und unbequem er dasaß, spürte er nicht.

Auf die schwarze, mondlose Nacht folgte ein trüber Morgen. Nach und nach gab die dunkelblaue Luft Klaras Züge frei: den Bogen eines kleinen Ohrs, die Konturen einer Wange, ein Stückchen Augenbraue. Diese wenigen, von der Dämmerung noch verwischten Details wirkten erregender als ein klares Bild, denn sie erlaubten ihm, sich jedes beliebige Gesicht vorzustellen. Die Minuten, in denen alles noch unvollendet und unerkannt war, wollte Bach ausdehnen, den Augenblick der Begegnung so lange wie möglich hinauszögern. Daher war er sogar erleichtert, als ihm einfiel, dass er die Sechs-Uhr-Glocke läuten musste.

Zum Glück weckte ihr Klang Klara nicht auf, so dass Bach noch eine Weile neben ihr sitzen bleiben konnte. Ihre Nähe ließ eine überraschende Wärme in ihm aufsteigen, er musste sogar den Jackenkragen öffnen. Erst jetzt fiel ihm auf, wie abgewetzt die Rockschöße waren und dass die Ärmel wieder einmal ausgebessert werden mussten. Auch seine Behausung sah er jetzt gleichsam mit fremden Augen: die lange nicht geweißten Wände voller Risse, den riesigen Ofen, der so viel Raum wegnahm, in der Ecke das aus Weidenruten geflochtene Regal voller Bücher, dem ein Fuß fehlte, welchen er durch einen Ziegelstein ersetzt hatte ... Unter normalen Umständen hätte er sich für eine solche Unterkunft geschämt, ebenso für seine abgetragene Kleidung. Doch an Scham konnte er jetzt gar nicht denken, so bang war ihm angesichts der bevorstehenden Begegnung.

Bis acht Uhr war Klara noch nicht wach. Er musste also ins Klassenzimmer hinübergehen, ohne ihr Gesicht erblickt zu haben. Während der Mittagspause traute er sich nicht in seine Kammer zurück. Dutzende Dinge waren noch im Klassenzimmer zu erledigen: Er musste die erkalteten Öfen heizen, mit Schülern sprechen, schadhafte Lehrbücher ausbessern ... Seine Hände erledigten alle diese Dinge, seine Lippen sprachen zahllose Worte, doch seine Ohren lauschten gespannt darauf, was sich jenseits der Wand tat. Dort blieb es still.

Als die Schule aus war, er das letzte Kind hinausbegleitet und die Haustür von innen abgeschlossen hatte, wollte Bach endlich in seine Kammer gehen. Doch stattdessen ließ er sich auf einer Schulbank in der ersten Reihe, der für die »Esel«, nieder und strich sich mit schweißfeuchten Händen so lange die Hose über den Knien glatt, bis die Tür zu seinem Wohnraum aufging. Klara kam zu ihm.

Sie war schön, betörend und über alle Maßen schön. Es konnte nicht sein, dass sich Bach nur einbildete, wie makellos ihre Züge waren – die zarte Haut, das glatte Haar, die blauen Augen und die Sommersprossen auf den Wangen. Er hockte auf der Bank, zusammengesunken, ganz geblendet von dieser Schönheit. Ihm fehlten die Worte. Sie setzte sich neben ihn. Unter ihrem aufmerksamen, forschenden Blick wurde ihm ganz elend zumute, er errötete bis in die Haarwurzeln, und plötzlich überfiel ihn tiefe Scham: nicht wegen seiner armseligen Kleidung und schlechten Behausung, sondern, was viel schwerer wog, wegen seiner schlaffen, ausdruckslosen Gesichtszüge, des fast kahlen Kopfes und des dürren Halses, des bittenden Ausdrucks in seinen Augen, der an einen Hundeblick erinnerte. Bach wollte schon die Hände vor das puterrote Gesicht schlagen, da fielen ihm die schmutzigen Nägel ein, die er seit drei Tagen nicht gereinigt hatte, und er ließ es sein.

»Wie geht es nun weiter?«, fragte Bach hilflos und wandte sich ab.

»Bin ich denn jetzt nicht Ihre Frau, Herr Schulmeister?«

Bach fuhr herum, als hätte ihm jemand mit dem großen Lineal auf den Rücken geschlagen.

Spotten Sie meiner nicht, Klara!, wollte er rufen. Schauen Sie mich doch an, aber genau, wenn ich bitten darf! Am liebsten wäre er aufgesprungen, hätte sie bei der Hand gepackt, zum Fenster gezerrt und gerufen: Schauen Sie mich an und sagen Sie mir ehrlich: Haben Sie von einem solchen Mann geträumt?!

Stattdessen öffnete er nur den Mund und schloss ihn wieder wie ein Fisch auf dem Trockenen. Eigentlich hätte er jetzt niederknien, ihr die Hand küssen oder eine andere galante Geste machen müssen. Doch er lächelte nur schüchtern, runzelte die Stirn, murmelte etwas undeutlich und kaum hörbar in seinen Bart, nickte ihr zu und zog sich zur Tür zurück. Er lehnte sich mit dem Rücken dagegen, stieß sie auf und lief davon, um den Pastor aufzusuchen.

Pastor Adam Händel lehnte es jedoch ab, die jungen Leute zu trauen. Das Mädchen, das wie aus dem Nichts in der Wohnung des Schulmeisters aufgetaucht war, sah so jung aus, dass bei ihm Zweifel an ihrer Geschäftsfähigkeit aufkamen. War sie tatsächlich siebzehn Jahre alt, wie sie behauptete? Dokumente, die das bestätigen konnten, hatte sie nicht bei sich, auch keine anderen Papiere. Vor allem aber gab es keinerlei Bestätigung dafür, dass sie konfirmiert worden war wie jeder junge Dorfbewohner. Man konnte also nicht nachprüfen, ob das Mädchen eine echte Christin war. Der Pastor führte mit Klara ein langes Gespräch, um ihre Kenntnisse des Katechismus zu prüfen. Er beendete es bleich und mit erbarmungslos zusammengekniffenen Lippen. Er empfahl, unverzüglich die Eltern ausfindig zu machen und ihnen das »unvernünftige Kind« wieder zuzuführen. Klara habe sich auf der Stelle ins Pfarrhaus unter die Aufsicht seiner betagten Gemahlin zu begeben, bis ihre Eltern oder irgendwelche Belege über ihr bisheriges Leben gefunden seien.

Bachs Gesicht und Hals liefen dunkelrot an, er begann schrecklich zu stottern. Ohne zu begreifen, wie ihm geschah, wagte er zum ersten Mal dem Pastor zu widersprechen. Klara bleibe im Schulhaus wohnen, erklärte er. Er bot dem Pastor an, mit ihm zum anderen Wolgaufer zu fahren, solange der Fluss noch nicht zugefroren war, dort die Existenz von Klaras Vaterhaus zur Kenntnis zu nehmen und vielleicht Spuren von Udo Grimm zu finden. Dorfvorsteher Dietrich lehnte das jedoch ab. Es sei allgemein bekannt, dass Klosterboden nicht betreten werden dürfe. Außerdem sei das rechte Ufer absolut unzugänglich, dort gäbe es nichts als endlose Wälder. Allgemein bekannt war ebenfalls, dass Schulmeister Bach seine Eigenheiten hatte, die zuweilen an Unvernunft grenzten, weshalb man seinen Worten keinen Glauben schenken könne.

Die Nachricht von dem jungen Fräulein, das auf so wundersame Weise nachts im Schulhaus aufgetaucht war und Bach so verzaubert hatte, dass dieser es wagte, dem Pastor zu widersprechen, versetzte die braven Gnadentaler in helle Aufregung. Jetzt wurde dem Schulmeister alles unter die Nase gerieben – seine ziellosen Streifzüge in den Nachmittags- und Abendstunden, sein Hang zur Eigenbrötelei, sein närrisches Verhalten bei Gewitter. Alles, was man bisher übersehen und verziehen hatte, führte zu dem Schluss: »Er hatte immer einen kleinen Tick, aber jetzt ist er vollkommen verrückt geworden!« Der Gedanke, ein Mädchen unbestimmten Alters, das Bachs Tochter sein konnte, sollte in Bachs Unterkunft nächtigen, brachte die Gnadentaler Hausfrauen in Rage. Das Dorf brummte vor Tratsch über das anrüchige Fräulein und den sittenlosen

Schulmeister, der den braven Gnadentalern so viele Jahre lang vorgespielt hatte, er könne kein Wässerchen trüben.

Am Tag nach der Examinierung durch Pastor Händel führte Bach Klara zu einem Spaziergang aus, um ihr das Dorf und seine Lieblingsplätze in der Umgebung zu zeigen. Doch das Vorhaben endete kläglich: Jeder, der ihnen entgegenkam, wechselte auf die andere Straßenseite, möglichst weit weg von dem skandalösen Paar, blieb stehen und starrte ihnen angewidert, doch mit gierigem Interesse nach, als gäbe es eine Eidechse mit zwei Köpfen oder einen Krebs mit Tierpfoten statt Scheren zu begaffen. Die Frauen steckten die Köpfe so dicht zusammen, dass die Rüschen ihrer Hauben sich berührten, flüsterten miteinander und warfen den beiden unmissverständliche Blicke zu. Sie waren kaum zehn Häuser weit gekommen, da bat Klara, zur Schule zurückzugehen.

Von Stund an ging sie nicht mehr aus dem Haus. Tagaus, tagein saß sie in Bachs Zimmerchen und lauschte darauf, was draußen vor sich ging. Wenn ein Bauernwagen klapperte oder fremde Stimmen erklangen, schlug sie die Hände vors Gesicht. Erst wenn Wagen und Menschen vorüber waren, hob sie den Kopf. Ihre Wangen wurden blass und eingefallen, der Mund eine dünne, verkniffene Linie. In ihren Augen erschien etwas Kaltes, Leidenschaftsloses, als lebten sie von ihrem Körper getrennt und gehörten einer anderen Person, die viel älter und weiser war als sie. Als irgendein Dorftrottel aus Spaß zum Fenster hereinschaute, um das »berühmte Fräulein« genauer in Augenschein zu nehmen, zog Bach am Morgen die Fenstervorhänge nicht mehr auf. Als einer das Fenster mit Lehm bewarf, schloss er die Läden. Nun lag das Zimmer im Halbdunkel. Erstaunlicherweise gefiel das Bach. Es erinnerte ihn an die erste Nacht, die er hier mit Klara verbracht hatte.

Anfangs war er bemüht, Klara mit Gesprächen zu unterhalten – über die gemeinsam gelesenen Bücher, über große Gestalten der Geschichte oder die der Wissenschaft bekannten Regeln der Dichtkunst. Aber wenn er einen ihrer traurig fragenden Blicke auffing, in denen er Sehnsucht, Hoffnung und schüchterne Erwartung las, dann stockte er; die Worte im Mund und die Gedanken im Kopf gerieten ihm durcheinander. Er verlor den Faden, stammelte und verstummte schließlich ganz. Bücher, Feldherren und Monarchen, ja selbst die schönsten Gedichte kamen ihm jetzt unpassend und unangebracht vor. Doch über etwas anderes zu reden war Bach nicht imstande. Außerdem wurde er das Gefühl nicht los, jemand stehe draußen am Haus und lege das Ohr an die geschlossenen Fensterläden, um sie zu belauschen. So verstummte sein sinnloses Geschwätz nach und nach, und sie wechselten immer weniger Worte. Er beruhigte sich damit, dass es im Haus viele Bücher gab. Klara konnte nehmen, welches sie wollte, und sich mit Lesen die Zeit vertreiben – morgens, wenn er in den Klassenraum zu seinen Schülern ging, und abends, wenn er zurückkehrte, den Rücken selig an den warmen Ofen lehnte und seinen bewundernden Blick auf der geliebten Frau ruhen ließ.

Um Klaras enttäuschte Hoffnungen tat es ihm unendlich leid. Bach fühlte sich schuldig und war zugleich auch glücklich, maßlos glücklich darüber, dass er sie anschauen, hören und manchmal, wenn er ihr dabei half, den Wasserkessel vom Ofen oder ein Buch vom Regal zu nehmen, sogar mit dem Ellenbogen berühren durfte. Es tat ihm weh, zu sehen, wie Klara stundenlang tatenlos und selbstvergessen mit erloschenem Blick auf seinem Bett saß. Zugleich freute sich ein Teil seiner Seele über diese Abgeschiedenheit, denn so gehörte sie ihm allein. Es war bitter, die Vorwürfe der Gnadentaler zu hören; unter ihren tadelnden Blicken wurde er immer kleiner, denn er begriff durchaus die Zweideutigkeit seines Verhaltens und litt darunter. Aber kaum hatte er die Tür geöffnet und war in seine Kammer getreten, wo er den zarten Duft von Klaras Haar wahrnahm, das Rascheln ihres Kleides hörte und im Dämmerlicht ihr Profil erblickte, da waren alle Schuldgefühle dahin, von Freude und Entzücken wie weggeblasen. An Klaras Seite fühlte er sich stark und allmächtig, als stünde er im Zentrum des Gewitters und sein Blut sei wieder von der brennenden Spannung des Frühlings aufgeladen. Ihm war klar, dass Klara seine Begeisterung nicht teilte. Er wusste auch, dass es so nicht weitergehen konnte, dass dieses absurde Theater so oder so ein Ende finden musste.

Inzwischen nahmen die Gerüchte zu wie der Hefeteig im Backtrog. Ob sie ein böses Hirn absichtlich in Umlauf setzte oder sie von allein entstanden, wie auch ein gottesfürchtiger Christ zuweilen Läuse bekommt, war kaum zu sagen. Der Geschichten gab es so viele, sie waren so bunt und voller Einzelheiten, dass man sie einfach glauben musste. Es wurde geraunt, das Mädchen heiße überhaupt nicht Klara, sondern Kunigunde, sie sei niemand anderes als eine heimliche Tochter Bachs, der zuerst ihre schöne Mutter zugrunde gerichtet habe und jetzt sein eigenes Kind heiraten wolle. Sie sei zwar vom Scheitel bis zum Nabel sehr schön, aber weiter unten mit harten schwarzen Haaren bedeckt wie der Igel mit Stacheln. Sie heiße gar nicht Kunigunde, sondern Kakilia, und in ihrem rechten Strumpf trage sie stets eine frisch geschnittene Weidenrute mit sich herum, niemand wisse, wozu. Sie heiße nicht Kakilia, sondern sei bis zu diesem Herbst als namenloses Wesen in einem fernen Tal an einen Brunnen gekettet gewesen.

Vom Schulmeister hieß es, bei seinen abendlichen Rundgängen kniee er am Soldatenbach nieder, senke den Kopf zum Wasser und schlecke dieses mit der Zunge wie ein Hund. Auf dem Schindacker wühle er mit den Händen die Erde auf und beschmiere damit die Wände seiner Kammer. Er verstehe Türkisch, was allein ihn höchst verdächtig machte. Er habe in einer Erdhütte in der Steppe viele Jahre lang eine Frau gefangen gehalten, die er jetzt heiraten und mit ihr nach Brasilien auswandern wolle.

Wenn die Kinder nicht im Haus waren, steckte man die Köpfe zusammen und redete über die Ferkeleien, die sich nachts im Schulhaus abspielen sollten. Als der Herbst zu Ende ging, erreichten die Gerüchte ein solches Ausmaß und waren mit derart schlimmen Einzelheiten gespickt, dass Pastor Händel, der zufällig davon hörte, seine Predigten an drei aufeinander folgenden Sonntagen dem Gebot widmete »Du sollst nicht falsch Zeugnis reden wider deinen Nächsten«.

Als Erste weigerte sich Melonen-Emmy, ihre Kinder weiter in die Schule zu schicken. Nach drei Tagen erschien morgens kein Kind mehr zum Unterricht. Eine Woche später waren die Männer mit dem Schweineschlachten und dem Herstellen von Wurst für den Winter fertig, hatten den größten Teil des Hausgeflügels geschlachtet und die Vögel, akkurat gerupft und ausgeweidet, auf Eis gelegt. Nun trafen sie sich zur Dorfversammlung, die wie üblich im Schulhaus stattfand. Dort forderten sie von Dorfvorsteher Dietrich einen neuen Lehrer für die Schule von Gnadental.

Es war Ende November, Fröste hatten eingesetzt, und das Land ringsum war tief verschneit. Die Wege waren verweht, die Straßen menschenleer, nur noch selten verließ ein Schlitten das Dorf, das in Erwartung des Weihnachtsfestes zur Ruhe kam. In diesen Tagen einen neuen Lehrer zu finden war aussichtslos, und doch entbrannte eine heftige Diskussion. Lag es daran, dass das Thema das Blut der Männer besonders erhitzte oder dass der Gegenstand, ein sommersprossiges Mädchen mit unschuldigen Augen und einer Stupsnase, hinter der dünnen Wand in der Kammer nebenan saß, jedenfalls wurde an diesem Abend besonders ohrenbetäubend gebrüllt, so dass der Dorfvorsteher mehrfach mit dem Lineal aufs Pult schlagen und Ruhe einfordern musste.

»Mein Ältester ist im Krieg geblieben, die Mittleren sind in Gefangenschaft, und den Jüngsten können wir nicht einmal ordentlich unterrichten lassen, weil die Frau Angst hat, ihn morgens zur Schule zu schicken! Ist das in Ordnung?!«, schrie der kleine dürre Kohl.

»Warum holen wir nicht alle miteinander das Weib mit Gewalt aus der Schule heraus?! Und dann ab mit ihr zum Pastor in den Keller ohne Essen und Trinken, da fällt ihr die Buße leichter!«, rief der finstere Böll mit Schnurrbart. »Und den Schulmeister jagen wir barfuß ums Dorf, bei Nacht! Dann kommt er vielleicht zu Verstand!«

»Raus mit den beiden aus dem Dorf! Aufs Wolgaeis mit Sack und Pack! Sollen sie doch gehen, wohin sie wollen! Unseretwegen ins Nachbardorf oder gleich nach Brasilien!«, grölte Gauß, der immer alles nachplapperte.

»Woher soll ich denn mitten im Winter einen neuen Schulmeister nehmen? Vielleicht aus Schnee zusammenpappen?«, fragte Dorfvorsteher Dietrich. »Solange Bach allein gelebt hat, hat er seine Sache gemacht. Soll er auch weiter allein leben. Und die Kinder unterrichten! Die Schrullen in seinem Kopf sind doch gar nicht so schlimm. Ein bisschen Scheiße schadet nicht!«

Schließlich wurde entschieden, Pastor Händel zu bitten, bis Weihnachten den Schulunterricht zu übernehmen. Den irregeleiteten Schulmeister forderte man ein letztes Mal auf, zur Vernunft zu kommen und in den Schoß der Dorfgemeinschaft zurückzukehren, das Mädchen Klara freiwillig der Kirche zu übergeben und ab Anfang Januar wieder seine Pflicht zu erfüllen.

Bach saß den ganzen Abend lang völlig teilnahmslos an einem der eisernen Öfchen. Er hörte zu, was gesprochen wurde, blickte dabei jedoch starr in die Flammen. Als man ihn fragte, ob er der Versammlung etwas zu sagen habe, verzog er nur das Gesicht und zuckte die Schultern. »Nichts«, antwortete er. Da gingen sie auseinander und ließen ihn allein zurück.

Bach begab sich in sein Zimmer. Da stand Klara, die Wange an den Ofen gelehnt. Sie hatte natürlich alles bis aufs letzte Wort gehört, denn nur eine dünne Bretterwand trennte das Klassenzimmer vom Wohnraum.

»Was soll denn jetzt werden?«, wollte er sie wie schon vor ein paar Wochen fragen. Aber er traute sich nicht.

Bemüht, keine Geräusche zu machen, breitete er die alte Schaffelljacke über den Ofen – das Bett hatte er vom ersten Tage an Klara abgetreten – und rollte sich darauf zusammen. Er merkte gar nicht, wie er auf dem Ofen einschlummerte.

Mitten in der Nacht fuhr er mit dem Gedanken aus dem Schlaf: Klara ist nicht da.

»Klara!«

Er sprang auf und schaute sich um: Die Petroleumlampe erleuchtete ein leeres Zimmer. Er wollte vom Ofen springen, drehte sich aber ungeschickt und stieß sich den Ellenbogen.

»Klara!«

Er schaute hinter den Ofen: Da war niemand.

Im Klassenraum auch nicht.

Er lief auf die Treppe hinaus: Kein Mensch zu sehen.

»Klara!«

Der Wind stieß ihn vor die Brust, Eisnadeln zerkratzten ihm die Stirn. Bach lief ins Zimmer zurück und schaute nach dem Nagel an der Tür. Dort hing nichts mehr. Klara war in ihrer einzigen, leicht wattierten Tuchjacke fortgegangen. Er zog sich die Schaffelljacke über, stülpte sich die Pelzmütze auf den Kopf, schlüpfte in die Filzstiefel, packte das Federbett, um Klara darin einzuhüllen, und lief in die Nacht hinaus.

Am Himmel hing ein trüber gelber Mond. Bei diesem Licht sah der Schnee aus wie riesige Haufen frischer Butter. Quer über dem Platz lag der Schatten des Kirchturms. Von der Treppe des Schulhauses führten zahllose Spuren fort und verteilten sich nach allen Seiten. Das halbe Dorf war bei der Versammlung gewesen. Bach blieb einen Augenblick stehen und wandte sich dann in Richtung Wolga. Er wusste selbst nicht warum, aber das schien ihm der richtige Entschluss zu sein.

Bach drückte das dicke Federbett an sich, das ihm die Sicht auf den Weg versperrte, schluckte Schneeflocken, stolperte vor sich hin, weil er immer wieder auf einen herabhängenden Zipfel des Deckbetts trat. Irgendwie stapfte er an den dunklen Häusern vorüber, über den bereits tief verschneiten Marktplatz mit den drei großen Ulmen, an den in Reih und Glied stehenden Verkaufsbuden, am Brunnenhaus, an den Läden für Kerzen und für Petroleum vorbei, bis er endlich das Flussufer erreichte.

Dort schaute er sich um. Da sah er: Die Hälfte der Welt nahm der schwarzgrüne Himmel ein, die andere Hälfte die gelbliche Schneedecke auf dem Wolgaeis. Dort, bis zu den Hüften im Schnee versinkend, bewegte sich ein kaum erkennbarer Schatten. Es war Klara.

Er folgte ihren Fußstapfen und hatte sie bald eingeholt. Etwas stärker als sie war er immerhin. Er hüllte sie in das Federbett ein, Klara ließ es geschehen. Dann gingen sie zusammen weiter. Er als Erster, um den Weg durch den Schnee zu bahnen. Der Zweite hatte es leichter. Klara widersetzte sich nicht.

Während er sich durch den watteweichen Schnee kämpfte, wurden ihm Körper und Hände warm. Er fragte nicht, wohin sie gehen wollten. Er wusste es: zum rechten Wolgaufer, zu ihrem Gehöft, nach Hause.

Auf der linken Seite des Stromes ließ er das Klassenzimmer zurück, in dem der schwere Atem der wütenden Männer hing, die unverschlossene Kammer, die noch glühenden Holzscheite im Ofen, das nicht zu Ende gelesene Buch im Pappeinband, die nicht ausgebesserte Jacke, den bereiften Lehmbrocken an der Fensterscheibe, ein wenig Buchweizengrütze im Topf und ein paar Löffel Petroleum in der Lampe – das war alles.

5

Das Gehöft erwartete sie schon. Das Haus, bis zu den Fensterrahmen im Schnee versunken, schaute ihnen mit geschlossenen Fensterläden traurig entgegen. Aus den Schneewehen reckten ihnen die Apfelbäume ihre vereisten Äste zu. Noch bei Sternenlicht heizten Bach und Klara den Ofen, nachdem sie im Schuppen ein paar Klötze Holz gefunden hatten. Im Teekessel brachten sie Schnee zum Schmelzen, tranken sich an heißem Wasser satt und sanken, von Müdigkeit überwältigt, nahe beim Feuer in den Schlaf.

Von hellem Sonnenlicht wurde Bach geweckt. Die Strahlen durchdrangen das ganze Haus – vom Mädchenschlafzimmer über den Wohnraum bis zu der kleinen Küche mit dem riesigen Ofen in der Mitte. Klara war schon auf den Beinen und hatte alle Fensterläden geöffnet. So nahmen die beiden das Haus in Besitz und wärmten es Zimmer für Zimmer, Meter um Meter.

So gewaltig es von außen wirkte, war es drinnen gar nicht so weitläufig, als würde der ganze Raum von den ungewöhnlich dicken Stämmen der Wände verbraucht, die stärker waren als der dürre Bach und die zarte Klara. Das einzige wirklich große Zimmer war der Wohnraum, von dem drei Schlafzimmer abgingen – für Klara, für Grimm und für Tilda. Die Kirgisen hatten im Stall geschlafen, wo es ebenfalls einen Ofen gab. Die Wohnzimmerfenster, auf denen jetzt dicker Reif lag, schmückten weiße Baumwollgardinen. Auf den breiten Fensterbrettern standen Kerzenleuchter. In den Ecken gusseiserne Gestelle für Kleinholz, Stühle mit geschnitzten Lehnen und Korbsessel. Längs der Ofenwand verlief eine lange ungestrichene Bank, die mit einer Hanfmatte bedeckt war. Der Ofen wurde von der Küche her geheizt, und nur seine breite Seitenwand reichte in den Wohnraum. Sie war mit rotbraunen Kacheln bedeckt, die wie Honigkuchen aussahen. An den aus Baumstämmen gefügten Wänden hingen gehäkelte Beutelchen für Scheren oder für die Bibel, dazu ein seidener Wandbehang mit dem kunstvoll gestickten Spruch »Arbeit ist der Schmuck des Lebens«. Der gestampfte Lehmboden war sorgfältig gefegt und mit Sand bestreut, als ob hier erst gestern die fleißige Tilda am Werk gewesen wäre.

Die Schlafkammer der alten Frau war so eng, dass sie nur einer Person Platz bot, die sehr mager war und sich äußerst vorsichtig bewegte. Fast den ganzen Raum nahm das große Bett mit dem glatt gehobelten Gestell und den weit auseinander stehenden Füßen ein. Darunter hatten zwei riesige Truhen Platz, die mit alten Kleidern und allem möglichen Kram gefüllt waren. Um sie ans Licht zu holen, musste man sich auf die Knie niederlassen und mit aller Kraft an den eisernen Griffen ziehen, die an beiden Seiten angebracht waren. Erst dann kamen sie widerwillig hervor und hinterließen auf dem Lehmboden tiefe Furchen. Wenn man eine solche Truhe öffnen wollte, musste man aufs Bett steigen, so eng war es in dem Zimmer. Bach konnte sich nicht genug wundern, wie vorausschauend die alte Bedienstete gewesen war. Ihre Schatzkisten enthielten eine solche Unmenge festlicher Kleidungsstücke, dass sie wohl für ganz Gnadental ausgereicht hätten. Zwischen Beutelchen mit wildem Wermut gegen die gefräßigen Motten lagen übereinander geschichtet Kniehosen aus feinem Tuch mit ledernen Schnürchen unter dem Knie, gestrickte wollene Westen für Männer und Frauen mit Knöpfen aus Hirschhorn, Metall oder Glas, flauschige, wattierte Jacken mit samtenen Kragen, gestreifte Strümpfe in den schönsten Farben, üppige Hauben aus Barchent, mit Spitze eingefasst und mit langen Bändern versehen, mit Borten geschmückte Röcke aus mehreren Lagen grober Woll- oder Baumwollstoffe … Die Sachen waren derart altmodisch, dass man sie vielleicht bei der Vorführung eines Weihnachtsmärchens, aber kaum im Alltag tragen konnte. Entweder waren sie wirklich sehr alt oder nach alten Mustern gefertigt. Auf Tildas Bett lag eine dunkle Überdecke aus fein geklöppelter Spitze. Darauf türmten sich ganze Pyramiden unterschiedlichster Kissen in mit Kreuzstich bestickten Bezügen. Die geschnitzte Sitzbank und das erdbeerrote Spinnrad, die Bach bereits kannte, standen neben der Tür. An den Wänden hingen, an Kupfernägeln aufgereiht und wie Schmuckstücke wirkend, weitere Gerätschaften – Spitzenklöppel, ganze Bündel von Strick- und Häkelnadeln, zahlreiche Bürsten für die Wolle, Kämme und Spulen in verschiedenen Größen. Jedes Mal, wenn Bach in dieses Zimmer trat, schien ihm, als sei es noch ein paar Zentimeter schmaler und kürzer geworden. Ganz anders Klaras Mädchenzimmer. Es bot sich ihm hell und geräumig dar. Der Raum, dem alle grellen Farben fehlten, wirkte klar und rein wie seine Besitzerin. An der einen Wand das ohne ein einziges Fältchen zugedeckte Bett, an der anderen die Wäschekommode und eine Bastmatte auf dem Fußboden dazwischen. Das war die ganze Einrichtung. Anfangs wagte es Bach kaum, das Zimmer zu betreten. Später, als er sich eingelebt und mehr Mut gefasst hatte, entdeckte er auf den sauber abgeschliffenen Stämmen der Wand etwas, das ihn veranlasste, niederzuknien und einen halben Tag lang alle Stämme einen nach dem anderen abzusuchen. Sie alle trugen Inschriften. Mit zartem Fingernagel hatte Klara Tausende Wörter in das vom Alter geschwärzte Holz geritzt. Darunter fand Bach Gedichtzeilen, komplizierte Wörter aus den Diktaten, aber auch bestimmte Fragen, die Klara für ihn in das Goethebändchen geschrieben hatte, dazu Sätze aus ihren Dialogen und ihren eigenen Namen. Der kam mehr als einhundert Mal vor. Die Worte und Buchstaben bedeckten alle Wände vom Fußboden fast bis zur Decke. Fehler entdeckte er nur wenige. An diesem verworrenen »Tagebuch« hatte Klara wahrscheinlich den ganzen Sommer lang geschrieben. Papier gab es auf dem Gehöft nicht, und seiner Schülerin ein paar Bogen für eigene Übungen zu überlassen, war Bach nicht in den Sinn gekommen. Deshalb hatte sie die Wände beschrieben. Der zarte Schmuck war nur bei gutem Licht und aus sehr kurzer Entfernung zu erkennen. Weder die melancholische Tilda noch der ewig beschäftigte Udo Grimm schienen ihn bemerkt zu haben.

Das Schlafzimmer des Vaters lag nebenan. Beide Räume bezogen ihre Wärme von einem weiteren Ofen, den man von Grimms Seite her heizte. Diesen Raum betrat Bach nur, um Holz im Ofen nachzulegen oder etwas aus dem riesigen Kleiderschrank zu holen. Die düstere, drückende Atmosphäre dieses Zimmers – die dunkelgrünen tatarischen Teppiche an den Wänden, das riesige Bett unter einem mit Gobelins behängten Baldachin oder der massive Samowar aus rotem Kupfer auf dem Fensterbrett – all das löste bei Bach ein seltsames Schamgefühl aus, als ob es sich nicht um Teppiche oder einen Samowar handelte, sondern Udo Grimm persönlich zornig und vorwurfsvoll auf ihn schaute. Daher schlief Bach auch auf der Ofenbank im Wohnzimmer und verbarg sich dabei der Schicklichkeit halber hinter dem bekannten Wandschirm. Im Haus war alles noch so, wie es Bach von seinen Besuchen im Sommer her in Erinnerung hatte. Lediglich der Glaskasten mit den Tabakspfeifen des Hausherrn und ein paar Fotografien in schwarzlackierten Rahmen waren verschwunden. So machte das Haus einen wohnlichen Eindruck, als ob seine Bewohner es nie verlassen hätten. Das konnte Klara erklären: Grimm hatte ihr und Tilda nur erlaubt, das Allernötigste auf die Reise mitzunehmen, dazu eine paar kleine Dinge, die ihnen besonders am Herzen lagen. Daher war fast der gesamte Hausrat – Kleidung, Geschirr und Möbel – zurückgeblieben. Vor der Abreise hatte der Vater das Gehöft einem Geschäftsmann aus Saratow anvertraut, der sich verpflichtet hatte, ein Auge darauf zu haben und dort für Ordnung zu sorgen, bis Grimm in

Deutschland Fuß gefasst hatte. Danach sollte er es mit allem Inventar zu Geld machen. Anfangs waren Bach und Klara darauf gefasst, den Mann von einem Tag zum anderen auftauchen zu sehen, doch der ließ sich nicht blicken. Der Winter verging, der Frühling kam und nach ihm der Sommer, aber niemand erschien mit dem Wunsch, das Anwesen in Augenschein zu nehmen. Schließlich hörten sie auf zu warten. Auch Udo Grimm selbst tauchte nicht auf, um nach seiner verlorenen Tochter zu suchen. »Bestimmt hat er mich verflucht«, bemerkte Klara einmal.

Sie schien ihre Rückkehr auf das Gehöft beherrscht aufzunehmen. Ihre Gesichtszüge bewahrten jenen gleichmütigen Ausdruck, den sie angenommen hatten, als sie zwei Monate lang in seinem Schulhaus sitzen musste. Bach beruhigte sich damit, dass dieser Ausdruck ihr eigen war. Doch das Feingefühl und die Schüchternheit, die ihn anfangs in ihrer Stimme so fasziniert hatten, waren bei ihr offenbar mit einem sehr entschlossenen Charakter und einem festen Willen gepaart. Nicht ein einziges Mal beklagte sie sich oder machte ihm Vorwürfe, obwohl er darauf vorbereitet war, ja es sogar erwartete. Wenn er ihr die Hände küsste oder seine Stirn schuldbewusst in der gestreiften Schürze barg, die sie von der alten Tilda geerbt hatte, dann bat er sie stumm um Verzeihung. Doch Klara schwieg. Nur einmal ließ sie fallen: »Wie schade, dass ich mir damals nicht alles richtig angeschaut habe – den Bahnhof, den Markt, die fremden Menschen, den Mann mit dem roten Bart …« Danach erwähnte sie das nie wieder.

Beide sprachen jetzt wenig miteinander. Was keine Worte erforderte, wurde schweigend verrichtet. Ein Blick oder ein Kopfnicken genügte, dass sie sich verstanden. Warum musste man auch sagen, dass er beim Angeln erfolgreich gewesen war und zwei dicke Karpfen gefangen hatte, wenn diese mit glänzenden Schuppen im Korb lagen? Oder dass die in der Nacht herabgefallenen Äpfel aufgelesen werden mussten, bevor sie die Mäuse anknabberten, wenn sie so rot aus dem Gras leuchteten, dass man es vom Vorhäuschen aus sehen konnte? Dass beim Schuppen eine tote Ratte lag? Dass Bachs an den Knien durchgewetzte Hose geflickt werden musste? Dass er sich von seiner Erkältung wieder erholt hatte? Dass er in dieser Nacht wie auch in der vorigen und seit vielen Nächten Klara in ihrem handgewebten Wollrock und der weißen Haube im Traum gesehen hatte und darüber glücklich war? Ihr Leben lag vor ihnen wie ein offenes Buch, es war mit den Händen zu greifen – ein reales, sinnliches Leben voller Blumen und Gerüche. Dass Bach und Klara so wenig miteinander redeten, worauf sie sich stumm geeinigt hatten, ließ dieses Leben nur noch fühlbarer, jedes gesprochene Wort noch gewichtiger erscheinen.

Seltsamerweise hörten sich die Worte jetzt auch anders an. Die Gedichte, die Bach zuweilen abends laut deklamierte, wenn er und Klara am Steilufer standen und auf die tief unten plätschernden Wellen der Wolga schauten, klangen so klar und stark, als hätte er sie mit schwarzer Tusche an den flammenden Himmel geschrieben, als seien sie mit Gold und Edelsteinen auf grobes Leinen gestickt. Die Lieder, die Klara sang, die Schwänke, die sie erzählte, all die Sprichwörter und Redensarten, all die einfachen Märchen und Geschichten hingegen gehörten zum Gehöft wie das Gras oder die Spinnweben, wie der Geruch von Wasser und Steinen. Sie passten zu diesem einsamen Leben und wuchsen aus ihm heraus. Daher verspürte Bach nie den Drang, Klaras Worte zu korrigieren. Nach wie vor hörte er ihr sehr gern zu, aber jetzt, ohne sie zu unterbrechen. Er lernte sogar, im Dialekt eine bestimmte Schönheit zu entdecken. Wie zuvor bat er Klara, ihm Märchen zu erzählen. Das tat sie bereitwillig, und wenn es zum ersten, zum zweiten oder zum zehnten Mal war. Geschichten von Holzfällern und Fischern, Schornsteinfegern und Gärtnern, goldenen Äpfeln und sprechenden silbernen Fischen ... Manchmal schien es, dass sie vom Gehöft und von ihnen selbst erzählte.

Bach war jetzt in der Tat sowohl Holzfäller als auch Fischer, Schornsteinfeger und Gärtner. Alle diese Tätigkeiten eignete er sich an – wie man Bäume fällt, Hasen in der Schlinge fängt, Teer kocht und damit das morsche Boot ausbessert, wie man das Dach mit Stroh deckt, die Ritzen im Fußboden mit Lehm verschmiert, wie man den Brunnen reinigt, wie man die rauen Stämme der Apfelbäume zu Jahresanfang kalkt und zum Jahresende in Lumpen und Schilf einpackt. Er erlernte alles, was für ihr Leben wirklich gebraucht wurde. Manches begriff er von selbst, anderes zeigte ihm Klara. Mochten seine Hände auch ungeschickt, seine Bewegungen ungelenk und seine Finger schwach sein, doch jede gelungene Sache machte ihm Freude, als sei er kein erwachsener Mann, sondern ein kleiner Junge, der gerade erst lernte, aus Lehm Häuser für seine Spielzeugsoldaten zu formen oder für sie aus Stroh uneinnehmbare Festungen zu bauen. Am Anfang war nicht das Wort, sondern die Tat – das wusste er jetzt.

Das speckige Jackett und die durchgewetzte Hose, mit denen Bach auf das Gehöft gekommen war, verschlissen bei der schweren Bauernarbeit schnell. Klara arbeitete für ihn ein paar Sachen aus dem reichen Angebot von Tildas Truhen um: weite Hemden aus ungebleichtem Leinen mit Umschlagkragen und Puffärmeln, pludrige Hosen ohne Knöpfe, mit einem Band um den Bauch. Über allem trug

Bach jetzt bei jedem Wetter eine Fellweste, die wohl einer der Kirgisen zurückgelassen hatte. Die hielt selbst beim stärksten Wind warm. Lediglich in der Sommerhitze legte er sie ab. Diese bunte, an seine schmächtige Figur angepasste Kleidung gefiel Bach, er sah in ihr einen tieferen Sinn: Jetzt war er selbst Udo Grimm, Kaissar und die übrigen Kirgisen zusammengenommen: Herr, Arbeiter und Fischer zugleich. Ein Jäger wurde nicht aus ihm, denn im Haus fand sich kein Gewehr. Das war auch besser so, denn schießen hätte Bach wohl kaum gelernt.

Seine Hände wurden rasch grob und schwielig, die Gelenke knorrig und schwer. Er verlernte es bald, sich wegen abgebrochener Fingernägel und in die Haut eingefressenen Schmutzes zu schämen. Da er auch kein Rasiermesser fand, wuchs ihm ein Bart, dünn und weich wie ein Kälberschwanz. Der stand ihm wahrscheinlich nicht, aber das wusste er nicht genau. Sein Bild konnte er nur in einem Eimer mit Wasser betrachten, denn Spiegel gab es auf diesem Gehöft nicht. Als das ungeschnittene Haar ihm über Ohren und Nacken wuchs, band er es mit einer Schnur am Hinterkopf zusammen, damit es ihn nicht bei der Arbeit störte. Das schulterlange Haar flocht er später zu einem Zopf wie die Kirgisen.

Die Taschenuhr verlor er durch sein eigenes Ungeschick – sie fiel ihm beim Angeln in die Wolga. Seitdem maß er die Zeit nicht mehr nach Minuten, sondern nach dem Morgen- und Abendtau, dem Lauf der Sterne am Himmel und den Mondphasen, den Schneefällen, der Dicke des Eises auf dem Fluss, der Blütezeit der Apfelbäume und dem Zug der Vogelschwärme über der Steppe. Ihm schien, dass die Zeit auf dem Gehöft ihren ganz eigenen Lauf nahm. Möglicherweise war dieser in Petersburg oder Saratow, ja selbst in Gnadental immer noch rasch und voller Schwung. Doch hier, unter hundertjährigen Eichen, im Schatten Früchte tragender Apfelbäume, in den Wänden dieses solide gebauten Hauses, dem Wind und Wetter nichts anzuhaben schienen, floss sie immer langsamer, bis man sie kaum noch spürte und sie beinahe stillstand, so wie jede rasche Strömung in einem tiefen, von Entengrütze und Schilf bewachsenen Gewässer ihr Ende findet.

Bach erwachte stets um die gleiche Zeit. Die Gewohnheit, kurz vor sechs Uhr aufzustehen, änderte sich nicht. Wenn er die Augen aufschlug, fiel ihm zuweilen ein, dass in diesem Augenblick in Gnadental die Schulglocke läutete. Doch der Gedanke löste in ihm nur träge Gleichgültigkeit aus. Er legte sich nieder, wenn ihn Müdigkeit überkam. Der eigene Körper wurde Bachs Uhr, die wesentlich genauer ging als die in der Wolga versunkene mechanische Zwiebel. Ihm fiel auf, dass er jetzt tiefer schlief, schneller und genussvoller aß. Zuweilen ertappte er sich dabei, dass er ein besonders appetitliches Stück mit den Fingern nahm, so gut schmeckte es ihm. Das lag offenbar daran, dass Klara es zubereitet hatte.

Klara war schön, sie blieb es bei jedem Wetter und zu jeder Tageszeit. Schön war sie mit einer vom Frost geröteten Nase und bereiften Wimpern. Mit Wangen, deren Haut sich vom Sonnenbrand schälte. Mit vom Herbstwind gesprungen Lippen und bei Erkältung laufender Nase. Mit einer fieberheißen Stirn. Mit von der Arbeit rau gewordenen Fingern und schwieligen Handflächen. Mit den ersten Fältchen, die sich kaum sichtbar über das zarte Gesicht zogen. Sie war einfach wunderschön. Wie ihr Tildas altmodische Kleider standen! All diese Wollröcke in Blau, Rot und Schwarz, die die Frauen im Winter übereinander trugen, die Blusen, zu denen gelbe Glasperlenschnüre passten, die in der Taille mit Zackenlitze geschmückten Mieder mit den glänzenden Knöpfen für die Schnürung, die gestreiften und gepunkteten Schürzen aus grober Baumwolle oder jene aus Musselin mit dem großen Blumenmuster … Ihr stand jede Kleidung. Jeder Handlung verlieh sie einen Sinn. Wäre sie eines Tages auf dem Kopf gestanden, dann hätte Bach es ihr unverzüglich nachgetan und den ganzen Tag voller Freude in dieser Stellung verharrt, ohne zu fragen, warum.

Klara führte ihre bescheidene Wirtschaft mit ruhiger, fester Hand. Sie schuppte den Fisch für die Suppe und nahm ihn aus, sie sammelte die ersten Kräuter für den Tee, sie trocknete Knospen und junge Sprosse zur Behandlung von Erkältungen, sie suchte ferne Waldwiesen auf, um Birkensaft als Stärkungsmittel im Frühjahr zu holen. An näheren Stellen grub sie nach Lehm, mit dem sie den Fußboden ausbesserte. Sie bestellte den Gemüsegarten und betete jeden Morgen, das Gesicht der aufgehenden Sonne zugewandt, für eine gute Ernte. Danach ging sie stets in den Obstgarten und wiederholte das Ritual für alle Gewächse im Allgemeinen und die Apfelbäume im Besonderen. Sie kochte für Bach, behandelte seine Leiden und brachte ihm notwendige Dinge bei. Sie besserte seine Kleidung aus. Sie übernahm das Spinnen und Weben. Zwar hatten sie bislang Sachen genug, aber man musste an die Zukunft denken. In einer Kammer fanden sie mehrere große Bündel ungekämmter Wolle, die Grimm wahrscheinlich hatte verkaufen wollen. An einem kalten dunklen Abend begann das erdbeerrote Spinnrad wieder zu surren, tanzten die roten Lichtflecke wie früher über die Wände des Wohnraums. Das Pedal trat Klara mit bloßem Fuß, wie es sich für eine gute Spinnerin gehörte. Als Bach sie so sah, hätte er sich am liebsten vor dem Spinnrad auf den Fußboden gelegt und endlos dort verharrt, nur um das Geräusch zu hören und ihr zuzuschauen.

Den Wunsch, sich Klara zu Füßen zu legen, hatte er oft. Von mehr träumte er nicht, daran wagte er gar nicht zu denken. Und wenn doch, dann schämte er sich und wies alle weiteren Gedanken von sich. Doch eines Tages kam Klara von selbst zu ihm. Das geschah eines Nachts in ihrem ersten Jahr, als der Frühling sich ankündigte. Sie hätte ihn zu sich rufen können, aber sie kam aus ihrem Mädchenzimmer in den Wohnraum heraus, wo Bach auf der Ofenbank schlief, ertastete in der Dunkelheit seine Hand, die von der Arbeit schon hart geworden war, und zog ihn mit sich. Er, noch halb im Schlaf, begriff nichts, ließ sich irgendwohin führen und niederlegen. Erst als er Klaras warmen Körper an seiner Seite spürte, verstand er plötzlich, fuhr zurück, als habe er sich verbrannt, sprang auf und lief zum Fenster. Wäre aus ihrem Mund nur ein Wort gekommen, dann hätte er wahrscheinlich aufgeschrien, so sehr war er bis ins Innerste erschüttert. Aber im Raum blieb es still und dunkel. Bach hörte nur seinen eigenen erregten Atem. Erst beträchtlich später kam er zu Klara zurück und legte sich zu ihr unter sein vertrautes Federbett aus Entendaunen ... Von jenem Tag an schliefen sie beieinander.

Dabei hatte er ständig das Gefühl, dass Klara auf etwas wartete. Ihre weit geöffneten Augen schauten nicht zu den Deckenbalken, sondern höher hinauf. Sie blickte in die Zukunft, wo sie offenbar verheißungsvolle, wunderbare Bilder sah, die Bach nicht zugänglich waren. Auch am Tage bemerkte er manchmal, dass sie beim Beschneiden der Bäume im Garten oder beim Kartoffelschälen plötzlich innehielt, als lausche sie in sich hinein. Dann ging sie zum Ufer, wo sie lange saß und auf den Fluss schaute. Wenn sie zurückkam, hatte sie rote Wangen und einen strahlenden Blick. Wenn dann aber die unvermeidlichen Tage einsetzten, wurde sie blass und ließ den Kopf hängen.

Allein der Gedanke an ein Kind ängstigte Bach. War es erst einmal auf der Welt, dann hatte ihr bisheriges ruhiges Leben wohl ein Ende. Aber er stritt nicht mit Klara darüber und war bestrebt, ihr das zu geben, wonach ihre Seele so verlangte. Er gab sich alle Mühe, doch jedes Mal, wenn er bei der nächsten Enttäuschung ihrem erloschenen Blick begegnete, verstand er: Sie war wieder nicht schwanger geworden. Offenbar brachte er es nicht einmal fertig, Klara diese Kleinigkeit zu geben. Nach und nach wurde zur Gewissheit: Ihr Bund, auf dem kein Segen lag, sollte unfruchtbar bleiben.

Bach fragte sich häufig: Was konnte er Klara geben? Sie hatte ihm alles geschenkt: das Gehöft ihres Vaters mit einem intakten Haus und fruchtbaren Garten, eine Fülle lebensnotwendiger Dinge, die seinem Herzen so notwendige Zweisamkeit, die Möglichkeit, zu arbeiten und sich lebendig zu fühlen. Sich selbst hatte Klara ihm hingegeben. Und was hatte sie dafür bekommen? Weder einen schönen, angesehenen Mann, noch die angenehme Gesellschaft des Dorfes oder eine starke Hand auf dem Hof. All die Geschichten vom gesegneten Gnadental und seinen wunderbaren Bewohnern, die er ihr einst erzählt hatte, hatten sich als Täuschung, zumindest aber als hohle Worte erwiesen. Als Angelhaken, an dem das arme Fischlein Klara angebissen hatte. Und er selbst? War er nicht auch so ein Angelhaken, den sie, hungrig wie sie war, begierig geschluckt hatte? Schuldgefühle quälten ihn. Verzweifelt suchte er nach etwas, das er Klara geben konnte, so klein und gering es auch war. Doch er konnte nichts finden.

In einer Hungersnot hätte er Klara den letzten Apfel geschenkt, aber Essen hatten sie genug. Er hätte sie in sein letztes Hemd gehüllt, um sie in der Winterkälte zu wärmen, aber die Truhen des Hauses waren randvoll mit Kleidung und Wäsche. Er konnte für sie arbeiten, was er vom letzten Stern am Morgen bis zum ersten am Abend auch tat, ohne auszuruhen. Aber sie arbeitete ebenso viel, häufig mehr, und war geschickter als er. Von dem Wenigen, das er besaß, was er konnte oder wusste, hatte er ihr nichts mehr zu geben. Die einzige Gabe – wenig genug – war er selbst: ein schwacher Körper und ein Herz, voll von unausgesprochener Vergötterung und hündischer Treue.

Klara vor einer Gefahr zu schützen und zu retten – das hätte Bach so gern getan. Aber Bären und Wölfe ließen sich nicht blicken, und die bösen Zungen unter den Menschen waren auf dem anderen Wolgaufer zurückgeblieben. Doch für alle Fälle schloss Bach jeden Abend alle Fensterläden, verriegelte die Türen und stellte neben dem Eingang eine große Mistgabel bereit. Klara sah solche Vorkehrungen mit traurigem Blick. In seinem tiefsten Inneren wusste Bach, warum: Sie wollte etwas anderes, nicht sich von der Welt abkapseln und sich vor ihr schützen, sondern in sie hineingehen, in der Kirche ihren Bund segnen lassen, sich mit der Gemeinde aussöhnen, am Sonntag zum Gottesdienst nach Gnadental fahren oder gar auf den Ostermarkt von Pokrowsk. Aber sich zu überwinden und zur Nacht auch nur ein Fenster offen zu lassen, brachte Bach nicht über sich, dafür war seine Angst zu groß.

Die Furcht, die geliebte Frau zu verlieren, saß seit Langem in ihm. Er konnte sich gar nicht erinnern, wann er sie zum ersten Mal bemerkt hatte. Doch wenn er sich auch nur vorstellte, Klara könnte nicht mehr da sein, spürte er, wie ein Schauer durch seinen Körper lief. Muskeln und

Gelenke froren förmlich ein und verloren jedes Gefühl. Von allen Empfindungen blieb eine einzige zurück – Kälte. Sie breitete sich in Bachs schmächtigem Körper aus, und er begann zu zittern. Ob er gerade in der warmen Pelzweste steckte oder unter dem dicken Federbett lag, kalter Schweiß brach ihm aus, und er bekam eine Gänsehaut. Solche Anfälle hatte er völlig unerwartet und in den absurdesten Situationen: wenn er Apfelschösslinge in den Boden setzte, Karpfen aus der Wolga zog oder das Strohdach des Hauses mit Salz bestreute. Dann ließ Bach alles stehen und liegen, ob Setzlinge, Karpfen oder Salz, und lief, Klara zu suchen. Wenn er sie dann, völlig außer Atem und schweißnass, gefunden hatte, stand er vor ihr und starrte sie an, unfähig, auch nur ein Wort zu sagen. Sie schalt ihn nicht dafür, sondern lächelte ihn nur an. Wäre dieses ruhige, weise Lächeln nicht gewesen, Bachs Herz hätte sich längst in dieser Angst verzehrt, so wie auch der beste Schuh vom langen Tragen einmal entzweigeht.

Eines Nachts schoss ihm durch den Kopf: Er war wie ein gieriger Zwerg geworden, der um sein Gold bangte. Wie Udo Grimm, der versucht hatte, die Tochter vor der ganzen Welt abzuschirmen. Dieser Gedanke ließ ihn lange nicht wieder einschlafen. Als er Klara auf dem Kissen neben sich ruhig und tief atmen hörte, glitt er aus dem Bett, nahm seine Sachen und schritt in die klare Frostnacht hinaus. Er wollte nach Gnadental gehen – allein, ohne festes Ziel oder klare Absicht. Seit sie auf ihrem einsamen Gehöft lebten, war ein Jahr vergangen. Es wurde Zeit, sich der Welt vorsichtig wieder zu nähern und herauszufinden, ob sich etwas verändert hatte. Ob er mit Klara dort auftauchen konnte, und sei es auch nur für einen Tag.

Der Gang über die Wolga beim Lichte eines weißen

Mondes und weißer Sterne dauerte lange. Ihm war, als sei der Fluss breiter geworden, was natürlich nicht sein konnte. Ihm fiel auf, dass die Schlittentrasse, die gewöhnlich im Winter auf dem Eis entstand, in diesem Jahr fest und gut ausgefahren war. Offenbar gab es viel Verkehr nach beiden Seiten, stromauf und stromab. Die Schneeschuhe schritten wie von selbst durch die Schneewehen, während Bach den Blick nicht von dem näher kommenden Gnadental wenden konnte. Da lag das ganze Dorf vom ersten bis zum letzten Haus vor ihm ausgebreitet, wie bei der schwarzen Kirchturmspitze am Himmel aufgehängt. Die Fenster waren dunkel, alles schlief – Häuser, Ställe und Gärten. Nur blaue Rauchfahnen stiegen fast unsichtbar aus den Schornsteinen auf und neigten sich leicht nach rechts, als sähe er sie in einem Zerrspiegel. Dieses Bild war ihm bekannt und vertraut. Nur die Rauchfahnen waren weniger geworden. Aus unerfindlichem Grund wurde nicht in allen Häusern geheizt. Bach nahm die Schneeschuhe ab, verbarg sie in einer Schneewehe an der Anlegestelle und ging in das schlafende Dorf.

Dort war alles so, wie er es von klein auf kannte – die Holzzäune standen gerade, die geweißten Fassaden strahlten, Fensterrahmen und Türen waren gestrichen. Nur das große Haus an der Hauptstraße, der »Palast« von Müller Wagner aus farbigen Saratower Ziegeln, nicht den billigen aus Lehm, sondern teuren, in der Fabrik hergestellten, und dem eigenwillig geformten Ziegeldach sah merkwürdig aus. Bei allen Fenstern waren die Scheiben eingeschlagen, wie schwarze Augenhöhlen starrten sie in die Welt. Bach trat näher heran. Der Zaun war verschwunden, die Sträucher der schwarzen Johannisbeeren zertrampelt. An den Hauswänden schaukelten abgerissene Efeuzweige im Wind. Das gusseiserne Geländer der Vortreppe war mit einer grauen Schicht bedeckt, die von Weitem wie Schimmel wirkte. Aber es war Raureif. Hinter der offen stehenden Haustür hatte sich bereits eine große Schneewehe gebildet.

Bach ging durch das leere Haus, und unter seinen Füßen knirschten Glassplitter. Er war oft hier gewesen und erinnerte sich gut an die Einrichtung, von der fast nichts geblieben war. Von den nackten Wänden hingen die Tapeten in Fetzen herab. In keinem anderen Haus von Gnadental hatte es Tapeten gegeben, und die Bewohner kamen gern zu Wagner, um die »Wandbilder« zu bewundern. Die Fußbodendielen waren herausgerissen, Teppiche und Möbel fortgeschafft. Mit weit geöffnetem, schartigem Maul lag da das große Harmonium, das ein Schelm umgekippt hatte. Am Fußboden waren überall Fotografien, zerbrochenes Geschirr, Vogelfedern und die Stücke von Gipsfiguren verstreut, für die der Müller eine besondere Schwäche hatte. Bach hob eine Fotografie auf. Nachdem er mit der Hand Eisstückchen weggewischt hatte, erkannte er auf dem Bild Wagners Mutter. Als er in einem Haufen Kram eine unversehrt gebliebene Gipshand mit kokett abgespreiztem kleinen Finger entdeckte, die von einer Frauenfigur in Lebensgröße stammen musste, hob er sie auf und legte sie auf ein Fensterbrett. Er schaute in mehrere mit blauen Swijaschsker Kacheln verkleidete Öfen. Die Türen waren von dickem Reif bedeckt.

Dann trat Bach auf den Hof hinaus. Bei den Wirtschaftsgebäuden standen sämtliche Türen weit offen. Aus ihnen war alles bis zum letzten Nagel verschwunden – Pflüge, Geschirre, Brandstempel für das Vieh, Schabeisen, Sicheln, Wäschemangelbretter, Laternen, Reibeisen und Töpfe zum Kochen von Melonensirup, Butterfässer, Reibhölzer und Fleischwölfe. Die Obstbäume im Garten waren umgebrochen, der gemauerte Herd der Sommerküche zerschlagen, als hätte hier ein zorniger Riese gewütet.

Weitere fünf ruinierte Häuser zählte Bach in Gnadental in dieser Nacht. Sie alle standen still und leer, von Reif und Eis bedeckt. Wie ein Schatten glitt Bach lautlos darin umher und betrachtete beim blassen Mondlicht die toten Räume. Wessen böser Wille hatte sie verwüstet und ihren Besitzern das Obdach geraubt? Ob die Verbrecher wohl eine gerechte Strafe ereilt hatte? Wo waren die Hausherrn geblieben? Wo ihr geraubtes Eigentum und fortgetriebenes Vieh? Und was für ein grausames Jahr war das, in dem dieses kleine Dorf an der Wolga seine besten und reichsten Höfe verloren hatte?

Das *Jahr der Verwüsteten Häuser* nannte es Bach und beeilte sich, noch vor Tagesanbruch auf dem Gehöft zurück zu sein. Klara sagte er nichts. Er wollte sie nicht beunruhigen. Merkwürdige Dinge gingen in der Welt vor, in sie hinauszugehen war gefährlich.

Wie recht er doch hatte! Es verging kein halbes Jahr – die Steppe am linken Ufer hatte kaum ihr farbenprächtiges Kleid von Tulpen und Mohn angelegt, der glasklare Frühlingshimmel hatte sich bis zu den fernsten Planeten und Sternen weit geöffnet –, da zogen endlose Kolonnen von Fremden durch die Steppe und Schwärme von Eisenvögeln über den Himmel. Manchmal stießen die Menschenströme aufeinander; dort, wo sie sich ballten, stiegen weißer Rauch und roter Staub auf. Dann trennten sie sich wieder und hinterließen auf der zerstampften Erde verstreute Menschen- und Pferdeleiber, verbrannte Wagen und Geschütze. Laute waren nicht zu hören, nur ein Nachhall von Explosionen gelangte bis ans rechte Ufer – lange nachdem die Wolken der Detonationen aufgestiegen waren und sich mit denen am Himmel vermischt hatten. Die Flugzeuge flogen manchmal so tief, dass sie mit ihren Bäuchen fast die Ackerfurchen streiften, dann wieder stiegen sie höher auf als die stärksten Adler. Manche kippten auf eine Seite und stürzten mit tiefem Brummen ihrer mechanischen Stimmen irgendwo hinter den Horizont.

Im Herbst, als die Steppe von der Sonne verbrannt und von den Explosionen zerwühlt war, die Wälder am rechten Wolgaufer hingegen in allen Tönen von Gelb und Rot erglühten, tauchten Geschwader von Schiffen und Booten auf. Kleine Kreuzer und Kanonenboote, aus denen Geschützrohre ragten, zogen träge den Fluss entlang wie Schwärme finsterer stählerner Fische. Manche waren beschädigt, hatten einen aufgerissenen Bauch oder ein zerschmettertes Rückgrat. Eines machte in Gnadental fest, wo man es lange zu flicken versuchte. Ein anderes ging direkt vor Gnadental unter. Lautlos und schnell verschwand der zerfetzte Klumpen Eisen in der Tiefe.

Bach und Klara beobachteten die Vorgänge von der Steilküste aus. Sie verstanden überhaupt nichts. Wahrscheinlich war das der Krieg. Vielleicht hatten die Gnadentaler wenigstens einen kleinen Teil der Getreideernte retten können. Vielleicht auch nicht, wenn alle Männer an die Front geschickt wurden wie in den Jahren zuvor nach Galizien und Polen, wo das Russische Reich nun schon mehrere Jahre lang gegen Deutschland kämpfte. Möglicherweise war dieser ferne Krieg über die Grenze geschwappt, hatte die Steppen Südrusslands, die Ebenen Kalmyckiens durchquert und war bis ins verschlafene Wolgagebiet gelangt. Jede dieser Vermutungen machte Angst. Klara betete lange dafür, dass ihr Gehöft, das, vor den Menschen verborgen, so tief im Wald lag, unentdeckt bleiben möge. Jetzt glaubte sie, Gott habe ihnen kein Kind geschenkt, um es vor den Schrecken des Krieges zu bewahren. Wenn der zu Ende war, würde sie ganz sicher schwanger werden. Bach ließ sie bei diesem Glauben.

Der Krieg dauerte noch über ein Jahr. Bach nannte es bei sich das *Jahr des Wahnsinns*: Die lautlosen Bilder von der Vernichtung so vieler Menschen und Fahrzeuge hatten ohne jeden Zweifel etwas Barbarisches, das alle Grenzen des Verstandes überstieg.

Im Laufe des nächsten Herbstes nahmen die Menschenströme ab und versiegten schließlich ganz. Als der Fluss im November zufror, wurde er von den harten Leibern der Kriegsschiffe nicht gestört. Die eisernen Fische und Vögel hatten einander entweder geschlagen und gefressen oder sich dorthin zurückgezogen, wo sie hergekommen waren. Die verschneite Wolga und der Himmel über ihr waren wieder rein und still. Auch Weihnachten wurde in diesem Jahr ein leises Fest. Keine mit Troikas bespannten Schlitten voller fröhlicher, angeheiterter junger Männer sausten über das Eis, keine Karawanen von Familien fuhren ins Nachbardorf, um Verwandte zu besuchen. In einer dieser stillen Nächte entschloss sich Bach, noch einmal nach Gnadental zu gehen. Eigentlich wollte er es nicht, aber er tat es für Klara, die zu dieser Zeit bei ihren endlosen Gebeten um eine Schwangerschaft so schmal und blass geworden war, dass sie eher an Andersens Schneekönigin als an eine junge Frau erinnerte. Vielleicht hatte sich die grimmige Welt ein wenig beruhigt und war jetzt bereit, Klara das zu geben, was sie verdiente – eine legitime Ehe und die Freude, unter Menschen zu sein. Vielleicht konnte sie ein Ausflug nach Gnadental von dem Gedanken an ein Kind ablenken.

Ob es nun an dem reichlich gefallenen, klebrigen Neuschnee lag oder ob Bachs Körper geschwächt war, jedenfalls brauchte er für den Weg über den Fluss noch länger als beim letzten Mal. Der Mond war bleich und verschleiert wie ein Stück verbrannter Zucker, der Himmel dunkel und ohne einen einzigen Stern. Die Gnadentaler Häuser klebten wie Häufchen von Kaffeesatz am Horizont. Wieder schien es Bach, als seien die Rauchfahren über den Dächern weniger geworden.

Aus der Nähe betrachtet wirkten die Bauernhöfe hässlich und ungepflegt: Hier hing ein Torflügel schief, dort waren Fensterläden abgerissen, das Mauerwerk einer Umfriedung wies Lücken auf, eine fehlende Fensterscheibe war mit Brettern vernagelt und mit Lappen abgedichtet, was die Fassade verunzierte, der Anstrich war voller Risse, hier und da blätterte die Farbe ab. Bachs Augen, die das trübe Licht von Kerzen und Kienspänen in Grimms Gehöft gewohnt waren, sahen gut: Er erkannte deutlich, dass all dies nicht der Zahn der Zeit, sondern der Krieg angerichtet hatte. Fenster, Wände und Zäune trugen die Spuren von Kugeln und Granaten.

Die Zahl der verwüsteten Häuser blieb unverändert, doch es waren verlassene Heimstätten hinzugekommen. Er erkannte sie an den mit Brettern fest vernagelten Türen und Fenstern, an den verriegelten Toren und der dicken Schneeschicht auf Dächern und Mauervorsprüngen. Wagners »Palast« war endgültig heruntergekommen – eine Backsteinruine ohne Fenster, Türen und Dachziegel. Nur die gusseisernen Blumen am Geländer der Vortreppe erinnerten noch an vergangene Pracht.

Als Bach die Hauptstraße von Gnadental entlangging, wunderte er sich, wie breit und fest sie in diesem Winter war, als ob nicht ein paar Hundert Dorfbewohner darüber gegangen und mit ihren Schlitten gefahren wären, sondern Tausende Menschen und Vieh. Erst auf dem Marktplatz stellte er fest, dass die Straße schmutzig war, dass das Eis unter seinen Füßen dunkel wirkte.

Er schaute sich um. Die niedrigen Holzbuden, wo die Frauen von Gnadental im Sommer verschiedenste Esswaren verkauft hatten und im Winter die Kinder spielten, waren verschwunden. An den drei mächtigen Ulmen in der Mitte des Platzes hatte man in Kopfhöhe lange, dicke Stangen angebracht, die ein riesiges Dreieck bildeten. In diese waren überall eiserne Haken eingeschlagen, an denen gefrorene Reste von Stricken hingen. Ein Galgen?

Der Schnee darunter war schwarz, als hätte man dort eimerweise Tinte ausgegossen. In der Nähe lagen mehrere schwere Hackklötze herum, deren Oberfläche völlig zersplittert und von dem gleichen schwarzen Eis bedeckt war. Im Stamm einer der Ulmen steckte ein vergessenes großes Messer. Hier und da lagen Kuhfladen wie braune Kleckse im Schnee. Nein, das war kein Galgen, sondern ein Schlachtplatz.

Bach ging langsam über den Platz und versuchte sich das Bild vorzustellen. Offenbar hatte man das Vieh zunächst zum Brunnen geführt und dort mit Wasser übergossen, um das Fell zu säubern. Die Einfassung des Brunnens war völlig vereist und erinnerte an einen Baumstumpf, auf dem sich ein Ameisenhaufen angesiedelt hatte. Das Eis war von Hunderten Hufen zertrampelt.

Dann hatte man die Tiere zu den Ulmen geführt und mit einem Schuss ins Ohr getötet. Die schwarzgefärbten Patronenhülsen waren in den Schnee eingefroren. Merkwürdig, dass man dafür Munition verbraucht hatte. Gewöhnlich genügte ein Schlag mit dem Vorschlaghammer gegen die Stirn, um selbst einen Bullen zu betäuben. Ein erfahrener Schlachter brauchte nur wenige Sekunden, um die Halsschlagader des Tieres zu ertasten und zu durchtrennen. Vielleicht hatte man das anfangs auch getan. Doch dann musste etwas passiert sein. Wollte der Schlachter nicht mehr arbeiten, weil er müde war, oder war das Vieh in Unruhe geraten, und es wurde gefährlich, sich den Bullen zu nähern? Hatten sich erfahrene Schlachter geweigert, an dieser Aktion teilzunehmen, weshalb man das Vieh wie Kriegsgegner durch Kopfschuss töten musste?

Nach dem Schuss schnitt man den Tieren die Gurgel durch und hängte sie zwischen den Ulmen an den Haken auf, um sie ausbluten zu lassen. Warum wurden unter ihnen keine Eimer aufgestellt, um später das Blut zu Wurst verarbeiten zu können? Oder man hatte es getan, aber die Gefäße reichten nicht aus, so dass man es in den Schnee laufen ließ? Vielleicht musste das Ganze so rasch vonstattengehen, dass an Wurstmachen nicht zu denken war? Bach bückte sich und brach unter seinen Füßen ein Stück Eis heraus. Es war schwarzrot und wies an der Bruchstelle hellrote Pünktchen auf. Das merkwürdige Gemetzel musste erst vor Kurzem stattgefunden haben, denn danach war auf dem Platz noch kein frischer Schnee gefallen.

Die ausgebluteten Tierkörper wurden dann abgenommen und ihnen die Haut abgezogen. Das geschah auf rasch zusammengezimmerten Gestellen. Dort weidete man sie auch aus. Auf den Hackklötzen wurden sie zerteilt. Die Stücke wurden wohl kaum zum Trocknen aufgehängt. Offenbar hatte man es sehr eilig gehabt, denn es wurde nicht ordentlich gearbeitet: Überall lagen noch Eingeweidereste, Hufe, zusammengefrorene Schwänze und ausgeschlagene Zähne herum. Bach hob einen Rinderzahn auf, der gelb, kräftig und noch wenig abgenutzt war. Offenbar hatte er einer jungen Färse oder einem höchstens einjährigen Bullen gehört.

Die Fleischstücke wurden auf Schlitten geladen und zur Wolgatrasse gebracht. Die Schlittenspur war breit und ausgefahren, das Eis darauf von Blutflecken übersät. Offenbar hatte man das noch warme Rindfleisch abtransportiert, das unterwegs garantiert zu großen Klumpen zusammengefroren war. Auf der Trasse ging es rechts nach Zug, Basel und Glarus. Wahrscheinlicher waren sie links nach Pokrowsk abgebogen, von wo es bis Saratow nur noch ein Katzensprung war. Am Wegesrand bemerkte Bach ein paar tote Hunde. Die hatten sich wohl an den Eingeweiden laben wollen und waren dabei abgeschossen worden.

Bachs Kopf schwirrte vor Fragen. Er mühte sich, wenigstens eine einzige vernünftige Erklärung für all das zu finden, aber es gelang ihm nicht. Jede Annahme führte zu neuen Fragen und diese zu weiteren Vermutungen, eine unwahrscheinlicher und phantastischer als die andere.

Wie viele Kühe hatte man hier abgeschlachtet – mehrere Hundert? Eintausend? So viel Vieh hatte es in Gnadental nie gegeben. Es musste also aus Nachbardörfern herangebracht worden sein, und das in großer Zahl.

Wer brauchte eine so unvorstellbare Menge Fleisch? Welcher unersättliche Riese? Und war er in der Lage, all das zu verschlingen, bevor das Frühjahr und mit ihm die Wärme kam?

Welch selbstmörderischer Irrsinn hatte die Dorfbewohner befallen, dass sie sich entschlossen, fast ihr gesamtes Großvieh auf einmal zu verkaufen? Oder war das nicht aus freiem Willen, sondern durch Zwang geschehen? Denn wer konnte einen Bauern dazu bewegen, seinen geliebten Ochsen oder seine Kuh freiwillig einem so grausamen Tod auszuliefern?

Weshalb wurde entschieden, das Vieh gerade in Gnadental zu schlachten? Vielleicht konnten die Kühe nicht weiterlaufen, weil sie zu erschöpft waren. Oder es gab unterwegs kein Futter für sie. Woher, aus welchen fernen Gegenden hatte man sie bis hierher getrieben? Was für Barbaren war überhaupt eingefallen, eine Herde in Frost, Schnee und Eis über Land zu treiben – im Winter, da die meisten Kühe trächtig sind? Und ohne Futtervorrat? Darauf fand Bach keine Antwort.

Zwischen den Ulmen, in der Mitte des Dreiecks, das sie bildeten, lag ein großer dunkler Haufen. Von Weitem hätte man denken können, es seien gefrorene Eingeweide. Bach trat näher heran, hockte sich nieder und – fuhr so erschrocken zurück, dass er hinfiel und auf den Knien davonkroch. Aus seinem Magen stieg etwas Säuerliches auf, erreichte die Kehle und ergoss sich in den Schnee.

Es waren ungeborene Kälber. Während des Schlachtens hatte man sie aus den Bäuchen der Muttertiere gezogen und auf einen gesonderten Haufen geworfen. Offenbar konnte man nicht entscheiden, ob man sie zu dem essbaren Fleisch legen und auf die Schlitten laden oder zu den unnützen Eingeweiden werfen sollte. Zu einer Entscheidung kam es nicht mehr. Bei dem strengen Frost froren die Kälber rasch zu einem riesigen Haufen zusammen – hässliche große Köpfe mit einem Ansatz von Ohren, dürre Beine mit gespreizten kleinen Hufen, dünne Rippen unter einer von blauen Venen durchzogenen rosafarbenen Haut, große dunkle Augen und fast menschliche Lippen. Diesen Eisblock hätte man mit keinem Brecheisen mehr aufsprengen können. Man ließ ihn liegen, im Frühjahr taute er von allein.

Bach stand auf und ging rasch davon, fort von diesem Platz, von dieser Straße, aus Gnadental. Nein, in diese Welt konnte er Klara nicht bringen. Und sich selbst hier zu zeigen war ebenso unmöglich. Dieses Jahr nannte Bach das *Jahr der Ungeborenen Kälber.*

Jene Kälber sah er noch einmal wieder. Beim Frühjahrshochwasser fand er kleine Kadaver mit kurzen Beinen und winzigen Ohrenknospen an den großen Köpfen. Von Gnadental, das direkt gegenüberlag, konnte die Strömung sie nicht hierhergetragen haben. Offenbar stammten sie aus einem Nachbardorf stromaufwärts. Als es warm wurde, hatte man sich wohl nicht die Mühe gemacht, die tauenden Überreste im Boden zu vergraben, sondern sie einfach in den Fluss geworfen. Am nächsten Tag wollte Bach das Gleiche tun, aber als er zum Ufer kam, waren sie nicht mehr da. Die Wolga hatte es über Nacht selbst erledigt.

Ein ganzes Jahr lang mied Bach die Außenwelt. Er hatte seine Gründe. Manchmal stand er abends am Steilufer und blickte nach Gnadental hinüber. Rauchfahnen über den Dächern bemerkte er nicht. Entweder waren seine Augen mit den Jahren so schlecht geworden, oder es gab tatsächlich keine. Klara ging überhaupt nicht mehr ans Ufer. Die Hoffnung, schwanger zu werden, hatte sie aufgegeben. Wenn Bach ihr von seinen nächtlichen Gängen erzählte, dann hörte sie ihm zu und seufzte leise. Schließlich stellte sie auch ihre langen Gebete ein.

In den letzten Jahren schien es, als sei sie kleiner und schlanker geworden – sie schwand förmlich dahin. Ihre Handgelenke wirkten wie dünne Zweige, die Finger wie Halme des Steppengrases. Von hinten konnte man sie für eine Halbwüchsige halten. Bach wunderte sich, wie in einer so zarten Hülle ein so starker Inhalt stecken konnte – unermüdlicher Fleiß, unerschütterliche Ruhe, der Mut, die eigene Unfruchtbarkeit hinzunehmen. Ein einziges

Mal beobachtete Bach ungesehen, wie die sonst so unerschütterliche Klara die Selbstbeherrschung verlor. Das geschah, als sie die Apfelbäume im Garten beschnitt. Bach, der früher als erwartet vom Ufer zurückkam, ging auf sie zu, ohne sich zu verstecken, doch ein starker Wind fuhr durch die Zweige, und Klara hörte seine Schritte nicht. Sie arbeitete gerade flink und geschickt mit einer Schere, ließ diese aber plötzlich fallen, stützte sich mit einer Hand an dem Baumstamm ab, stand eine halbe Minute still da und begann dann, sich mit der geballten Faust in den eigenen Bauch zu schlagen. Ihr Gesicht blieb dabei unbewegt und teilnahmslos, nur die Augen hatte sie geschlossen, ob nun vor Schmerz oder vor Scham. Lange und heftig schlug sie auf sich selbst ein. Bach, der hinter den Bäumen stehen geblieben war, stand die ganze Zeit fassungslos da. Er wusste nicht, sollte er zu ihr stürzen oder von ihr weglaufen. Schließlich ließ sie die Faust sinken, hob die Schere wieder auf und fuhr in ihrer Arbeit fort. Er verließ den Garten, ohne sich ihr zu zeigen. Später erlebte er so etwas mit ihr nie wieder. Als der Sommer kam, sah er jedoch, wie Klara einen besonders großen Apfel vom Zweig brach und ihn heimlich streichelte, bevor sie ihn in den Korb legte, als ob es keine Frucht, sondern ein zartes Kinderköpfchen sei.

Im darauffolgenden Winter fuhr kein einziger Schlitten über das Eis der Wolga. Der Fluss lag öde und weiß da, nur berührt von den verschlungenen Fährten der Wölfe. Über ihm hing ein ebenso weißer Himmel. Zuweilen tauchte in dieser endlosen Weite ein dunkler Punkt auf oder auch zwei – es waren Wanderer, die aus dem Nirgendwo kamen und langsam, wie verloren, die Wolga entlangzogen, als ob sie kein wirkliches Ziel hätten. Ihre Wege konnten sich annähern, kreuzten sich aber niemals. Es war, als ob die Menschen sich nicht sähen und blind aneinander vorübergingen.

Die Dorfbewohner zogen es im Winter vor, zu Hause zu bleiben. Wenn jedoch ein Weg notwendig wurde, dann machten sie sich zu Pferd oder im Schlitten auf. Jetzt hingegen verging kein Tag, da Bach auf dem endlosen Weiß des Flusses nicht einen Wanderer zu Fuß entdeckte. Anfangs begriff er nicht, welche Kraft die Unglücklichen aus dem warmen Haus stoßen und, schlecht angezogen, auf einen Weg von vielen Kilometern durch die Schneewehen treiben konnte. Dann wurde es ihm klar: Die Menschen trieb der Hunger. Einige waren so ausgezehrt, dass ihre Arme und Beine, die aus den Lumpen an ihrem Leibe herausragten, Stöcken und ihre Gesichter Totenmasken glichen. Einige waren nicht mehr ganz bei Verstand. Andere, die an Gnadental vorbeikamen, sanken im Schnee zusammen und standen nicht mehr auf. Wenn Bach das sah, schlüpfte er in die Schneeschuhe, nahm Schlitten und Beil und stapfte über den Fluss. Er brauchte einige Stunden, bis er einen solchen Unglücklichen erreichte. Da war der meist schon tot. Bach legte ihn auf den Schlitten und zog ihn zum nächsten Eisloch. Das befreite er vom frischen Eis, murmelte ein kurzes Gebet und ließ den bereits starren Leichnam in die Wolga gleiten. Anfangs hatte er Zweifel, ob er, ein Mann ohne wahren Glauben im Herzen, für einen Verstorbenen ein Gebet sprechen sollte. Doch er entschied sich dafür, weil er meinte, der Tote wäre über ein Gebet von jedem beliebigen Menschen froh gewesen. Zweifel kamen ihm auch deshalb, weil es häufig nicht möglich war, den Glauben des Verstorbenen festzustellen. Dann dachte er, ein Lutherisches Gebet wäre selbst für einen Katholiken, einen Orthodoxen oder einen Muslim besser als gar keines. Daher betete er auch für jeden, ob es sich nun um einen Tataren oder um einen Kirgisen handelte. Den Hungernden Nahrung geben konnte er nicht, aber sie zu begraben, damit sie nicht die Wölfe zerrissen, dazu war er in der Lage. Wie viele es waren, zählte er nicht. Diese schreckliche Zeit nannte er das *Jahr der Hungernden*.

Er glaubte, etwas Schlimmeres könnte es nicht geben. Damit hatte er unrecht. Ein Jahr später kamen kaum noch erwachsene Wanderer, stattdessen zogen Kinder über das Eis der Wolga. Kleine Greisengesichter, finstere Tieraugen, vom Skorbut schwarze Zähne, Hinterköpfe wie Hundefellchen voller Krätze, Arme wie knochige Vogelbeinchen. An einem Tag bestattete Bach drei von ihnen. Da beschloss er, nicht mehr an die Wolga zu gehen. Weiter vom Steilufer her auf das *Jahr der Toten Kinder* zu blicken, dazu fehlte ihm die Kraft. Er ging nach Hause, legte sich unter das Federbett aus Entendaunen, schloss die Augen und wartete aufs Frühjahr.

6

Ein Geräusch – stärker und heftiger als ein Donnerschlag. Bach warf das Federbett zurück und setzte sich auf. Ein Gewitter im April, wenn draußen noch nicht einmal der Schnee getaut war? Er schüttelte den Kopf und schaute sich um. Ringsum kalte morgendliche Finsternis. Durch die Ritzen der geschlossenen Fensterläden sickerte ein erster schwacher Schimmer des Frühlichts. Hatte er das nur geträumt? Neben ihm bewegte sich Klara im Halbschlaf.

Wieder dieses Geräusch. Genauer gesagt, ein Klopfen, fordernd und lang – an der Haustür und am Küchenfenster. Die Schläge waren so stark, dass man sie im Schlafzimmer deutlich hören konnte.

Jetzt fuhr auch Klara hoch und stieß einen kaum vernehmbaren Schreckenslaut aus. In der Dunkelheit tastete Bach nach ihrer Hand und drückte sie. Das sollte heißen: Still! Vielleicht trieben sich die ungebetenen Gäste noch ein Weilchen vor der Tür herum und zogen dann weiter. Aber die Hoffnung, dass die Sache glücklich ausgehen könnte, war gering.

Jetzt ertönte von draußen ein dumpfer Schlag, dann klirrte Glas. Jemand hatte einen Fensterladen entriegelt und das Fenster eingeschlagen. Offenbar war er darin geübt.

»He, Hausleute, seid ihr da?« Der Ton war herausfordernd und dreist. Die Stimme sprach Russisch, aber nicht ruhig und ein wenig singend wie in den Nachbardörfern, sondern schnell, als ob man in Eile war.

»Wo sollen die schon sein? Schau dir den dicken Rauch an, der aus dem Schornstein kommt«, sagte eine zweite Stimme ruhig und gebieterisch.

Die Tür des Schlafzimmers stand offen, so dass Bach jedes Wort hören konnte. Sein Russisch reichte kaum, um alles zu verstehen, doch die Gefahr schärfte seine Sinne. Die Hauptsache begriff er sofort – welche Drohung in den Worten steckte.

Jetzt sprangen von weiteren Schlägen die Fensterflügel auf. Splitter fielen klirrend zu Boden und knirschten unter der Last eines massigen Körpers. Eine große, schwere Gestalt zwängte sich zum Fenster herein, schnitt sich dabei und stieß halblaute Flüche aus, die Bach nicht verstand, deren Sinn er aber erraten konnte.

Bemüht, wenig Geräusche zu machen, ließ sich Bach auf den Boden gleiten, kniete sich nieder und zog die vor Schreck wie benommen wirkende Klara zu sich heran. Als sie neben ihm hockte – heftig, stoßweiße durch die Zähne atmend und zitternd, als herrsche im Zimmer strenger Frost, drückte er ihren Kopf sacht zu Boden und befahl ihr mit einem Stoß in den Rücken, sie möge rasch unter das Bett kriechen. Sie verstand, schlüpfte in den staubigen Spalt und raffte den Zipfel des Nachthemdes an sich. Bach ertastete am Fußteil des Bettes ihre Kleider und schob sie hinterher. Klara war verschwunden, man hörte keinen Atemzug von ihr.

In der Küche war der Kerl mit der frechen Stimme und dem massigen Leib bereits auf den Fußboden gesprungen. Man hörte, wie das Glas unter seinen Stiefeln knirschte. Er ging zur Haustür und öffnete sie von innen.

»*Entrez*, meine Herren! Oder wie ihr euch jetzt auf neue Art nennt …«

»Red keinen Mist, Blödmann!« Das war die ruhige, gebieterische Stimme, deren Besitzer bereits im Haus stand. »Gleich kriegst du dein ›*entrez*‹ vom Hausherrn aus einer Doppelflinte zwischen die Augen …«

Bach wusste nicht, was er tun sollte. Alles, womit er sich hätte verteidigen können – Messer, Hämmer, Pfannen und anderes Gerät –, lag in der Küche. Die Mistgabel, die er jeden Abend neben die Eingangstür stellte, ebenfalls. Sichel, Spaten und Hackmesser befanden sich in der Scheune. Ein Gewehr gab es in diesem Haus nicht. Und im Schlafzimmer war überhaupt nichts Geeignetes, da standen nur Bett, Wäschekommode und ein paar Stühle. Auf den Zehenspitzen schlich Bach zum Fenster und ertastete an der Wand die kleine Bank, auf der Tilda immer an ihrem Spinnrad gesessen hatte. Jetzt ließ sich Klara abends darauf nieder, wenn sie die Schnürsenkel an ihren Schuhen löste. Er packte sie bei den geschnitzten Beinen, hob sie hoch und stellte sich hinter die Tür. Dem Ersten, der es wagen sollte hereinzukommen, wollte er sie über den Kopf schlagen. Er musste versuchen, ihn am Hinterkopf zu treffen. Wie hatte Schlachter Hauff immer gesagt? »Dem Bullen und dem Eber musst du eins auf die Stirn geben, aber einem Mann auf die Birne.« Wenn es gelang, ging der Kerl zu Boden. Doch was dann?

»Vielleicht haben wir hier ja gar keinen Hausherrn, sondern eine Hausherrin! So eine schöne Müllerin?« Die freche Stimme war schon im Zimmer. Der Mann tastete sich die Wände entlang. Jetzt wurde die Ofenklappe zugeworfen. Unter dem Türspalt leuchtete es blassgelb auf, offenbar hatte man eine Kerze angezündet. »Na, meine Herren?! Ein Weib im zarten Spitzenhäubchen. Mit sauberen, rosafarbenen Fingernägeln, die nur so strahlen. Mit Grübchen in den Wangen. Und wie sie duftet ... Nach Lavendelwasser aus Konturins Laden, einen Rubel zwanzig das Fläschchen ...«

»Hör auf mit dem Gewäsch, davon kann man ja das Kotzen kriegen!« Wieder die befehlsgewohnte Stimme. »Du sollst das Haus durchsuchen, du Quatschkopf. Wie hat es nur dein Oberst mit dir ausgehalten ... Und du, Kleiner, was stehst du da herum? Schränke, Keller, Boden – überall nachschauen! Nach Essen, Streichhölzern, Waffen ... Aber ein bisschen plötzlich!«

Es gab also noch einen Dritten. Wie viele dieser ungebetenen Gäste waren wohl ins Haus eingedrungen?

Jetzt flog die Schlafzimmertür auf. Der Kerl hatte mit dem Stiefel dagegengetreten. Bach empfand es wie einen Schlag ins Gesicht, aber es war nur das blakende Kerzenlicht. Er brachte keinen Laut heraus, holte nicht einmal Luft. Sein Atem stockte. Wie gelähmt stand er da, die Bank über dem Kopf erhoben.

Aus dem Wohnzimmer starrte ihm ein Mann entgegen, dessen Gesicht bis zu den Wangenknochen mit einem dichten Bart bewachsen war. Er trug einen schmutzigen Soldatenmantel, ausgebleicht, ohne Achselklappen und sonstige Rangabzeichen. Unter einer abgeschabten Pelzmütze schossen freche Augen unstete, leicht aggressive Blicke auf ihn. Das musste der mit dem großen Maul sein. In der einen Hand hielt er die brennende Kerze, in der anderen einen Revolver.

»Nimm die Bank runter«, knurrte er und zeigte mit dem Revolverlauf, was er meinte. Bach schüttelte langsam den Kopf. Doch seine Arme, die vor Anspannung zitterten, als hätten sie das Gewicht eines ganzen Tisches oder einer Kommode zu tragen, wurden plötzlich so schwach, dass sie von selbst in den Ellenbogen einknickten. Er stellte die Bank ab, ordentlich an der Wand, wo sie hingehörte. Der Mann nickte beifällig.

»Setz dich drauf.« Wieder die Geste mit dem Revolverlauf. Bach wollte stehen bleiben und presste die nackten Fersen gegen den Fußboden. Aber von der langsamen Bewegung der schwarzen Revolvermündung schienen seine Knie nachzugeben, von einem leichten, widerlichen Beben erfasst zu werden. Einen Augenblick später sank er ungelenk auf die Bank. Plötzlich spürte er, dass er fröstelte, als sitze er nicht in einem geheizten Zimmer, sondern irgendwo am Wolgaufer. Er schlang sich die Arme um den Leib, damit das Zittern aufhörte.

»Machen Sie sich bekannt, meine Herren!«, rief der unverfrorene Kerl, die Waffe nach wie vor auf Bach gerichtet. »Hier haben wir unseren gastfreundlichen Hausherrn! Von etwas seltsamem Aussehen, aber im Umgang angenehm!«

Der ungebetenen Gäste waren nur drei. Außer dem unverschämten Kerl war da noch ein kräftiger Mann. Ein breites Kalmückengesicht mit Vollbart, schmale, unter hängenden Lidern verborgene Augen und eine überraschend kurze Nase, die ihm einen animalischen Ausdruck – wie einer Fledermaus oder Wildkatze – verlieh. Dazu ein Jüngelchen von etwa vierzehn Jahren mit runder Stirn, hellen Augen und dürrem Hals, der aus einer viel zu großen wattierten Weste ragte. Jetzt standen alle drei um Bach herum und starrten ihn an. In der Hand des kräftigen Mannes entdeckte Bach seine Mistgabel. Über der Schulter trug er ein Gewehr.

»Ein Deutscher«, erklärte er mit Nachdruck, nachdem er Bach gründlich gemustert hatte. »Bei dem ist ganz sicher was im Haus versteckt. Die Deutschen sorgen vor.«

»Dann bleiben wir doch ein paar Tage bei ihm zu Besuch.« Das Großmaul ließ einen genüsslichen Blick durch das Schlafzimmer schweifen und hob mit dem Pistolenlauf einen Zipfel des Federbetts, das bis zum Boden hing, etwas an. »Schlafen uns richtig aus und schlagen uns mit deutschem Fressen den Bauch voll. Keiner kann ewig wie ein hungriger Wolf durch den Wald ziehen.«

»Kannst du machen«, meinte der Kräftige leichthin. »Und der rote Kommissar kommt dich wecken, wenn du nach dem Fressen in dem Federbett schnarchst oder dir den Bauch kratzt. Der Kleine und ich werden dann schon weit hinter Wolsk sein.«

Bach lehnte den Kopf an die Wand und versuchte nach unten zu schielen, ob nicht ein Stückchen von Klaras Nachthemd unter dem Bett hervorlugte. Nein, unter dem Spalt war es dunkel. Rasch wandte er den Blick ab, damit die Gäste nichts bemerkten, und starrte zur Decke.

»Na los, das Haus durchsuchen!«, fuhr der Mann den Jungen an. Der warf den Leinensack von den Schultern und schlurfte mit viel zu großen Schuhen in die Küche.

»Und du passt auf den Hausherrn auf«, befahl er dem Dicken. »Ich gehe auf den Hof und schaue mir die hochgelobte deutsche Wirtschaft an.« Damit trat er zur Tür hinaus, die Mistgabel wie einen Stock benutzend.

»Das sind mir vielleicht Weggefährten«, brummte das Großmaul in sich hinein. »Umlegen oder zusammenhalten, das ist hier die Frage …«

In der Küche klapperte Geschirr, klirrte Glas und schepperten Topfdeckel – der Junge nahm seinen Befehl ernst.

Bachs Wächter hielt den Revolverlauf nach wie vor auf ihn gerichtet, stellte die Kerze auf der Kommode ab und ließ sich auf dem Bett nieder. Dort saß er eine Weile und strich versonnen mit der schmutzigen Hand über die feinen Laken.

»Keine Dummheiten!«, warnte er, drohte Bach mit dem Revolver wie eine Mutter ihrem Kind mit dem Finger und ließ sich dann mit einem langen, genussvollen Stöhnen in die weichen Kissen fallen.

Da lag er nun zwischen Decken und Federn, hielt die Waffe nach wie vor auf Bach gerichtet und starrte ihn aus trüben Augen an.

Bach saß noch immer auf der Bank, die Arme um den Leib geschlungen. Das Zittern hatte nicht aufgehört. Es schüttelte nicht nur Arme und Beine, sondern sein ganzes Inneres. Rippen, Magen, Herz und die anderen Organe, einzeln und alle gemeinsam, schienen leise zu klappern wie die Steinchen in einer Kinderrassel. Die Gäste würden bald wieder gehen. Und Proviant mitnehmen – einen Sack Erbsen, die geräucherten Barsche, Mohrrübenpulver, getrocknete Äpfel … Sollten sie. Streichhölzer gab es im Haus schon lange nicht mehr. Auch keine Waffen. Außer Essbarem konnten sie nichts finden. Das würden sie mitnehmen und gehen. Gehen. Gehen.

»Jaaa, vom Schlafen versteht ihr was.« Mit Bedauern setzte sich der Kerl wieder auf und hinterließ im zerwühlten Bett eine tiefe Kuhle.

Er trat zur Kommode, warf einen gleichgültigen Blick auf das Klöppeldeckchen, das sie schmückte und auf dem nun schon sieben Jahre lang das Goethebändchen lag. Dann zog er die oberste Schublade auf: Männerhemden, gestreifte Wollsocken, gestrickte Handschuhe mit einem kleinen Muster. Die probierte er: Sie waren ihm zu klein. Vorsichtshalber griff er bis zum Grund der Lade, wo er nur ein paar aus Knochen geschnitzte Knöpfe fand.

Bach folgte den trägen, gleichmütigen Bewegungen des Mannes, krampfhaft bemüht, sich zu erinnern, in welchem Schubkasten Klaras Sachen lagen. Das Zittern hinderte ihn daran. Inzwischen rüttelte es seinen Körper so stark durch, dass er fürchtete, von der Bank zu fallen.

Jetzt zog der Dicke die zweite Schublade auf. Dort lagen, ordentlich aufgestapelt, Laken, mit Posamenten besetzte Kissen- und Bettbezüge, ein paar aus Flicken genähte Überdecken und ein kariertes Tischtuch. Auch hier nichts Besonderes.

Als er nach der dritten Schublade griff, fiel Bach von der Bank herunter und lief in der Hocke aus dem Schlafzimmer.

»Passt auf!«, brüllte sein Bewacher und stürzte ihm nach. »Der will abhauen!«

Bach hatte keinen Plan, er wollte die Fremden einfach aus dem Haus haben. Er sprang auf und rannte zur Tür, da fuhr ihm etwas Flinkes, Knochiges zwischen die Beine. Es war der Junge. Sie fielen beide hin und rollten als Knäuel über den Fußboden. Von oben plumpste ein massiger Körper auf sie.

Etwas klammerte sich an Bach, schlug auf ihn ein,

drehte und zerrte an ihm. Er riss sich los, trat um sich und strebte der Haustür zu. Von allen Seiten spürte er den feuchten Hauch aus offenen Mündern. Das Frösteln war in eine Hitzewelle umgeschlagen, so plötzlich, als hätte man ihn in einen brennenden Ofen geworfen. Die Hitze fuhr das Rückgrat hinaufbis zum Hals, das Gesicht wurde schweißnass. Dann stieß er mit der Stirn gegen eine Wand und mit der Schulter an ein Tischbein. Geschirr klirrte, eine herabgefallene Schöpfkelle klapperte. Die Scherben des Fensterglases knirschten unter ihm, einige bohrten sich ihm in den Rücken. Dicht neben ihm zischte jemand vor Schmerz auf, der Griff, der Bach hielt, lockerte sich, und er kroch mit nackten Handflächen über die Glassplitter in Richtung Haustür. Er stieß sie mit der Stirn auf und drehte sich kurz nach den beiden anderen um. Ob sie ihm wohl folgten? Schon wollte er sich über die Schwelle wälzen, da stieß er mit dem Kopf an jemandes schwere, schmutzige Stiefel.

Als er aufblickte, stand da der Mann mit dem Kalmückengesicht. Er hatte den Gang durch das Gehöft beendet und war zum Haus zurückgekommen. Die Mistgabel hatte er nicht aus der Hand gelegt. Damit stieß er Bach jetzt sacht in den Rücken. Er sollte ins Haus zurückkriechen. Das tat Bach und bemerkte dabei, wie seine blutig geschundenen Handflächen brannten. Auch das Großmaul hatte sich offenbar verletzt, denn der Kerl schnitt Grimassen und wedelte mit einer Hand in der Luft herum.

»Habt ihr euch nicht vertragen?«, fragte der Kräftige grinsend und hielt Bach mit der Gabel am Boden fest, als habe er gerade einen Hecht gefangen. »Wolltest du hier nicht Gast sein? Und dich vollfressen?«

Der Angesprochene warf ihm nur einen bösen Blick zu und verschwand im Schlafzimmer. Dort polterte er mit den Kommodenschubladen. Offenbar suchte er etwas, um sich damit die Hand zu verbinden.

»Fressen können wir später«, warf das Jüngelchen ein und öffnete stolz seinen Sack, der mit gefundenen Esswaren prall gefüllt war.

Der Kräftige nickte zustimmend.

Da wurde es im Schlafzimmer plötzlich still. Sekunden später ertönte von dort ein donnerndes Lachen, so laut, dass fast die Wände bebten. Mit puterrotem Gesicht erschien das Großmaul in der Tür, in der notdürftig verbundenen Hand etwas Kleines, Weißes – die Haube einer Frau.

»Die schöne Müllerin, meine Herren!«, erklärte er mit Donnerstimme. Bach wollte aufspringen, aber vier Stahlspitzen hielten ihn am Boden fest.

»Für Schweinereien ist jetzt keine Zeit, es wird schon hell«, ließ der Kräftige hören. Dabei drückte er Bach die Gabel so fest in den Rücken, dass der kaum noch atmen konnte. »Wer weiß, was für Gäste hier morgens auftauchen. Wir binden den Hausherrn, damit er nicht vor der Zeit etwas über uns ausposaunt, und auf geht's. Los, Kleiner, such einen Strick!«

Der sah sich, so rasch er konnte, in Küche und Wohnzimmer um. Als er nichts fand, begann er ein Laken in Streifen zu reißen.

»Und wenn sie was ausposaunt?« Das Großmaul betrachtete das Häubchen immer noch von allen Seiten, drehte es gar von innen nach außen, als ob er noch nie etwas Interessanteres gesehen hätte. »Kaum sind wir weg, da rennt sie mit flinken Beinen tap, tap, tap ins nächste Dorf und plaudert mit ihren roten Lippen alles aus.«

Der Kräftige ließ einen langen, schweren Seufzer hören. Darauf konnte er nichts mehr sagen.

»Na gut, dann such dir das Weib, aber schnell.«

»Wozu denn suchen?« Der Kerl warf die Haube in die Luft und fing sie wie ein dressierter Hund mit den Zähnen auf. Er knurrte sogar und schüttelte den Kopf, dann spuckte er die Haube aus. »Im Schlafzimmer ist sie, unter dem Bett. Der Hausherr wusste schon, weshalb er uns von dort weghaben wollte.«

Bach drückte das Gesicht mit aller Kraft gegen den Fußboden, der Glasbruch bohrte sich heftig in seine Stirn, und ihm wurde schwarz vor Augen. Hitzewellen stiegen ihm aus dem Magen in die Kehle, er stöhnte und zappelte, der Gabel nicht achtend, die nach wie vor gegen seinen Rücken drückte. Doch jetzt wälzte sich ein schwerer Körper auf ihn, knetete ihn wie Teig und presste ihm das letzte Quäntchen Luft aus den Lungen. Der Kräftige hatte sich auf ihn gesetzt, und der Junge fesselte ihn eifrig an Händen und Füßen. Bei dem Gerangel konnte er nicht hören, was im Schlafzimmer vorging. Die Arme wurden ihm so heftig auf den Rücken gedreht, dass man sie fast ausrenkte. Als man ihm noch Ellenbogen und Knie zusammenband, lag er da wie ein hilfloses Bündel. Sie ließen ihn allein. Irgendwie gelang es ihm, den Kopf zu heben. Ringsum war es dunkel wie in einem Kellerloch. Die verdrehten Schultern schmerzten heftig, doch Bach reckte den Hals, wälzte sich über den Boden und erblickte schließlich in der ihn umgebenden Dunkelheit ein helles Dreieck: Es war ein Stückchen des Schlafzimmers – eine Ecke des Bettes mit herabhängender Federdecke, jemandes Füße, ein ganzer Wald von Füßen in ausgetretenen Armeeschuhen, hohen Stiefeln und abgerissenen Halbschuhen. Als Bach zwischen alledem etwas Bekanntes – einen Zipfel von Klaras Nachthemd – entdeckte, brüllte er auf. Sein Schrei war so laut, dass er selbst eine Zeitlang nichts mehr hörte. Dann erhielt er einen Schlag in die Seite, die Welt drehte sich vor seinen Augen, und ein Knäuel aus rauer Spitze wurde ihm in den Mund gestopft – die Haube. Die diente jetzt als Knebel. Von oben fiel etwas auf ihn und bedeckte ihn als schwere, schwülwarme Wolke vom Kopf bis zu den Füßen.

Darunter zuckte und zappelte er nun, wusste nicht, wo oben und unten, wo seine Arme und Beine waren, und ob er sie überhaupt noch hatte. Er begriff auch nicht, wo ein Ende dieser schwülen Finsternis zu finden sein könnte. Bei all dem heftigen Strampeln rieb er sich Stirn und Wangen auf, dass sich Blasen bildeten. Die Wolke roch nach etwas Bekanntem, ihm sehr Teuren. Endlich begriff er: Das war keine Wolke, sondern ein Federbett, sein treues, altes Deckbett aus Entendaunen. Zwar war es mit den Jahren dünn geworden, wärmte aber immer noch. Es barg die Erinnerung an die Kälte seiner Kammer im Schulhaus und an die harten Winter auf diesem Hof. Es roch nach ihm und seiner geliebten Frau. Doch sie, die Schöne mit den zarten Armen und dem glatten Haar, lag jetzt nicht hier, sondern außerhalb der schützenden Decke. Er musste sofort zu ihr und sie retten. Doch vor wem, hatte Bach vergessen. Und den Namen dieser Frau ebenfalls. Auch wie er unter dieses Federbett geraten war, wusste er nicht …

Als er es endlich abgeworfen hatte, war es schon hell. Durch die Ritzen zwischen den geschlossenen Fensterläden drang rosafarbenes Morgenlicht herein. Ein Fenster, das in der Küche, war eingeschlagen. Die Tür geschlossen. Auf dem Fußboden lagen verstreute Erbsen und Glasscherben bunt durcheinander. Ordentlich an den Türrahmen gelehnt stand die Mistgabel.

Bachs Gesicht brannte. Die Handflächen wahrscheinlich auch, aber das konnte er nicht genau sagen, denn in Armen und Beinen hatte er kaum Gefühl. Er begann wieder zu zappeln, mit den fast abgestorbenen Schultern und Knien hin und her zu rucken. So kroch er wie ein Wurm bis zur Ofentür in der Küche, vor der ein großes Blech lag, das herausfallende Glut auffing. Die Leinwand, mit der seine Arme auf den Rücken gefesselt waren, scheuerte er so lange an der scharfen Kante des Blechs hin und her, bis sie riss und seine Arme wieder frei waren. Dann setzte er sich auf und löste mit viel Mühe die Fessel an den Beinen. Langsam strömte das Blut wieder in Hände und Füße, die inzwischen geschwollen und blau angelaufen waren. Ebenso in den Kopf, so dass auch seine Erinnerung allmählich zurückkehrte.

Als Erste tauchten die Visagen des dicken Grobians, des Jungen und des Mannes mit dem Kalmückengesicht vor seinem geistigen Auge auf. Dann die Szene, wie sie ins Haus eingedrungen waren. Wie sie in der Küche gelärmt und wie sie Bach entdeckt hatten.

Er stand auf. Sich mit den Händen an der Wand abstützend, schleppte er sich zum Schlafzimmer. Lange stand er vor der Tür, lauschte in die Stille drinnen und wagte es nicht einzutreten. Schließlich stieß er die nicht ganz geschlossene Tür auf.

Klara saß auf einem Stuhl am Fenster, das Gesicht dem Licht zugewandt. Bach sah nur eine Aureole um ihr gelöstes Haar, auf dem das Sonnenlicht lag. Der Fußboden war übersät von Laken, Kissen, zerfetzten Bezügen, Röcken, Hemden, zerrissenen Glasperlenketten und Wäschebündeln aus der Kommode. Über all das trat er hinweg, mit den Füßen in etwas Weichem, Weißem versinkend, um zu ihr zu gelangen.

Während er sich ihr näherte, quälte er sich damit ab, ihren Namen auszusprechen, denn alle anderen Worte waren jetzt überflüssig, ja lästerlich. Aber ihr einfacher Name – rein und hell wie Quellwasser – war entschwebt, in einzelne Laute zerfallen. An die klammerte er sich, doch sie entglitten ihm und lösten sich in der durchsichtigen Morgenluft auf. Er glaubte fest, dass ihm der Name sofort einfallen werde, sobald er das vertraute Gesicht erblickte. Während er zum Fenster hinkte, schirmte er mit der Hand die Augen vor dem goldenen Leuchten ab, als fürchte er zu erblinden. Dann hatte er endlich das Licht im Rücken und konnte seine Frau anschauen.

Sie war nackt. Zum ersten Mal sah Bach sie so – ein Bild wie Milch und Honig, aus zartem Licht und samtenem Schatten. Ihre schmalen Hände lagen auf dem Bauch, den sie bedeckten und zugleich schützten. Die Augen waren geschlossen, die Gesichtszüge ruhig – sie schlief. Um ihre Lippen spielte ein Lächeln.

Er wollte die Augen zukneifen oder sich abwenden, um dieses stille, weise Lächeln nicht sehen zu müssen, er wollte schreien und die Frau wecken oder weit ausholen und sie auf die lächelnden Lippen schlagen oder selbst erblinden. Aber zu nichts von alledem war er in der Lage, er stand nur da, schaute und schaute … Ringsum herrschte tiefe Stille. Kaum hörbar wehte ein Wind, nicht draußen, sondern irgendwo in Bachs Kopf. Er frischte auf, ging zeitweise in ein Pfeifen über, blies den Namen der Frau und auch die übrigen Namen, dann alle anderen Wörter und Geräusche in unerreichbare Fernen …

Seit jenem Tag sprach Bach kein Wort mehr. Die Namen, die Wörter und Laute kehrten bald wieder zu ihm zurück, aber sie waren merkwürdig leicht und hohl geworden wie die Schalen von Sonnenblumenkernen. Er hätte die Lippen spannen, die Zunge bewegen oder gegen den Gaumen drücken und etwas Lautes, Sinnloses hervorbringen können wie Erb-se. Oder Schei-be. Oder Ga-bel. Oder Kla-ra. Dazu war er in der Lage, aber er wusste nicht, ob er es wollte. Daher schwieg er lieber. Klara wunderte sich darüber nicht, und wenn doch, dann sprach sie es nicht aus. Als ihr aufging, dass sie auf ihre seltenen Fragen an Bach keine Antwort erwarten konnte, stellte sie sie nicht mehr. Hätte sie sich über seine Wortlosigkeit empört, hätte sie geschrien, ihm mit den Fäusten auf die Brust geschlagen, dann hätte Bach sich vielleicht nicht länger gewehrt, hätte die Lippen geöffnet und sich bemüht. Aber Klara blieb ruhig, als ob sein Schweigen sie gar nicht kümmerte. Dann sollte es eben so sein, schloss er.

Was geschehen war, galt als Tabu. Klaras gesamte Kleidung und Wäsche wurden gewaschen – nicht mit Brunnenwasser, sondern in der fließenden Wolga. Bach schob mit dem Ruder die vom Winter noch schweren Eisschollen auseinander und steuerte das Boot in tieferes Wasser. Klara, weit über Bord gebeugt, scheuerte und spülte lange, ohne auf ihre von der Kälte rot angelaufenen Hände zu achten. Die beschädigten Laken und Bettbezüge wurden geflickt und gestopft. Die Daunendecken wurden im Wind ausgeklopft und durchgeschüttelt. Das zerschlagene Fenster wurde mit Lappen geschlossen. Sie fegten das ganze Haus und streuten frischen Sand auf die Fußböden. Die Gabel wurde an ihren Platz in der Scheune zurückgebracht.

Bach schlief jetzt wieder auf der Ofenbank. Klara erhob keine Einwände. Wäre er nachts zu ihr ins Schlafzimmer zurückgekommen, dann hätte sie sicher auch nichts dagegen gehabt. Gegenüber der Umwelt und Bach ließ sie nicht völlige Gleichgültigkeit, aber doch eine gewisse Entfremdung spüren. Schönes und schlechtes Wetter nahm sie ebenso seelenruhig hin wie einen üppigen oder mageren Fang.

Dann legte Klara unerwartet eine neue Zärtlichkeit an den Tag. Als Bach diese in ihrer Stimme entdeckte, verwirrte ihn das sehr. Er fühlte sich an die ersten Monate ihrer Bekanntschaft erinnert, als sie seine unsichtbare Schülerin hinter dem Wandschirm war. Wenn Bach jedoch über die Ursachen dieses Stimmungswandels nachdachte, wäre er am liebsten aufgestanden und aus dem Haus gegangen, um nie wieder zurückzukehren. Er wollte davonlaufen, rasch weit fort – durch den Wald, über die Wege, durch die Steppe, nichts essen, nicht schlafen, nur laufen, so weit ihn seine Füße trugen. Wenn er nicht daran dachte, dann hätte er am liebsten die Augen geschlossen und Klara gelauscht, immer nur gelauscht. Wohin hätte er auch gehen sollen? Er konnte nicht fort: Klara lebte hier auf diesem Hof. Aber es war eine neue Klara, eine, die er nicht kannte.

Ihre Schönheit, bisher eher streng und zart, gewann urplötzlich an Kraft: Die Augen wurden dunkler, der Blick ausdrucksvoller, die Lippen voller und röter. Die ständig blassen Wangen erstrahlten in einem herausfordernden Rosa. Jetzt hätte sie niemand mehr von hinten für eine Halbwüchsige gehalten, denn jede ihrer Bewegungen verriet das Weib. Bach fürchtete diese neue, schöne, gelassene und zugleich zärtliche Frau. Ihn ängstigte, dass sie die frühere Klara, die er kannte und liebte, für immer verdrängen könnte. Aber erst als der Sommer seinen Höhepunkt erreichte, wurde ihm klar, was diese neue Frau hervorgebracht hatte: Klara erwartete ein Kind.

Das geschah im Juli. Bach saß am Ufer, und Klara, erschöpft vom langen Baden in der Wolga, stieg über die großen Steine aus dem Wasser heraus. Gütig, mit sich und der Welt zufrieden, schenkte sie ihm ihr neues Lächeln, neigte den Kopf ein wenig zur Seite und drückte das Wasser aus dem nassen Haar. Die Sonne tauchte ihre Figur, an der das nasse Hemd klebte, in ein mildes Licht. Jetzt erinnerte sie Bach an eine der Gipsfiguren, die er in dem prächtigen Haus von Müller Wagner gesehen hatte. Als sein Blick den weichen Rundungen von Brust, Bauch und Hüften folgte, erstarrte er innerlich zu Eis. Nun wurde ihm bewusst, was tatsächlich an jenem Aprilmorgen, den sie vergessen wollten, den der Wind verwehen, die Wolga abwaschen sollte, mit ihnen geschehen war. Er kehrte zu ihnen zurück wie ein ins Wasser geworfener Gegenstand, der von den Wellen ans Ufer getragen wird. Doch Klara lächelte immer noch – gelassen wie eine Statue, ungerührt davon, ob Bach sie sah, und wenn, was er dabei empfand. Sie lächelte wie an jenem schrecklichen Morgen. Sie lächelte, weil ihr alles längst klar und bewusst war. Ein Lächeln, das ihr niemand mehr nehmen konnte …

Ihre Niederkunft wurde gegen Ende Dezember, um Weihnachten herum, erwartet. Am Heiligabend setzten die ersten Wehen ein, ließen am Morgen aber wieder nach. Von nun an kamen sie jede Nacht anstelle von Träumen, bis das Jahr sich neigte und der Januar anbrach. Blass, mit geschwollenen Lippen und einem riesigen Bauch ging Klara unablässig im Haus hin und her: von der Küche ins Wohnzimmer, von dort in ihr eigenes Zimmer, in die leeren Räume von Vater und Tilda, dann wieder in die Küche. Sie schlief wenig und aß noch weniger. Manchmal ließ sie sich auf einem Stuhl oder auf der Bettkante nieder, reckte den riesigen Bauch vor, drückte den Rücken durch und warf ihren Kopf mit dem wirren Haar nach hinten. Aber schon nach einer Minute erhob sie sich und nahm den endlosen Gang wieder auf wie eine Gefangene in ihrer Zelle. Das unablässige Schlurfen ihrer Füße über den gestampften Boden und das Stöhnen der Winde vor den Fenstern – das war es, was Bach aus jenen Wochen in Erinnerung blieb.

In diesem Winter fiel eine Menge Schnee, er reichte bis zu den Fenstern. Da war kein Durchkommen. Klara hätte auch gar nicht hinausgehen können, denn mit ihrem Bauch passte sie in keine Pelzjacke und keinen Mantel. So blieben sie also, wo sie waren. Im Dezember ging Bach noch hinaus, um das Nötigste zu erledigen – Wege über den Hof zu schaufeln und die Schneewehen vom Dach zu werfen. Aber Anfang Januar wagte er nicht mehr, Klara lange allein zu lassen. Er blieb bei ihr – am ersten Tag des neuen Jahres, am zweiten, am dritten ... Das lange Warten war für beide eine Tortur. Die Ringe unter Klaras Augen wurden dunkelblau, die Augen trübe und matt vor Müdigkeit. Ihr Haar, das gewöhnlich glatt und glänzend, zu Zöpfen geflochten und zu einem Kranz um ihren Kopf aufgesteckt war, hatte jeden Glanz verloren, fügte sich keiner Frisur und hing wirr über Schläfen und Stirn herab. Sich selbst konnte Bach nicht sehen, aber als er eines Abends den Blick senkte, entdeckte er in seinem Bart zahlreiche graue Strähnen.

In diesem halben Jahr hatte er so viel über Klara und das Kind, das in ihr wuchs, nachgedacht, dass er jetzt, da die Zeit kam, es auf der Welt zu empfangen, überhaupt nichts mehr denken und fühlen konnte. Anfangs war nur Entsetzen in ihm gewesen. Die Vorstellung, dass ein fremder Samen, der auf so ungeheuerliche Weise in den Leib der geliebten Frau gelangt war, sich in ihr festgesetzt hatte, heranwuchs, sich von ihren Säften nährte und zu Kräften kam, ließ seinen Atem schneller und heftiger werden, legte sich als klebriger Schweiß auf Schläfen und Handflächen. Nächtelang lag Bach schlaflos auf der Ofenbank, starr ausgestreckt und die Arme über der Brust verschränkt, um das heftige Zittern zu unterdrücken, das seinen Körper so quälte. Wenn er Klaras ruhigen Atem im Nachbarzimmer hörte, brach ihm kalter Schweiß aus. Warum konnte er nicht einfach von der Ofenbank auf den harten Boden fallen und sein dummer, nutzloser Kopf in tausend Stücke zerspringen?

Dann kam die Zeit des Abscheus. Er sah das winzige Stückchen Mensch von der Größe einer Erbse, später einer Bohnenschote und schließlich eines menschlichen Fingers, das in Klaras Bauch wuchs, sich streckte, zu einem Körper formte, Grimassen schnitt, mit den Stummeln von Armen und Beinen strampelte. Es ähnelte einem hässlichen Gnom. Dem Kerl mit den Kalmückenkiefern und den Tieraugen. Dem Grobian, einem Schwein ähnlicher als einem Menschen. Dem dürren Jüngelchen mit dem Gaunergesicht und dem großen Adamsapfel. Den ungeborenen Kälbern, die Bach in Gnadental gesehen hatte. Das Gefühl des Abscheus wurde unbezwingbar. Bach konnte Klara nicht mehr anschauen. Von ihrem unnatürlich geschwollenen Bauch und der prallen Brust wurde ihm übel. Am liebsten wäre ihm gewesen, sie wäre eines Morgens aufgewacht und hätte einen Klumpen Blut in ihrem Bett vorgefunden – die zu früh geborene Frucht.

Als Klara das Gehen immer schwerer fiel, sie rasch müde wurde, wenn sie das Steilufer heraufstieg, überkam ihn plötzlich Mitleid mit ihr. Einmal im September sah er sie, als sie, auf den Steinen balancierend, den Rock aufgesteckt, im Fluss Wäsche spülte. Die dünnen Beine, die knochigen Arme, der magere Hals mit den hervorstehenden Wirbeln, ihre ganze Gestalt eckig, spitz und abgemagert; der Bauch, rund wie ein Ball, hatte all ihre Kraft und ihre Schönheit aufgesaugt. Da schämte er sich für seine hässlichen Gedanken und abscheulichen Phantasien. Sollte dieses Kind, so fremd und unbekannt es ihm auch war, doch leben, dachte er bei sich. Wenn es Klara freute, dann war es gut. Dann musste es eben so sein.

Als der Winter kam, war Bach der Gedanken und Gefühle, der Zweifel und Selbstvorwürfe müde. Von all seinen Grübeleien blieb nichts übrig, die Angst des Wartens hatte ihn gepackt. Jetzt wollte er dieses Kind vielleicht stärker als Klara selbst, ohne sich vorstellen zu können, was er bei seinem Anblick empfinden werde. Er hatte nur noch einen Gedanken: dass diese monatelange Qual ein Ende nehmen möge.

Am sechsten Tag des neuen Jahres erwachte Klara in einem nassen Bett: Die Frucht drängte auf die Welt. Nun lief sie schneller durch das Haus. Manchmal blieb sie stehen, umklammerte mit den Händen eine Stuhllehne und schnaufte mit gebleckten Zähnen laut gegen die Zimmerdecke. Bach schien, als wollte sie schreien.

Gegen Mittag fiel ihr ein, den Boden zu fegen. Sie wusste: Gleiches heilt man mit Gleichem: Gelbsucht mit gelben Rüben, schlimme Kopfschmerzen mit stinkendem Käse. Wenn eine werdende Mutter sich mit Arbeit abmühte, würde sich auch das Kind mit aller Kraft den Weg auf die Welt bahnen. Klara fegte das ganze Haus, wusch alles Geschirr und scheuerte gar den Samowar. Als die Sonne unterging, zitterte sie vor Erschöpfung am ganzen Leib.

Nachts kamen die Wehen, keine schwachen, an die sie sich in den letzten Tagen gewöhnt hatte, sondern richtige. Auf den Boden neben dem Bett legte sie ein Küchenmesser – Tilda hatte ihr beigebracht, das lindere den Schmerz.

Sie stellte sich aufrecht an das Bettende, an den Tisch, an einen Stuhl. Sie ging in die Hocke vor dem Ofen und an der Kommode. Sie legte sich nieder – aufs Bett und auf die Ofenbank. Kein Schrei entfuhr ihr, sie fürchtete, das Kind zu erschrecken. Sie schnaufte nur hörbar mit zusammengebissenen Zähnen. Schrei doch, wollte Bach ihr sagen, doch seine Lippen, in den vielen Monaten des Schweigens der Rede entwöhnt, gehorchten ihm nicht.

Gegen Morgen erschlaffte sie, lag regungslos auf dem Bett und stöhnte nicht einmal mehr. Den Kopf hatte sie in den Nacken geworfen, die Augen geschlossen. Das einzige Mal im Leben schlug Bach sie – auf die Wangen, damit sie wieder zu sich kam. Als das geschah, krümmte sie sich unvermittelt zusammen, riss die Augen auf und schnappte nach Luft: Das Kind kam auf die Welt.

Es fiel Bach geradewegs in die ausgebreiteten Arme: Zuerst der Kopf, groß und heiß, von klebrigem Schleim bedeckt und mit dem Fleck der pulsierenden Fontanelle auf dem Schädel, dann die winzigen Schultern, die dunkelroten Ärmchen mit geballten Fäusten, das runde Bäuchlein mit der schwarzblauen Nabelschnur und die Füßchen mit Zehen wie Erbsen.

Ein Mädchen.

Bach hielt es in den Händen – nass, glitschig und zappelnd. Er fürchtete, es fallen zu lassen, und wusste nicht, wohin und wie er es ablegen sollte. Er schaute zu Klara hin, doch die lag bewegungslos da, und ihre Hände hingen leblos vom Bett herab. Da legte er das Kind auf das zerwühlte Bett, zerriss ein Laken in ein paar Streifen und band mit einem die Nabelschnur ab. Dann ertastete er das Messer auf dem Fußboden und schnitt sie irgendwie durch. Das Blut spritzte, und er musste die Augen zusammenkneifen. Jetzt sperrte das Kind das winzige Mäulchen auf und begann, mit Ärmchen und Beinchen zappelnd, zu schreien.

Klara schien zu sich zu kommen, wandte den Kopf dem Geschrei zu, hatte aber nicht die Kraft, die Augen zu öffnen. Bach hüllte das Kleine in ein trockenes Handtuch und legte es neben sie. Klara seufzte nur dankbar auf und drückte ihr schweißnasses Gesicht an das Bündelchen. Bach deckte beide mit dem Federbett zu und ging davon, in den frostigen Morgen hinaus.

Er lief fort von Haus und Hof. Erst im Wald hielt er inne, nahm Hände voll Schnee und begann damit Gesicht, Bart, Brust und Handflächen heftig abzureiben, um das Blut der Nabelschnur, das ihn bespritzt hatte, zu entfernen. Dabei geriet er vor Aufregung oder verspätetem Ekel völlig außer Atem. Als er sich sauber fühlte, hatte er plötzlich ungeheuren Durst. Er stopfte sich Schnee in den Mund und verschlang gierig die zwischen den Zähnen knirschenden Eiskristalle, ohne die Kälte in der Kehle zu spüren. Das Schreien des Kindes klang ihm immer noch in den Ohren. Vor diesem Geräusch lief er davon – über Schneewehen in Richtung Fluss, ohne zu bemerken, dass er nur ein Hemd und die Kirgisenweste am Leibe hatte.

Die Beine führten ihn wie von selbst zum Steilufer. Dann den Pfad hinunter. Schließlich aufs Eis der Wolga, wo er bis zu den Knien im Schnee versank. Mitten auf dem Fluss hielten sie inne und konnten nicht mehr, weder vor noch zurück. Wahrscheinlich waren sie von der Kälte einfach erstarrt. Bach schaute zu dem graublauen Himmel auf, über den weiße Wolken zogen, und stellte mit Erleichterung fest, dass von dem Schreien nichts mehr zu hören war. Nur der Wind pfiff ihm in den Ohren und trug von fern ein feines Klingen heran. Waren das Schlittenglöckchen?

Die Erinnerung an ferne Zeiten stieg in ihm auf, als geschmückte Schlitten voller fröhlicher, angetrunkener Menschen über die zugefrorene Wolga sausten – im Advent voll freudiger Erwartung, in der Weihnachtswoche und an jedem Sonntag im Winter, wenn das Herz nach dem Rausch einer schnellen Fahrt verlangte. Der Klang kam näher und wurde stärker. Fröhliche Stimmen, die Rufe von Frauen, Fetzen von Gelächter und Gesang mischten sich hinein. Bald tauchte auch der mit einer Troika bespannte Schlitten aus dem Morgendunst auf. Er näherte sich Bach, große Schneewolken mit den Kufen aufwirbelnd.

Der stand stocksteif da und sah zu, wie ihm diese lärmende vielstimmige Wolke entgegenflog. Im Schlitten hatte man ihn schon bemerkt und begrüßte ihn mit Pfiffen. Als das Gefährt heran war, bremste es ein wenig, ein junger Mann mit roten Wangen und schneeweißem Gebiss sprang ab, lief Bach entgegen, versank im Schnee und winkte mit seiner Pelzmütze. Er zeigte ein breites Lächeln, so aufrichtig, als sei Bach ein teurer Verwandter. Es schien, als werde er gleich vor Freude laut auflachen. Als er Bach erreicht hatte, wollte er etwas rufen, doch der Ton blieb ihm im Halse stecken, er umarmte ihn nur fröhlich und schlug ihm kräftig auf den Rücken. Er roch nach dem gesunden Schweiß der Jugend, nach Tabak, Wodka und Roggenbrot. Doch schon lief er weiter, um seine Kameraden einzuholen.

»Freu dich, Onkel!«, rief er Bach noch zu. »Sonst wirst du noch dumm sterben! Heute wurde die Republik geboren – die Sowjetrepublik der Wolgadeutschen!«

Wie erstarrt stand Bach im Schnee. Er schaute den Menschen nach, die er nicht verstand, und vernahm Worte, die er nicht begriff. Sie wurden immer leiser, dann war der Schlitten verschwunden.

»Sie lebe hoch!«, klang es kaum hörbar zu ihm herüber. »Es lebe der 6. Januar 1924! Es lebe die neue Republik! Es lebe Wladimir Lenin, unser großer, unsterblicher F-ü-ü-hrer!«

7

Doch der Führer lag bereits im Sterben. Auf sein wächsernes, bewegungsloses Gesicht mit den markanten Kiefern und den tiefen, runden Augenhöhlen fiel das blasse Licht der Januarsonne. Als die Abenddämmerung kam und alle Gegenstände blaue Schatten warfen, erlaubten die Ärzte, die Fenstervorhänge aufzuziehen, und die letzten trägen Strahlen füllten das Zimmer.

Der blassrote Bart, der in den eineinhalb Jahren unheilbarer, kräftezehrender Krankheit merklich schütterer geworden war, lag auf der bis zum Kinn hochgezogenen Bettdecke. Die Haut, dünn wie Pergament, bildete längs der Kiefer, um Augen, Ohren und die Unebenheiten des Schädels tiefe, harte Falten. Die geschlossenen Lider waren runzlig und fast ohne Wimpern. Den Körper unter der Decke konnte man kaum noch erkennen, so flach und leicht war er geworden. Der Brustkorb blieb unbewegt, nur hin und wieder war ein müder, rauer Atemzug zu hören.

Die Krankenschwester im weißen, vom 24-Stunden-Dienst leicht zerknitterten Kittel dämmerte in unbequemer Haltung auf einem Sessel vor sich hin, den Kopf gegen die hohe Lehne mit dem Leinwandbezug gelehnt, die Beine in den kurzen Filzstiefeln fröstelnd angezogen. Die Villa in Gorki bei Moskau wurde großzügig geheizt. Das vom ehemaligen Besitzer des Anwesens, Generalmajor Rheinbott, eingebaute System funktionierte tadellos. Doch die Ärzte hatten dem Patienten viel frische Luft verordnet, und die Schwester öffnete, in ein wollenes Umschlagtuch gehüllt, jede Stunde kurz die Lüftungsklappe, durch die ein eisiger Wind hereinpfiff und winzige Eisnadeln ins Zimmer blies. Drinnen war es daher immer kühl.

Als irgendwo im Haus eine Standuhr schlug, fuhr die Schwester hoch. Es roch nach Jod, gekochter Milch und dem kranken Körper des 53-jährigen. Es war Zeit, wieder zu lüften. Sie erhob sich und ging mit vorsichtigen Schritten über das knarrende, lange nicht gepflegte Parkett zum Fenster. Mit beträchtlicher Anstrengung zog sie den schweren hölzernen Fensterrahmen auf. Sofort drang der Geruch von frisch gefallenem Schnee herein. Ein Motor brummte, und kurz darauf fuhr ein Wagen vor. Mit raschen Bewegungen stieg eine kleine, untersetzte Gestalt aus, hielt die Ohrenklappen der dicken Pelzmütze mit den Händen fest und lief eiligen Schrittes ins Haus.

Die Schwester am Fenster zuckte zurück. Verstohlen bekreuzigte sie sich und warf einen prüfenden Blick über die Schulter auf den schlafenden Kranken. Mit einem eisernen Haken fixierte sie die Lüftungsklappe und hastete zu ihrem Sessel zurück. Dabei verlor sie ihr Tuch, das an dem großen Übertopf einer welken Hibiskuspflanze hängen blieb. Doch sie wagte nicht, zurückzugehen und es an sich zu nehmen. Da saß sie nun kerzengerade, den Rücken gegen die harte, mit Schnitzereien verzierte Lehne gepresst, deren Kanten sie durch den Überzug deutlich spürte.

Sie wusste, dass eine der Seitentüren jeden Augenblick aufgehen würde, wie stets nur eine halbe Handbreit. Die Tür führte ins frühere Arbeitszimmer des Hausherrn, das jetzt vom Pflegepersonal benutzt wurde. Der Krankenschwester fiel ein, dass dort auf dem Tisch die offene Tasche mit ihrer Wechselwäsche stand und auf der Couch der mit Hühnerbrühe beschmutzte Kittel vom

Vortag für die Wäscherei lag. Es war ihr nicht gelungen, die Brühe dem Kranken einzuflößen. Vor Peinlichkeit wurde ihr ganz kalt. Musste der abendliche Gast für seine unerwarteten Besuche auch ausgerechnet dieses Zimmer wählen.

Stalin kam stets gegen Abend, manchmal auch nachts. Die dreißig Werst aus Moskau legte er an warmen Tagen in einem gewöhnlichen Automobil, bei Kälte und Schnee aber auch in einem merkwürdigen Raupenfahrzeug zurück. Dabei stand er jedes Mal nur ein paar Minuten schweigend im Nebenzimmer und fuhr gleich wieder ab. Weder nahm er den Patienten näher in Augenschein, noch sprach er mit den Ärzten oder der Ehefrau, die in Erwartung des baldigen Endes sichtbar immer mehr ergraute. Weshalb kam er hierher? Was wollte er? »Den treibt der Teufel«, hatte eine Köchin einmal ärgerlich geknurrt, sich aber sofort erschrocken den Mund zugehalten, sich ängstlich umgeschaut und sogleich ein Stoßgebet gemurmelt. Die übrigen im Haus Anwesenden schwiegen. Bei diesem Gast schlug man besser die Augen nieder, hielt seine Zunge im Zaum, ging ihm aus dem Weg oder bekam ihn erst gar nicht zu Gesicht.

So war es auch dieses Mal. Kaum tauchte er auf der Schwelle der Villa auf, streckten sich ihm aus der Dunkelheit dienstbare Hände entgegen, nahmen ihm den schweren, an den Ellenbogen durchgewetzten Uniformmantel von den Schultern, griffen nach der langhaarigen Pelzmütze und fegten den Schnee von den Filzstiefeln. Vor ihm öffneten sich Türen eine nach der anderen, im Halbdunkel klackerten beschlagene Stiefel ehrerbietig über den Marmorfußboden, ein dienstbarer Rücken schwebte voran, um ihm den Weg zu weisen. Wie aus dem Nichts erschien ein Glas Tee, in dem ein Löffel leise klirrte und sich frisch gebrühte Teeblätter mit Zuckerstückchen drehten. Im ehemaligen Arbeitszimmer des Hausherrn ging das Licht aus, wie es der Gast wünschte. Im selben Augenblick war auch von den hilfreichen Händen, Rücken und Köpfen nichts mehr zu sehen, der Gast blieb allein zurück. Er öffnete die Tür zum Krankenzimmer einen Spaltbreit, schaute hindurch und lehnte dabei seinen frierenden Rücken an ein warmes Heizungsrohr.

Nur die seltenen Atemzüge des Kranken waren zu hören. Sie klangen heiser und mühsam, als läge ein riesiger Mühlstein auf seiner Brust. Hin und wieder gluckste und brodelte es in seinem Körper, etwas stieg ihm in die Kehle und drohte durch Husten oder Erbrechen ausgeworfen zu werden, doch dann beruhigte er sich wieder. Stalin stand da, schaute durch das Fenster in das schwindende Tageslicht und lauschte. Zu diesem Zweck war er gekommen – zuzuhören, wie der Kranke starb.

Manche im Politbüro meinten, die Deutschen hätten ihn auf dem Gewissen. Berühmte Ärzte wie Foerster, Klemperer, Nonne, Borchardt, Strümpell oder Bumke – diese ganze wichtig schwadronierende Schar war auf den ersten Ruf des prominenten Kranken herbeigeeilt. Dabei hatte der doch selbst hin und wieder geäußert, deutsche Ärzte könne ein russischer Mensch nicht ertragen. Trotzdem hatte er sie zu sich bestellt, sie empfangen und ihnen märchenhafte Honorare gezahlt, ihnen vertrauensvoll in die Augen geschaut, sich auf den Operationstisch gelegt und gehorsam ihre Medizin geschluckt. Er hatte ein Sterben unter zuverlässiger deutscher Aufsicht gewählt. Heraus kamen eineinhalb Jahre Ohnmachtsanfälle, nächtliche Albträume, schmerzhafte Krämpfe, zunehmende Schwäche und – falsche Diagnosen. Alle diese Koryphäen brachten es nicht fertig, die wirkliche Ursache seiner Krankheit zu finden. Die Äskulaps vom Rhein, die Hundesöhne.

Der Gast schloss die Augen. Der heisere Atem des Kranken klang lauter, dann wieder leiser, als folge er einer elegischen Melodie.

Nein, die Ärzte trifft keine Schuld. Sie sind durch ihr eigenes Wissen beschränkt, irren darin umher wie die Schafe im Pferch, den Blick eingeengt und nach unten gerichtet, an den menschlichen Körper gefesselt, dazu verurteilt, ihn ganz oder stückweise, von außen oder von innen zu untersuchen, ihn zu beschauen – durch den Kneifer, die Lupe, unter dem Mikroskop oder durch das Vergrößerungsglas am Operationstisch. Ihr Blick ist es gewohnt, einzudringen und sich zu vertiefen, aber sich nie über die Dinge zu erheben. Um zu begreifen, was hier geschieht, braucht man keine Brille, sondern einen Zeppelin, besser noch ein Flugzeug. Nur wenn man in große Höhen aufsteigt, kann man etwas erkennen: die Villa mit den klassischen Säulen, die wie durch ein Wunder den Bürgerkrieg überlebt hat, das Erkerzimmer, die Möbel, deren unechte Vergoldung schamhaft unter staubigen Stoffbezügen verborgen wird, das verschwitzte Bett mit dem prachtvoll geschnitzten Kopfende. Nur aus dieser Perspektive ist klar zu sehen, dass in all dieser billigen Pracht nicht der Führer im Sterben liegt. Es ist *sie*, die man dort mit einem weißen Laken, beinahe schon einem Leichentuch, bedeckt, die dort erschöpft ächzt und stöhnt, unfähig, den gequälten Körper auch nur von einer Seite auf die andere zu drehen. Es ist *sie*, die Idee der Weltrevolution.

Von Marx' Genie geboren, hat sie Europa durchgerüttelt und Russland umgewälzt. Nur beschränkte Geister können glauben, dass historische Ereignisse von Individuen herbeigeführt werden. Es sind Ideen, welche die Geschichte bewegen. Sie ergreifen nicht nur die Massen und erlangen das nötige gesellschaftliche Gewicht, sondern sie nehmen auch die Gestalt konkreter Menschen aus Fleisch und Blut an, die nicht immer für sie geeignet sind. Auch die Revolution in Russland wurde von einer Idee ausgelöst, die durch eine Verknüpfung von Umständen ihre Verkörperung in einem kleinen, nicht besonders gesunden Mann mit gewaltiger Arbeitsfähigkeit und ungewöhnlichem Redetalent fand. Sie hat ihn wie einen Kometen durch alle Schwierigkeiten und Gefahren – Verhaftungen, Verbannung, Verrat und Attentate – getragen. Wäre er nicht gewesen, dann hätte es eine andere Führungsperson für das Land gegeben, die größer oder kleiner von Gestalt, hell- oder dunkelhaarig gewesen wäre. Inzwischen ist allen, die in der Lage sind, die Welt von hoher Warte zu betrachten – Geistesgrößen, Dichtern oder Philosophen (der Gast sah sich selbst in verschiedenen Phasen seines Lebens als der ersten, zweiten oder dritten Art zugehörig) –, klar geworden: Diese geniale Idee ist nicht durchsetzbar. Deshalb stirbt der, in dessen Gestalt sie gelebt hat. Die Geschichte braucht ihn nicht mehr. All die Fläschchen, die in dichten Reihen auf dem lackierten Nachtschränkchen neben dem Bett stehen, die Ärzte, die dieses Haus bevölkern, und auch die Krankenschwester, die sich erschrocken in ihren Sessel drückt und glaubt, der abendliche Gast bemerke sie nicht, all das ist nur Staffage, nur Tarnung, das vergebliche Bemühen, seinen Mitstreitern und Angehörigen ein reines Gewissen zu verschaffen …

Die Krankenschwester sah zu, wie leichte Schneeflocken zur offenen Lüftungsklappe hereinschwebten und in der Wärme des Zimmers vergingen. Vor dem Fenster tuckerte der Wagen gleichmäßig vor sich hin. Der Chauffeur hatte den Motor gar nicht erst abgestellt, weil er seinen

Fahrgast, der sich in der Regel nie lange aufhielt, in Kürze erwartete. Heute zog sich der Besuch jedoch in die Länge. Die Lüftungsklappe hätte schon geschlossen werden müssen, doch die Schwester, bestrebt, unentdeckt zu bleiben, saß wie angenagelt, obwohl sie spürte, wie von draußen Kälte ins Zimmer drang. Ihre Finger auf den Armlehnen des Sessels wurden kalt, ebenso die Nasenspitze. Am meisten fror sie an Rücken und Schultern. Irgendwo tief im Rückgrat spürte sie ein leichtes Zittern aufkommen. Ihr wollenes Tuch, das immer noch am Boden lag, war schon ein wenig weiß überzuckert.

... Eine Zeitlang wird man die Idee noch für lebendig halten, sie anbeten und ihrem schwindenden Licht folgen. Man kann und muss weiterhin mit den Massen ihr Loblied singen, engagierter und lauter als andere. Jetzt, da der Koloss des Sowjetstaates, der die Mühen seiner Entstehung – Verfall, Bürgerkrieg und Hunger – gerade erst hinter sich gelassen hat, die erste Insel, das einzige Bollwerk der Weltrevolution darstellt, das nur der Glaube an diese Idee am Leben hält, sind jähe Veränderungen nicht angebracht. Mag der Koloss meinen, er strebe weiter dem bisherigen Ziel zu. Doch schon soll am Rande des gesellschaftlichen Bewusstseins eine neue Idee aufdämmern, die ihre Verkörperung in Gestalt und Gesicht eines anderen Menschen finden wird – anfangs unauffällig, dann immer klarer, damit das eine Licht ganz unmerklich gegen ein neues ausgetauscht wird. Vorläufig gilt es so zu tun, als sei der Führer noch am Leben. Selbst wenn sein Körper nicht mehr funktioniert, ist sicherzustellen, dass seine lichte Gestalt in der Erinnerung der Menschen und in den Taten seiner Apostel weiterlebt. Dutzende Vorhaben gilt es noch umzusetzen, deren Vergeblichkeit ihm bewusst ist, um das Land unmerklich, aber wirksam in neue Bahnen zu lenken, die in eine andere Richtung führen. Das betrifft zum Beispiel die Deutschen.

Lenin liebte Deutschland leidenschaftlich. Dass daraus eine Sowjetrepublik werde, war für ihn eine Sache, die unmittelbar bevorstand. Schon die Friedensverhandlungen von Brest-Litowsk führte er bekanntlich ohne jede Eile, weil er erwartete, dass die Revolution von einem Tag zum anderen aus Russland auf Deutschland übergreifen und dann ganz Europa erfassen werde. Beides geschah aber nicht. Dafür ertastete das Deutsche Reich im Laufe dieser langen und zähen Verhandlungen, unerwartet für sich selbst und für Sowjetrussland, bei seinem Gegner einen neuen wunden Punkt – die Frage der Russlanddeutschen. Die Übersiedler aus Deutschland waren in den Beziehungen beider Länder nie ein schwieriges Thema gewesen. Da fiel wie aus heiterem Himmel diese auf den ersten Blick unbedeutende Karte wie ein im Ärmel vergessener kleiner Trumpf auf den Spieltisch. Die deutsche Seite forderte für die Übersiedler das Recht der ungehinderten Reemigration – natürlich unter Mitnahme sämtlichen Kapitals. Wozu hätte man sich das Ganze sonst ausgedacht? Auf der russischen Seite wunderte man sich zunächst über den Versuch einer Einmischung in innere Angelegenheiten, doch das Staunen schlug bald in Empörung um. Der lange, sinnlose politische Eiertanz, der darauf folgte, führte zu nichts. Sowjetrussland gab nach und gewährte den Deutschen das Recht der Ausreise in ihre historische Heimat. Von nun an stellte das Thema der deutschen Siedler eine selbstständige politische Karte dar. Aus einem kleinen war im Handumdrehen ein großer Trumpf geworden.

Dass dies ein Trumpf war, daran hatte auch Lenin keinen Zweifel. Er betrachtete seine Deutschen als einen Hebel, mit dem er die sozialistische Revolution im fernen

Deutschland steuern konnte und musste. Dutzende Deutsche aus dem Wolgagebiet, die treue Kommunisten waren, wurden insgeheim an Rhein und Spree geschickt, um dort das imperialistische System von innen her zu zersetzen. Um der beginnenden Emigration aus dem Wolgagebiet entgegenzuwirken, wurde beschlossen, den Sowjetdeutschen die Selbstverwaltung zu gewähren. Genauer gesagt, einen Anschein davon.

Genussvoll lehnte der Gast seinen Rücken gegen das Heizungsrohr und ließ die Wärme durch den ganzen Körper strömen. Ihm fiel auf, dass er jetzt langsamer und tiefer – im Takt mit dem Patienten – atmete. Beim Röcheln des Sterbenden dachte es sich besser als irgendwo sonst.

In der Geschichte der Ansiedlungen an der Wolga kannte er sich bestens aus: Er war seit der Revolution mit den Angelegenheiten der Nationalitäten befasst und wurde von manchen im Politbüro gar zum Scherz »Hirte der Völker« genannt. Er selbst hatte die Delegation des Wolgagebiets empfangen, welche die Selbstverwaltung forderte. Er hatte Lenin persönlich davon berichtet und das Telegramm nach Saratow mit der »Zustimmung der Regierung zur Selbstverwaltung der deutschen werktätigen Massen auf sozialistischer Grundlage« verfasst. Er war es gewesen, der zuvor an den Ufern der Wolga eine »Deutsche Kommune« gegründet hatte, ein kleines, handzahmes Deutschland, das der Regierung in Moskau direkt unterstellt war. Er hatte also in gewissem Maße Lenins Traum in die Tat umgesetzt.

Schon nach einigen Jahren wurde denen, die es sehen wollten, jedoch klar, dass die ins Lager des Gegners entsandten Deutschen nichts bewirken konnten. Der Export der Revolution blieb ein Traum vor allem Lenins, der just zu jener Zeit die ersten Symptome der heraufziehenden

Krankheit feststellte. Nun wurde dem »Deutschland« an der Wolga eine bescheidenere, aber immer noch wichtige Rolle zugewiesen: Statt Werkzeug der Errichtung des Kommunismus zu sein, sollte es jetzt zum Schaufenster der neuen Gesellschaft in Richtung Weimarer Republik ausgebaut werden. Dafür erhielt es einen wirkungsvollen Rahmen – den Status einer Autonomen Republik mit eigener Staatssprache und Verfassung. War das nicht ein bisschen zu großzügig für eine kleine, rückständige Volksgruppe, die sich zwar von ihrer alten Heimat getrennt hatte, aber in der neuen nie richtig angekommen war, deren Bewohner immer noch die Lebensweise des 18. Jahrhunderts pflegten und kaum zwei Worte Russisch sprachen?

Ein paar Wochen zuvor hatte der Gast selbst eine geheime Sitzung des Politbüros einberufen, wo die Umorganisierung der Deutschen Kommune in eine Republik erörtert und gebilligt wurde. Der betreffende Beschluss trug seine Unterschrift. Die hatte er schweren Herzens geleistet. Im Grunde wusste er immer noch nicht, ob die Bildung der Deutschen Sozialistischen Republik nun ein Ergebnis politischer Trägheit, ein Zugeständnis an den todkranken Lenin, dessen Willen man respektierte, oder tatsächlich ein notwendiger Schritt war. Mit anderen Worten, handelte es sich um ein totgeborenes Kind oder hatte es eine Chance zum Überleben? Wie dem auch sei, er war der Taufpate dieses ungewollten Wesens. Dessen Vater lag im Nebenzimmer, wo sein erschöpftes Herz die letzten müden Schläge tat …

Die Krankenschwester, die so lange bewegungslos in ihrem Sessel ausgeharrt hatte, wurde jetzt von einem heftigen Zittern erfasst. Obwohl sie in Filzstiefeln steckten, waren ihre Füße völlig erstarrt. Sie spürte, wie ihr Atemhauch zu dichtem weißem Dampf gefror. Sehen konnte sie das nicht, denn im Zimmer war es inzwischen völlig dunkel. Auch die langsamen, heiseren Atemzüge des Sterbenden mussten gefroren sein …

Die Tür zum Nebenraum stand nach wie vor einen Spaltbreit offen, Stalin war immer noch da. Vor dem dunklen Fenster tuckerte geduldig sein Automobil.

Die Tochter

8

Als die Glöckchen verklungen und die von dem Schlitten aufgewirbelten Schneekristalle herabgesunken waren, sah Bach, dass die Wolke über der Wolga in durchsichtige Fetzen zerriss, durch die eine orangefarbene Sonne blinzelte. Ihre Strahlen durchschnitten den graublauen Himmel, fielen auf das blaue Häuflein der Gnadentaler Häuser in der Ferne und auf die endlose Schneedecke des Flusses, die bislang noch dunkelblau dalag, aber hier und da schon rot und gelb funkelte.

Bach stellte sich vor, wie Klara erwachte: In dem von Schweiß und Fruchtwasser nassen Hemd, mitten im ausgekühlten Zimmer, vor Mattigkeit und Kälte zitternd. Bevor er wegging, hatte er nicht daran gedacht, im Ofen Holz nachzulegen. Er stand noch einige Augenblicke unbewegt, lauschte in die Stille und sah zu, wie sich das strahlende rosa Licht über die Schneewehen ausbreitete. Dann drehte er sich um und ging nach Hause, seinem über den halben Fluss fallenden langen violetten Schatten nach.

Den Pfad das Steilufer hinauf musste er sich an vereiste Steine und vom Reif herabgedrückte Zweige einzelner Büsche klammern. Dann lief er durch den Wald mit den tief verschneiten Eichen, überquerte den lange nicht geräumten Hof und wunderte sich, dass er nicht fror. Zwar waren seine Hände blau angelaufen und die Finger fast völlig steif, aber er spürte keinen Frost, nicht einmal auf dem unbedeckten Kopf, am entblößten Hals oder der im Ausschnitt der Fellweste sichtbaren Brust. Nun hatte sein Körper auch noch das Gefühl für Kälte verloren wie seine Lippen die Fähigkeit, Wörter zu bilden. Einer nach dem anderen versagten ihm die Sinne den Dienst wie zuvor die Zunge. Vielleicht hatte das ja sein Gutes: Jetzt konnte er im Stall oder der Scheune leben und der Mutter mit ihrem Kind das ganze Haus überlassen. Mit ihnen unter einem Dach zu sein, Klaras zärtliches Flüstern als Antwort auf das Schreien des Kindes, das Rascheln ihres Kleides zu hören, wenn sie die Brust zum Stillen entblößte, all das würde ihm unerträgliche Schmerzen bereiten. Er fasste einen Entschluss: Er wollte sich um Haus und Garten kümmern, Fische fangen, für Brennholz sorgen, Nahrung für Klara beschaffen, mit einem Wort, wie bisher leben. Nur die neue Bewohnerin des Gehöfts wollte er nicht sehen und hören, ihre Anwesenheit gar nicht bemerken. Im ersten Jahr, solange das Kind noch nicht auf eigenen Beinen stand, war das sicher unkompliziert. Was weiter werden sollte, ob Bach seinen Schmerz überwinden konnte oder das Gehöft verlassen musste, sollte die Zeit erweisen. In den Stall umziehen wollte er sofort, sobald er ein paar Kloben in den Ofen geschoben, einen Eimer Schnee erhitzt und die Morgensuppe aus Mohrrübenmehl und Hafer bereitet hatte. Wenn Klara aufstand, war sie sicher hungrig und wollte alle Spuren dieser schweren Nacht von sich abwaschen. Vorsichtig, damit die Tür nicht knarrte, schlich er sich ins Haus und fachte das fast erloschene Feuer neu an. Er stellte einen Eimer voll Schnee auf die Herdplatte, dazu den Teekessel mit Trinkwasser. Dann bereitete er am Tisch das Frühstück zu. Er beeilte sich, alles rasch und geräuschlos zu erledigen, um Klara nicht zu wecken.

Im Wohnzimmer war es still, nur etwas quietschte kaum hörbar – entweder der Frost in einem der Rundhölzer oder ein vom Wind bewegter Fensterladen. Als er bereits Mohrrübenmehl in einer Holzschüssel verrührte, begriff er plötzlich – das war kein Fensterladen und kein Rundholz, sondern das Kind, das im Halbschlaf wimmerte. Bach deckte die Schüssel mit einem Teller ab und legte ein Handtuch darüber, damit die Suppe besser gelang. Er nahm den Eimer mit kochendem Wasser vom Herd und hob ihn auf den Tisch. Der Metallbügel musste heiß sein, doch seine Finger spürten es nicht. Neben den Eimer stellte er das Kupferbecken, in dem er und Klara sich gewöhnlich wuschen, dazu legte er eine Kelle, um Wasser zu schöpfen. Dann holte er die Felljacke vom Haken, die Klara ihm vor ein paar Jahren aus einem alten Stück von Udo Grimm genäht hatte, und warf sie sich über die Schultern. Nicht gegen die Kälte, was er jetzt offenbar nicht mehr nötig hatte, sondern um eine Sache bei sich zu haben, die er gewohnt war. Er beschloss, nur die Ofenbank, auf der er schlief, in den Stall mitzunehmen. Da fiel ihm ein, dass es gut wäre, auch das Goethebändchen bei sich zu haben. In der Stille des Stalls lag es ruhiger als im Haus, das nun von Kindergeschrei, dem Säuseln der Mutter und gedehnten Wiegenliedern erfüllt sein würde.

Bach zog die immer noch zu große Pelzjacke eng zusammen, um nicht aus Versehen die Wand zu streifen oder einen Stuhl umzuwerfen. Bemüht, nicht auf das Bett zu schauen, wo Klara mit dem Baby schlief, trat er ins Schlafzimmer. Durch die geschlossenen Fensterläden sickerte schwaches Morgenlicht herein. Klaras Atem war nicht zu hören, nur die Kleine piepste, wahrscheinlich war sie aufgewacht. Diese Laute lösten ein Kribbeln in seinen Ohren und einen Schmerz im Hinterkopf aus. Schade, dachte er bei sich, dass ihm das Schicksal die Gabe der Rede und nicht des Gehörs geraubt hatte. Mit gerunzelter Stirn tastete Bach, der das Buch suchte, auf der Kommode herum. Dabei fiel es ihm aus Versehen zu Boden. Dort schlug es mit einem merkwürdig klatschenden Geräusch auf. Bach bückte sich, nahm den Band und hielt ihn ans Licht. Er war mit etwas Dickem, Dunklem beschmiert. Ebenso Bachs Finger. Als er den Blick senkte, unterschieden seine Augen zu seinen Füßen eine schwarze Pfütze. Sie zog sich durch das ganze Zimmer und verschwand irgendwo unter dem Bett.

Bach legte das Buch auf die Kommode zurück, hielt die schmutzigen Hände hoch und trat an die schlafende Klara heran. Ihr weißes Gesicht war auf dem Kissen neben dem Köpfchen des Neugeborenen kaum zu unterscheiden. Mit den Fingerspitzen, um es nicht zu sehr zu beschmutzen, erfasste Bach einen Zipfel des Federbetts und schlug es zurück.

Mitten auf dem Bett erblickte er einen großen schwarzen Fleck. Auch der Schoß von Klaras Hemd und die nackten Beine, die sie ungeschickt an den Leib gezogen hatte, trugen diese Flecken. Sie lag zusammengekrümmt, bewegungslos da, die Arme um die Knie geschlungen und das Gesicht an das Kind gedrückt. Von dieser erstarrten Pose Klaras ging etwas Merkwürdiges, Unnatürliches aus, ein Rätsel, das er unbedingt lösen musste. Was bedeutete diese seltsame Lage? Die um die Knie geschlungenen Arme? Die wie in einem Krampf verdrehten Füße? Die Lösung war ganz nah, aber die wimmernde Kleine störte seine Konzentration. Ärgerlich griff Bach nach dem verschwitzten Körperchen und legte es vom Bett auf den Boden. Abscheu empfand er dabei nicht, denn alle seine Gedanken waren darauf konzentriert, eine Antwort zu finden. Doch das Denken war eine schwierige, quälende Angelegenheit, als ob er riesige Steine in seinem Kopf bewegen müsste.

Er wollte die Fensterläden öffnen; bei Licht dachte es sich leichter. Er trat auf den Hof hinaus und ging, tief im Schnee versinkend, um das Haus herum. Er schlug das Eis von den Riegeln der Läden ab, öffnete sie und befestigte sie sorgfältig an der Wand. Seine Hände, die Eis, gefrorenes Holz und Metall berührten, spürten nach wie vor keine Kälte. Dann kehrte er ins Schlafzimmer zurück, das jetzt in hellem Licht vor ihm lag. Ohne die Felljacke abzulegen, ließ er sich auf dem Bettrand nieder und betrachtete Klara.

Wie tief sie schlief! Blass, wie aus Schnee geformt. Aus Porzellan gemacht oder aus Papier geschnitten. Ihr Gesicht kam ihm geschrumpft vor, um die geschlossenen Augen lagen dunkelblaue Ringe und die goldfarbenen Sommersprossen auf ihren Wangen wirkten jetzt wie Sandkörnchen aus dem Fluss. Die von den Nasenflügeln zum Kinn laufenden Linien traten stärker hervor, die Schatten unter den Wangenknochen schienen ihm tiefer und dunkler. Nur ihr Haar war unverändert – blond mit einem Schein von Kupfer. Was willst du mir damit sagen, Klara?

Auf der Suche nach einer Antwort ließ Bach den Blick durch das Zimmer schweifen. Da war die Kommode, darauf der Band Goethe. Dort der Stuhl mit der geschnitzten Lehne, von der Zeit nachgedunkelt. Die niedrige Bank. Der sorgfältig gefegte Fußboden, der an einigen Stellen noch Spuren des abgenutzten Rutenbesens trug. Am Boden die glänzende schwarze Pfütze. Das Messer, mit dem er die Nabelschnur durchschnitten hatte, die Klinge von angetrocknetem Blut befleckt. Daneben lag das Neugeborene, winzig, feucht und rot angelaufen, voller Runzeln und Falten. Es strampelte mit Armen und Beinen, der Mund war weit aufgerissen, offenbar schrie es. Das zerwühlte Bett mit der zurückgeschlagenen Federdecke. Der Fleck auf dem Laken, bei Tageslicht blutrot. Darauf die bewegungslose Klara im befleckten Hemd …

Das Wasser fiel ihm ein. In der Küche wartete das Wasser, das er zum Waschen erwärmt hatte. Er musste Klara waschen, bevor es kalt wurde. Er schleppte Eimer, Schüssel und Kelle herbei. Er wollte mit der Hand das Wasser prüfen, konnte aber nicht sagen, ob es kalt oder warm war. Verzeih, sagte er in Gedanken zu Klara. Ich wasche dich jetzt mit dem Wasser, das ich habe. Ich hoffe, dass du dabei nicht frierst.

Er holte Bast, nahm aus der Kommode ein frisches Handtuch. Goss Wasser in die Schüssel. Bespritzte dabei die Ärmel der Pelzjacke, legte diese aber nicht ab. Kletterte auf das Bett, um Klara auszuziehen. Vertat sich beim Öffnen der Bänder, zerriss schließlich das Hemd, warf die Fetzen von Stoff, Borten und Spitzen fort. Dann setzte er Klaras entblößten Körper in das Becken und begann mit dem Waschen.

Klara gehorchte ihm nicht, bald schlug ihr herabhängender Kopf auf dem Fußboden auf, dann steckte sie ihre langen Beine aus dem Becken und geriet damit in die schwarze Pfütze. Hab ein wenig Geduld, bat Bach, als er ihr Füße, Knöchel und Knie, das schmale Becken, den hässlich eingefallenen Sack des Bauches, die steinharten Brüste, die zarten Schlüsselbeine, den dünnen Hals und das eingefallene Gesicht wusch. Als Klaras leichter, fester Körper schneeweiß war und kein einziges Fleckchen mehr aufwies, drückte er sie an seine Brust, hob sie auf und stand mit ihr mitten im Zimmer, weil er nicht wusste, wo er sie ablegen sollte. Die Wäsche auf dem Bett war immer noch schmutzig.

Schließlich fiel es ihm ein – im Eishaus. Dort war es

wirklich sauber. Er trug sie hin, legte sie in dem flachen Holzkasten nieder, der mit Eisstücken und Schnee gefüllt war. Hab ein wenig Geduld, bat er. Wenn das Haus sauber ist, hole ich dich zurück. Ich hoffe, du frierst nicht.

Er ging ins Wohnzimmer zurück und setzte sich auf einen Stuhl. Träge zogen die Gedanken durch seinen Kopf. Darunter schien auch die Antwort auf das Rätsel Klara zu sein. Sie war erstaunlich einfach, doch er bekam sie einfach nicht zu fassen, sie entglitt ihm wie der Duft einer Blume vom vergangenen Jahr oder eine Melodie, die er als Kind gehört hatte.

Bach streute frischen Sand auf den Fußboden, um damit die schwarze Pfütze, das beim Waschen verspritzte Wasser, die herumliegenden Stofffetzen, den ganzen widerwärtigen, aus dem Nichts aufgetauchten Schmutz zu beseitigen. Aber die Hände zitterten und gehorchten ihm nicht; beinahe hätte er den Eimer mit dem Sand fallen lassen. Die Beine wurden ihm schwer, als hätte er bleierne Stiefel an den Füßen, sie stolperten und knickten ein. Plötzlich stieß sein Fuß irgendwo an – es war das Kind. Es lag immer noch strampelnd am Boden und sabberte stark. Offenbar weinte es.

Was sollte er mit diesem fremden, nutzlosen Wesen anfangen? Es liegen lassen? Zum Eiskasten an die Seite der Mutter bringen? Über all das nachzudenken fehlte ihm die Kraft. Er wollte es einfach wieder auf das Bett legen, damit es beim Aufräumen nicht störte. Als er es in die Hände nahm, spürte er plötzlich, wie heiß es war. Die winzigen Händchen, die Froschpfötchen ähnelten, die zarten Rippchen, das runde Bäuchlein und der große Kopf mit dem vor Anstrengung verzerrten himbeerroten Gesicht, das von Speichel und Tränen glänzte, all das strömte eine solche Hitze aus, als sei dies kein Kind, sondern ein glühender Feuerball. In Bachs Finger und Handflächen, die soeben noch Eis nicht von heißem Metall hatten unterscheiden können, war das Gefühl zurückgekehrt, als seien dicke Handschuhe geplatzt, in denen sie gesteckt hatten, oder ein Grind abgefallen. Bach drückte das heiße Körperchen gegen seinen Leib und schloss es ganz fest in seine Arme, denn er spürte, wie sich wohltuende Wärme in seinem Inneren ausbreitete. Das Kind zappelte, wand sich und wimmerte bereits ganz heiser. Da Bach fürchtete, das strampelnde kleine Ding fallen zu lassen, steckte er es sich kurzerhand ins Hemd. Die Kleine glitt über seine Brust, legte sich um seine Rippen, wobei sie nach wie vor zuckte und krampfhaft aufschluchzte. Doch allmählich beruhigte sie sich. Die Hitze, die von dem Kind ausging, durchströmte Bachs ganzen Körper. Rücken, Schultern und Kopf fühlten sich an, als würden sie mit heißem Wasser übergossen. Von dieser lang erwarteten Wärme fast vergehend, erlaubte Bach seinen geschwächten Beinen einzuknicken, ließ sich auf das Bett nieder, fiel zur Seite und schloss die Augen. Als er mit der Hand sein Gesicht berührte, spürte er zu seinem Erstaunen etwas Feuchtes – es waren Tränen.

Jetzt weinte er anstelle des Kindes, das sich an seiner Brust beruhigt hatte. Es war ein kindliches Weinen über törichte Kleinigkeiten: darüber, dass die Wäsche so befleckt vor ihm lag und man sie wahrscheinlich nicht mehr sauber bekam. Dass Klaras Hemd so zerrissen war und keine Reparatur mehr half. Dass Klara so weit fort von ihm war und er sie nicht zurückrufen konnte. Dass sie jetzt kälter und weißer als der Schnee in einem Holzkasten lag, wo man sonst tote Vögel und Fische aufbewahrte. Dass ihre Augen geschlossen waren und auf ihren Wimpern bereits Reif lag. Er weinte darüber, dass Klara tot war.

Das hatte sie ihm sagen wollen, und er hatte den ganzen Morgen gebraucht, um es zu verstehen. Des Rätsels Lösung war einfach, es bestand nur aus einem einzigen kurzen Wort. Als Bach begriff, dass er die richtige Antwort gefunden hatte, schlug er die Augen auf. Die Tränen trockneten bald, doch die Wärme, die seinen Körper erfüllte, wandelte sich zu heißer Trauer, zu einem Feuer, das ihn innerlich verzehrte.

9

Bach fegte das Haus so sorgfältig, wie es Klara am Vortag getan hatte. Die blutdurchtränkte Bettwäsche und die Reste von Klaras Nachthemd verbrannte er im Ofen. Er bezog das Bett frisch, legte das Federbett ordentlich darauf und strich es glatt. Er aß die Suppe aus Mohrrübenmehl, ohne Geschmack und Geruch zu spüren. Er schloss und verriegelte alle Fensterläden. Dann räumte er auf dem Hof auf, hackte ein paar herumliegende Holzkloben zu Feuerholz klein und legte sie auf den Stapel. Er verschloss Scheune und Schuppen. Wusch sich mit den Resten warmen Wassers und zog frische Unterwäsche an. Seine Oberbekleidung – Pelzjacke, Kirgisenweste, Hose und Hemd kamen, ordentlich zusammengelegt und gestapelt, auf das Bett. Sorgfältig kämmte er sich das nasse Haar und den Bart.

Während dieser Zeit schlief die Kleine, friedlich schnaufend, auf der Ofenbank. Er hatte sie in Sachen gewickelt, die ihm gerade in die Hände fielen, und mit einem Kissen zugedeckt. Erst als Bach aus dem Teekessel Wasser in den Ofen goss, um das Feuer zu löschen, und von dort noch lange zischender Dampf aufstieg, gab das Kind Laut und begann sich zu bewegen. Rasch stellte Bach den Teekessel auf die erkaltete Platte, nahm einen Stuhl, ging hinaus und schloss sorgfältig die Haustür.

Der Tag ging bereits zur Neige. Eine rote Sonne hing niedrig über dem dunklen Wald, und am Horizont färbte sich der Himmel schon in sein nächtliches Blau. Der Frost zwickte Bach in die vom warmen Wasser aufgeweichte Stirn, in die Wangen und die noch feuchte Kopfhaut. Bach stellte den Stuhl in das Eishaus. Dessen Tür ließ sich von innen nicht verriegeln; er fixierte sie mit einem Holzkloben. Dann setzte er sich am Kopfende des mit Eis und Schnee gefüllten Kastens nieder, stützte die Ellenbogen auf die Knie und das Kinn in die Handflächen. Da saß er nun und blickte Klara an.

Drinnen war es dunkel, doch Bach sah die Züge der geliebten Frau so deutlich, als leuchteten hundert Kerzen oder zehn Petroleumlampen. Er bewunderte, wie weiß und glatt Klaras Haut war, die nur an wenigen Stellen die ersten Fältchen zeigte, wie lang ihre Wimpern, die die Schatten unter den Augen gnädig verdeckten, wie fein die Linie ihres Mundes und wie zart die Blässe ihrer Lippen. Selbst ihre Fältchen waren ihm lieb und teuer, denn er erinnerte sich daran, wann jedes aufgetaucht war und weshalb. Klaras Schweigen linderte den Kummer ein wenig, der Bach ergriffen hatte. Er musste daran denken, dass er sich in all den vergangenen Jahren eben dies gewünscht hatte: endlos dazusitzen und die geliebte Frau zu betrachten. Sie ganz allein für sich zu haben. Diese Zeit war jetzt gekommen. Wenn sich Bach allerdings nur ein wenig bewegte, mit dem frierenden Rücken zuckte oder die erstarrte Schulter anhob, erwachte der in ihm schlummernde Gram sofort wieder und erzeugte einen brennenden Schmerz in Kopf und Brust. Doch je länger er reglos dasaß, je weniger er seine Glieder spürte, desto ruhiger wurde es in seinem

Inneren. Die irdischen Dinge waren getan, alle Gedanken gedacht, alle Gefühle durchlebt. Jetzt galt es nur noch, das wichtigste Bild im Leben zu betrachten und sich dabei weder von der Bewegung der Himmelskörper stören zu lassen, deren Strahlen nicht in das Eishaus drangen, noch vom Wechsel der Jahreszeiten, vor deren Wetterkapriolen die dicken Wände ihn schützten, oder von sonstigem irdischem Getriebe.

Erleichtert stellte Bach fest, dass seine Glieder erstarrten und zu keiner Bewegung mehr fähig waren. Die Füße nicht, sich zu drehen oder die Zehen zu krümmen, die Knie nicht, aufzustehen, Rücken und Nacken nicht, sich zu strecken, die Augen nicht, zu blinzeln oder zu zwinkern. Wahrscheinlich waren sie längst geschlossen, aber Bach begriff nicht einmal das. Er musste jetzt nichts mehr begreifen. Der Mond schien so hell vom tiefschwarzen Himmel, dass die Welt, die er erleuchtete, klar und deutlich dalag – vor dem Sehenden, dem Schlafenden und sogar dem Blinden. Sein kaltes, weißes Licht war auch im Eishaus, aber es sickerte nicht durch die Ritzen herein, wie es ihm eigentlich zukam, sondern es wurde von etwas anderem dorthin getragen – von der Frostluft, vom kaum hörbaren Rauschen des Schneetreibens auf dem Hof oder dem Geruch frisch gefallenen Schnees. Bald erfüllte es den ganzen Raum. Ohne den Kopf wenden zu müssen, sah Bach bei diesem Licht das Innere des Eishauses in allen Einzelheiten, vom ersten bis zum letzten Baumstamm: Die mit Reif bedeckten Wände, an denen noch Fetzen nicht entfernter Rinde hingen, den aus dicken Brettern gezimmerten Kasten, jetzt gefüllt mit Stücken zersägten Eises, das bald schmutzig weiß und dicht, dann wieder durchsichtig und voller Blasen war, schließlich den darauf liegenden Frauenkörper, blass und von einem wunderlichen Muster blauer Venen durchzogen. Sich selbst in dem Eishaus sah er ebenfalls: auf dem Stuhl zusammengesunken, das Gesicht voller Falten, das schüttere Haar und der zur Hälfte ergraute Bart mit kleinen Eiszapfen behängt. Auch das Eishaus sah er ganz, nicht nur von innen, sondern auch von außen – ein niedriges Blockhaus, fast bis zum Dach zugeweht, eine niedrige Tür aus doppelten Brettern, die unter dem Schnee kaum noch zu erkennen war. Selbst den Hof sah er, das Anwesen und den Wald ringsum. Dazu die Berge des rechten Wolgaufers, von tief verschneiten Nadelbäumen bedeckt. Und die weiße Wüste der Wolga, glatt wie ein Blatt Papier. Dahinter die weiße Wüste der Steppe, ein wenig aufgeraut von gefrorenem Gras und dornigem Gesträuch.

Die Welt war schön und unbewegt, gehorsam öffnete sie sich dem Blick, wie sich Buchseiten öffnen, in denen eine ungeduldige Hand blättert. Mit einer geringen Willensanstrengung erhob sich Bach über die Ufer des Flusses und betrachtete sie aus solcher Höhe, dass die Ränder des Horizonts nach unten kippten und die Wolga zu einer langen Schlange wurde, die sich in kleinen Biegungen über die Erde wand. Wenn er sich herabsinken ließ, fiel sein Blick auf die Schneedecke, wo er das Spiel des Lichts in den Facetten der Eiskristalle, die Struktur einzelner von ihnen, ihre Vielfalt und ihre makellose Geometrie bewunderte.

In dieser Welt, die bis in den letzten Winkel von dem gleißenden Mondlicht erhellt wurde, gab es keinen Platz für Schatten; Gegenstände und Wesen waren rundum erhellt, wiesen keine Schattenseiten oder verborgene Mängel auf. Auch Bewegung gab es in dieser strahlenden Welt nicht – weder tanzten über den Schneewehen vom Wind erzeugte kleine Wirbel, noch wiegten sich die aus dem Schnee herausragenden Grashalme. Der Mond hing am tintenblauen Himmel, ohne mit der Zeit seinen Platz zu verändern, als sei er von jemandes gnadenloser Hand an einem Ort befestigt worden. Und in der Steppe, unweit des Wolgaufers, waren in der Luft zwei kleine Körper in der Bewegung erstarrt: Eine graue Eule breitete über dem Boden ihre Flügel aus und streckte die Füße mit gierig gespreizten Krallen vor. Ihr aufgefächerter Schwanz berührte fast den Schnee, die gelben Augen starrten nach vorn, dorthin, wo eine winzige Maus über die glitzernde Kruste des verharschten Schnees flitzte. Sie befand sich mitten in einem weiten Sprung, die nackten rosafarbenen Pfötchen in einer verzweifelten Bewegung gestreckt, die runden Ohren fest angelegt und die Augen vor Entsetzen weit aufgerissen. Beide hingen in der Luft, als Bachs Blick gerade erst über die Grenzen des Eishauses hinausschweifte, und verharrten dort so lange, wie er sich in dieser wunderlichen Welt umsah.

Hätte Bach gewollt, dann wäre ihm in diesem Moment noch vieles vor die Augen gekommen – Gnadental und die umliegenden Dörfer, dazu weitere Ansiedlungen am rechten Wolgaufer, Saratow mit seinen prächtigen Kirchen, Kasan mit den bunten Minaretten, Petersburg, die Stadt der Zaren, ja selbst die Nordsee, an deren Küsten das Deutsche Reich lag, die ferne Heimat seiner Vorfahren. Doch in seinem müden Herzen war kein Platz für Begehren und Neugier, es strebte nirgendwohin, nur zurück in das Blockhaus mit dem Eis, wo die wunderschöne, verlassene Frau lag. Ganz schwach regte sich in seiner Brust das Bedauern darüber, dass er von dem Gesehenen niemandem berichten oder es wenigstens zu Papier bringen konnte, weder für Klara noch für andere. Doch diesen Gedanken wies Bach weit von sich und zog sich in den engen, bereiften Raum zurück.

Auf den Stuhl bei dem Eiskasten wollte er sich nicht wieder setzen. Am liebsten wäre er zu einem Stück Eis an Klaras Seite geworden. Und Bach wurde es: Mit der Kraft seines Willens drang er in das Eis ein und erstarrte darin. Neben sich spürte er Klaras kalten, harten Körper und wurde dabei selbst zu etwas Kaltem und Hartem. Möglicherweise, so dachte er dann, hatte er die Außenwelt als so wunderbar bewegungslos empfunden, weil auch sie ein gigantischer Eisblock war – das Gehöft, die Wälder am rechten Wolgaufer, die Steppen am linken, der Fluss und die Jagd der Eule nach der Maus – alles hatte die gewaltige Kraft der Kälte in einem bestimmten Augenblick eingefangen und in einem makellos reinen Eiskristall eingefroren wie eine Ameise in durchsichtigem Bernstein.

Die hier nur schwach hörbaren Geräusche der froststarren Welt – das Knistern der Eisstückchen zwischen den Bohlen der Wände oder das Knarren der Eichenstämme im Wald – all das schwand dahin, und Stille zog ein. In dieser wohltuenden Ruhe löste sich Bachs Gehör auf, so wie zuvor alle seine Empfindungen und Gedanken zu Eis gefroren waren. Nur ein Laut aus weiter Ferne, ein schwaches Wolfsheulen oder ein Vogelruf, störte diese Stille von Zeit zu Zeit. Die aufdringliche Stimme wurde er nicht los. In der Tiefe seines Körpers regte sich etwas, schwach, aber beharrlich: Missbehagen. Mit all seinem Willen suchte Bach die wachsende Irritation darüber zu unterdrücken, aber es gelang ihm nicht. Die Stimme wurde stärker, schürte seinen Ärger, steigerte ihn mehr und mehr. Plötzlich fand sich Bach auf dem Stuhl sitzend wieder – durchgefroren, mit völlig steifen Händen und Füßen. Die Stimme war immer noch da, sie wurde lauter und gequälter. Mit ihrer Beharrlichkeit erweckte sie auch andere Laute zum Leben, die jetzt wieder an sein Ohr drangen: Ein Schneesturm pfiff über den Harsch, der Wind heulte und polterte auf dem Dach, im Garten klirrten die zu Eis gefrorenen Zweige der Apfelbäume. Bach wollte Fetzen vom Unterzeug abreißen, um sich die Ohren zuzustopfen und dieses Orchester nicht mehr hören zu müssen, aber seine starren Finger gehorchten ihm nicht. So presste er die Handflächen gegen die Ohren, doch die Stimme hatte sich bereits tief in seinem Kopf festgesetzt. Endlich begriff Bach: Es war das Kind, das im Hause schrie und ihn zu sich rief. Wie hatte Bach es wohl hören können – durch die Tür des Eishäuschens, die er mit seiner Pelzjacke abgedichtet hatte, durch die Wände aus Baumstämmen, über den großen Hof hinweg, auf dem Schneewirbel tanzten? Aber er hörte es, und mit jeder Minute deutlicher, als hätte jemand die Haustür geöffnet und das Kind herausgetragen, damit es dem Eishaus näher sei.

Als Bach von dem durchdringenden Kindergeschrei bereits der Kopf dröhnte, knurrte er ärgerlich, sprang auf und schleppte sich, da ihm die steifen Beine fast den Dienst versagten, ins Haus. Verzeih, dass ich dich allein lasse, erklärte er Klara in Gedanken. Ich bin bald zurück. Ich verspreche es.

Die Kleine hatte die Handtücher und alles andere, in das sie gehüllt war, von sich gestrampelt, brüllte und wand sich auf der Ofenbank. Ihr Mund war gierig aufgerissen, das Köpfchen drehte sich ständig nach allen Seiten auf der Suche nach einem Geruch oder nach Wärme. Bei einer plötzlichen heftigen Bewegung rutschte ihr Köpfchen, das einem kleinen Kürbis ähnelte, gefährlich von der Bank und hing nach unten. Bach begriff selber nicht, wie es geschah, doch augenblicklich plumpste er auf die Knie und fing mit den immer noch steifen Armen das heiße Körperchen auf, das gerade herabfallen wollte. Wieder fühlte er diese Hitze, als hätte er in glühende Kohlen gegriffen. Als das Kind die Nähe eines menschlichen Körpers spürte, schrie es noch lauter, schnappte nach Luft, spitzte gierig die Lippen und versuchte mit dem Mündchen Bachs Hand oder einen Ärmel zu erhaschen.

Bach war wütend auf seinen Körper, der dem Neugeborenen zur Unzeit zu Hilfe geeilt war, aber auch auf dieses unerträglich heiße, stimmgewaltige Wesen, das frech etwas von ihm verlangte und ihn daran hinderte, bei Klara zu sein. Er irrte im Haus umher, das schreiende Wesen im Arm, stolperte über herumliegende Gegenstände und fand kein Mittel, um dieses ohrenbetäubende Schreien zu beenden, von dem ihm der Kopf zu platzen drohte. Er ließ es auf das Bett fallen, warf Kissen und Federbett darüber. Doch seine Hände wühlten auf der Stelle alles wieder auseinander und zogen die Kleine an die Luft. Er steckte sie sich ins Hemd, aber diesmal wollte das Kind seltsamerweise nicht einschlafen. Endlich kam er auf den Grund: Er nahm den erkalteten Teekessel vom Herd, steckte die Tülle kurzerhand in den weit aufgerissenen Mund des Kindes und neigte das Gefäß vorsichtig. Die Kleine war sofort still und fing gierig zu saugen an. Sie arbeitete heftig mit den Wangen und ließ bei jedem Schluck ein kleines Stöhnen hören. Als sie alles Wasser ausgetrunken hatte, verdrehte sie ein wenig die Augen, schnaufte abgerissen und erschlaffte. Sie war eingeschlafen.

Sollte er sie im Haus schlafen lassen? Nach ein, zwei Stunden erwachte sie ganz bestimmt wieder und störte ihn erneut. Sollte er sie jetzt, da sie schlief, mit einem Kissen bedecken? In die Kommode oder eine Truhe legen, dick einpacken, Jacken, Westen, Wollröcke und anderes daraufwerfen? Nein, dazu wäre Bach nicht fähig gewesen. Außerdem hatte das Kind eine so durchdringende Stimme, dass all das wahrscheinlich ohnehin nicht ausgereicht hätte. Was soll ich mit deinem Kind anfangen, Klara? Er sah nur einen Ausweg: Die Kleine nach Gnadental bringen und vor die Kirchentür legen. Danach zurückkommen, in der Stille neben der Geliebten sitzen, und das für immer.

Bach seufzte tief auf. Missgestimmt die Stirn runzelnd, schlüpfte er in Hose, Hemd und Kirgisenweste, warf sich die Schaffelljacke über und setzte die Filzmütze auf. Das im Schlaf leise ächzende Kind hüllte er zunächst in mehrere Laken, legte ein dickes Federkissen darum und schnürte es fest zu, um das Ganze besser tragen zu können. Er trat aus dem Haus und ging beim sanften Licht eines sahneweißen Mondes, der dem grellen Schein des Himmelskörpers in der erstarrten Eiswelt so gar nicht ähnlich war, in Richtung seines Heimatdorfes.

Er ging lange, quälend lange. Nur mit großer Anstrengung setzte er einen der schweren Füße vor den anderen. Den Schmerz im Rücken versuchte er zu ignorieren. Es war ihm, als gehe er nicht über die Wolga, sondern über die ganze große Steppe. Wann war sein Körper nur so hinfällig geworden? In dem Jahr lähmenden Wartens darauf, dass Klara schwanger wurde? In den vergangenen vierundzwanzig Stunden? In der Zeit, da er über den heimatlichen Gefilden schwebte, sie von oben beschaute, dank der Kraft seines Denkens von der Erde zum Himmel und wieder zurückgelangte? Wie viele Jahre war er nicht in Gnadental gewesen? Vier? Alle fünf? Dass er sich bei Nacht in das Dorf geschlichen und auf dem Marktplatz die Spuren des Gemetzels an dem unglückseligen Vieh entdeckt hatte, konnte er doch nicht rechnen! Auch nicht, wie er im vergangenen Jahr durch die Straßen gegangen war und die verwüsteten Häuser gezählt hatte. Im Grunde war Bach ganze sieben Jahre nicht in Gnadental, dieser lebendigen Menschenwelt, gewesen, wusste nicht, wie und wovon sie lebte. Auch dieser Tag sollte seinem Einsiedlerleben kein Ende setzen. Bach wollte sein Anliegen so rasch wie möglich erledigen, das Kind auf die Kirchenstufen legen und sofort wieder gehen, ohne nach links und rechts zu schauen, ohne darauf zu achten, was es Neues gab und was sich verändert hatte. Wenn schon die Zauberwelt des Eises mit ihren starren Schönheiten ihn nicht zu fesseln vermochte, dann konnte dies der realen Welt erst recht nicht gelingen.

Gnadental wirkte arm, fast elend auf ihn. Bach schleppte sich die Hauptstraße entlang, das Paket mit dem hin und wieder leise schnaufenden Kind unter dem Arm. Von Zeit zu Zeit musste er stehen bleiben, um Luft zu schöpfen. Er hob den Blick kaum über die Schneewehen hinaus, doch der Verfall ringsum sprang so ins Auge, dass man ihn nicht übersehen konnte. Anstelle von Häusern klafften zu beiden Seiten der Straße Lücken. Dort waren nur die gemauerten Fundamente und ein paar Reste der Zäune übrig geblieben. Viele Behausungen waren von ihren Besitzern verlassen. Blind starrten sie einander aus vernagelten Fenstern an. Die lange nicht reparierten Dächer waren eingesunken und von glasigem Eis überfroren, die vor den Toren herumliegenden Boote wiesen Scharten und Risse auf, waren zusammengedörrt, als habe man sie seit Jahren nicht benutzt. Bach schien es, als gäbe es weniger bewohnte als verlassene Häuser. Der anheimelnde Duft brennenden Kuhmists, der sonst im Winter über dem Dorf gehangen hatte, war jetzt kaum wahrnehmbar und mischte sich mit dem Modergeruch der leeren Behausungen. Die Hauptstraße war kaum ausgefahren, als seien während des ganzen Winters lediglich ein paar Schlitten hier vorübergekommen. Nur an den Rändern längs der Zäune hatten Menschen schmale Pfade ausgetreten.

Bach beruhigte sich damit, dass irgendein Dorfbewohner ganz gewiss zur Kirche kommen werde, eilte am Marktplatz mit den drei Ulmen vorbei, die alle merkwürdigerweise mit einem Stück roten Tuchs geschmückt waren, ließ Brunnenhaus, Petroleum- und Kerzenladen hinter sich. Als er die Kirche erreichte, blieb er starr vor Schreck stehen: Auf den Stufen lagen hohe Schneewehen, und vor der Tür hing ein dick vereistes Schloss. Bach war von dem Anblick so schockiert, dass er seinen Vorsatz völlig vergaß, sich in der Welt nicht umzuschauen, sondern nur als gleichgültiger Schatten darin umherzuschleichen.

Er ging einmal um die Kirche herum. Die hohen Spitzbogenfenster hatten keine Scheiben. Vor einem hing das gleiche Stück roten Stoffs wie an den Ulmen, nur hier mit der merkwürdigen Aufschrift »Vorwärts, dem Morgenrot entgegen!« Das Tuch war steif gefroren, bewegte sich im Wind wie eine Sperrholzplatte und schlug immer wieder mit einem dumpfen, harten Geräusch gegen das Fensterbrett.

Das Pfarrhaus schien jedoch bewohnt zu sein. Von der Treppe hatte man den Schnee gefegt, und eine fürsorgliche Hand hatte die Eiszapfen am Dach abgeschlagen. Offenbar lebte Pastor Adam Händel noch in Gnadental. Welche rätselhafte Kraft mochte die Dorfbewohner gezwungen haben, die Kirche zu schließen, wenn der Pfarrer noch lebte? Eine geschlossene Kirche ist so etwas wie trockenes Wasser oder glühender Schnee. Bach wusste nicht, dass es so etwas überhaupt gab. Siehst du, wandte er sich in Gedanken an Klara, nicht umsonst habe ich dich so viele Jahre lang vor der Welt bewahrt. Jetzt geht sie dich und mich ohnehin nichts mehr an.

Hier, auf der Treppe des Pfarrhauses, wollte er das Kind zurücklassen. Er legte das fest geschnürte Paket auf die vom Schnee gereinigten Stufen und schlug eine Ecke des Federkissens ein wenig zurück, damit das Kind Luft bekam. Dann schaute er zum Himmel, wo das Sternbild der Plejaden nur noch knapp über dem Horizont stand. Das hieß: Es wurde bald hell, er musste gehen.

Da schoss ihm unvermittelt durch den Kopf: Wessen Kind war das eigentlich? Welcher der drei ungebetenen Gäste war der Vater? Der Mann mit dem Kalmückengesicht? Der Kerl mit dem unverschämten Blick? Das mickrige Jüngelchen mit der gewölbten Stirn und dem dürren Hals? Wessen Kind hast du in diesen neun Monaten ausgetragen, Klara? Der Gedanke war grässlich und peinlich; zu anderer Zeit hätte Bach sich verboten, darüber nachzugrübeln, um seine Seele nicht zu martern. Doch jetzt löste er bei ihm nur noch Gleichgültigkeit aus. Eigentlich war es vor der ewigen Vereinigung im Eishaus angebracht, das zu wissen, nicht, um sich selbst zu quälen, sondern lediglich um der Wahrheit willen. Warum vor ihr davonlaufen, wenn sie nur in Armeslänge vor ihm lag, schnaufte und dabei kleine weiße Wölkchen aus den winzigen Nasenlöchern pustete? Bach streckte seine vor Erschöpfung zitternde Hand aus, schlug das Federkissen noch etwas mehr zurück und betrachtete das Neugeborene zum ersten Mal genauer.

Das Mädchen sah seiner Mutter ähnlich, geradezu frappierend ähnlich. Wer auch der Vater sein mochte, in ihrem Gesichtchen war er mit keiner einzigen Linie, Farbe oder Form zu finden. In dieser nur faustgroßen runzligen Physiognomie waren alle Züge Klaras so deutlich angelegt, dass es Bach die Luft nahm. Er riss sich die Mütze vom Kopf, sank vor der Treppe auf die Knie und beugte sich ganz nah zu der Kleinen herunter, ratlos angesichts des Rätsels, wie er diese unwahrscheinliche Ähnlichkeit bisher hatte übersehen können. Eine unglaublich zarte Haut spannte sich über die wohlbekannte gewölbte Stirn, auf der sich die ihm so schmerzlich vertrauten Brauen zusammenzogen, noch hauchdünn, weil nur aus einzelnen Härchen bestehend. Unter Fältchen und den ihm ebenso bekannten langen Wimpern versteckt, die jetzt geschlossenen Augen. Die Nase, nicht größer als die Spitze des kleinen Fingers, war schon ein klein wenig nach oben gestülpt und trug winzige goldene Pünktchen, die Vorboten künftiger Sommersprossen. In der Kleinen erkannte Bach Klaras Gesicht so deutlich wie in der Knospe die künftige Blüte einer Tulpe oder Mohnblume.

Plötzlich stellte Bach fest, dass die Kleine gar nicht mehr auf den Stufen, sondern wieder in seinen Armen lag. Dass er immer noch kniete, das Paket hielt und weder in der Lage war, aufzustehen und mit ihm fortzugehen, noch es auf der Treppe zurückzulassen. Im Haus ertönte ein Geräusch – entweder hatte eine Tür geklappt oder war ein Gegenstand heruntergefallen –, und in einem der Fenster erschien ein schwaches Licht. Möglicherweise war ein Bewohner von den Schritten auf der Straße erwacht und beobachtete jetzt die Gestalt, die sich am Hauseingang zu schaffen machte. Da sprang Bach auf und lief, so schnell er konnte, über den Schnee davon, das schlafende Kind an seine Brust gedrückt.

Eine größere Dummheit konnte man sich nicht vorstellen. Und auch keinen größeren Verrat an Klara, die im Gehöft auf ihn wartete. Und keine schlimmere Tortur für ihn selbst. Nur mit Mühe fand Bach den kaum sichtbaren Pfad, der am Straßenrand durch die Schneewehen getreten war. Dann stellte er mit Befremden fest, dass Häuser und Bäume immer schneller an ihm vorüberflogen, dass er selbst schnaufend und schwitzend lief, wie durch ein Wunder nicht stolperte und das umfangreiche Paket nicht in den Schnee fallen ließ, aus dessen Innerem selbst durch das dicke Kissen Wärme strömte.

Was war das nur für eine seltsame Laune? Eine kurze geistige Umnachtung oder das Anzeichen einer von Kummer verursachten seelischen Erkrankung? Und was sollte er, ein müder älterer Mann, mit diesem fremden Kind anfangen?

Wütend auf sich selbst, wollte er den Säugling auf einer anderen Treppe ablegen, vor der Tür von Dorfvorsteher Dietrich oder dem Maler Fromm, aus deren Häusern dünne Rauchwolken zum Himmel stiegen. Und wieder brachte er es nicht über sich. Etwas hielt ihn zurück, als sei er nicht Herr seiner Sinne. Schließlich entschied er, zum Gehöft zurückzukehren und die beiden Gesichter genau zu vergleichen. Unterschiede fanden sich gewiss, sein Irrtum würde offenbar werden und die Verwirrung von ihm abfallen. Das Kind konnte er auch in der nächsten Nacht noch nach Gnadental bringen.

Verzeih, sagte er in Gedanken zu Klara. Du siehst doch, mir geht es nicht gut. Du musst etwas warten, nur noch einen einzigen Tag.

Als sie den Marktplatz überquerten, krächzte die Kleine, stöhnte verschlafen auf, schmatzte und spitzte die Lippen. Sie ist hungrig, verstand Bach. Säuglinge brauchen häufig Nahrung. Und Wasser aus dem Teekessel tat es diesmal nicht mehr. Er brauchte Nahrung für sie. Frische Milch. Doch durch die Höfe zu ziehen, die Dorfbewohner zu wecken, sich ihnen mit Gesten verständlich zu machen wäre sinnlos gewesen. Verschlafen wie sie waren, hätten sie ihn davongejagt. Milch konnte man nur stehlen; er musste in irgendeinen Stall eindringen und dort ein wenig in eine Kelle oder einen Krug melken, was sich gerade fand.

Bei diesen Gedanken wurde Bach angst, er kam sich vor wie ein Wolf, ein nächtlicher Dieb, der durch das schlafende Dorf streunte.

Die reichsten Höfe, in deren Ställen sich gewiss Kühe mit schwerem Euter, Geißen, deren rosige Zitzen bis zum Boden hingen, oder Stuten mit dünnbeinigen Fohlen gefunden hätten, waren lange zerstört. Er musste sein Glück in ärmeren Häusern versuchen, zum Beispiel bei den frommen Brechts, die dafür bekannt waren, dass sie nachts Tür und Tor unverschlossen ließen, weil sie in allem auf Gottes Willen vertrauten. In den vergangenen sieben Jahren war ihr Haus wesentlich dunkler und baufälliger geworden, doch es war noch Leben darin, das bewies die schwache Rauchfahne. Mit einem Arm packte Bach das ächzende Kind fester, mit der anderen drückte er sacht gegen das Tor. Es war unverschlossen wie immer. Wenigstens etwas in Gnadental hatte sich nicht verändert.

Ich habe Angst vor meinen eigenen Taten, Klara.

Er ging hinein. Der Hof war leblos und leer. Im Stall schnauften keine schläfrigen Kühe, klapperten keine Hufe von Ochsen oder Kamelen. Es war kein Vieh mehr da, nicht ein einziges Stück. Auch nicht in der Wirtschaft von Weber Diesel oder der wohlhabenden Witwe Koch, ja nicht einmal bei Schlachter Hauff, auf dessen Hof sich Bach in dieser Nacht ebenfalls schlich.

Was macht dein Kind mit mir, Klara?

Bach suchte weiter. In einen Hof stieg er durch ein Loch im Zaun, in einen anderen half ihm eine hohe Schneewehe, die die Umfriedung bedeckte. Sie alle waren leer, wie ausgefegt. Nirgends ein Kuhfladen, ein stinkendes Kügelchen Schafsdung oder die Spuren kleiner Hufe im Schnee. Bach rannte durch das nächtliche Gnadental, all seine Müdigkeit war wie weggeblasen, er drückte das unzufrieden schmatzende Kind fest an seine Brust oder wiegte es immer verzweifelter. Wenn es erwachte und zu schreien begann, dann musste er aus diesem Dorf verschwinden, so schnell er konnte. Auch ohne Milch …

Verliere ich jetzt den Verstand, Klara?

Dann stieg ihm plötzlich etwas in die Nase: Es roch scharf und ein wenig süßlich nach Ziegenfell und Tierwärme. Bach schloss die Augen und hob die Nase, um die Richtung festzustellen. Der Geruch kam vom Hof des finsteren Riesen Böll mit Schnurrbart, von dem es hieß: Wenn er etwas auf dieser Welt liebt, dann seine Nussbaumpfeife, die ihm ständig aus dem ungepflegten Schnurrbart hängt.

Halt noch ein wenig aus, flehte Bach das Kind stumm an. Es scheint, wir haben Glück.

Und die Kleine hielt aus, sie schlief für eine halbe Stunde ein. Bach schob sie unter dem Zaun durch, überkletterte diesen an nachlässig angebrachten Querbalken und gelangte in den inneren Hof, der mit Flechtwerk eingefriedet war. Als er die Stalltür entriegelt hatte, fand er sich unerwartet mitten in einer ganzen Ziegenherde aus etwa fünfzig Tieren oder mehr wieder. Die waren hier so zusammengepfercht, dass sich die Hörner beinahe ineinander verhakten. Ziegen haben einen leichten Schlaf. Als Bach auftauchte, wurden sie sofort unruhig, schoben sich mit den Bäuchen, von denen sich die Rippen deutlich abhoben, hin und her, trappelten mit den Hufen auf dem Boden und stießen mit den Hörnern gegen die Wände. Wie mochte es diesem Böll mit Schnurrbart, der nie eine Kopeke in der Tasche gehabt hatte, gelungen sein, sich eine so große Zahl von Tieren anzuschaffen?

Vorsichtig legte Bach das Kind auf die Türschwelle. Dann griff er nach rechts und tastete die Wand ab. Normalerweise hängte man dort, dicht neben dem Türrahmen, alle nötigen Gebrauchsgegenstände auf. Aber er fand nur leere Nägel. Das war vielleicht ein Ziegenhirt. Hatte sich eine Herde zugelegt, aber an Schaber, Striegel oder Melkeimer nicht gedacht. Bach lief wieder auf den Hof, wo er zuvor an der Wand einen Haufen Gerümpel gesehen hatte. Daraus zog er den verbeulten Deckel eines Metallbehälters hervor, der noch als Schüssel zu gebrauchen war, und kehrte damit zu den Ziegen zurück. Die Stalltür ließ er offen, hockte sich nieder und suchte in der hin und her wogenden Masse dürrer Beine ein Euter, das besonders rund und schwer wirkte. Als er es entdeckt hatte, drängte er sich zu der Ziege durch, tätschelte ihr die knochigen Seiten, um sie zu beruhigen, und platzierte den Ersatz einer Schüssel zwischen ihren Hufen. Die Finger wärmte er mit dem eigenen Atem und spuckte darauf, damit sie sich glatter und weicher anfühlten. Sacht strich er über das Euter mit den hervorspringenden Venen und den festen, abstehenden Zitzen. Als er über der ersten die Faust zusammendrückte, fuhr ein dicker Strahl Milch wie ein Schuss in den Metalldeckel. Die Ziege war lange nicht gemolken worden, daher stand sie still und wartete geduldig, während Bach an ihrem prallen Euter hantierte. Dabei bemerkte er, dass das Fell nicht gestriegelt war und zottig herabhing, dass an den Hufen hässliche Auswüchse zu sehen waren. Da hatte sich Böll eine eindrucksvolle Herde zugelegt und pflegte sie so schlecht.

Das erste bisschen Milch kippte Bach aus – »die Erde tränken«, nannten das die Dorfbewohner –, den Rest behielt er. Der Metalldeckel wurde fast voll. Das musste über ein Liter duftender, fetter Milch sein, die fast noch heiß war, denn sie dampfte in der Frostluft. Er nahm das Kind unter den Arm und trug das unbedeckte Gefäß vorsichtig davon, fort von dem Stall, dem Hof und aus Gnadental, ständig bemüht, nichts zu verschütten.

Erst mitten auf der Wolga, als die Nacht vor dem Morgen am dunkelsten war, der Mond sich hinter die Wolken zurückgezogen hatte und die Sonne sich noch nicht zeigte, erwachte die Kleine wieder und brüllte nun vor Hunger laut auf. Aus dem Gefäß konnte sie nicht trinken. Bach blieb nichts übrig, als sich in den Schnee zu setzen, das Kind an seinen Leib zu drücken und es mit seiner Pelzjacke vor dem Wind zu schützen. Dann zog er einen Zipfel seines Hemdes hervor, tauchte ihn in die Milch und steckte ihn in den weit geöffneten Mund. Das funktionierte. Als die Kleine satt war, schlief sie sofort wieder ein. Am liebsten hätte Bach das auch getan. Aber er schleppte sich noch bis zum Haus, schob rasch ein paar Scheite in den Ofen und kroch dann unter sein erkaltetes Federbett. Das Kissen, das die Wärme und den Geruch des Kindes in sich trug, dazu die Kleine, legte er neben sich. Weitere Kissen sorgten dafür, dass sie nicht aus dem Bett fallen konnte. Zuvor hatte er daran gedacht, im Eishaus zu nächtigen, aber er fürchtete, das Kind könnte wieder zu schreien beginnen, wenn er es allein im Haus zurückließ.

Als die ersten Sonnenstrahlen durch die Ritzen der geschlossenen Fensterläden lugten und durch das sorgfältig gereinigte Zimmer glitten, schliefen beide – Bach und das neugeborene Mädchen – tief und fest. Er lag wie gewohnt auf dem Rücken, gerade ausgestreckt, und die Arme über der Brust gekreuzt. Von dem Mädchen war gar nichts zu sehen. Es hatte sich längst durch all die Federkissen und

Falten gekämpft, um sich mit Gesicht, Bauch und Beinchen an den großen, warmen Körper des Mannes zu schmiegen, dessen Unterhemd und Hände nach dem rochen, was jetzt allein für sie zählte, nach frischer Milch.

10

Mittag war schon vorüber, da erwachte Bach und entdeckte neben sich das winzige warme Knäuel. Ihm war, als sähe er das Neugeborene zum ersten Mal. Jedes Teilchen von ihm war so klein und zart, dass er bestürzt innehielt. Er wusste nicht, wie er diese winzigen Händchen und Füßchen, dieses schlaffe, weiche Etwas von seinem Körper lösen sollte. Er traute sich nicht, es zu berühren, um die feine Haut nicht aus Versehen mit seinen Fingern zu verletzen, die zarten Knöchlein zu zerbrechen. Wieso hatte er das früher nicht gefürchtet? Wie hatte er sich dieses Kind nur so gedankenlos unter den Arm klemmen können, als sei es ein Bündel Reisig, es unter dem Zaun durchschieben oder auf die Schwelle der Stalltür legen?

Zum ersten Mal hatte Bach ein Wesen an seiner Seite, das so viel schwächer und schutzbedürftiger war als er. Er näherte sich dem kleinen Körper mit seiner Hand, breit, mit kräftigen Fingern und großen Nägeln, unter denen sich ein dunkler Schmutzrand gebildet hatte, mit einer harten, faltigen Innenseite und einem Rücken, den schlaffe, großporige Haut überzog. Diese Hand, die es gewohnt war, gefrorene Holzkloben zu spalten oder steinhartes Wolgaeis zu zerschlagen, konnte das Köpfchen der Kleinen vollständig bedecken und mit einer Bewegung zerdrücken, nach dem weichen Hälschen greifen und mit leichtem Druck jede Luftzufuhr beenden. Bachs Hand, die im Kampf mit dem Fluss ungeschickt und zuweilen machtlos war, wenn dieser ihm nicht den geringsten Fang gönnen wollte, die mit Schneemengen fertig werden musste, die sonst das Gehöft bis zum Dach zugedeckt hätten, mit den heftigen Frühlingsstürmen, die seine Apfelbäume mit den Wurzeln auszureißen suchten, diese Hand war bei dem Säugling allmächtig: Sie konnte sein schwaches Leben verlängern oder beenden. Bachs Körper, mager und sehnig, der häufig an Erkältungen litt und an manchen Stellen bereits erste Spuren des Alters zeigte, war neben dem Winzling die Gestalt eines Riesen, furchteinflößend und allmächtig.

Er schaute das Kind an und war nicht in der Lage, den Blick von ihm zu wenden. Die vier winzigen Pfötchen, die sich gierig an ihn klammerten, jedes kaum länger und dicker als sein Zeigefinger – konnten daraus in einigen Jahren tatsächlich echte Arme und Beine aus Fleisch und Blut werden? Der samtene Leib, an dem man noch nicht einmal Rippen, Muskeln oder wenigstens ein Rückgrat deutlich erkennen konnte, sollte sich in der Tat strecken und Kraft gewinnen? Und erst recht das runzlige Schnäuzchen, das an seiner Schulter klebte – würde es sich wahrhaftig entfalten und zu einem glatten Gesicht entwickeln?

Von derart verworrenen Gedanken gepackt und vor der ihm plötzlich bewusst gewordenen eigenen Macht erschrocken, löste sich Bach von dem Winzling und schleppte sich ins Eishaus, um seine Gedanken zu ordnen und den Kopf abzukühlen.

Der Stuhl stand noch immer am Kopfende der Ruhestatt. Und Klara lag da, wie er sie verlassen hatte, das Gesicht ruhig, die Haut weiß und glatt. Die langen schlanken Arme und Beine bildeten eine solche Symmetrie, dass sie weniger an eine Statue als eher an eine von geschickten Künstlerhänden geformte Porzellanpuppe erinnerte. Das

Haar, das sich während des Geburtsaktes aus der strengen Frisur gelöst hatte, umgab ihren Kopf wie eine zerzauste goldene Wolke. Bach hatte schon einen Kamm holen und die widerspenstigen Strähnen ordnen wollen, doch dann bemerkte er, dass sie sich bereits mit feinstem Reif bedeckten. Diese Schönheit wollte er nicht zerstören und ließ daher das Haar, wie es war. Reif erschien auch auf Klaras Brauen und langen Wimpern, ja selbst auf den kleinsten, nur bei hellem Licht erkennbaren Härchen an den Schläfen, an der Nasenwurzel und auf der Oberlippe, weshalb ihr ganzes schneeweißes Antlitz in den Strahlen der Nachmittagssonne leicht zu glitzern begann.

Verzeih mir, sagte Bach in Gedanken zu ihr. Ich kann jetzt nicht bei dir bleiben. Gib mir noch ein wenig Zeit. Du siehst doch, welch merkwürdige Dinge dein Kind mit mir treibt.

Bach schien, das Eis im Kasten sei nicht ausreichend durchsichtig, daher stieg er zur Wolga hinab, um frisches Eis zu holen. Er wählte die größten, schönsten Stücke aus, hielt sie gegen die Sonne, prüfte ihre Struktur und die Sauberkeit der Schnittflächen. Zuvor hatte er die Kleine gefüttert. Er hatte die Milch mit abgekochtem Wasser verdünnt und mit einem schmalen Zinnlöffelchen in das Mündchen der Kleinen geträufelt.

Er legte Klara auf neues Eis und streute frischen Schnee darüber. Den nahm er nicht vom Boden, wo seine Reinheit von einer vorüberhuschenden Maus oder anderem kleinen Getier kaum wahrnehmbar verunreinigt sein konnte, sondern von den hohen, kaum erreichbaren Ästen der Bäume.

Als er am Körper der Kleinen ein paar Pusteln bemerkte, badete er sie zum ersten Mal, ständig von der Furcht begleitet, sie fallen oder mit dem Köpfchen unter

Wasser sinken zu lassen, sie zu unterkühlen oder zu verbrühen. Zum Schluss spülte er sie noch mit einem Sud aus Schöllkraut und Kamille ab, die Klara im Sommer gesammelt hatte. Anschließend wusch er sich selbst. Das hatte er immer nach Klara und mit ihrem Wasser getan – ein seit Langem gepflegter Brauch, den beide als angenehm empfunden hatten und der für sie einen wichtigen Sinn gehabt hatte.

Schließlich entschied er sich doch, Klaras Haar zu kämmen. Er flocht es zu Zöpfen, die er zu einem Kranz um ihren Kopf legte, als trage sie eine Krone. Wäre Frühjahr gewesen, dann hätte er sie mit einem Kranz aus blauem Flachs und rotem Mohn, feurigen Tulpen und rosafarbenen Heckenrosen geschmückt. Jetzt nahm er dafür Spitzenbänder aus Tildas unergründlichen Truhen.

Dann wusch er die vielen Laken, die das Kind schon in seinen ersten Lebenstagen verbraucht hatte. Das tat er mit gesalzenem Brunnenwasser, spülte aber alles mit klarem, fließendem Wasser aus einem Eisloch durch, wie es Klara stets getan hatte. Die nassen Tücher hängte er zum Trocknen auf. Der Anblick der weißen Rechtecke, die feierlich über dem Hof schwebten, erinnerte ihn so schmerzhaft an Klara, dass er sie sofort wieder abnehmen wollte. Nur mit Mühe zwang er sich zur Besinnung: Die Wäsche an einen anderen Ort zu bringen und damit ihren gewohnten Lebensrhythmus zu durchbrechen wäre noch unerträglicher gewesen.

Klaras Hals schmückte er mit gelben Perlen aus künstlicher Koralle, die Ohren mit Gehängen aus Glas, die Handgelenke mit tatarischen kupfernen Armreifen. All das hatte er ebenfalls in Tildas Truhen gefunden. Er wollte Klara festliche Kleider anlegen, doch ihr entblößter Körper war auch so wunderschön.

Aus alten Laken und Handtüchern riss sich Bach Windeln für die Kleine zurecht. Zum Schlafen bastelte er ihr ein Säckchen aus ein paar Nachthemden. Zum Zudecken benutzte er ein warmes Umschlagtuch mit langen Fransen, dazu einen Wollrock, der mit bunten Kordeln geschmückt war. Er fürchtete, die Sachen könnten den Geruch der Kleinen annehmen und den Duft von Klaras Körper verlieren. Aber das geschah nicht, denn das Neugeborene roch nach der Mutter. Besonders stark war dieser Duft oben auf dem Köpfchen, wo die weiche Fontanelle an der Stelle, da die Schädelteile noch nicht fest zusammengewachsen waren, schnell und heftig schlug. Ebenso in den Fältchen hinter den Ohren. Als Bach das herausgefunden hatte, legte er mehrmals am Tag die Nase an das Köpfchen des Kindes und sog begierig diesen Wohlgeruch ein. Nachts schlief er nur noch mit dem Gesicht an Hinterkopf oder Schläfe der Kleinen.

Allmählich lernte er, das Kind in den Schlaf zu wiegen. Als es eines Abends gar nicht zur Ruhe kommen wollte, schaukelte es Bach lange in seinen Armen und ging mit ihm wieder und wieder durch das ganze Haus. Erst gegen Morgen konnte er es schlummernd niederlegen. Er ertappte sich dabei, dass er eine einfache Melodie vor sich hin summte, eines jener Wiegenlieder, die Klara während ihrer Schwangerschaft gesungen hatte.

Einen großen Schreck bekam er, als nach einigen Tagen der Rest der Nabelschnur, inzwischen trocken wie ein Ästchen, vom Bauch des Kindes abfiel und dabei ein tiefes Grübchen hinterließ, in dem er einen Blutstropfen erblickte. Die Wunde störte das Kind jedoch nicht weiter und schloss sich bald.

Einen zweiten Schreck bereiteten ihm die Spuren breiter Wolfspfoten, die er eines Morgens entdeckte. Die Tiere waren nachts auf den Hof gekommen und hatten das Haus umkreist. In das verschlossene Eishaus hatten sie nicht eindringen können und mussten unverrichteter Dinge wieder abziehen.

So mühte sich Bach den lieben langen Tag ohne Rast und Ruh. Immerzu lief er zwischen zwei Frauen hin und her – der erwachsenen und der neugeborenen. Hielt er sich eine Weile im Eishaus auf, rief ihn hartnäckiges Schreien ins Wohnhaus. Hatte er dort ein paar Stunden verweilt, trieb ihn die Schuld gegenüber der einsamen Klara zu ihr zurück. Er schien in diesen Tagen immer weiter abzumagern, obwohl das kaum möglich war, denn seine Arme und Beine bestanden ohnehin nur aus Sehnen, Haut und Knochen. Eines Morgens fühlte er sich krank. Gesicht und Nacken brannten, die Glieder taten ihm weh, der Rücken schmerzte. Doch kaum ließ das Kind sein forderndes Geschrei erschallen, fuhr er hoch, der Schmerz in den Muskeln war wie weggeblasen, und die heiße Stirn wurde im Eishaus gekühlt. Er konnte einfach nicht krank werden, und das morgendliche Unwohlsein war zu Mittag schon wieder vergessen. In all diesen Tagen brachte er es nicht über sich, das Kind ins Eishaus zu tragen und mit Klara zu vergleichen. Die Ähnlichkeit war ohnehin nicht zu übersehen.

Nach einer Woche war die gestohlene Milch aufgebraucht. Bach schlich sich nachts wieder nach Gnadental und molk zum zweiten Mal eine fremde Ziege. Er überlegte schon, ob er sie nicht mitnehmen sollte. Das aber hätte bedeutet, dass er bereit war, die Kleine noch mehrere Wochen oder Monate durchzufüttern, was hieß, seine Vereinigung mit Klara im Eishaus weiter hinauszuschieben. Dazu konnte sich Bach nicht durchringen. Auch nicht dazu, das Kind doch noch nach Gnadental zu bringen und vor jemandes Tür zu legen. Er fühlte sich zwischen den beiden Frauen hin und her gerissen, als kniee er immer noch im Schnee mitten auf der zugefrorenen Wolga, unfähig, einen Schritt nach vorn oder zurück zu tun.

Beim dritten Mal wurde er ertappt. Als er die letzten Tropfen aus den elastischen Zitzen gedrückt hatte, legte sich eine schwere Hand auf seine Schulter, packte ihn am Kragen und warf ihn zu Boden. Der Wald von Ziegenbeinen geriet in Bewegung, die Herde wich zurück und erstarrte vor Neugier. Das Gefäß mit der Milch wurde dabei umgestoßen. Bach hob den Kopf aus dem Gemisch von Sägespänen und Ziegenmist, um zu schauen, wer ihn so rüde behandelt hatte. Doch er sah nur eine dunkle Silhouette über dem Meer zottiger Rücken und tanzender Hörner. Als er aufzustehen versuchte, wurde er von einem heftigen Schlag auf die Brust erneut zu Boden gestoßen. Die Silhouette näherte sich und schwang die Arme. Im nächsten Moment fühlte sich Bach von etwas Rauem, Festem eng umschlungen, das nach altem Getreide und gefrorenem Heu roch. Man hatte ihm einen Sack über den Kopf gestülpt. Schon wurden ihm die Hände auf dem Rücken zusammengebunden. Er erhielt einen Stoß in den Bauch, der wohl bedeutete: Jetzt kannst du aufstehen. Dann führte man ihn durch das schlafende Gnadental.

Sie hatten es nicht weit. Ein Tor klappte, klagend quietschte eine Haustür, es roch nach Wärme und Petroleum. Man war in ein Haus eingetreten.

»Hab einen Dieb erwischt«, sagte jemand neben ihm. »Hat eine halbe Schüssel Milch gemolken, der Hundesohn.«

Das war die Stimme von Böll mit Schnurrbart, dem finsteren Riesen, mit dem die Mütter von Gnadental ihre Kinder schreckten, wenn sie nicht gehorchen wollten. Der hatte Bach im Stall erwischt.

Dann wurde die Sackleinwand nach oben gezerrt, und orangefarbenes Licht blendete ihn. Man hatte ihm den Sack abgenommen. Bach blinzelte unsicher, stand da, den Kopf tief in die Schultern gezogen, als er plötzlich ein fremdes Gesicht bemerkte, das ihn aufmerksam musterte.

Es kam ihm so nahe, als wollte es Bach nicht nur anschauen, sondern auch seinen Atem oder Geruch prüfen. Die eine Seite von der zitternden Flamme der Lampe angeleuchtet, die andere im Dunkeln, zeigte es keinerlei Regung. Der Blick war aufmerksam und streng, die Gesichtszüge waren vollkommen. Ein Antlitz, so delikat und fein, wie man es nur von Ikonen kannte. Daraus strahlte ein Augenpaar – dunkel, glänzend und von langen Wimpern umgeben. Die Lippen ideal geformt und blutrot, darüber zarte, rosige Wangen. Die Frau war jung, dafür sprachen die glatte Haut und die weichen Züge. Der Blick hingegen wirkte so erwachsen und traurig wie der eines alten Mannes. Davon wie gelähmt, hielt Bach den Atem an und konnte die Augen nicht abwenden.

»Wer ist denn das, euer Hausgeist?«, fragte die junge Frau mit rauer Stimme.

Eine Bewegung der Lippen verzerrte das Gesicht bis zur Unkenntlichkeit: Die feine Haut schlug tiefe Falten – auf den Wangen, um den Mund und an der Nasewurzel. Es war wie beim Beginn des Eisgangs auf der Wolga: Der glatte Spiegel wurde urplötzlich zu einem Haufen übereinandergeschobener Schollen. Die junge Person führte die Hand zum Mund und strich sich nachdenklich über die geöffneten Lippen. Die schmutzigen Finger mit den quadratischen Nägeln hoben sich so widerwärtig von dem zarten Gesicht und den schwellenden Lippen ab, dass es

Bach schüttelte. Er senkte den Blick und sah mit Erstaunen, dass sie ein blaues Russenhemd, eine Strickweste und derbe Hosen trug, die in Filzstiefeln steckten. Ihr Körper wirkte wie in einer Art Veitstanz gefangen – die rechte Schulter zeigte nach unten und ein wenig nach hinten, die linke hingegen nach oben und vorn. Sie hatte lange Arme mit dicken Gelenken und kurze Beine, die in den Knien ein wenig eingeknickt waren, als wollte sie sogleich in die Hocke gehen. Das war überhaupt keine Frau, sondern ein Mann von niedriger, untersetzter Statur. Wahrscheinlich hatte eine Krankheit ihn so zugerichtet und das Schicksal ihm in einer merkwürdigen Laune ein so schönes Frauengesicht geschenkt.

»Von Hausgeistern könnt ihr euren Großmüttern erzählen! Die Kerle sind doch eine sehr praktische Einrichtung: melken Ziegen, klauen Hühner ...« Der Mann lachte höhnisch und ging zum Tisch, wo Papiere ausgebreitet lagen und die Petroleumlampe stand.

Sein federnder Gang wirkte fast wie eine Art Tanz, bei dem alle Muskeln des Körpers in Bewegung gerieten – von dem kräftigen Hals über die massigen Schultern bis zu den leicht nach innen gedrehten Füßen. Es war, als gehe da keine menschliche Gestalt, sondern ein elastisches Knäuel aus Muskeln, Knochen und Haaren sei ins Rollen gekommen. Auf seinem Rücken, neben der Wirbelsäule sprang ein kleiner Hügel heraus – der Kerl hatte einen Buckel. Der lange Schatten des Mannes huschte über die gekalkte Wand, sein Hinterkopf reichte bis zur Zimmerdecke.

»Wenn in unserem Kolchos jemand stiehlt, dann ist es ein Mensch! Klein und schmutzig an Körper und Geist. So wie der!« Er nickte verächtlich in Bachs Richtung, als sei der nur ein nutzloses Ding, das am Wegesrand herumlag, ein zerbrochener Tontopf oder ein halb verrottetes Stück Seil. »Verstanden, Böll?«

Der Bucklige ließ ein erstaunlich reines Hochdeutsch mit einer so glasklaren Aussprache hören, wie es Bach bisher nicht einmal bei Deutschen in der Stadt erlebt hatte.

Ohne den Kopf zu wenden, schielte Bach vorsichtig auf Böll. Der blickte wie stets finster drein. Der zottige Schnurrbart, der auch früher schon wie aus feuchtem Heu gemacht schien, hing ihm jetzt noch tiefer über dem Mund, die Augen waren unter dem Wildwuchs der Brauen fast völlig verschwunden, und nur die Nase sprang wie ein dicker Schnabel aus dem flachen, trüben Gesicht.

»Was soll ich denn nun mit dem zottigen Kerl machen?«, ließ Böll hören, gähnte, und in dem riesigen Maul zeigten sich ein paar schartige Zähne.

Unangenehm berührt, presste der Bucklige die schönen Lippen zusammen, als hätte er in Bölls Mund etwas gesehen, das ihn anwiderte. Er antwortete nicht, sondern richtete seinen Blick erneut auf die über den Tisch verstreuten Papiere. Dabei wurde das Gesicht für einen Augenblick ruhig und so schön wie zuvor. Sicher hatte Böll ihn aus seinen Gedanken gerissen, und jetzt versuchte er sich erneut zu konzentrieren – auf etwas wesentlich Wichtigeres als diesen Pechvogel von einem Dieb. Er streckte die Hand aus und bewegte nachdenklich die Finger, als überlegte er, welches Dokument er sich vornehmen sollte. Der Schatten wiederholte das Spiel der riesigen Finger an der Wand.

»Eine halbe Schüssel Milch, was für eine Nichtigkeit …«, brummte er dabei. »Wie alles hier: eine halbe Schüssel, ein Schluck, einmal hingespuckt. Alles in winzigen Dosen. Mit halber Kraft, ein bisschen, ein Krümchen. Ihr lebt hier nicht, ihr Erbsenzähler! Ein halbes

Schüsselchen … Warum nicht ein ganzes?« Er konnte sich nicht entschließen, was er tun sollte, schlug ärgerlich mit der Hand auf den Tisch und warf Bach einen vorwurfsvollen Blick zu. »Warum hast du nicht eine Ziege gestohlen, ein Pferd oder einen Traktor, sondern dir nur ein bisschen Milch genommen? Kannst du mir das erklären? Wenn du schon stiehlst, dann richtig! Raffe gesellschaftliches Gut mit deinen klebrigen Pfoten zusammen. Dann können wir dich packen – eins! Vor ein gesellschaftliches Gericht stellen – zwei! Und dann nackt ins Eisloch mit dir – drei! Doch wenn du ein Gewissen hast, dann lass das Klauen sein. Trete in den Kolchos ein und freu dich des Lebens! Doch jetzt – was soll ich mit dir wegen dem bisschen Milch anfangen? Bis zum Morgen in den Keller stecken? Dir einmal mit dem Lineal auf die Hände hauen? Mit dem Finger drohen und dich laufen lassen? Warum sagst du nichts dazu?!«

Bach schaute auf den Fußboden, der lange nicht gefegt war. Papierschnipsel, Schalen von Sonnenblumenkernen und Nüssen, dazu anderer Unrat, lagen überall herum. Dabei musste er ständig daran denken, ob die Kleine nicht schon aufgewacht war. Das geschah in der Regel erst gegen Morgen, aber alles war möglich. Der Gedanke, das Kind könnte sich in dem leeren Haus die Lunge aus dem Leibe schreien, bohrte in ihm wie ein langer Splitter unter dem Fingernagel.

»Ich kann ihm ein paar Ohrfeigen verpassen«, knurrte Böll und kratzte sich genüsslich die unrasierte Backe. »So richtige, auf unsere, auf Gnadentaler Art.«

»Ohrfeigen!« Der Bucklige ruckte heftig mit den Schultern, als wollte er seinen gekrümmten Körper damit geraderücken. »Der eine klaut zwei Schluck Milch, der andere haut ihm dafür zweimal in die Fresse – das ist mir vielleicht politisches Bewusstsein! Von eurer, von Gnadentaler Art!«

»Da irren Sie sich, Genosse Parteisekretär. Den walke ich so durch, dass er einen Monat lang auf Krücken geht.«

»Das fehlte noch – auf Krücken gehen!« Jetzt sprang der Bucklige ärgerlich auf und schnürte durch das Zimmer. Sein gigantischer Schatten wirbelte durch den Raum, sauste über die Decke, wurde bald groß, bald klein. »Ich will, dass dieser armselige Dieb seine Zotteln abrasiert, morgen hierherkommt und in unseren Kolchos eintritt. Er soll die Ziegen hüten und sich um sie kümmern. Und jeden vertreiben, der auch nur einen Tropfen gesellschaftlicher Milch abzweigen will. So macht man das!«

»Das wird nicht passieren.« Böll schob seinen Unterkiefer finster vor, wodurch der Schnurrbart sich aufplusterte und das Kinn fast die Nase berührte. »Frösche klettern nicht auf Bäume. Menschen wachsen nicht höher als der Kölner Dom. Und aus Dieben werden keine Hirten.«

»Na, sieh mal einer an!« Der Bucklige fuhr auf, wie von der Tarantel gestochen, und warf die Arme hoch. Es sah aus, als spiele er mit seinem eigenen Schatten. »Da haben wir sie, die verschimmelten Weisheiten der Jahrhunderte!«

Er sprang auf Böll zu, schnappte zornig nach Luft und bleckte die spitzen Zähne. Sein Gesicht reichte Böll nur bis zur Brust, doch seine herrlichen dunklen Augen fixierten ihn mit solcher Strenge, als schaue er von der Höhe eines Throns auf ihn herab.

»Was hast du da gesagt, über den Dom?« Er war wütend und sprach jetzt sehr schnell. »Begreifst du überhaupt, was du da redest? Warum gerade das? Weshalb vergleichst du den Menschen mit dem Kölner Dom und nicht mit dem von Rouen oder mit St. Peter in Rom?«

»Das sagt man bei uns so«, grummelte Böll noch finsterer. »Schon immer. Wenn einer klein geraten ist, dann heißt es: ›Seine Mutter hat sich mit Zwergen eingelassen.‹ Und eine Bohnenstange ist ›groß wie der Kölner Dom‹. Doch dass kein Mensch größer werden kann als der Kölner Dom, das versteht doch jeder Trottel.«

»Hast du den Dom schon einmal gesehen? Weißt du, wie hoch er ist? Wie viele Türme er hat? Welche Form und welche Farbe?«

Böll sagte nichts, doch sein sonst so steinernes Gesicht blickte etwas ratlos drein.

»Hast du eine Ahnung davon, in welchem deutschen Land die Stadt Köln liegt? An welchem Fluss? Wie weit es von eurem Gnadental bis dorthin ist?« Die Fragen des Buckligen kamen wie Peitschenhiebe. »Bist du überhaupt sicher, dass dein geliebter Dom noch steht? Vielleicht wurde er ja längst abgerissen, oder Barbaren haben ihn zerstört!«

Bei jeder Frage fuhr ein erstauntes Beben durch Bölls buschige Brauen, so dass seine winzigen Augen kurz zum Vorschein kamen. Dabei wurde er immer kleiner und schien beinahe die Körperhöhe des Parteisekretärs zu erreichen.

»Warum plapperst du wie ein dressierter Papagei nach, was man dir von klein auf eingehämmert hat? Das ist unser größter Feind: die Worte, die Gedanken, die so fest in unserem Kopf sitzen. Tausende Worte, von Staub und Spinnweben bedeckt. Tausende Gedanken, so morsch, dass sie in unserem Schädel schon zu modern anfangen. Riech mal, Böll.« Der Bucklige sprach jetzt fast im Flüsterton. »Bemerkst du nicht den Geruch?«

Böll bewegte gehorsam die dicken Nasenflügel und drehte den Kopf misstrauisch nach allen Seiten. Der Bucklige kniff ihn mit seinen krummen Fingern in die Wange, zog ihn zu sich herab und zischte heftig, als eröffne er ihm ein schreckliches Geheimnis:

»Das ist Fäulnis. Die alten Gedanken in deinem Kopf haben zu faulen begonnen.« Angstvoll zuckte Böll zusammen und wollte zurückweichen, doch die Finger des Buckligen hielten ihn fest, und seine Lippen waren jetzt fast an Bölls Ohr. »Dein Kopf ist ein Augiasstall, Böll. Und die Köpfe der übrigen Gnadentaler sind es auch. In euren Schädeln muss man sauber machen, am besten mit Seifenlauge. Und das werden wir tun, das verspreche ich dir. Dann wirst du verstehen: Der Mensch kann vom Dieb zum Hirten werden. Er kann es!«

Endlich gelang es Böll, sich aus dem Griff des Buckligen zu lösen. Er streckte sich und schüttelte verwirrt den Kopf. Der Bucklige holte tief Luft, als habe die unerwartete Predigt ihn erschöpft. Jetzt richtete er seinen Blick wieder auf Bach, der die ganze Zeit bewegungslos dagestanden hatte.

»Lass ihn laufen, Böll«, sagte er müde. »Nimm ihm den Strick ab und lass ihn gehen. Der hält sich doch kaum noch auf den Beinen. Und lass dir nicht einfallen, ihn zu schlagen! Ich schaue dir nach ... Und du«, sagte er, an Bach gerichtet, »geh nach Hause. Wenn wir dich noch einmal erwischen, dann setze ich dich in einen Käfig auf dem Marktplatz mit dem Schild ›Räuber sozialistischen Eigentums‹. Beim nächsten Mal kannst du nicht mit Nachsicht rechnen.«

Was für merkwürdige Reden hatte dieser Bucklige mit dem schönen Gesicht da geführt? Was für Worte benutzt? Das war kein zusammenhangloses Geschwätz eines Geisteskranken, seine Rede hatte Logik und Sinn. Mehr noch, all diese wunderlichen Wörter und Ausdrücke schien selbst der schwerfällige Böll zu kennen, zumindest erstaunten sie ihn nicht. Die Welt musste sich in diesen sieben Jahren sehr verändert haben. Doch wo bekam er in dieser veränderten Welt jetzt eine halbe Schüssel Milch her?

»Ich möchte Sie etwas fragen ...« Böll druckste, atmete schwer, dachte nach und fasste schließlich einen Entschluss: »Nehmen wir an, vom Kölner Dom darf nicht gesprochen werden. Von welchem dann? Wenn ein Mensch hoch aufgeschossen ist, mit welchen Worten soll man es beschreiben, damit es jeder versteht?«

Der Bucklige, der schon wieder über seinen Papieren saß, hob den Blick. Plötzlich erstrahlte sein Gesicht vor Freude, er machte große Augen und war sichtlich angetan.

»Was für ein Thema!«, flüsterte er begeistert. »Wie ersetzt man überkommene Bilder der Folklore ...« Er griff nach einem Bleistift, klemmte ihn wie ein Vogel zwischen seine krummen Finger und fing an, etwas auf ein Stück Papier zu kritzeln. »Ja, Böll, tausend Mal ja!«

Er murmelte etwas Unverständliches, Verworrenes, schrieb dabei aber ständig weiter, nickte in Gedanken und zeigte ein nervöses Lächeln, als stünde er an der Schwelle einer großen Entdeckung und fürchte, einen wichtigen Gedanken, der ihm gerade durch den Kopf geschossen war, nicht festhalten zu können. Schließlich warf er den Bleistift auf den Tisch und lachte laut auf. Sein bewegliches Gesicht wechselte dabei so rasch von verächtlicher Härte zu Zorn und von dort zu aufrichtiger Freude, als sei er ein Kind, das noch nicht gelernt hat, seine Gefühle vor anderen zu verbergen. Ebenso schnell erschien und verschwand seine angeborene Schönheit: Bald kam sie in vollem Maße zum Vorschein, dann wieder verbarg sie sich hinter der hässlichen Maske von Falten und angespannten Muskeln.

»Bravo, Böll!«, rief er so laut, dass das Flämmchen in der Petroleumlampe zu zittern begann und die Schatten an den Wänden erschrocken einen Tanz aufführten. »Die Gesellschaft hat dir nicht umsonst die Ziegenherde anvertraut. Du denkst richtig, auf sowjetische Art!«

»Und wie sagt man das nun?«, brachte Böll seine Frage vorsichtig in Erinnerung. »Über die Riesen?«

»Sag: *so hoch wie ein Kremlturm in Moskau*!«

»Aber in Moskau war ich noch nicht. Und einen Kremlturm hab ich auch noch nicht gesehen.«

»Das spielt doch keine Rolle! Glaub mir einfach, Böll. So ein Turm ist schöner als alle Kirchen der Welt zusammengenommen. Er wurde aus roten Ziegeln erbaut, hat kristallene Fenster und eine smaragdene Spitze, die mit goldenen Ornamenten geschmückt ist. Dein Kölner Dom, so alt und verdreckt wie der ist, mit all seinen schartigen Türmen und schiefen Kreuzen kann sich glatt dahinter verstecken! ... Sag mal, könntest du für mich nicht ein paar solcher Redensarten aufschreiben? Sprichwörter, Zungenbrecher oder Witze? Was ihr euch so in Gnadental erzählt.«

»Reden ist nicht mein Ding«, murmelte Böll verschämt. »Und Schreiben schon gar nicht ...«

»Na schön«, gab der Bucklige nach. »Dann müssen wir den Schatz eurer Volkskultur eben von anderen intellektuellen Kräften heben lassen, die dafür besser geeignet sind ... Gute Nacht, Genosse.«

Böll löste den Strick um Bachs Hände und stieß ihn zum Ausgang. Er war gar nicht zufrieden, denn nun konnte er nicht mit dem Dieb abrechnen, wie er es wollte. Doch Bach, ohne selbst recht zu begreifen, was er da tat, entwand sich Bölls festem Griff, lief zu dem Tisch zurück, griff nach dem Bleistift und begann auf das erste Blatt Papier, das dort herumlag, Sprichwörter und Redensarten aus Gnadental zu kritzeln, die ihm gerade so einfielen:

In der Wolga verschwunden – verschollen oder vermisst sein.

Wasser zur Wolga tragen – etwas Nutzloses tun.

»Halt!«, brüllte der Bucklige Böll drohend zu, der herumgefahren war, um den frechen Dieb beim Kragen zu packen. »Bleib stehen und schau lieber zu!«

In einer Waschschüssel die Wolga überqueren – aufschneiden.

Der kommt bis zum Kaspischen Meer – ein wagemutiger, energischer Mann.

Dem quietschenden Stift entströmten Buchstabenwürmer, die sich zu langen Phrasen fügten. Seit wann hatte Bach nicht mehr geschrieben! Anfangs wollten ihm die Finger gar nicht gehorchen, die Zeilen gerieten ihm krumm und schief, doch bald fand die Hand ihre frühere Festigkeit wieder, schrieb gerade, klar und deutlich.

Da fließt noch viel Wasser die Wolga hinunter – über etwas, das noch lange nicht in Erfüllung gehen wird.

Eher fließt die Wolga stromauf – etwas, das nie geschehen wird.

Alle Flüsse münden in die Wolga.

Alle Flüsse münden in den Rhein (seltener gebraucht).

»Das ist ja wunderbar«, murmelte der Bucklige erregt, als er Bach über die Schulter schaute. »Die Wolga – das ist bemerkenswert und trifft den Nagel auf den Kopf. Den Rhein können wir streichen, der wird in Sowjetrussland nicht gebraucht ...«

Bach schrieb und schrieb. Mit Erstaunen spürte er, wie seine schwielige Hand längst vergessene Kraft und Freude zurückgewann. Als das erste Blatt vollgeschrieben war, nahm er sich ein zweites. Das enthielt schon ein paar Notizen, doch Bach kümmerte sich nicht darum, sondern schrieb einfach darüber. Jetzt arbeitete er immer schneller.

Eine Kamelgegend (im Scherz über die Steppe).

Ein bisschen Scheiße schadet nicht (ebenfalls scherzhaft).

Da gab es einen Knack, von dem Bleistift brach die Spitze ab, doch sogleich wurde ihm ein anderer gereicht. Bach nahm ihn – wahrscheinlich aus der Hand des Buckligen – und schrieb weiter. Ein Satz nach dem anderen erschien auf dem Papier. Er brauchte weitere Blätter. Zum ersten Mal seit Langem drängten die Wörter förmlich aus Bach heraus. Er konnte sie nicht artikulieren, aber auf dem Papier festhalten und sich so anderen verständlich machen. Er schrieb mit solcher Begierde, wie ein halb verdurstetes Tier trinkt oder wie ein beinahe ertrunkener Mensch nach Luft schnappt. Wäre um ihn herum etwas passiert – im Haus Feuer ausgebrochen oder das Dach eingestürzt –, Bach hätte nicht einmal den Kopf gehoben oder mit der Wimper gezuckt. Er hätte weiter so unbequem über den niedrigen Tisch gebeugt dagestanden und schwarze Buchstaben auf weißes Papier geschrieben, aus denen sich Wörter und Sätze bildeten. Ein Wort und ein Satz nach dem anderen.

Streitsüchtig wie einer aus Selmann.

Geizig wie ein Schwabe.

Einfältig wie ein Gnadentaler.

»Selmann – wo ist das?«, flüsterte der Bucklige Böll zu.

»Die Wolga hinunter, hinter Pokrowsk.«

»Dann mag es stehen bleiben. Der Schwabe muss gestrichen werden.«

Als von dem mehrfach angespitzten Stift nur noch ein winziger Stummel übrig blieb, legte Bach ihn aus der Hand. Der Kopf war ihm leicht, er atmete frei, als stehe er nicht in einem niedrigen Bauernhaus, wo die dicke Luft nach Männern und Petroleum roch, sondern am Steilufer der Wolga, von einem kühlen Wind umweht. In seiner Hand spürte er jetzt eine solche Kraft, dass er meinte, mit zwei Fingern den Stift zerbrechen oder den Buckligen beim Kragen packen und hochheben zu können. Der studierte mit Interesse die Blätter, die Bach beschrieben hatte.

»Ein Dieb, der so schön schreiben kann«, schloss er befriedigt und blickte Bach voller Freude an. »Eine interessante Wendung.«

»Jetzt erkenne ich ihn«, ließ da Böll hören. Er nahm die Petroleumlampe vom Tisch und hielt sie dicht an Bachs Gesicht. »Anfangs hat mich der Bart gestört. Aber jetzt sehe ich es genau: Das ist unser früherer Schulmeister, Bach heißt er. Ist vor Jahren verschwunden. Man sagt, er soll die eigene Tochter zur Frau genommen und mit ihr nach Brasilien abgehauen sein. Außerdem heißt es, er wäre reich geworden, einer, der von goldenen Tellern isst, auf Seide schläft und sich mit Samt zudeckt. Und mit einem Mal ist er hier: mit Russenbart und Kirgisenweste. Ein armer Herumtreiber, der nachts Milch klaut. Das hat er nun von seiner Bildung.«

Beim Klang seines Namens, den er so viele Jahre nicht gehört hatte, fuhr Bach zusammen. Von der Lampe schlug ihm eine heiße Welle entgegen.

»Schulmeister Bach – das sind Sie?« Der Bucklige runzelte die Brauen und rückte ganz dicht an Bach heran. Dem wurde noch heißer.

Bach nahm den stumpf gewordenen Stift und schrieb mit letzter Kraft auf das Papier: *»Ich brauche Milch.«*

»Wozu?« Der Bucklige musterte Bach jetzt mit unverhülltem Interesse. Dem war, als gleite ihm ein Dutzend klebriger Schnecken über das Gesicht, die ihn mit ihren winzigen Hörnchen berührten. »Haben Sie kleine Kinder? Eine kranke Frau? Wo wohnen Sie? Können Sie nicht sprechen oder wollen Sie nicht? Kennen Sie noch weitere Sprichwörter? Lieder? Oder lustige Geschichten?«

Doch als Antwort tippte Bach nur noch einmal mit dem Bleistift auf den Satz: *Ich brauche Milch.* Der Stift bohrte ein Loch in das Papier.

»Gib ihm Milch, Böll«, befahl der Bucklige, ohne Bach aus den Augen zu lassen. »Nicht viel. Wenn er mehr braucht, kommt er morgen wieder. Und schreibt mir noch so etwas Interessantes auf.«

»Sie ködern ihn, Genosse Hoffmann. Dann werden Sie ihn nicht mehr los.«

»Stimmt«, gab der Bucklige lächelnd, mit verträumtem, fast zärtlichem Blick zurück. »Ich will ihn ja ködern.«

11

Wie hatte sich Gnadental in dieser Zeit verändert! Wie anders waren die Menschen geworden! Häuserfassaden, Straßen und Gesichter waren gezeichnet von Verfall und langjähriger Trauer. Die strikte Geometrie, die einmal hier geherrscht hatte, war gestört, die schnurgeraden Straßen waren von Ruinen unterbrochen, Dächer eingesunken, Fenster, Tür- und Torflügel aus den Angeln gerissen. Die Häuserwände waren von Sprüngen, die Gesichter von Falten durchzogen. Die verlassenen Höfe gähnten wie Wunden an einem Leib. Die dunklen Abfallhaufen wie lilafarbene Geschwüre. Die verwilderten Kirschbäume wie zottelige Greisenköpfe. Die kahlen Felder wie Glatzen. Es schien, als sei aus dieser düsteren Gegend alle Farbe gewichen. Das schmutzige Weiß der Häuser, die verwitterten Fensterrahmen, die verdorrten Bäume, die ausgetrocknete Erde und auch die blassen Gesichter der Bewohner, ihre Schnurrbärte und Brauen – all das war nur noch grau wie die Wellen der Wolga an einem trüben Tag. Nur die roten Fahnen, Sterne und Spruchbänder, die reichlich über die ganze Gegend verteilt waren, strahlten herausfordernd grell und widersinnig, als hätte man die Lippen einer sterbenden Greisin blutrot geschminkt.

Jeden Tag, da Bach wie eine Maus durch die Straßen huschte, um Milch für die Kleine zu holen, sah er diese Veränderungen, und sein Herz füllte sich mit Trauer und Ratlosigkeit. Anfangs tauchte er bei dem buckligen Hoffmann nur nachts oder kurz vor Tagesanbruch auf, wenn die Planeten und Sterne verblassten und sich in den Himmelshöhen auflösten. Der Mann war immer wach und mit Nachdenken beschäftigt. Wahrscheinlich brauchte er überhaupt keinen Schlaf. Bald jedoch verlangte er, Bach möge tagsüber zu ihm kommen, und nun musste der sich vor aller Augen im Dorf zeigen.

Viele Gnadentaler wussten bereits von der Rückkehr des Schulmeisters, daher löste sein Erscheinen auf den Straßen kein allzu großes Aufsehen aus. Wie erstaunt war dagegen er selbst! Sein hervorragendes Gedächtnis hatte die Erinnerung an das Heimatdorf so deutlich bewahrt, wie sich die Spitzenhäubchen und samtenen Mieder in den Truhen der unermüdlichen Tilda erhalten hatten. Wenn er jetzt die gewohnten Dinge und die bekannten Gesichter bei hellem Sonnenschein besah, war ihm, als holte er all die wunderschönen Hauben, Mieder, Umhänge, Hüte und Gehröcke ans Tageslicht und musste feststellen, dass es nur noch verschlissene, von Motten zerfressene Lumpen waren.

Was für alte Gesichter schauten aus den Fensterhöhlen

auf Bach – die der Gnadentaler, die er kannte, oder die ihrer Väter und Großväter? Er konnte sich des Eindrucks nicht erwehren, dass die Menschen im Dorf während der letzten sieben Jahre um ein Mehrfaches schneller gealtert waren als er selbst. Dabei traten die Züge ihrer Eltern derart deutlich hervor, dass er sich auf wundersame Weise in seine Kindheit zurückversetzt fühlte. Wer starrte ihn da aus diesem Fenster an – der Maler Anton Fromm, dessen runzlige Maske mit den aufgeworfenen Lippen und den vorstehenden Zähnen nun endgültig an eine Zieselmaus erinnerte, oder sein Vater, der gutherzige Pastor, dem Gnadental die Kirche aus grauem Stein verdankte? Wer war das am nächsten Fenster – der schmächtige Kohl, der stets etwas zu werkeln hatte, oder sein Großvater, der am ganzen linken Wolgaufer für seine Züchtungen von Senf- und Tabakpflanzen bekannt war? Und wer sah da aus dem dritten Haus – Melonen-Emmy, die all ihre Fülle verloren hatte, völlig abgehärmt und mit dunklen Augenringen in die Welt schaute, oder ihre böse Großmutter, von der man im Dorf nur noch wusste, dass sie vor allen Leuten mit Schuhleisten nach ihrem Mann geworfen hatte? Was für Leute waren das, die Bach von allen Seiten angafften, ohne ihn zu grüßen oder ein Wort an ihn zu richten? Wer wohnte jetzt in Gnadental – lebendige Menschen oder die vergilbten Lichtbilder ihrer Vorfahren? Junge oder kindliche Gesichter sah Bach überhaupt nicht, wahrscheinlich gab es sie einfach nicht mehr. Denn auch das Schulhaus wirkte verlassen, und die Treppe war den ganzen Winter lang von einer hohen Schneewehe bedeckt.

Viel später, als Bach Zeitungen las, die Bewohner des Dorfes beobachtete und sich Hoffmanns lange Reden anhörte, der den ehemaligen Schulmeister sympathisch fand, entstand nach und nach ein Bild davon, was während der Jahre seines Einsiedlerlebens in der Welt geschehen war. Es ließ ihn erschauern: All das Erschreckende, das er und Klara von der Höhe des Steilufers beobachtet hatten, all die merkwürdigen, furchtbaren Szenen, deren Folgen er bei seinen nächtlichen Gängen durch das Dorf gesehen hatte, waren nur ein Kräuseln auf der riesigen Wasserfläche der Wolga, ein schwacher Nachhall der tiefgreifenden Umwälzungen im wirklichen Leben. Diese erschienen Bach so unwahrscheinlich, dass es ihm schwerfiel, einen passenden Vergleich dafür zu finden. Ein Erdbeben oder einen Orkan konnte man das nicht nennen. Nach einem solchen Geschehen bewahrt die von den Elementen verwüstete Welt immer noch das für sie Wesentliche: die Sonne, den Himmel und den festen Erdboden. In Gnadental gab es jetzt aber offenbar weder das Eine noch das Andere oder das Dritte. Die in Petersburg errichtete neue Staatsmacht hatte den Himmel abgeschafft, die Sonne für nicht existent erklärt und den festen Boden unter den Füßen durch Luft ersetzt. Darin strampelten die Menschen nun herum, rissen erschrocken die Münder auf, konnten nicht widersprechen, wollten aber auch nicht zustimmen. Glaube, Schule und Gemeinde – diese drei unverzichtbaren Elemente des Lebens der Siedler – hatte man den Gnadentalern genommen wie dem Müller Wagner Haus und Vieh. Man hatte die Kirche geschlossen und hätte Pastor Händel samt Frau beinahe in den Hohen Norden verbannt, wäre das nicht von der widerständigen Gemeinde mit Mistgabeln und Feuerhaken verhindert worden. Der Lehrer wurde aus der Schule gejagt, ein neuer, den man zu schicken versprach, kam nie im Dorf an. Man erklärte die Gemeindeverwaltung für überholt und setzte an ihre Stelle den *Sowjet* als Kopf des erneuerten Gnadentals ein, dazu den *Kolchos* als dessen Arme und Beine.

Einige Dorfbewohner entschlossen sich, vor diesem unverständlichen Leben davonzulaufen. Die Wendigsten und Verwegensten gelangten bis nach Amerika. Die Beharrlichsten und Pfiffigsten bis in die alte Heimat. Doch die meisten, die monatelang an der polnischen Grenze festsaßen und danach in Belorussland, in der Ukraine und Deutschland von einem Flüchtlingslager ins andere geschoben wurden, fanden sich schließlich wieder in Gnadental ein, denn, wie es heißt, münden alle Flüsse in die Wolga.

So lebte dieses neue Gnadental jetzt, das man *sowjetisch* zu nennen hatte – ein halb verfallenes Dorf mit halb verzweifelten Bewohnern und halb verhungertem Vieh. Die Gesichter der Menschen waren ausgetrocknet von der Not und der Sehnsucht nach ihren Kindern, deren Gräber in den Sandwüsten am Kaspischen Meer, unter den Hügeln von Galizien, in den Wäldern von Wolynien, in der mongolischen Steppe und am Amur lagen, was zeigt, in welch riesigen Räumen sich ihre Irrfahrten abgespielt hatten. Die Ställe bei den Häusern standen leer: Pferde, Ochsen und Kamele waren jetzt Eigentum des Kolchos. Nun lagen die Scheunen voller nutzlosen Inventars, das langsam vor sich hin rostete – Brandstempel für die Rinder, Geschirr, Striegel und Bürsten für die Pferde, Butterfässer und Zentrifugen.

Das Herz dieses neuen Gnadentals war der unermüdliche bucklige Hoffmann, der Tag und Nacht an seinem mit Papieren überhäuften Tisch arbeitete. Wozu brauchte er Sprichwörter und Redensarten? Was trieb ihn an, dass er, kaum tauchte die dürre Gestalt des ehemaligen Schulmeisters auf seiner Schwelle auf, ihm das beschriebene Blatt Papier gierig aus den Händen riss, die schwungvollen Zeilen überflog, ein freudiges Lächeln zeigte und mit dem Kopf auf das Fensterbrett wies, wo bereits eine Tagesration Milch und ein leeres Blatt Papier für weitere Aufzeichnungen auf Bach warteten?

In der ersten Woche fielen Bach zweihundert Sprichwörter und Ausdrücke aus Gnadental ein. An fünf Abenden saß er beim Licht des Kienspans wie angenagelt am Tisch und schrieb wie im Rausch auf das raue Papier Wörter und Sätze, die er seit Kindesbeinen kannte. Dafür gab es für seinen Säugling fünf Wassergläser Milch. Bach kam es etwas seltsam und peinlich vor, wenn er dem Sonderling Hoffmann auch die vulgärsten Ausdrücke verkaufte, die jeder in der Gegend kannte. Diese naiven, harmlosen Redewendungen konnte jeder, der darauf achtete, bei gemeinsamer Arbeit oder bei einer Unterhaltung an einem beliebigen Feiertag im Dorf von den Gnadentalern hören. Aber Hoffmann zahlte für jedes beschriebene Blatt mit fetter Ziegenmilch. Er zahlte für nichts. Für den Genuss, den Bach beim Schreiben empfand, wenn er alles um sich herum vergaß – die beiden ihm anvertrauten Frauen und sich selbst.

Als Bach am sechsten Abend, nachdem er das Mädchen in den Schlaf gewiegt und sich an den Tisch gesetzt hatte, voller Vorfreude den Bleistift, ein Geschenk Hoffmanns, auf das ebenfalls von ihm erhaltene Blatt Papier senken wollte, musste er feststellen, dass er alle Redensarten und Volksweisheiten, die er kannte, bereits aufgezeichnet hatte. So sehr er seinen Kopf auch anstrengte, in Gedanken die Höfe von Gnadental durchstreifte, sich seine gesprächigen Landsleute vorstellte und auch die Umgegend einbezog, ihm fiel einfach nichts mehr ein. Er erschrak tief, als ihm klar wurde, dass damit seine Schreibversuche ein Ende finden könnten. Wenn der Bucklige sein Interesse an der lokalen Folklore befriedigt hatte, könnte es keine Milch für die Kleine und kein Papier für Bach mehr geben.

Die sorglos irgendwo herausgerissenen Blätter, die an manchen Stellen bucklig von groben Fasern und an anderen weich wie Watte waren, wie sehr brauchte sie Bach jetzt! Voller Wehmut gedachte er seiner fernen Lehrerjahre, da sich auf seinem Regal Hefte, leere und halb gefüllte, gestapelt hatten, dazu einfaches Papier zum alltäglichen Gebrauch, liniertes für Schreibübungen, gebleichtes für Prüfungsarbeiten oder gewachstes zum Einschlagen von Büchern. All das hatte haufenweise auf seinem Pult gelegen und den Schrank gefüllt. Wie dumm und kurzsichtig von ihm, dass er damals nicht geschrieben, sondern seine Zeit für lange Spaziergänge, für Essen und nutzlosen Schlaf verschwendet hatte! Jetzt war er bereit, alles aufzuschreiben – Personennamen, Rufnamen für Tiere, Gebetstexte, die Bezeichnungen von Städten und Dörfern, von Vögeln oder Fischen, ja selbst die Zahlen von eins bis tausend. Auf welcher Art Papier, spielte keine Rolle, wenn er nur mit dem Stift über die raue Oberfläche gleiten und zuschauen konnte, wie ihm Buchstaben und Wörter aus der Hand flossen ...

Nachdem er einige Male mit dem stumpfen Ende des Bleistifts auf die tiefe Falte zwischen seinen Brauen geklopft hatte, atmete Bach entschlossen durch und machte sich wieder an die Arbeit. Diesmal schrieb er keine kurzen Phrasen, die sich durch vielfältige Wiederholung in seinem Kopf festgesetzt hatten, sondern lange Sätze, die das Ergebnis eigener Gedankengänge waren.

In Gnadental hat jeder der zwölf Monate des Jahres neben der lateinischen Bezeichnung noch einen zweiten, älteren Namen. So heißt der erste Monat des Winters, in Büchern und Zeit-

schriften nur Januar genannt, in der Sprache der Dorfbewohner der »Eismonat«. Der Februar, den sie als »Hornung« bezeichnen, erinnert an die Zeiten vor der Umsiedlung nach Russland. Damals galt es für einen deutschen Bauern als großes Glück, wenn er im Wald das abgeworfene Geweih eines Hirsches oder eines Rehbocks fand. Der März heißt bei den Gnadentalern einfach der »Lenzmonat«, der April der »Grasmonat« und der Mai der »Winnenmonat«, womit an den Austrieb des Viehs auf die Weiden erinnert wird. Die im Volk gängigen Namen der drei Sommermonate beziehen sich auf wichtige landwirtschaftliche Arbeiten: Pflügen, Heumahd und Ernte. Der September ist der »Holzmonat«, der Oktober der »Weinmonat« und der November der »Windmonat«. Der Dezember wird vollständig von den Vorbereitungen der Dorfbewohner auf das Weihnachtsfest eingenommen, was sich in seinem volkstümlichen Namen »Christmonat« widerspiegelt.

Als er fertig war, legte Bach den Bleistift auf den Tisch und blickte lange staunend auf die Zeilen von seiner Hand. Hoffmann ließ einen Pfiff hören, als er das Geschriebene rasch überflog. »Schau an, der Schulmeister!«, entfuhr es ihm. Zu dem verdienten Glas Milch überreichte er Bach an diesem Tag nicht einen, sondern zwei Bogen Papier.

Und Bach begann zu schreiben. Wörter, die ihm lange nutzlos erschienen waren und daher irgendwo in der Tiefe seines Gedächtnisses verschlossen und von seinen stummen Lippen versiegelt gelegen hatten, erwachten plötzlich aus ihrem Schlaf. Alle auf einmal. Sie regten und bewegten sich. Sie drängten so heftig und unaufhaltsam aus ihm heraus, dass der Stift unter dem Druck der eiligen Hand häufig abbrach. Bachs gleichmäßige Lehrerschrift wurde kleiner, zog sich auseinander, die Buchstaben verzerrten sich, bekamen lange Schwänze, flatterten kreuz und quer über das Papier wie ein Schwalbenschwarm. Wenn Bach spürte, dass der Stift mit den Gedanken nicht Schritt halten konnte, stockte er voller Angst. Doch seine Furcht war grundlos: Die Gedanken und Worte, die davongeflattert waren, kamen unverzüglich wieder zurück, als gehorchten sie Bach bedingungslos, als wünschten sie selbst, aufgeschrieben zu werden. Später in der Nacht begegnete er ihnen noch mehrmals, wenn er in Gedanken den fertigen Text durchging.

Bach wollte alles auf Papier festhalten, was er wusste und was in seinem Gedächtnis schlummerte. Das war erstaunlich viel. Das dienstbare Hirn öffnete sich wie eine von Tildas unergründlichen Truhen, der gehorsame Stift eilte über die Seiten. Und die von den Motten zerfressenen Gehröcke, alten Hüte, verschlissenen Röcke und Mieder, all der verstaubte Kram aus der Truhe wandelte sich wieder zu schmucken Sachen – zu schillernder Seide, fließendem Samt und mit winzigen Glasperlen besticktem glänzendem Atlas.

Bach schilderte Gnadental, er beschrieb es mit Leidenschaft, überlegte jeden Tag, welche Erinnerung er preisgeben sollte. Doch bei der Schilderung beließ er es nicht; er setzte die Erinnerungen wie ein Mosaik zusammen und hielt damit ein Bild fest, das die anderen Bewohner wahrscheinlich längst vergessen hatten. So ließ er das einst so idyllische Gnadental Stein für Stein aus den Ruinen neu erstehen, zumindest auf dem Papier. Bach schrieb nicht, er baute.

Der schlichte Gnadentaler liebt klare, leuchtende Farben. Fenster- und Türrahmen, Türen, Standuhren oder Regale – alles in seinem Haus ist hellblau, gelb, rot oder grün gestri-

chen, trägt einfache Muster und Ornamente. Am kunstvollsten ist das Ehebett geschmückt, das Wichtigste in einem trauten Heim und der größte Stolz seiner Besitzer. Sie nennen es »Himmelbett«. Ob dies als ein Wink auf die Freuden der Ehe gemeint ist oder nur auf den hohen Baldachin hinweisen soll, der in der Tat an das Himmelszelt erinnert, wissen wir nicht.

In seinem naiven Hang zur Schönheit schmückt der Gnadentaler alles um sich her: Er umwindet seine persische Mütze oder den Kragen des Pelzmantels seiner Frau mit farbigen Kordeln, streicht das Joch des Pferdes, die Hundehütte und den Starkasten farbig an, selbst die Filzstiefel bekommen eine rote Borte. Und die Tücher, die die Mädchen von Gnadental an Feiertagen tragen, können sich nach Farben und Mustern mit dem Regenbogen messen.

Für die Geschichte der Gründung von Gnadental brauchte Bach neun Abende. Sie kostete Hoffmann neun Glas Milch. Für die Herkunft der Bezeichnungen vieler Orte in der Umgebung von der Mückensenke bis zum Pastorensee und dem nahebei gelegenen Teufelsgrab erhielt er fünf Glas. Für die Texte von Gnadentaler Weisen und Schwänken vier Glas. Für die Besonderheiten des lokalen Dialekts drei. System und Methode des Schulunterrichts, die Geschichte des Schulhauses von Gnadental und die Namen der Schulmeister brachten ihm nur ein Glas Milch ein. Die Methoden des Einsalzens von Melonen für den Winter hingegen zwei. Die Technologie der Herstellung ungebrannter Lehmziegel und ihre Verwendung beim Hausbau ebenfalls zwei. Dagegen wurden die Familiengeschichten der Gnadentaler und Anekdoten über sie mit zehn Glas Milch vergütet. Eine Aufstellung der örtlichen Bauernregeln geriet zu seinem eigenen Erstaunen so ausführlich, dass der Lohn dafür zwölf Glas Milch betrug. Den Löwenanteil bildeten die Vorhersagen von Regen und Schnee. Seine längste Arbeit handelte vom Aberglauben der Gnadentaler. Die brachte dreizehn Glas Milch.

Anfangs »las« Bach seine »Schöpfungen« Klara vor. Er setzte sich neben sie auf einen Stuhl, ließ den Blick über die Zeilen gleiten und sprach die Worte in Gedanken aus. Hin und wieder warf er ihr einen bangen Blick zu: Gefällt es dir, Klara? Ihre Miene blieb jedoch so unbewegt und gleichgültig, dass Bach die Sache verwirrt und traurig einstellte. Vielleicht vermisste Klara den Klang seiner Stimme? Oder es war bedrückend für sie, seine Schilderungen des Wurstmachens, des Kochens von Melonensirup, des nächtlichen Badens in der Wolga und der Hochzeitstänze der Mädchen von Gnadental anzuhören, all das Lebendige, Heiße, Duftende, das seine Feder Abend für Abend hervorbrachte? Oder sie war einfach nur enttäuscht über seine Feigheit, seine Unentschlossenheit, sich endgültig zwischen ihr und der Welt zu entscheiden? Wie dem auch sei, Bach ging mit seinen Blättern bald nicht mehr ins Eishaus. Stattdessen »las« er das Geschriebene jetzt der Kleinen vor.

Das war töricht und dumm bis zur Verschrobenheit. Das Mädchen konnte kein Wort verstehen, die winzigen Äuglein waren noch voll kindlicher Ahnungslosigkeit, und konzentriert wurde ihr Gesichtchen nur dann, wenn sie ihre Milch trank. Doch kaum hatte Bach sie in den rechten Arm genommen, griff mit der linken Hand nach einem frisch geschriebenen Text und begann im Zimmer auf und ab zu gehen, da nahm das Gesichtchen einen ernsten, beinahe erwachsenen Ausdruck an, als ob sie den Worten lauschte, die er im Geiste formte. Das konnte natürlich nicht sein, wahrscheinlich spürte sie nur die Nähe eines menschlichen Körpers. Doch als Bach ihr »erzählte«, wie Nomaden dem ersten Pastor von Gnadental die Zunge herausschnitten, da runzelte sie tatsächlich die feinen Brauen. Und sie bewegte die Nasenflügel, als er »berichtete«, wie man aus Milch und geröstetem Weizen *weißen Kaffee* braute. Und schmatzte mit den Lippen, auf denen Speichelblasen erschienen. Sie blies die Backen auf. Runzelte die Stirn. Zog eine finstere Miene. Schnaufte und seufzte. Als Bach ihr Ende Februar gar ein paar lustige Schwänke vortrug, wie sie die Gnadentaler Frauen an fröhlichen Abenden zu später Stunde einander erzählten, wenn sie von Weinbrandpunsch und scharfem Doppelkümmel erhitzt waren, blinzelte die Kleine durchtrieben vor sich hin und zog für einen Augenblick die Lippen auseinander. Zum ersten Mal zeigte sie ein Lächeln. Wenn er wirklich sprechen könnte, würde sie dann wohl beginnen, ebenfalls Laute zu formen?, ging es Bach durch den Kopf. Nicht nur das Mäulchen verziehen, sondern seine Aussprache und Satzmelodie nachzuahmen beginnen?

Jetzt waren er und die Kleine wie zwei Kumpane, die sich vor Klaras vorwurfsvollen Blicken in die Wärme des Hauses zurückgezogen hatten. Doch seine Schuldgefühle gegenüber Klara wuchsen. Einmal fiel ihm ein, dass er die Kleine noch nicht ein einziges Mal ins Eishaus getragen hatte, um sie ihrer Mutter zu zeigen. Auch er selbst vergaß an manchem Abend zu ihr zu gehen, wenn er sich zu sehr ins Schreiben vertiefte. Am nächsten Morgen führte ihn der erste Gang nach dem Aufstehen dorthin, um sich zu entschuldigen. Während des ganzen Tages schlich er dann finster umher und machte sich Vorwürfe. Nur der Stift und ein weißes Blatt Papier vermochten ihn von seinen Gewissensqualen zu erlösen.

Bar jeden Zugangs zur medizinischen Wissenschaft, deren nächste Diener erst im fernen Pokrowsk zu finden waren, gingen die Gnadentaler daran, Krankheiten mit eigenen Mitteln zu bekämpfen. Die dabei angewandten Methoden sind nicht gerade fortschrittlich zu nennen, aber da keine besseren zur Verfügung stehen, behelfen sich die Menschen damit schon seit mehr als einhundertfünfzig Jahren.

Einem Organ, das sich unwohl fühlt, hilft eine Arznei, die ihm möglichst ähnlich sieht: einem kranken Herzen – Birkenblätter, einer schwachen Blase – Petersilie, gegen Blutarmut – die Blätter des rotblühenden Klees, gegen Ausfluss bei Frauen – gestoßene Eierschalen – nur von weißen Eiern –, die zusammen mit den Blütenblättern weißer Lilien in Milch gekocht werden.

Der Gnadentaler vertraut Medikamenten, die möglichst widerlich schmecken, weil sie nur dann eine Krankheit vertreiben. Anerkannte Mittel sind Terpentinöl, Salz oder Schmierfett für Maschinen. Gut helfen auch Küchenschaben, Frösche, das Fett von Igeln und Hunden. Geschwollene Körperstellen werden mit Seife eingerieben, um die Schwellung »abzuwaschen«. Auf eine blutende Wunde legt man Schimmel und Werg, um die Blutung zu stillen, Spinnweben, damit die Wunde sich zusammenzieht, oder Pferdeäpfel, um das zu unterstützen. In besonders schweren Fällen wird auch Leim darauf gestrichen. Ein Trachom wird mit Speichel behandelt, Zahnschmerz mit einem Stückchen Speck oder Zwiebel, das man ins Ohr steckt. Furunkel werden mit Kuhdung, Verbrennungen mit Schafsmist eingerieben. Gegen eine Nagelbettentzündung hilft am besten, den geschwollenen Finger einem schlafenden Huhn in den Hintern zu stecken …

Was fing Hoffmann, dieser zugewanderte Sonderling, der ein so gutes Hochdeutsch sprach, wohl mit diesen Notizen an? Lernte er sie auswendig, um die ihm anvertrauten Dorfbewohner besser zu verstehen? Sammelte er sie für ein Buch, das er unter seinem Namen herausgeben wollte? Bach interessierte das wenig. Ohne Bedauern legte er seine Aufzeichnungen in die knorrigen Hände des Buckligen. Wenigstens wurden damit die auf Papier festgehaltenen Einzelheiten des entschwundenen Lebens von Gnadental aus dem Nichts zurückgeholt und widerstanden so dem Lauf der Zeit. Sie konnten nicht mehr vergessen werden oder verloren gehen. Da er immer wieder sah, wie Hoffmann jedes neue Blatt mit unverstellter Freude empfing, glaubte auch Bach bald daran, dass seine Aufzeichnungen in der Tat einen Wert besaßen.

Inzwischen wartete Hoffmann nicht nur auf die Texte, sondern las sie auch mit anhaltendem Interesse von Anfang bis Ende durch, und zwar über alle Themen: die alte Gnadentaler Tradition, zum Erntefest eine Weizenkönigin zu wählen, ein junges Mädchen, dessen Haar mit den schönsten Ähren geschmückt wurde und das man dann auf den Schultern durch das ganze Dorf trug, das Rezept der Gnadentaler Suppe, bei der »Klößchen und Kartoffelstücke so dicht im Fett schwimmen müssen wie im März die Eisschollen auf der Wolga« oder die Geschichte der Errichtung der Dorfkirche, einer genauen Kopie des Gotteshauses von Gnadental an der Elbe in Sachsen. Bald begann Hoffmann selbst Fragen zu stellen, die Bach beim nächsten Mal zu beantworten hatte. »Schreib nicht so viel über die Kirche und die Messen!«, rief er, wirbelte aufgeregt durchs Zimmer und fuchtelte mit einem frisch beschriebenen Blatt in der Luft herum. »Zum Teufel mit der Religion, sie ist längst vergessen und begraben! In einem Jahr weiß keiner in Gnadental mehr, wie der letzte Pastor hieß, in zehn Jahren nicht einmal mehr, wer Jesus war! Schreib über lebendige Dinge, über die Menschen und ihre Charaktere! Woran glauben sie? Was fürchten sie? Was erwarten sie? Wofür leben sie? Schildere mir das Innerste des Gnadentalers! Stülp es um und zeig es her! Verstehst du, Bach?« Der schwieg. Und erschien am nächsten Tag mit der Antwort.

So gingen sie miteinander um: Der redegewandte Bucklige, aus dessen Mund die Fragen schneller sprudelten, als die Schwalbe mit den Flügeln schlägt, und der stumme Einsiedler mit dem grauen Bart, der den Weg über die verschneite Wolga von einem Ufer zum anderen und zurück in einem Tempo zurücklegte, als schaffe ein Weberschiffchen nur einen einzigen Schuss pro Tag.

Jedem Gnadentaler wie allen Menschen, die an der Wolga leben, wohnt seit Kindesbeinen ein »Gefühl für den großen Fluss« inne. Wo er sich auch aufhält – im Wald oder in der Steppe –, er wird unbeirrt, selbst mit geschlossenen Augen, den Weg zur Wolga finden. Ob dafür ein besonderes Organ oder ein bestimmter Bereich des Hirns zuständig ist, haben die Wissenschaftler noch nicht entdeckt, obwohl Forschungsgruppen der Universitäten Kasan, Saratow und Petersburg zu verschiedenen Zeiten daran gearbeitet haben. Dieser innere Kompass funktioniert denkbar einfach: Man muss nur in sich hineinhören und so gehen, als folge man dem Ruf eines geliebten Menschen.

Bachs Tagesausstoß an Wörtern wuchs ständig weiter an. Bald reichten dafür zwei Blatt Papier pro Tag nicht mehr aus. Die Gedanken flossen so rasch und in solcher Fülle, dass sie mehr Platz erforderten und sich nicht durch die Grenzen enger Papierseiten zügeln ließen. Bald waren auch drei Blatt Papier nicht mehr genug. Später vier und sogar fünf.

Hoffmann ging es ebenso. Seine Wissbegier steigerte sich wie der Hunger, wenn man die ersten Bissen probiert hat. Immer neue Fragen entströmten, einander nachjagend, seinen Lippen. Doch eine angeborene Vorsicht erlaubte ihm nicht, Bach absolut zu vertrauen, ihm zum Beispiel einen ganzen Stoß Papier zu überlassen. Hoffmann fürchtete, der Schulmeister könnte am nächsten Morgen nicht auftauchen und sich erst einmal seinem Schaffensrausch hingeben.

Gleichzeitig wuchs auch das Kind heran und verlangte mehr Milch. Wenn Bach aus Gnadental zurückkam, fand er gelegentlich Spuren getrockneter Tränen auf den rosigen Pausbäckchen des Mädchens. Doch mit der Zeit wurden es weniger. Offenbar hatte sich die Kleine mit den langen Stunden seiner Abwesenheit abgefunden, sich daran gewöhnt. Umso größer war die Freude, wenn ihr Versorger wieder auftauchte.

Ein Lieblingsspiel der Kinder von Gnadental sind Überfälle der Steppenvölker. Sie beschmieren ihre Wangen mit Schmutz und malen sich mit Ruß mongolische Augenbrauen ins Gesicht. Dann jagen die jungen »Kirgisen« unter großem Geschrei durchs Dorf und versuchen, mit Lassos Schweine und Ziegen einzufangen, die ihnen über den Weg laufen. Die »Verteidiger« des Dorfes machen auf sie Jagd und verpassen ihnen die gerechte Strafe. Kein Mann, der sich als Kind nicht diesem lärmenden und zugleich lehrreichen Vergnügen hingegeben hätte.

Die echten Kirgisen-Kaisaken haben bereits seit über hundert Jahren aufgehört, die deutschen Siedler zu behelligen. Längst sind sie zu friedlichen, ihnen wohlgesinnten Nachbarn geworden, die sich am liebsten mit einem Stück Roggenbrot bewirten lassen und im Herbst regelmäßig mit ihren Kamel-

karawanen auf dem großen Markt von Pokrowsk erscheinen. Doch die Erinnerung an ihre früheren Untaten lebt in Kinderspielen, in vielen Redensarten und in den Familiengeschichten fort. Durch sie wurde den Gnadentalern ein gewisser Hang zum Heldentum eingepflanzt, zur Verteidigung des eigenen Hauses gegen Feinde und Eroberer – nicht für Ruhm und Anerkennung, sondern als stummer Ausdruck ihrer Heimatliebe.

Als Bach eines Morgens seine eng beschriebenen Blätter in den Dorfsowjet brachte, entdeckte er auf dem Fensterbrett neben Milch für sein Töchterchen und frischem Papier für sich selbst ein Stück Brot und ein paar Eier. Sein Lohn wuchs mit dem Umfang der geleisteten Arbeit. Seitdem schrieb er ganze Tage lang von morgens bis abends, ging selten aus, um zu jagen oder zu fischen.

Überhaupt ernährte er sich jetzt offenbar kaum noch von gekochtem Fisch und zermahlenen Weizenkörnern. Wirkliche Energie floss ihm aus dem unbeschriebenen Papier zu. Davon und nicht etwa von Hoffmanns nahrhaften Gaben stärkten sich seine Arme und Beine, schmerzte ihm bei den Gängen über den Fluss der Rücken nicht mehr. Er gewöhnte sich an den langen Weg und bemerkte ihn, in tiefes Nachdenken versunken, manchmal gar nicht mehr. Es war, als ginge er nicht über die Wolga, sondern nur über die Kartoffelbrücke bis zum Soldatenbach. Manchmal fragte er sich, was er für notwendiger hielt: die Milch für die Kleine oder diese groben, zerknitterten Blätter für sich selbst. Darauf wusste er keine Antwort.

In den letzten Monaten hatte er sich daran gewöhnt, nicht mehr an sich zu denken. Er war gar nicht mehr er selbst, ein müder Mann mit schmerzendem Körper und leidender Seele, der seine Frau und mit ihr den Sinn seiner

Existenz verloren hatte. Er war nur noch eine Quelle von Milch, Wärme und Geborgenheit für den nach Leben dürstenden Säugling und von Texten über Gnadental für den nach Lektüre gierenden Hoffmann. Schmerzende Knochen und ein leidendes Herz gab es für ihn nicht mehr, nur noch den in Erwartung des Löffels weit geöffneten Mund der Kleinen und die großen Augen des Buckligen in Erwartung neuer Aufzeichnungen. Bach vergaß sich selbst so sehr, als existiere er gar nicht mehr. Erst wenn der leere Magen vor Hunger knurrte, wenn die Augen ihm vor Müdigkeit zufielen und er den Stift nicht mehr halten konnte, nahm er etwas zu sich und gönnte sich ein bisschen Schlaf. Das Weinen des Kindes war das Einzige, was Bach vom Schreiben ablenken konnte, das Nachgrübeln über neue Texte hingegen das Einzige, was ihn nicht ständig an das Mädchen denken ließ.

Auf erstaunliche Weise verlieh ihm die Selbstaufopferung Kraft, ließ sein Leben reicher und farbiger erscheinen. Hätte sich Bach je vorgestellt, dass er so gut schreiben konnte? Dass er eine Chronik von Gnadental verfassen würde? Dass er diese ständigen Gänge über die Wolga bewältigte wie ein waschechter Jäger oder Fischer? In diesem neuen Leben, das von der Sorge um das Kind und von neuen Ideen bis zum Rand gefüllt war, gab es für den Menschen Bach keinen Platz. Und auch nicht für die arme Klara.

Der Bewohner von Gnadental ist ein Kind der Steppe, das all ihre Farben und Gerüche kennt, das nach ihren Gesetzen und nach ihrer Zeit lebt. Naiv und fleißig, gutmütig und gefügig – so ist er. Höheren Kräften ausgeliefert, vollkommen abhängig von der Gnade der Sonne, der Erde und des Flusses, hat er sich jeden Keim von Rebellion und Eigenwillen aus dem Herzen gerissen. Ein unverbesserlicher Fatalist, fromm und abergläubisch, ist der Gnadentaler allem Neuen, jedem Fortschritt und jeglichem Experiment abhold. Er pflügt die Steppe mit dem gleichen Pflug wie seine Großväter und wartet dann ergeben auf die Ernte. Darin besteht sein ganzes Leben. Bücher liest er nicht, aber die Zeichen der Natur versteht er zu lesen. So kann er mindestens fünfzig Regeln hersagen, nach denen er nahenden Regen erkennt. Genau genommen, stehen die schlitzäugigen Kirgisen mit ihren Filzmützen dem Gnadentaler näher als die Bewohner des fernen Deutschlands, deren Sprache er spricht.

Als der Frühling kam und Bach von einfacher Beschreibung zu tieferer Betrachtung und zu Schlussfolgerungen überging, stellte er fest, dass er sich des Schlafes entwöhnt hatte. Sein Körper lag nachts bewegungslos im Bett, die Augen waren geschlossen, aber hinter seinen Lidern huschten schattenhafte Bilder vorüber, und der Kopf arbeitete ununterbrochen weiter. Auf den Ruf seiner Tochter sprang er von Zeit zu Zeit auf, gab ihr Milch zu trinken und sank dann erschöpft auf sein Lager zurück. Aber auch das konnte die Flut seiner Gedanken nicht zum Stillstand bringen.

Die verschiedenen Typen von Siedlern, Kindheit und Alter der Wolgadeutschen, ihre Bräuche bei Geburt und Tod in allen Einzelheiten, die Quellen der lokalen Traditionen, ihr Verhältnis zu den russischen und kirgisischen Nachbarn – Bach schrieb über so vieles, dass er zuweilen selber staunte, woher ihm all diese Ideen zuflogen. Wer ihm wohl die Themen all dieser Aufzeichnungen einflüsterte?

Als er einmal darüber nachgrübelte, welche Namen die Dorfbewohner bevorzugten, kam er auf die Frage, welcher

Name wohl zu der Kleinen passte. Maria und Katharina kamen in den Dörfern im Überfluss vor, Eva und Elisabeth, Susanne oder Sophie etwas weniger. Aber die schienen ihm alle nicht zu passen. Dann ging ihm auf: Er musste sie Anna nennen. Das war der Name, der auf jeder Liste ganz vorn stand. Ja, das war es – Anna. Koseform Annchen.

Als ihm klar wurde, dass er das Kind soeben getauft hatte, erschrak er und machte sich Vorwürfe. Dafür war es wohl noch zu früh.

Drei zentrale Mythen haben das Leben der deutschen Siedler seit der Zeit von Katharina II. bestimmt. Der erste Mythos von Russland als dem Gelobtem Land geht auf die Werber zurück, die der russische Staat ausschickte, um Ausländer ins Land zu holen. Die deutschen Bauern, die unter dem unerträglichen Hunger und Elend litten, das der Siebenjährige Krieg über Europa gebracht hatte, wollten gern daran glauben, dass in den endlosen Weiten des fernen Russlands fruchtbarer Boden im Überfluss auf sie wartete. Ihrem Traum vom Glück folgend, machten sie sich voller Hoffnung und mit großem Mut auf den Weg. Die Steppen Russlands waren in der Tat endlos, boten ihren Bewohnern aber nicht Freuden und Überfluss, sondern verlangten von ihnen kräftezehrende Arbeit und einen harten Kampf ums Überleben.

Der zweite Mythos, der die Herzen der Russlanddeutschen bewegte, war der vom Gelobten Land Amerika. Am Ende des 19. Jahrhunderts schlugen viele Herzen schneller, wenn sie Namen wie Brasilien, Vereinigte Staaten oder Kanada hörten, die wie Musik in ihren Ohren klangen. Viele Russlanddeutsche, die die Geschichten von der kühnen Umsiedlung ihrer Vorfahren mit der Muttermilch eingesogen hatten, verstanden diese Begriffe als einen Ruf des Schicksals. In ihren naiven Herzen lebte nach wie vor die Hoffnung auf ein Glück, das hinter Bergen und Ozeanen auf sie wartete.

»Amerika, du Land, wo Milch und Honig fließen,
wo süße Brötchen auf der Kühe Hörner spießen …«,

sangen die Tausenden Russlanddeutschen, die einen Dampfer nach Übersee bestiegen.

»Amerika, du verrücktes Land!
Einen Finger gäb ich her,
dass ich wieder in der Heimat wär …«,

sangen sie, als sie ein, zwei Jahre später in umgekehrter Richtung zurückfuhren. Ihre Heimat war jetzt die Wolgasteppe.

Der dritte Mythos, der das Leben vieler Siedler veränderte, handelte von Deutschland als Gelobtem Land. Da viele des schweren Lebens in der Steppe müde waren und auch in Übersee das Glück nicht gefunden hatten, richteten sich die Blicke auf die alte Heimat. Die Suche nach dem Glück war ihnen in die Seele gepflanzt, und so zog es sie wieder in die Ferne, wo sie es immer noch zu finden hofften. Doch nicht allen gelang es, sich in Deutschland einzuleben. Nach über einhundert Jahren waren die Russlanddeutschen, ohne es zu bemerken, zu einer Volksgruppe geworden, die sich von den Reichsdeutschen unterschied. Wie vor zehn oder hundert Jahren, so trägt der Russlanddeutsche auch heute erstaunlicherweise zwei gegensätzliche Eigenarten in seinem Herzen: Jahrzehntelang veranlassen ihn der Hang zur Sesshaftigkeit, zur Tradition und sein unverbesserlicher Fatalismus, fleißig das Feld zu bestellen und sich ohne Murren jeder Wendung des Schicksals zu fügen. Dann aber treibt ihn der Drang nach dem fernen Glück dazu, den angestammten Ort zu verlassen, die Früchte seiner Mühen zu missachten, durch die Welt zu ziehen und den von Großvätern und Urgroßvätern ererbten Wunsch nach Ortsveränderung zu befriedigen.

Wäre es für uns Russlanddeutsche nicht an der Zeit, zu begreifen, dass es dieses Glück in der Ferne nicht gibt? Sollten unsere Kinderherzen nicht endlich erwachsen werden und den Märchen, die uns eine launische, unbeständige Welt einflüstert, keinen Glauben mehr schenken?

Bach legte den Stift nieder. Der heruntergebrannte Kienspan beleuchtete schwach die über den Tisch ausgebreiteten Blätter. In dem flackernden Licht zitterten die Zeilen, als bewegten sie sich auf dem Papier. Alles Übrige lag in tiefem Dunkel. Irgendwo hinter Bachs Rücken bewegte sich schläfrig die Kleine, draußen pfiff ein feuchter Frühlingswind, klatschten Tropfen gegen die Fensterscheiben.

Bach las den Text noch einmal durch. Waren das alles seine Gedanken, oder hatte jemand seine Hand geführt, ihm die treffenden Worte eingegeben, sie zu eleganten und zugleich exakten Sätzen geformt? Er hatte dem Geschriebenen nichts hinzuzufügen. Anscheinend hatte er in die letzten Zeilen auch den letzten Rest dessen gelegt, was sich bei ihm in den Jahren von Einsamkeit und Schweigen angesammelt hatte. Drei Monate fieberhaften Schreibens, mehrere Hunderte von Buchstaben bedeckte Blätter, alles, was Bach über sein Heimatdorf und dessen Bewohner wusste und behalten hatte, was er vermutete, woran er zweifelte und was er neu durchdacht hatte, war jetzt in Worte gegossen und dem Buckligen übergeben, der sich so darum riss, all das zu lesen. Gnadental erstand in Bachs Aufzeichnungen als ein bunter, geräuschvoller Ort voller fröhlicher, farbenprächtig gekleideter Menschen, Glockengeläut, singender Frauen, tobender Kinder, muhender Tiere, schnatternden Geflügels, plätschernder Ruderboote und weißer Segel auf dem glitzernden Wasser der Wolga, ein Dorf, in dem es nach frischen Waffeln und Melonensirup duftete. Das frühere, das wahre Gnadental. Mehr hatte Bach nicht zu sagen. Sein Kopf war absolut leer, ein hohles Gefäß. Bach kreuzte die Arme, legte seinen ungewöhnlich leichten Kopf vorsichtig darauf, schob die Nase zwischen die letzten Blätter und versank in tiefen Schlaf.

»Kinderherzen«, murmelte Hoffmann, als er am nächsten Morgen den Text überflog. »Wie treffend ist das gesagt. Du bist ja ein Philosoph, Bach! Ein stummer Philosoph vom anderen Ufer!«

Wie stets, wenn er sehr erregt war, hielt es Hoffmann nicht an seinem Platz. Er schritt im Raum hin und her, hielt die frisch beschriebenen Seiten in der ausgestreckten Hand, blätterte und las immer wieder von Neuem.

»Du hast recht, tausendmal recht! Die Milch des Kolchos hast du nicht umsonst bekommen! Deshalb erinnert dein Äußeres irgendwie an Aristoteles. In all den Monaten, seit ich in Gnadental bin, hatte ich immer das Gefühl, dass die Menschen hier anders sind. Ich konnte es nur nicht in Worte fassen. Das hast du an meiner Stelle getan. Kinderherzen, die nach einem unerreichbaren Glück streben, ja, Bach, und noch einmal ja! Besser kann man es nicht sagen! Du Plato von der Wolga! Du zottiger Herodot!«

Bach hatte sich inzwischen daran gewöhnt, Hoffmanns konfusen Reden zuzuhören. Dessen Stimmung schwankte von Tag zu Tag. Einmal war er finster wie eine Schneewolke, dann wieder abweisend und zornig oder begeistert und verschmitzt. Doch Hoffmanns Kopf und Zunge funktionierten in jeder Lage schnell. Manchmal fiel es Bach schwer, ihm zu folgen. In solchen Momenten stand er nur da, schaute zu Boden und wartete geduldig, bis die Gedanken seines Gegenübers ihre Pirouetten beendet hatten und zum Ausgangspunkt zurückkehrten. Doch bei aller Wortfülle war Hoffmann beileibe kein hohler Schwätzer. Sein Redefluss hatte immer einen Sinn, wenn dieser auch zuweilen in dem Wust von Ausrufen, Emotionen, Epitheta und Metaphern schwer zu erkennen war.

»Du bist zur Wahrheit vorgedrungen, mein bärtiger Genosse! Du hast das Innerste dieses menschenscheuen Wesens, des Wolgadeutschen, ans Licht gebracht. Du hast es geöffnet wie eine Konservendose. Man möchte am liebsten einen Löffel nehmen, sich davon den Bauch vollschlagen und auch noch den Boden auskratzen!«

Manchmal hatte Bach den Eindruck, dass ihre Gespräche, genauer gesagt, die Monologe, für Hoffmann nicht weniger wichtig waren als Bachs Notizen. Wenn es mit dem Buckligen durchging, dann schliff er seine Gedanken förmlich an dem schweigenden Bach: Er formulierte sie, lauschte ihnen, bewertete sie, änderte sie und erläuterte erneut. Seine Denkübungen hätte er natürlich auch mit einem anderen anstellen können, mit dem finsteren Böll oder dem Schmeichler Gauß zum Beispiel. Aber Hoffmann wählte Bach, vielleicht, weil der ihm nicht widersprechen oder ihn mit törichten Bemerkungen unterbrechen konnte, doch eher wohl, weil es viele Kilometer im Umkreis keinen anderen als den ehemaligen Schulmeister gab, der den Unterschied zwischen Aristoteles und Herodot kannte, ja überhaupt von deren Existenz wusste. Daher war es ihm wohl wesentlich angenehmer, Bach mit seinen Gedanken zu überschütten als irgendeinen anderen.

»Wie kommen wir denn nun an diese Kinderseelen heran? Wie lassen sich diese unreifen, trägen Geister aufrütteln? Wie ihnen das über die Jahrhunderte eingebläute kindische Wesen austreiben?« Hoffmann blieb mitten im

Raum stehen, sein Gesicht zuckte wie von Schmerzen gepeinigt, um sogleich wieder in einem breiten Lächeln zu zerfließen. »Nein, Bach, nicht gegen sie kämpfen müssen wir, sondern sie fördern, sie hegen und pflegen!«

Er sprang auf Bach zu, atmete heftig und schnell, bleckte die Zähne, und seine Brauen zitterten.

»Hast du Kinder? Ich weiß bisher überhaupt nichts von dir, du alter Kauz. Aber darum geht es nicht! Wenn du Kinder hättest, Bach, würdest du sie nur schlagen? Mit dem Feuerhaken bearbeiten oder mit dem Stiefel nach ihnen werfen? Nein, Bach, du wärst manchmal auch zärtlich zu ihnen. Du nähmst sie am Sonntag zum Jahrmarkt mit und kauftest ihnen Plätzchen mit Butterröschen. Schnitztest ihnen Holzschiffchen und formtest für sie Tonpfeifen.« Hoffmanns weit aufgerissene, feuchte Augen kamen Bach jetzt so nah, dass er zum ersten Mal ihre Farbe sah: dunkelgrün mit blauen Einsprengseln. »Du streicheltest ihre blonden Köpfchen und küsstest sie vor dem Schlafengehen, du …«

Hoffmann stockte und blieb stehen, als sei ihm eine plötzliche Erleuchtung gekommen. Dann klatschte er laut in die Hände und lachte glücklich auf, als habe er die Antwort auf eine ihn seit Langem quälende Frage gefunden. Er lief zum Tisch, hockte sich auf die beschriebenen Blätter und schlenkerte mit den kurzen Beinen. Dabei schaute er Bach durchtrieben, ja geradezu übermütig an.

»Warum hast du noch keine Märchen für mich aufgeschrieben, Bach?«

Bach senkte den Blick. Das hatte er wirklich noch nicht getan, möglicherweise waren sie der einzige Bereich im Leben dieses Dorfes, den er bisher nicht berührt hatte. Zu sehr bedrückte ihn jeder Gedanke an Klara, die ihm die ersten Märchen erzählt hatte.

»Märchen sind der Schlüssel zu Kinderherzen. Dafür sind es Kinderherzen, dass sie nicht aufhören können, an Märchen zu glauben.« Hoffmanns Blick wurde milder, stieg nach oben, erhob sich über Bachs Kopf, drang durch die Decke und den Dachboden voller Gerümpel, durch das mit Blech gedeckte Dach und verlor sich irgendwo in den himmlischen Höhen. »Warum sollte man das zum Wohle dieser Menschen nicht nutzen? Warum mit ihnen nicht in der Sprache reden, die sie verstehen?«

Draußen rief jemand fröhlich und herausfordernd, dann ertönte ein Pfiff, als ob ein Bursche ein Mädchen abends zu einem Spaziergang einlade.

»Schreib mir ein Märchen, Bach«, bat Hoffmann leise, aber streng, ohne den Blick von den himmlischen Höhen zu wenden, die er allein sah. »Wenigstens eins für den Anfang. Das beste, das du kennst. Du sollst es nicht einfach nacherzählen, wie du es als Kind gehört hast, sondern einen Sinn darin suchen und meinetwegen auch etwas dazudichten. Wir brauchen nicht die verstaubten Schauergeschichten der Urgroßmutter, sondern etwas Neues, etwas Glockenreines, etwas Kristallklares ...«

Bach wollte den Kopf schütteln, um zu sagen, dass er das nicht tun konnte und nicht tun werde, doch Hoffmanns Phantasie ging bereits mit ihm durch, sein Gesicht strahlte vor Begeisterung und Leidenschaft.

»Damit packen wir die Gnadentaler bei ihrer Seele – die Alten, die Jungen und die ganz Kleinen! So bringen wir ihnen unsere Wahrheit nahe – nicht mit viel Gerede, sondern durch das Einfache und Naive! Märchen und Legenden – sie sind doch das Fundament, Bach! Das Fundament der Seele, auf dem die menschliche Natur ruht und das in frühester Kindheit gelegt wird. Damit hätten wir gleich anfangen sollen! Nicht mit Nebensächlichem, mit

Sprichwörtern, dümmlichen Trinkliedern und Schwänken, nicht mit Anekdoten, sondern mit den ehernen Grundlagen. Den Märchenschatz abwandeln, aber auf eine feine, elegante Art, dass man es nicht merkt ... Ja, Bach, tausendmal ja!« Hoffmanns Blick kehrte aus den himmlischen Höhen wieder auf die Erde zurück. »Und wer, wenn nicht du, brächte das fertig! Bei deinen schriftstellerischen Gaben, verdammt noch mal! Du kannst Sätze häkeln, die wie Spitze wirken. Du bist ein Dichter!«

Wie vom Donner gerührt von dieser unerwarteten Anerkennung, die so gelassen ausgesprochen wurde, als ginge es um längst bekannte, zweifelsfreie Dinge, stand Bach da, erstarrt und zu keiner Bewegung fähig.

»Nimm das zur Inspiration!« Hoffmann sprang auf den Boden, kroch unter den Tisch und holte von dort einen Packen Zeitungen hervor. »Lies, was aus deinen ethnographischen Aufzeichnungen geworden ist.« Mit einem verschämten Grinsen stopfte er das Paket Bach in die Umhängetasche, in der schon die Flasche Milch und frisches Papier lagen. »Das kannst du zu Hause lesen. Entschuldige meine holprige Sprache, besser kann ich es nicht.«

Die Schreie vor dem Haus wurden lauter, ein paar Leute liefen vorüber, dann immer mehr, und bald schien es, als sei eine ganze Menschenmenge in Bewegung geraten.

»Wenn ich es selber könnte, würde ich dich nicht bitten.« Hoffmann seufzte tief auf, für einen Augenblick verfinsterte sich sein schönes Gesicht, an der Nasenwurzel zitterte eine tiefe Furche, war aber gleich wieder verschwunden. »Ich habe kein Talent zum Schreiben, es ist mir nicht gegeben. Meine Zunge plappert für zehn« – er streckte seine fleischige Zunge weit heraus und bog die Spitze ein wenig nach oben –, »aber meine Hand ist so, als gehöre sie einem anderen. Wenn sie überhaupt ein paar

Zeilen zustande bringt, dann ist es peinlich, sie zu lesen. Die Schrift taugt nichts, von den Wörtern ganz zu schweigen. Als hätte nicht ich sie geschrieben. Du wirst es nicht glauben, aber mir fällt es schon schwer, den Stift zu halten. Immer wieder fällt er mir aus den Fingern.« Traurig betrachtete Hoffmann seine breite, knorrige Hand. Dann hob er den Blick. »Also, gib dir Mühe, Bach, für uns beide. Von heute an kriegst du für nichts anderes mehr Milch von mir. Mit Küchenrezepten, Sprichwörtern und Scherzen ist es genug. Einverstanden?«

Bach stand da und starrte zu Boden. In der eingetretenen Stille drang plötzlich zu ihm durch, was draußen gerufen wurde: »Die Wolga! Der Eisgang hat angefangen!« Er lief zur Tür, warf sich mit der Brust dagegen und stürzte hinaus. Ein frischer frühlingshafter Hauch traf ihn. Er roch nach Fluss, Fischen und Wasserpflanzen. Bach stolperte die Vortreppe hinunter, glitt auf dem tauenden Schnee aus und rannte, so schnell er konnte, zum Ufer.

Im Eis der Wolga gähnten bereits schwarze Risse. Wie träge Schlangen krochen sie über die Schneedecke kreuz und quer, wurden breiter und blinkten von dunklem Wasser, zogen sich wieder zusammen, verschwanden unter Haufen zerriebenen Eises. Der Fluss, der zu atmen versuchte, erschütterte nach und nach die dicke Eisdecke, die ihn immer noch gefangen hielt. Ein paar Frauen, die in einem Eisloch Wäsche gespült hatten, eilten zum Ufer. Schlitten mit Bergen nasser Laken hinter sich herziehend, stolperten sie in ihren dicken Schaffelljacken unbeholfen durch den tauenden Schnee. Die Leute am Ufer pfiffen ihnen vergnügt zu und fuchtelten mit den Armen. Als die letzte Wäscherin, hochrot im Gesicht und vom schnellen Lauf völlig außer Atem, ans Ufer sprang und entkräftet neben ihrem Schlitten niedersank, tat Bach den ersten Schritt auf den Uferschnee und begann seinen Marsch über die Wolga.

Aufgeregte Rufe schallten ihm nach, doch er drehte sich nicht um, und bald hatte sie der leichte Wind verweht. Bach ging schnell, vermied es aber, in den Laufschritt zu verfallen. Die Luft würde er noch brauchen. Er geriet bald ins Schwitzen, weniger vom raschen Gehen als von der Sonne, die durch die dünnen Wolken schaute. Der feuchte Schnee unter seinen Füßen gab nach, klebte an den Sohlen fest, knirschte aber nicht, als gehe er über Watte. Auf dem Fluss herrschte Stille. Das einzige Geräusch, das sie unterbrach, war das Knacken der Eisschollen.

Überall erhoben sich jetzt Hügel zerriebenen Eises. Noch konnten Bachs Blicke ihnen ausweichen, da sie sich irgendwo weit hinten auftürmten. Aber das Zischen war überall um ihn herum zu hören. Am liebsten wäre er vor alledem davongelaufen, so schnell er konnte. Doch er wusste genau: Zum rechten Ufer war es weit, und er musste die Kräfte einteilen. Daher schritt er gleichmäßig aus und konzentrierte seinen ganzen Willen darauf, das kalte Etwas zu unterdrücken, das aus seinem Magen aufstieg – die Angst. Das war keine Angst um sich selbst, sondern um Klara, die in ihrem engen Lager gefangen war, weil niemand sie nach menschlichem Brauch begraben hatte, und die mit dem wärmeren Wetter zu tauen begann. Es war die Angst um das Kind, das allein in dem großen, leeren Haus lag.

Dann knisterte es ganz in seiner Nähe. Das Eis unter seinen Füßen erzitterte, öffnete sich und gab sein körniges Inneres frei, an dessen Kanten Hunderte blauer Funken aufblitzten. Durch den Riss schaute Wasser, das wie eine dicke grün-schwarze Masse wirkte. Zum Erschrecken blieb und wie sie wurde, konnte er die Leute aus dieser Finsternis, aus diesem schmutzigen Kohlehaufen herausholen, wo sie bis jetzt verharrten.

15

Und das Geschriebene ging in Erfüllung.

Bach vermutete das im Frühjahr 1926, als er die »Geschichte vom Trommler«, das einhundertste Märchen, das er für Hoffmann geschrieben hatte, im Dorfsowjet abgab. Die Liste führte er selbst, indem er die Titel der Geschichten mit dem Fingernagel in die Rundhölzer der Wand in Klaras Zimmer ritzte, wo dafür noch Platz war. Er hätte sie auch auf Papier schreiben können, aber sie eigenhändig in das Tagebuch der geliebten Frau einzutragen war viel anrührender. Daher prangten auf den Balken unter der Decke, wohin die zarte Klara damals nicht hatte reichen können, jetzt die frischen Aufschriften: »Drei Spinnerinnen«, »Sieben Brüder«, »Zwölf Jäger«, »Die steinernen Tiere«, »Das Mädchen ohne Hände«, »Der verrostete Mann«, »Das Wasser des Lebens«, »Der gläserne Fisch«, »Schweineherz« …

Einhundert Märchen. Einhundert Nachtleben Bachs. Einhundert Themen, die der verwegene Hoffmann zu einer Geschichte des Kampfes des arbeitenden Volkes gegen Unterdrücker, Schädlinge und sonstige Klassenfeinde zusammengefasst hatte. Hundert Artikel im »Wolga-Kurier« von dem Dorfkorrespondenten Hobach, einem bescheidenen Arbeiter der Feder und geheimnisvollen Helden der Folklore-Front der Deutschen Republik.

Bach wusste längst, welche Art Märchen Hoffmann von ihm erwartete. Geschichten religiösen Charakters – über die Jungfrau Maria, die Apostel und die Heiligen – waren streng untersagt. Themen mystischer Art – von Hexenmeistern, Wunderheilerinnen, Zauberstäben, Einhörnern und toten Rittern – waren ebenfalls nicht sehr gefragt. Doch Geschichten von einfachen Menschen – Webern, Schuhmachern, Fischern, Bauern, alten und jungen Soldaten – wurden immer gebraucht. Erstaunlicherweise gelegentlich auch Hexen, Teufel, Waldschrate und winzige Männlein, Riesen jeder Art und Größe, Menschenfresser und Räuber. Hochgestochene Zauberei schätzte Hoffmann nicht, doch »Figuren des Volksglaubens« durchaus. »All deine Zauberer mit ihren Kristallkugeln und deine Magier mit ihren Zauberstäben – das sind Helden der *Vergangenheit*, glaube mir«, erklärte er Bach. »Sollen Menschen der *Vergangenheit* davon lesen – Gymnasiastinnen mit ihren Offizierchen oder intelligente Dämchen. Die einfachen Leute hingegen verstehen das, was von ihnen selbst handelt und von solchen, vor denen sie sich in der dunklen Scheune oder im finsteren Wald fürchten.« Dass in den Märchen auch Vertreter der herrschenden Klasse – Könige, Barone oder Landgrafen vorkamen, wurde ebenfalls begrüßt, denn so konnte jede Geschichte ein ideologisch korrektes Ende nehmen. Auch Tiergeschichten waren erwünscht – von ängstlichen Schafen, fleißigen Bienen oder fröhlichen Lerchen. Doch über solche Themen schrieb Bach nicht gern. Als Hase oder Seehund konnte er sich nicht vorstellen.

»Ein Trommler, das ist gut!«, murmelte Hoffmann, der auf dem Fensterbrett saß und Bachs neues Werk überflog.

In der letzten Zeit lief er nicht mehr im Raum umher, wenn ihn etwas aufregte. Er hatte gelernt, seine überschießende Energie zu zähmen. Das zuvor junge und mädchenhaft glatte Gesicht war fraulicher und runder geworden, weshalb es nicht mehr so furchteinflößend wirkte, wenn er im Gespräch die Stirn runzelte.

»Ein Symbol des Erwachens aus dem Schlaf, des Rufes zum Kampf – nicht einer einzelnen Person, sondern großer Massen« ... Hoffmann hielt die eng beschriebenen Blätter dicht an die Augen und nickte im Takt zu seinen eigenen Gedanken, als picke er mit einem unsichtbaren Schnabel nach Wörtern und Buchstaben. »Doch warum befasst sich dieses Symbol bei dir mit lauter Unsinn? Warum, zum Teufel, irrt es auf der Suche nach seiner Braut durch Gläserne Berge und Eiserne Wälder und kämpft nicht für das Glück der Dorfbewohner? Na, Bach? Was macht es dir aus, wenn er sich nicht mit Liebe, sondern mit den gesellschaftlichen Interessen befasst? Wenn er die gleichen Abenteuer nicht als tapferer Liebhaber mit einer Trommel vor dem Bauch, sondern als bewusster Kämpfer erlebt? Kleinbürgerlich läuft das bei dir, sogar spießbürgerlich. Nun muss ich es wieder eine halbe Nacht lang umschreiben.«

In diesen zwei Jahren als Mitautor, da er Bachs lange, wortreiche Texte überarbeitete, hatte Hoffmann die Furcht vor dem Bleistift ein wenig abgebaut. Seine Schrift war noch nicht mustergültig, hatte aber an Flüssigkeit gewonnen, der Stil war glatter geworden. Bach wiederum nannte Hoffmann bei sich zuweilen seinen letzten Schüler. Wie sonst sollte er einen Mann nennen, der Jahr um Jahr eifrig seine Gedanken, Sätze und Wendungen samt Interpunktion kopierte?

»Stur bist du, Bach, wie der Esel in deinem Märchen. Du hast doch längst verstanden, wie es sein soll. Schreibst aber nach wie vor nach deiner Fasson. Sabotage ist das!«

Natürlich hatte Bach verstanden. In jeder Ausgabe des »Wolga-Kuriers« las er aufmerksam die Rubrik »Unsere neue Folklore« und sah, was Hoffmann an seinen Texten geändert, wie er sie bearbeitet hatte. So unbedarft war dessen Redaktion, dass jeder Schüler der Eselsreihe des Schulhauses sie fertiggebracht hätte. Nicht dafür saß Bach nächtelang, um Geschichte auf Geschichte so ausgehen zu lassen, dass der bisherige Großgrundbesitzer – ein König oder Graf im Lande des Riesen – von der Menge wütender Bauern gestürzt wird und die naiven, fehlgeleiteten Armen – Schuhmacher, Bergleute oder Förster – zu ehrlicher Arbeit zurückkehren. Bach wollte seine eigenen Geschichten schaffen, den korrekten Ausgang erledigte auch Hoffmann zufriedenstellend.

»Na schön, dafür ist jetzt keine Zeit. Deinen Trommler nehme ich mir noch vor.« Hoffmann holte ein zerknittertes Stück Papier aus der Hosentasche und kritzelte ein paar Zeilen darauf. »Dafür gibt es zwei Melonen. Für ein vollkommenes Märchen hättest du fünf kriegen können, doch für so ein Halbfabrikat sind zwei fast noch zu viel.«

Seit einiger Zeit bezahlte er Bach für die Märchen nicht mehr in natura, sondern per Bezugsscheine. Am Monatsende tauschte sie Bach in Wasser- und Zuckermelonen, Kartoffeln oder Rüben ein, die auf den Kolchosfeldern wuchsen. Den Vorsitzenden des Dorfsowjets Dietrich interessierte, für welche Verdienste der frühere Schulmeister die Naturalien erhalte. »Für Hilfe an der Propagandafront«, erklärte Hoffmann streng. Die Frage wurde nicht wieder gestellt.

Draußen rasselte etwas laut, als schütte jemand Kieselsteine oder getrocknete Erbsen in einen Blecheimer. Oder war das eine Trommel? Bach beugte sich dem Fester zu, um zu sehen, was da vorging, aber die Fliederbüsche am Zaun verwehrten den Blick.

»Weißt du, Bach, manchmal glaube ich, du kannst doch sprechen.« Weich wie eine Katze sprang Hoffmann vom Fensterbrett. »Du willst nur nicht. Mit mir willst du nicht.

Doch sobald du wieder in deiner Höhle bist, kriegst du das Maul auf und schnatterst mit deinen Leuten, was das Zeug hält, stimmt's? Soll ich dich am rechten Ufer mal besuchen? Und wir machen einen richtigen Schwatz miteinander?«

Bach wollte den Bezugsschein entgegennehmen, aber Hoffmann gab ihn nicht frei. Da standen sie nun Brust an Brust und hielten mit den Fingern das Stückchen Papier gepackt.

»Vielleicht wohnst du ja gar nicht am anderen Ufer, sondern irgendwo auf dem Grund der Wolga bei den Fischen? Am Ende bist du selber ein Fisch? Verwandelst dich einmal in der Woche in einen Menschen und liegst ansonsten auf dem Grund, wedelst mit den Flossen und machst dich über uns lustig? Vielleicht ist dein Körper gar nicht behaart, sondern mit Schuppen bedeckt? Und auf dem Rücken hast du keine Schulterblätter, sondern Kiemen?« Mit einem Finger schob Hoffmann den Kragen von Bachs Jacke etwas beiseite, als wollte er nach den Schuppen sehen. »Wie gern möchte ich wissen, warum du überhaupt hierherkommst? Weshalb du mir nun schon zwei Jahre lang diese Märchen bringst? Sei ehrlich, doch nicht wegen der Kolchosgurken.« Hoffmann kam Bach ganz nahe, der spürte dessen heißen, feuchten Atem auf seiner Wange. »Nein, dahinter steckt etwas anderes. Geben dir deine Teufel wirklich keine Ruhe? Und weißt du das selbst überhaupt?«

Bach wusste es. Annchen brauchte schon lange keine Milch mehr, und er hätte seine Ergüsse gar nicht mehr Hoffmann bringen, sondern in die Kommode legen oder gar in einer Truhe versenken können. Doch jedes Mal, wenn er die Gnadentaler beobachtete, die sich freitags auf dem Marktplatz um die frische Ausgabe des »Wolga-Kuriers« drängten, spürte er eine unbezwingbare innere Erregung, als ob dort am Baum nicht ein druckfrisches Blatt hänge, sondern er selbst, nackt und bloß, mit einem lächerlichen Papierhut auf dem Kopf. Wenn er näher herantrat, um zu hören, was sie da redeten, wurde ihm die Kehle trocken, die Wangen brannten, die Finger hingegen wurden kalt und steif. »Worum geht's denn heute?«, fragte jemand ungeduldig. »Um einen Architekten und ein versunkenes Schloss«, kam die Antwort aus der vordersten Reihe. »Na lies schon, worauf wartest du?«, drängte man von hinten, und eine unbekannte Stimme begann zu lesen. Das ging langsam, man stolperte über komplizierte Wendungen und quälte sich mit langen Wortungetümen ab. Aber es war Wort für Wort Bachs Märchen, das Hoffmanns Stift nur gegen Ende ein wenig abgewandelt hatte. Mucksmäuschenstill hörten die Umstehenden zu. Auch Bach lauschte und konnte spüren, wie Männer, Frauen und Kinder, seine ehemaligen Schüler und deren Eltern, ganz Ohr wurden und alles andere um sich herum vergaßen. Wenn die letzten Sätze verklungen waren, standen die Leute noch eine Weile schweigend da. »Da hat Gott jemandem Talent geschenkt«, flüsterte eine Frau. Dann gingen sie auseinander, ohne ein Wort, ohne die Schlagzeilen und übrigen Artikel auch nur eines Blickes gewürdigt zu haben. Auch Bach ging – mit glühenden Wangen und Schweißtropfen im Genick, bemüht, niemanden anzuschauen. Doch auf den ehemaligen Schulmeister achtete schon lange keiner mehr. Wegen dieser Minuten der Stille kam Bach immer wieder nach Gnadental.

»Also gut, hier, nimm, du zottiger Schiller.« Endlich ließ Hoffmann den Zettel los. »Hab keine Zeit für Monologe mit dir. Ich fahre nach Pokrowsk und hole einen Kinoapparat, damit die Werktätigen der Felder endlich die Kinematographie kennenlernen. So ist das!«

Draußen war immer noch dieses Rasseln zu hören. Es musste ganz in der Nähe sein. Da lärmte einer nicht nur, sondern trommelte ausgelassen, als rufe er alle und jeden Einzelnen auf, zu »erwachen und dem Morgenrot entgegen die Augen zu öffnen«, wie es auf den Flugblättern hieß, die aus Hoffmanns Brusttasche schauten. Bach steckte den Bezugsschein in die Tasche und verließ grußlos den Dorfsowjet.

Dem Trommler begegnete er nicht, das fröhliche Geräusch kam aus einer Nebenstraße. Bach eilte dem sich entfernenden Klang nach – über den Marktplatz, an der mit roten Fahnen geschmückten Kirche vorbei, er passierte die wiedereröffneten Läden für Petroleum und Kerzen, frisch getünchte Häuser mit farbigen Fensterrahmen. Die Trommel lockte ihn, dabei immer leiser werdend, in eine Seitenstraße, dann in enge Gassen, weiter und weiter ... Bald stand Bach am Rand der Kolchosfelder und sah sich verwirrt um. Kein Mensch weit und breit, aber von allen Seiten hörte man ein leises Trommeln. Doch das war kein Trommeln, sondern das Zirpen der Grillen. Der geheimnisvolle Trommler war entweder hinter dem Horizont verschwunden oder hatte sein Spiel eingestellt. Dieses Zusammentreffen, die Trommel ausgerechnet an dem Tag zu hören, da er die Geschichte vom Trommler vollendet hatte, kam ihm amüsant vor. Er stand noch ein Weilchen da und erfreute sich an der grünen Flur. In diesem Jahr hatte man in Gnadental auf allen Feldern der Umgegend gepflügt und gesät. Bach kehrte um und machte sich auf den Weg zur Wolga zurück.

In den von Bauernwagen ausgefahrenen Spuren kam ihm eine Kolonne entgegen. Es waren kleine Traktoren mit feuerroten Rädern. Mit geschäftigem Knattern schleppten sie dicke Stämme den Weg herauf. Offenbar waren es die kleinen Fahrzeuge, über die der »Wolga-Kurier« geschrieben hatte, die ersten Traktoren der Sowjetunion, die in der Deutschen Republik entwickelt und produziert wurden. Bach trat an den Wegrand und wartete ab, bis die Kolonne vorüber war. Er bewunderte die Traktoristen, die diese eisernen Zugpferde mit kräftigen, präzisen Bewegungen steuerten. Da entdeckte er das Wort »Zwerg«, das in großen schwarzen Lettern an den kantigen Flanken der Fahrzeuge prangte. Das Märchen, das Bach Hoffmann in der Woche zuvor abgeliefert hatte, trug den gleichen Titel.

An diesem Tag beobachtete er zum ersten Mal, dass Dinge zusammentrafen. Unwahrscheinliche, unerklärliche Dinge. Die er niemandem erzählen konnte, und wenn, dann hätte er es nicht gewagt, weil er fürchtete, man werde ihn für verrückt halten. Doch die Übereinstimmung war so offensichtlich, dass er sie auch nicht zu ignorieren vermochte.

Bach hatte das Märchen von den zwölf Jägern geschrieben, die sich in Jungfrauen verwandelten. Bald darauf erblickte er auf den Feldern Schnitter, an denen auf den ersten Blick nichts Besonderes zu sein schien. Doch als er näher kam, erkannte er an den leichten Bewegungen und der eleganten Erscheinung eindeutig, dass in den derben Männerjacken und -hosen rundliche Frauenfiguren steckten. Und es waren genau zwölf. »Was ist, Schulmeister, wollen Sie uns helfen?«, rief ihm eine Kolchosbäuerin kess zu und lächelte ihn unter der Schirmmütze hervor verschmitzt an. »Oder können Ihre Hände nur Lineal und Zeigestock halten?«

Er schrieb das Märchen über den Wasserschmied, der Pflüge und Hufeisen, im Wasser stehend, herstellt, und ein paar Tage später kehrte die Familie des Schmiedes Benz nach jahrelangem Umherziehen nach Gnadental zurück. Man hatte sie längst in den amerikanischen Prärien oder in den Dschungeln des Amazonas verschollen geglaubt. Und sie kamen nicht zu Fuß durch die Steppe, wie alle Rückkehrer bisher, sondern auf dem Wasser. Ein Lastkahn hatte sie mitgenommen.

Er schrieb die Geschichte von den zwei großen Stören, die jedes Jahr zwei Einsiedler besuchten, und schon gingen den Leuten von Gnadental Fische von unerhörten Ausmaßen ins Netz – mit Köpfen so groß wie die von Pferden und mit Schuppen von der Größe einer Kinderhand.

In einem Märchen erzählte er von Zwergen, die unter Getreidefeldern Gold schmieden, das aus der Erde sprüht und sich in Roggen und Weizen verwandelt. Ausgerechnet in diesem Jahr geriet das Getreide auf den Feldern von Gnadental so gut wie noch nie, und eine reiche Ernte kündigte sich an. Bach wollte schon nachschauen, ob sich unter den Feldern von Gnadental nicht vielleicht Zwerge angesiedelt hätten, weshalb er eines Nachts, mit Spaten und Laterne bewaffnet, ans linke Wolgaufer fuhr. Aber er wurde von einer wachsamen Patrouille der Organisation der Pioniere vertrieben, die die Ernte vor Dieben und Saboteuren schützte.

Zunächst weigerte auch er sich, an einen Zusammenhang zu glauben. Sein Bleistift, der nur noch ein in den langen Nachtschichten abgekauter Stummel war, konnte nicht eine so enorme Kraft entfalten. Bach hatte bereits festgestellt, dass Gnadental in der letzten Zeit insgesamt wieder auflebte. Die instand gesetzten und frisch geweißten Häuser machten einen fröhlicheren Eindruck, auf den Feldern und in den Gärten grünte es wie nie zuvor. Die Gesichter der Gnadentaler waren runder geworden und hatten Farbe bekommen. Selbst die scheinbar schon verwelkten Rundungen von Melonen-Emmy füllten sich und versprachen eine gute Ernte dieser Feldfrüchte. Im Dorf wurde wieder gesungen, wenn auch viele neue, revolutionäre Lieder zu den alten hinzugekommen waren. Erneut lärmten Kinder, nur riefen sie jetzt nicht: »Holla, die Kirgisen kommen!«, sondern »Seid bereit!« und »Es lebe …!« Über die Steppe zogen Ziegen- und Schafherden, die jetzt allerdings dem *Kolchos* gehörten, brüllten Kamele und wieherten Pferde – nicht mehr auf den Bauernhöfen, sondern in den Ställen der *Viehfarmen* –, schnatterten in den gemeinschaftlichen *Geflügelzuchtstationen* Gänse und Enten. Seit dem vergangenen Jahr gaben sich in Gnadental gar ausländische Gäste die Klinke in die Hand. Es waren Delegationen von Arbeitern, Lehrern und aktiven Kommunisten aus Deutschland, die die Erfolge dieses blühenden Dorfes in Augenschein nehmen wollten. Inzwischen hatte ein ganzer Strom von Reichsdeutschen – Handwerkern und Bauern, Fabrikarbeitern und Bergleuten, Ingenieuren und sogar Schauspielern aus der Alten Welt in das junge, starke Sowjetrussland eingesetzt. Sie wollten sich hier niederlassen und eine neue Heimat finden. Daher nannte Bach das Jahr 1925 in seinem Kalender das *Jahr der Gäste*. Alle diese Veränderungen der Wirkung seines Bleistiftstummels zuzuschreiben, erkühnte er sich nicht. Aber wenn er die Vorgänge um sich herum beobachtete, quälte ihn immer wieder die Frage, ob nicht all das doch eine Folge seiner Bemühungen in schlaflosen Nächten bei einer einsamen Kerze sein konnte.

Um dieser aberwitzigen Annahme auf den Grund zu gehen, begab er sich zur Zusammenkunft der Dorfbewohner, die jetzt *Kolchosversammlung* hieß. Er wollte einmal alle Einwohner erleben, zuhören, was sie zu sagen hatten und was sie von dem neuen Leben hielten.

Der Erste, den Bach erblickte, war der geheimnisvolle Trommler, der ihm vor Kurzem entwischt war. Er stand vor der Tribüne, war jung und schlank, groß und gerade gewachsen. Auf seiner Brust leuchtete ein rotes Halstuch. Später erfuhr Bach, dass Kinder, die dieses Halstuch trugen, *Pioniere* genannt wurden. Die Stöcke in den langen Armen des Trommlers flogen so schnell, dass sie sich fast in der Luft auflösten. Sein Trommeln konnte aber auch so gefühlvoll sein, dass es an ein Stöhnen erinnerte. Andere Pioniere, noch jüngere und schlankere, marschierten auf ihn zu. Sie stellten sich in einem exakten Halbkreis um die Tribüne auf, auf der die von der Zeremonie gerührten Redner standen. Die Pioniere waren genau sieben an der Zahl – so wie in Bachs Märchen von den sieben Brüdern, die ihr Vaterhaus verließen.

Zuerst wurde eine Handwerkerbrigade mit Ehrenurkunden ausgezeichnet. Sie bestand aus drei alten Spinnerinnen. Eine hatte eine Unterlippe, groß wie eine Schuhsohle, die ihr bis zum Kinn herabhing, weil sie ständig die Wolle befeuchtete. Die zweite hatte vom Treten des Pedals einen Fuß, riesig wie ein Laib Brot. Der dritten war vom dauernden Befeuchten des Fadens ein Finger gewachsen, dick wie eine reife Mohrrübe. Die drei tüchtigen sowjetischen Arbeiterinnen sahen genauso aus wie jene, die Bach in einem seiner Märchen beschrieben hatte.

Es folgte die Rede eines Aktivisten aus Pokrowsk, der in wenigen Jahren vom einfachen Schneider zum stellvertretenden Vorsitzenden des Parteikomitees aufgestiegen war. In diesem pfiffigen Männlein erkannte Bach sofort das Tapfere Schneiderlein aus einem anderen Märchen.

Gegen Ende wurde ein Arbeiter der Geflügelstation harter gesellschaftlicher Kritik unterzogen, weil der Kolchos durch seine Nachlässigkeit einen Verlust von mehreren Gänsen erlitten hatte. Einige, die das Wort nahmen, nannten ihn in aller Öffentlichkeit den Dummen Hans.

Nun gab es für Bach keinen Zweifel mehr: Was er schrieb, ging in Erfüllung. Seine mit dem Bleistift auf raues, faseriges Papier gebrachten Geschichten passierten in Gnadental wirklich. Entweder in direkter Übereinstimmung oder auf ähnliche Weise, aber Realität wurden sie alle. Dafür fand er ständig neue Beweise.

Kaum hatte Bach die Legende von den Zauberkirschen geschrieben, die durch eine Beschwörung vor Würmern und Trockenheit bewahrt wurden, da bogen sich die Zweige der Kirschbäume in den Gärten von Gnadental unter der Last der Früchte, jede fast so groß wie ein Apfel.

Bach erzählte von einem Bohnenspross, der bis zum Himmel wuchs, und in den Gärten von Gnadental wucherte das Grün – Kichererbsen und Gurken, Sesam, Rübchen, Flachs, Linsen, Sonnenblumen und Kartoffelkraut –, all das schoss mit ungeheurer Kraft aus der Erde, und man konnte sich vorstellen, dass es nicht nur die Höhe der Bäume erreichte, sondern vielleicht bis zu den Wolken wuchs.

Dann erzählte Bach davon, wie arme Leute einen von Räubern angehäuften Schatz von Edelsteinen gefunden hatten. Sogleich gab es auf den Feldern einen Überfluss an Früchten: Die gigantischen Wassermelonen schwollen an, platzten auf und zeigten der Welt ihr rubinrotes Inneres. Die in ganzen Haufen wachsenden gelben Zuckermelonen gleißten in der Sonne und erinnerten an riesige Topase oder an unbearbeitete Goldklumpen.

Dieses erstaunliche Jahr 1926 konnte Bach nur das *Jahr der Überreichen Ernte* nennen.

Was war das für ein Jahr! Die Erde schenkte den Menschen einen bisher nicht gekannten Überfluss. Schafe und

Stuten, Kühe und Ziegen warfen Junge. Frauen bekamen Kinder. Eierschalen platzten, ließen Hühner-, Enten- und Gänseküken ohne Zahl ins Freie. Mit leisem Klang barsten die in die weiche Erde gebrachten Körner und trieben grüne Schösslinge. Milch füllte Frauenbrüste, Kameleuter und Schweinezitzen, tropfte von dort auf die Erde und düngte sie. Die daraus wachsenden jungen Pflanzen nährten die Muttertiere, deren Euter sich erneut mit fetter Milch füllten.

Die Milch strömte in die Separatoren, wurde zu Butterbergen und Sahneflüssen. Weiße Schafherden zogen über Wiesen und von dort in die Schlachthäuser der Kolchosen, gaben Fleisch und Wolle. Unzählige weiße Hühner, Gänse und Puten wimmelten auf den Höfen der Geflügelfarmen. Weiß leuchteten die Kittel von Krippenerzieherinnen und Krankenschwestern, es strahlten Tierzüchter und Traktoristen, Agronomen und Melkerinnen, es lächelten die Dorfbewohner, denen man begegnete. Ihre schwieligen Hände – es waren ihrer viele Hunderte schwangen Sensen und Sicheln, Spaten und Äxte, stimmten auf Versammlungen mit Ja! Ja! Ja! In den prallen Ähren der Felder raschelte der Wind sein Ja! Auf die fetten Weiden trommelte der Regen ein Ja! Selbst die Wolga stimmte zu, und jede Welle, die ans Ufer schlug, klang wie Ja! Ja! Ja!

Keiner – weder der zungenfertige Hoffmann noch der massige Dietrich oder jemand anderer im Dorf kannte die wahren Gründe für all diese Fruchtbarkeit. Und niemand wusste, was dieser heiße Sommer Bach gekostet hatte. Als er einmal begriff, dass seine Zeilen in der Lage waren, auf das reale Leben Einfluss zu nehmen, begann er mit ungeheurem Feuer zu schreiben, manchmal zwei Märchen in einer Nacht. Er grub aus seinem Gedächtnis die *üppigsten, reifsten und ertragreichsten* Geschehnisse hervor und brachte sie zu Papier. Riesen hüteten unübersehbare Schafherden, trugen auf ihren Schultern Scheunen voller Korn oder mahlten Berge von Mehl. Teufel bauten über Nacht Brücken und Dämme, brachten Pflüge dazu, ohne Pferde Furchen zu ziehen, und verrieten den Bauern die Geheimnisse der Ernte des nächsten Jahres. Bäume bedeckten sich mit Früchten, die den Glücklichen, der davon aß, unsterblich machen konnten.

Als die Sonne im Juni sengend brannte, schrieb Bach von Hünen, von Kraftmenschen, von Schnittern, die nie müde wurden, und den Gnadentalern gelang es tatsächlich, mit dem Mähen fertig zu werden, bevor die Hitze die Steppe versengte. Im Juli war der Boden inzwischen so trocken, dass sich Risse zeigten. Bach schrieb von Regengüssen, von Flüssen, von Unterwasserreichen, und es begann zu regnen. Als der Regen im August bereits die Felder zu überschwemmen und die Ernte zu vernichten drohte, erzählte Bach von Feuer und Gold. Der Regen hörte auf, und über dem Dorf strahlte wieder die Sonne.

Bach überließ nichts mehr dem Zufall. Nun wusste er: Jeder Satz, jeder Vergleich und jede Wendung seiner Geschichten ging in Erfüllung. Er schrieb jetzt noch umsichtiger als früher, wählte sorgsam jedes Wort, suchte nach wohlklingenden Ausdrücken und starken Metaphern. Weizenähren wurden in seinen Märchen nicht einfach »gelb«, sondern »verwandelten sich so reichlich in strahlendes Gold, dass auch der stärkste Mann der Welt es nicht wegtragen konnte«. Äpfel »röteten sich« nicht nur, sondern »füllten sich so prall mit Honig, dass es spritzte, wenn man sie nur berührte!« Karpfen und Sterlets wurden nicht »gefangen«, sondern »gingen in ganzen Schwärmen in die Netze, als sei die Wolga kein Fluss, sondern ein wahrer Ozean«. Hühner »legten« ihre Eier nicht, sondern »warfen Eier wie der Fisch den Kaviar«. Küken »schlüpften« nicht aus dem Ei, sondern »sprangen zu Hunderten und Tausenden daraus hervor«. Kartoffeln »wuchsen« nicht nur, sondern »schwollen zu riesigen Knollen an«. Sonnenblumen wurden »so groß wie Wagenräder«. Und selbst der einfache, mehlig schmeckende Mais des Wolgagebietes »reifte« nicht, sondern »erleuchtete mit seinem Strahlen alle umliegenden Felder, als enthalte jeder Kolben eine starke Glühlampe«.

An Papier sparte Bach nicht. Auch nicht an Zeit und Kräften. Er nahm keine Rücksicht auf sich selbst. In diesem Sommer verausgabte er sich so, als habe er selbst jeden Hektar Boden von Gnadental und jeden Garten eigenhändig bestellt, jede Herde gehütet und jedes Netz voller Fische aus der Wolga gezogen. Nach Gnadental fuhr er jetzt jeden Tag. Kaum hatte er einen Text abgegeben, da war er schon wieder unterwegs, um nachzuschauen, wie Roggen und Weizen, Sonnenblumen und Mais wuchsen, ob das gemähte Gras saftig genug war, wie Ferkel und Kälber in der Viehfarm an Gewicht zunahmen, wie es mit dem Eierlegen und dem Fischfang voranging.

Hoffmann, verwundert über diesen unerwarteten Eifer, lächelte nur in sich hinein und schrieb eifrig Bezugsscheine – für Gurken und Rübchen, Erbsen und Kohlrüben, Weißkohl und Hafer. Bach interessierte Hoffmanns Lächeln wenig. Der naive Kerl hatte keine Ahnung, wem sein Spott galt. Anerkennung war Bach nicht wichtig. Wenn er die Schlagzeilen des »Wolga-Kuriers« las, dann wurde ihm warm ums Herz, und er war so gerührt, dass es ihm die Kehle zuschnürte. Die enorme Ernte, das viele Jungvieh, die Erfolge der Arbeitsbrigaden und des ganzen jungen Gnadentaler Kolchos, dieses neue, gute Leben schrieb Bach nicht für Hoffmann und die Einwohner von Gnadental herbei, sondern allein für Annchen. Sie sollte ein solches Leben haben, wenn es Bach einmal nicht mehr gab. Die durch sein Bemühen geschaffene Welt, die fruchtbar, satt und damit gut war, wollte er ihr als Erbe hinterlassen.

Hoffmann hingegen war offenbar der Meinung, dass die Veränderungen in Gnadental ihm zuzuschreiben waren. Er eilte in Dorf und Umgebung so voller Enthusiasmus hin und her, als sei er überzeugt, all die Herrlichkeit komme nur aufgrund seiner Anweisungen und wilden Gesten zustande. Zuweilen erinnerte er Bach an eine vom Bauen besessene Ameise: In den zwei Jahren, da Hoffmann im Dorf das Sagen hatte, wurden Häuser in einem Umfang gebaut, repariert und nach den Erfordernissen des sozialistischen Lebens umgewidmet, wie man es noch nie erlebt hatte.

Dazu gehörten: das Lesehaus. Das Klubhaus mit Möglichkeiten zur politischen, militärischen, landwirtschaftlichen und sogar kulturellen Betätigung. Es nannte ein Astrolabium, ein Fernrohr und ein altes Grammophon mit einem Dutzend Schallplatten, ein Erbe des verstorbenen Müllers Wagner, sein Eigen. Die Schule, der Kindergarten und die Kinderkrippe. In allen Einrichtungen gab es Agitationsmaterial, Bilder der führenden Männer des Landes an den Wänden, ein rotes und ein schwarzes Brett mit den Ernteergebnissen. Das Gästehaus für die zahlreichen Besucher mit besonderen Zimmern für hochrangige Gäste und ausländische Delegationen. Ein Wohnhaus für die Ausländer, die sich dauerhaft in Gnadental ansiedelten, insgesamt nicht mehr und nicht weniger als zwei Dutzend Personen. Die Krankenstation. Die Kolchosverwaltung. Die Maschinen- und Traktorenstation, die nach wie vor über den alten »Fordson« und fünf Kleintraktoren der Marke »Zwerg« verfügte. Die Rinderfarm, die Geflügelzuchtstation und das Lagerhaus. Der Pferde- und der Schweinestall des Kolchos. Das Haus des Kolchosbauern und das Haus des Fischers. Drei Häuschen auf Rädern für Schnitter und Pflüger. Zwei fahrbare Geflügelställe.

Wahrscheinlich war die Kirche das einzige steinerne Bauwerk, das man noch nicht für nützliche Zwecke erschlossen hatte. Der Vorsitzende der Pionierorganisation von Gnadental, der junge Aktivist Dürer, schlug vor, sie als Lager oder Pferdestall zu nutzen. Doch Hoffmanns empfindsame Seele widersetzte sich dieser im Grunde zwar richtigen, aber eigentlich recht barbarischen Idee. Nein, mit dem stolzen Bauwerk hatte er etwas anderes vor. »Ein Kinderheim!«, rief er Bach in einem Anfall von Offenheit zu, als er wieder einmal grübelnd im Dorfsowjet hin und her lief. »Kein gewöhnliches, sondern ein richtig großes, mit hundert Betten! Es soll den Namen der Dritten Internationale tragen! Wir holen alle Straßenkinder des Wolgagebiets zusammen und bringen sie bei uns unter!« Doch dieser Traum ging nicht in Erfüllung. Die Kirche hatte keine Heizung und war im Winter bitterkalt. Ein neues Kinderheim zu bauen, verbot das Gebietskomitee. Das gab es schon in Pokrowsk.

Hoffmann griff in jedes Baugeschehen und in jede Reparatur ein. Einen Maurer brüllte er an: »Wie legst du denn die Steine, du Judas?! Schnurgerade muss die Mauer sein, schöner, wunderschön!« Einem Zimmermann rief er zu: »So schief müsste deine Visage sein wie dieser Pfahl! Was heißt hier: ›So genau kackt kein Huhn‹?! Den Hühnern ist das vielleicht egal, aber dass sich sowjetische Geflügelzüchterinnen diesen Pfusch ansehen müssen, lasse ich nicht zu!« Und Maler Fromm musste sich anhören: »Warum sind auf deiner Agitation die Halstücher der Pioniere so fahl wie eine vertrocknete Möhre? Wie Feuer müssen sie leuchten, damit sie einem in die Augen springen!« Und dem Sowjetvorsitzenden Dietrich gab er zur Antwort: »Geh doch zum Teufel mit deinem Sonntagsmarkt! Wir müssen eine Kinderkrippe aufmachen, nicht mit Petersilie handeln! Trommle die Weiber am Sonntag zum Arbeitseinsatz zusammen! Wenn ich auch nur eine mit ihrer Ware auf dem Marktplatz erwische, dann konfisziere ich das Zeug persönlich und verpflege die Pioniere damit!«

Die Gnadentaler gewöhnten sich allmählich an das wunderliche Gehabe ihres Parteisekretärs. »Der ist zwar ein verrückter Kerl, aber er bringt mehr Nutzen als Schaden.« Allein Bach wusste: Was wären all die neuen Häuser, Dächer und Ziegelwände ohne eine reiche Ernte und ohne die Freude derer, die sie einfuhren, ohne ihren Glauben und ihre Wünsche? Sie wären wertlos und stünden genauso leer da wie die alten vor ein, zwei Jahren. Hoffmann baute tote Dinge. Erst Bach hauchte ihnen Leben ein.

Manchmal schien es Bach, Hoffmann wisse durchaus um seine zweitrangige Stellung. Weshalb forderte er sonst so ungeduldig immer neue Märchen? Zwar krittelte er ständig daran herum, murrte über den Mangel an ideologischer Botschaft und drohte, er werde selber zu schreiben anfangen, aber jedes Mal riss er Bach die Blätter gierig aus der Hand, überflog eilig die Zeilen, verschlang die Texte geradezu. Und wenn sie dann in der Zeitung erschienen waren, schnitt er sie sorgsam aus und klebte sie in ein großes Kontorbuch, das in den vergangenen zwei Jahren ordentlich angeschwollen war. Die vorderen Seiten enthielten Bachs erste ethnographische Aufzeichnungen, dann folgten die Beiträge aus der Rubrik »Unsere neue Folklore«.

Auf Hoffmanns Anweisung wurden die Märchen aus dem Buch öffentlich vorgelesen – »zur kulturellen Umrahmung der Freizeit der Werktätigen des Dorfes« bei den allwöchentlichen Versammlungen im Lesehaus, vor den Tanzabenden der Jugend und nach Schichtende der Brigaden bei Heumahd und Getreideernte. »Für die notwendige Erziehung der heranwachsenden Generation« verlas man sie auch im Kindergarten und in der Schule. Sie dienten als Texte für Diktate und Aufsätze, für Theateraufführungen der Kleinkinder und der Pioniere im Dorfklub. Märchen bildeten die Grundlage der politischen Agitation: Maler Fromm gestaltete als Auftragsarbeit hingebungsvoll die beliebtesten Szenen: »Ein Kommunist erschlägt den letzten Teufel auf sowjetischem Boden«, »Zwerge treten in die Pionierorganisation ein«, »Riesen helfen Kolchosbauern bei der Ernte«, »Pioniere verurteilen eine Waldhexe«. Seine Bildchen schmückten Truhen, Geschirrregale, die Rahmen für die Porträts hoher kommunistischer Funktionäre, Wände, Kommoden, Starkästen und Schuhschränke. Bei Maler Fromm flatterten Aufträge aus anderen Dörfern ein. Die Wartezeit betrug inzwischen ein halbes Jahr.

Bachs Märchen wurden den Kindern sogar in der Gnadentaler Krippe vorgelesen. Sie hatte man kürzlich im ehemaligen »Palast« von Müller Wagner eröffnet, damit die jungen Frauen des Dorfes zur Feldarbeit gehen konnten. Das Haus hatte das ganze Dorf bei sonntäglichen Arbeitseinsätzen wieder in Ordnung gebracht. Böse Zungen behaupteten, Hoffmann habe damit etwas ganz anderes im Schilde geführt: Er wollte die Gnadentaler von den heimlichen Gottesdiensten abhalten, die Pastor Händel sonntags angeblich im Pfarrhaus, in den Häusern wenig bewusster Anhänger oder gar auf dem Friedhof zelebrierte. Wie dem auch sei, der verfallene »Palast« erstrahlte bald wieder im frischen Gelb der Mauern und mit einem neuen roten Dach. Die gusseisernen Blumen am Geländer der Vortreppe glänzten wie Silber. In den Zimmern standen auch wieder Gipsfiguren, aber keine halb entblößten Jungfrauen oder Jünglinge in matten Posen, sondern Kinder mit Pionierhalstüchern, die neuerdings von der Geschirrfabrik im benachbarten Marxstadt hergestellt wurden.

Der Pioniervorsitzende Dürer war der Meinung, in ein so prächtiges Gebäude gehöre eine seriösere Einrichtung als eine Kinderkrippe – eine Bibliothek, ein Museum oder wenigstens ein Klub. Hoffmann hingegen beharrte auf seiner Entscheidung: »Was kann seriöser sein als die Erziehung sowjetischer Kinder? Außerdem werden es in Gnadental mit jedem Jahr mehr! Wir scheuen uns nicht, unser Leben für sie hinzugeben, warum dann nicht ein solches Haus?« Noch am selben Tag wurden zwei Dutzend Kinderbetten in den »Palast« getragen, die der Tischler im Dorf gezimmert und Maler Fromm verziert hatte. An die Wände hängte man Holztafeln mit Märchenbildern, ebenfalls von Fromms Hand, dazu gerahmte Fotos wichtiger Erwachsener von Karl Marx und Friedrich Engels bis zu Karl Liebknecht und Rosa Luxemburg. Hoffmann persönlich suchte alle Familien in Gnadental auf und agitierte für eine glückliche Kindheit in der Krippe.

Nun standen jeden Morgen zwei Dutzend blondlockiger Engelchen von ein bis drei Jahren auf der Vortreppe des Hauses und winkten mit ihren Patschhändchen den Müttern nach, die auf die Felder zogen. Bach erlebte dieses Bild häufig, wenn er um diese Zeit zu Hoffmann in den Dorfsowjet unterwegs war. Kam er später auf dem Weg zur

Wolga erneut an Wagners Haus vorbei, sah er, wie die Erzieherinnen mit den Kindern spielten oder ihnen Märchen vorlasen. Seine Märchen.

Die pausbäckigen Kerlchen, die wie durch ein Wunder in den Jahren des größten Hungers und der heftigsten Unruhen in der Deutschen Republik zur Welt gekommen waren – die Lenchen, Amalchen, Hänsel und Gretel –, saßen auf Bänkchen um die Treppe herum und lauschten den Worten, die ein paar Nächte zuvor aus Bachs Stift geflossen waren. Wenn einige auch noch nicht sprechen konnten, aber zuhören konnten sie alle. Eine betagte Erzieherin im weißen Kittel – es war die Witwe Koch, die für die Feldarbeit schon zu alt war – las mit viel Ausdruck. Bald donnerte ihre heisere Stimme, dann senkte sie sich zu einem Flüstern, bald zog sie verwundert die Brauen hoch, dann drohte sie mit dem Finger, und die Kinderköpfchen drehten und wendeten sich im Takt ihrer Worte, ihres Mienenspiels und ihrer Gesten. Manchmal schien es Bach, er erblicke zwischen den vielen Lockenköpfchen auch das von Annchen.

Natürlich wäre ihr Platz hier unter den Kindern gewesen. Nicht auf dem finsteren Gehöft, wo sie mutterseelenallein in dem staubigen Haus herumlief, in Erwartung Bachs an der fest verschlossenen Tür auf jedes Geräusch horchte, sondern hier, bei Kindergeschrei, Spielen, Geschubse, Streit und Versöhnung, beim gutmütigen Schelten der Kinderfrauen, in diesem Haus mit seinem Spielzeug, den hell getünchten Wänden, den bunten Bildern und Fotografien. Ihr Platz war unter den Menschen. Dort, wo man seine Märchen erzählte.

Als Bach all das zum ersten Mal bewusst wurde, mied er Gnadental zwei Wochen lang. Nur sein Pflichtgefühl veranlasste ihn, sich wieder im Dorfsowjet sehen zu lassen.

Ohne Bachs Märchen hätten die Gnadentaler das Einfahren der überreichen Ernte nicht zum Abschluss gebracht. An Wagners Haus ging er diesmal schnellen Schrittes vorbei. Er zwang sich, nicht zu der Kinderschar hinzuschauen, die um die Treppe herumwuselte, und keine ketzerischen Gedanken zuzulassen. Doch in der Krippe ging es laut und lebhaft zu. Es war unmöglich, all das Schreien, Weinen, Quietschen, Rufen, Singen, Plappern oder Gedichte Aufsagen zu ignorieren. Genauso undenkbar war es für ihn aber auch, Annchen den knöchernen Händen von Witwe Koch zu überlassen, und sei es nur für ein paar Augenblicke, von Minuten und Stunden gar nicht zu reden.

Jetzt bemühte er sich, Anhaltspunkte dafür zu finden, dass das Leben in der Krippe dem Kind nicht guttun, ja, ihm sogar schaden könnte. Dafür beobachtete er das Wagner-Haus genauer. Doch er konnte nichts finden. Die Kinder bekamen satt zu essen, spielten fröhlich miteinander, und ihre Beschäftigungen waren sinnvoll. Witwe Koch und ihre Helferinnen waren streng, aber nicht zu sehr, schlugen die Kinder nicht mit einem Lineal auf die Hände, ließen sie auch nicht in einer Ecke auf Erbsen knien. Lineale gab es in der Krippe nicht, und Erbsen benutzte man nur zum Essen.

Da kam ihm der Gedanke, dass er Annchen auch ohne die Hilfe anderer Menschen das Sprechen lehren konnte. Eines Nachts schlich er sich ins Klubhaus und entwendete das Grammophon samt Schallplatten. Auf einigen waren Gedichte Goethes zu hören, vorgetragen von Schauspielern eines Berliner Theaters, auf anderen frivole Liedchen, die besser in ein Vergnügungslokal passten. Annchen hörte die Gedichte und Lieder gern, versuchte die Melodien nachzusingen, aber am meisten freute sie das Flirren des Lichts auf den sich drehenden Platten. Die benutzte sie als willkommenes Spielzeug: Sie setzte eine Ameise darauf, die es unter dem Tisch in Hülle und Fülle gab, und sah zu, wie diese erschrocken hin und her lief, weil sie die Orientierung verloren hatte. Das pädagogische Experiment gelang nicht. Bach wollte das entwendete gesellschaftliche Eigentum zurückbringen, aber inzwischen hatte Hoffmann aus Saratow ein neues Grammophon beschafft.

Und wieder zog es Bach zur Kinderkrippe, wo er den Kleinen immer aufmerksamer zusah. Als der Winter kam, kannte er jedes einzelne Kind. Zu Weihnachten wusste er bereits ihre Namen. Als es wieder Frühling wurde, sah er, dass Kinder, die in die Krippe gekommen waren, ohne ein Wort sagen zu können, bereits zu sprechen begannen.

Im Sommer wurden viele neue Kinder in die Krippe aufgenommen, deren Mütter aufs Feld zur Arbeit gingen. Als Bach das feststellte, brachte er zwei Tage lang keinen Bissen herunter – weder ein Stück Brot noch einen Löffel Suppe –, so sehr war er mit seinen Gedanken beschäftigt. Auch schreiben konnte er in diesen Tagen nicht. Er saß nur auf dem Hof und schaute dem wortlos spielenden dreijährigen Annchen zu. Dann ging er zu Klaras Grab. Später hockte er am Tisch beim gelben Licht der Lampe und zeichnete mit dem Stift sinnlose Kringel aufs Papier.

Am Morgen des dritten Tages hatte er sich entschieden. Er wartete nicht ab, bis Annchen von selbst erwachte, sondern nahm sie aus dem Bett und drückte sie an sich. Er setzte die Kleine, die noch halb schlief und nichts begriff, auf einen Stuhl, kämmte ihr sorgfältig das wirre Haar, flocht ihr Zöpfchen und steckte sie zum ersten Mal zu einem Kranz auf, wie ihn Klara getragen hatte. Dann nahm er sie auf den Arm und ging mit ihr zur Wolga. Annchen wehrte sich und wollte selbst laufen, aber er knurrte sie nur streng an.

Er trug sie zum Boot und setzte sie hinein. Dann stieß

er das Boot mit dem Fuß vom Ufer ab und griff nach den Rudern. Mit aller Kraft legte er sich in die Riemen und ruderte mit mächtigen Schlägen. Dabei wurde ihm innerlich ganz kalt – entweder wegen der Morgenkühle auf dem Fluss oder weil ihn die Angst packte. Annchen sah er dabei nicht an, denn er befürchtete, er könnte es sich anders überlegen.

Auch sie hatte für Bach keinen Blick. Ihre weit aufgerissenen Augen huschten über die riesige Wasserfläche, zum rechten Ufer, das sich immer weiter entfernte, dann zum linken, das immer näher kam. Annchen fuhr zum ersten Mal Boot, schaukelte zum ersten Mal auf den Wellen, spürte zum ersten Mal die Strömung und die Kraft des großen Flusses. Das Wasser plätscherte ganz nah, grün, durchsichtig und tief. Weit unten huschte etwas vorüber: Steine? Wasserpflanzen? Fische?

Annchen drückte ihre Brust gegen die Bordkante und ließ die Hand ins Wasser hängen. Schwere Tropfen berührten sie, das Wasser strömte zwischen den Fingern hindurch und sandte ihr seinen Gruß. Vor Begeisterung schnürte es Annchen fast die Kehle zu. Sie steckte die Hand noch tiefer in das Nass, erst bis zum Handgelenk, dann bis zum Ellenbogen. Sie seufzte tief auf, lächelte und kniff die Augen zusammen. Von einer großen Freude überwältigt, die ihren ganzen Körper durchströmte, stieß sie sich mit den Füßchen vom Boden des Bootes ab und purzelte kopfüber in die Wolga.

16

Der Sonderzug verschwand, als hätte es ihn nie gegeben. In der kurzen Julinacht des Jahres 1927 hatte er auf der für alle anderen Züge gesperrten Strecke vom Bahnhof der südrussischen Stadt Tuapse bis an die Grenze des Gouvernements Woronesh achthundert Werst zurückgelegt und ward nicht mehr gesehen.

Die Kontrolllokomotive, die wenige Werst vor ihm zu rollen hatte, um die Strecke zu prüfen, fuhr immer noch weiter. Ihr folgten die schläfrigen Blicke der Soldaten der Wachbataillone, die vor der Einfahrt zu jedem Bahnhof aufgestellt waren. Dann drehten sie die kahl geschorenen Köpfe und reckten die Hälse, denn der Sonderzug musste jeden Augenblick auftauchen. Er bestand aus zwei zusammengekoppelten starken Lokomotiven und zwei bis drei voneinander nicht zu unterscheidenden gepanzerten Personenwagen. In einem von diesen war *es* verborgen, jemand oder etwas sehr Wertvolles für die Regierung und das ganze Land. Doch der Zug kam nicht. Die besorgten Stationsvorsteher von Bodejew, danach von Dawydowka und Anoschkin drehten fieberhaft an den Wählscheiben ihrer Telefone und riefen erschrocken in den Hörer: »Er ist nicht da! Er kommt nicht, der Sonderzug!« Sie wischten sich den Schweiß vom Nacken und fluchten lästerlich.

Sofort wurde ein OGPU-Kommando zum Eisenbahnknotenpunkt Liski geschickt, der letzten Station, wo man den Zug registriert hatte. Wenn die Verantwortlichen alle mystischen Überlegungen beiseiteließen, dann gab es für sie nur einen einzigen Schluss: Der Sonderzug musste aus einem bisher unbekannten Grund der vorausfahrenden Lokomotive die Gefolgschaft aufgekündigt und bei dem Abzweig nach Pensa in östlicher Richtung abgebogen sein. Von der betreffenden Strecke gingen widersprüchliche Nachrichten ein. Während die Station Talowaja berichtete, es habe keine Vorkommnisse gegeben, schwor der Streckenwärter Gorjunin aus dem nahe gelegenen

Tschigla, er habe an diesem Morgen gerade noch vom Gleis springen können, weil ein wie aus dem Nichts aufgetauchter Zug vorbeigerast sei. Er wurde von zwei zusammengekoppelten Lokomotiven gezogen, die bei dem hohen Tempo keinen weißen, sondern schwarzen Dampf ausgestoßen hätten. Die fensterlosen Waggons hätten so in der Sonne geglänzt, dass nicht erkennbar war, aus welchem Metall sie bestanden. Die Räder hätten die Schienen nicht berührt. In seinem Bericht hieß es wörtlich: »Er flog durch die Luft.« Zum Beweis wies er die Hautabschürfungen vor, die er sich beim Sprung auf die Böschung zugezogen hatte.

Als die Truppenteile der OGPU auf allen Bahnhöfen der Pensaer Strecke in Gefechtsbereitschaft versetzt waren, kam im Kreml ein Telegramm mit folgendem Wortlaut an: »Hektik einstellen. Treffe bald ein.« Es trug die Unterschrift Stalins, denn er war es, der in einem der nicht zu unterscheidenden gepanzerten Wagen fuhr. Offenbar rollte der Sonderzug weiter nach Osten, denn bald gab es eine Meldung aus Balaschow im Gouvernement Saratow. Danach kam gar nichts mehr.

Er stand in der Kabine des Lokführers und rauchte am offenen Fenster. Der Rauch mischte sich mit den Dampfwolken, die vom Bug der Lokomotive kamen. Beiderseits des dahinjagenden Zuges dehnten sich grüne Felder, am Horizont sah man leicht zerfurchte flache Hügel. Heißer Wind fuhr *Ihm* durchs Haar. Was *Ihn* geritten hatte, konnte *Er* selbst nicht erklären. Als sie durch die anheimelnden Wälder des Gouvernements Woronesh fuhren, die denen in der Umgebung Moskaus so ähnlich waren, und bis zur Hauptstadt nur noch in halber Tag blieb, spürte *Er* plötzlich, dass *Er* mehr Zeit brauchte, um entweder einem wichtigen Gedanken auf den Grund zu kommen oder eine Entscheidung zu fällen. Aus der Zeit konnte *Er* nicht fallen, aber den gewohnten Raum verlassen schon. Und *Er* setzte sich ab. Über das Bordtelefon wies er den Lokführer an, beim nächsten Abzweig zu halten, von Hand die Weiche umzustellen, abzubiegen und sich so rasch wie möglich von der Führungslokomotive zu entfernen. Der Chef der Leibwache wollte protestieren, aber seine Einwände verhallten ungehört.

Als zum ersten Mal Wasser getankt werden musste, stieg *Er* in die vordere Lokomotive um. Kein einziger Begleitoffizier durfte bei *Ihm* bleiben. Mehr noch, *Er* wies an, dass auch das übrige Personal – der Bordingenieur, der zweite Lokführer und der zweite Heizer – in die Personenwagen umzusteigen hatten. So fuhren sie weiter: in der ersten Lokomotive ein Lokführer, ein Heizer und *Er*, der *künftige Führer* des Landes. Der Platz aller Übrigen war in den angehängten Wagen.

Den Titel benutzte bislang allein *Er*, und auch das nur selten, gleichsam probeweise. *Er* mochte ihn nicht. Zu viel Unbestimmtes, Unverbindliches schwang darin mit, er roch nach Zweifel, nach nicht eingelöstem Versprechen. Doch *Er* konnte nichts tun. Die wahre Führungsfigur des Landes war *Er* noch immer nicht. Als der erste Führer des Sowjetlandes vor drei Jahren gestorben war, hatte es nicht wenige Anwärter auf den Platz des Nachfolgers gegeben. Sie drängten sich nach wie vor um das Ruder, wollten einander nicht nachgeben und konnten sich nicht einigen. Die Auseinandersetzung tobte heftig. Jeder versuchte den anderen und der Gesellschaft zu beweisen, wie treu er den Ideen des Verstorbenen war, was ihm als Einzigem das Recht verlieh, dessen Worte auszulegen und dessen Platz einzunehmen. Waffen im Kampf der früheren Apostel waren Zitate aus Lenins Werken, Artikeln und Briefen, die nach und nach als sakrosankt galten.

Er wusste, wie man diesen Kampf führen musste, nicht mit offenem Visier, mit törichter Polemik, wie es besonders Eifrige taten. In aller Stille spann *Er* seine Netze, durchdachte jeden Zug und wartete den günstigsten Augenblick ab, um dann einen kurzen, heftigen Vernichtungsschlag zu führen. Jetzt hatte man *Ihn* gezwungen, *Seinen* Urlaub zu unterbrechen und nach Moskau zu kommen, bevor *Er* die heimatliche Gebirgssonne ausreichend genossen und in Mazesta genügend Schwefelbäder genommen hatte, die gegen den Rheumatismus und die aus der Verbannung im sibirischen Turuchansk mitgeschleppte Tuberkulose so gut halfen. Man rief *Ihn* in die nächste Schlacht gegen *Seine* Rivalen, die während *Seiner* Abwesenheit sichtbar Auftrieb bekommen hatten. Doch etwas fehlte *Ihm* noch für den endgültigen Sieg. Das tiefe, endgültige Durchdringen der Lage? Ein innerer Ruck, um die ausgefahrenen Gleise zu verlassen und alle anderen zu überflügeln? Ein glücklicher Zufall, eine elegante Wendung des Schicksals? Wahrscheinlich dachte *Er* die Dinge einfach nicht groß genug.

Geistige Höhenflüge, die Fähigkeit, die Gedanken frei und weit schweifen zu lassen, galten *Ihm* überhaupt nicht als Vorzug. Einst hatte *Er* sich eingebildet, *Er* könne die Welt aus der Vogelschau erkennen, aber mit der Zeit kamen ihm Zweifel, denn das bedeutete auch, sich von der Erde zu lösen und auf lange Sicht unweigerlich die Bodenhaftung zu verlieren. Aus Philosophen und Dichtern, die in höheren Sphären schwebten, wurden selten wahre Herrscher. Die wiederum erwiesen sich zumeist als lausige Dichter. Daher lachte *Er* nur, wenn man *Ihm* vorwarf, im seichten Wasser zu fischen. *Seine* wichtigste Waffe war jetzt die Beschränkung: Der Aufbau des Sozialismus in einem einzelnen Land machte es erforderlich, stabile, für die feindliche Umgebung unbezwingbare Grenzen zu errichten. Bisher hatte *Er* die Fähigkeit, Meinungen, Menschen und gesellschaftliche Gruppen exakt voneinander zu trennen, als eines *Seiner* wichtigsten Talente angesehen. Dieses Talent empfand *Er* jetzt als eine Fessel, die *Ihm* die Hände band. Sie hinderte *Ihn* daran, den unruhigen, bunten Haufen seiner Weggefährten, all diese *linken, neuen* und anderen Oppositionellen als etwas Ganzes zu betrachten, von dem er sich abgrenzen musste, um den Sieg zu erringen.

»Fahren wir jetzt nach rechts in Richtung Saratow oder weiter nach links in Richtung Pensa?«, fragte der Lokführer ungerührt, als sie sich der nächsten Gabelung näherten.

»Nach rechts«, antwortete *Er* grinsend. »Mag jeder fahren, wohin er will, für uns geht es nur nach rechts.«

»Dort ist keine Brücke über die Wolga. Bis Saratow kommen wir, aber danach können wir nur auf Gott vertrauen.«

»Dann werden wir ja sehen, was er für uns bereithält, dein Gott.«

In Saratow gab es tatsächlich keine Brücke, aber eine Fähre. Der Chef der Fährstation, der bisher in der drückenden Abendschwüle gedöst hatte, geriet durch das unerwartete Eintreffen eines Regierungszuges in hektische Betriebsamkeit und leitete persönlich das Übersetzen über die Wolga.

Langsam rollte der Sonderzug zum Flussufer hinab und auf das massive Fährschiff. Er brauchte nicht auseinandergekoppelt zu werden, denn kurz, wie er war, fand er ausreichend Platz. Als die Fähre unter dem Gewicht der beiden Lokomotiven und der drei gepanzerten Wagen etwas mehr

Tiefgang bekam und alle Fahrwerke mit eisernen Hemmschuhen an den Gleisen befestigt waren, wollte der Chef der Fährstation das Kommando zum Ablegen rufen. Aber vor Aufregung blieb ihm die Stimme weg. So riss er sich nur die Schirmmütze vom Kopf und winkte heftig damit. Der Kapitän verstand das Zeichen und legte ab.

Er stieg ohne Eile vom Führerhaus der Lokomotive herab und spazierte über das heiße Deck, vorbei an Technikern und Heizern, die herausgekommen waren, um den Fluss zu bewundern, vorbei am Kommandeur *Seiner* Leibwache, dessen ohnehin griesgrämige Physiognomie immer finsterer wurde, je weiter man sich von Moskau entfernte. Dann erklomm er die Kommandobrücke. Von hier hatte *Er* einen viel besseren Überblick.

Langsam schob sich die Fähre über die Wolga. Die Sonne versank bereits in den orangeroten Wolken am Horizont und dann hinter den lilafarbenen Hügeln. Das Abendlicht ergoss sich über den Fluss und bedeckte ihn wie ein Ölfilm. Es schien, als fahre man nicht über Wasser, sondern über heiße Lava. *Er* blickte über den trägen, breiten Strom. Die Russen waren es gewohnt, ihn als ihren größten und wichtigsten zu sehen, doch *Sein* stürmisches Herz berührte diese schläfrige Schönheit kaum. *Er* musste darüber nachdenken, wer in seinem Beruf glücklicher war – der Lokführer oder der Kapitän des Fährschiffes. Der eine war für ewig an feste Schienenwege gebunden. Zwar brachte jede Minute und jede gefahrene Werst ihm neue Ausblicke, doch von der vorbestimmten Strecke nach rechts oder links abweichen konnte er um keinen Zentimeter, von einem Verlassen der Bewegungsebene ganz zu schweigen. Der andere konnte das ihm anvertraute Schiff frei führen, auf der riesigen Wasserfläche einen Kreis oder gar eine Acht fahren, wenn er wollte.

Aber er war dazu bestimmt, zwischen zwei vorgegebenen Punkten zu pendeln, er hatte stets ein und dieselbe Landschaft vor sich und musste immer wieder zu seinem Ausgangspunkt zurück ... Wahrscheinlich waren sie beide nicht glücklich. Sich selbst verglich *Er* weder mit einem Lokführer noch mit einem Kapitän für Überfahrten, wie man an der Wolga die Fährleute spöttisch nennt. Wäre *Er* dreißig Jahre jünger gewesen, hätte *Er* aus diesen Gedanken ein passables Gedicht geformt.

Zur Nacht erreichten sie das andere Ufer. Am Himmel waren weder Mond noch Sterne zu sehen. Vor ihnen in der stickigen Dunkelheit lag eine riesige leere Ebene, endloses weites Land. »Da haben wir Asien ...«, ließ der Lokführer tiefsinnig fallen, obwohl der Kontinent nach dem Geographielehrbuch erst am Ufer des Kaspischen Meeres, über siebenhundert Werst weiter östlich, begann. Doch diese Ebene war so grenzenlos, dass ein paar Hundert Kilometer wohl kaum eine Rolle spielten.

Der Lokführer, der das Risiko scheute, bei Dunkelheit auf einer unbekannten Strecke zu fahren, bat darum, bis zum Morgen zu warten. *Er* willigte ein. Die Nacht verbrachte *Er* ohne Schlaf: *Er* grübelte, warf sich auf der viel zu weichen Matratze unruhig hin und her, rollte sich in die Decke wie in einen Kokon und verhedderte sich darin. Gegen Morgen hatte *Er* das Denken satt und konnte kaum noch erwarten, dass es tagte. *Er* stand auf, bezwang das Ziehen in den Muskeln und den schweren Kopf, eine Folge mangelnden Schlafs, zog die Fenstergardine auf und schaute hinaus. Der Kopfschmerz und das Reißen in den Knochen waren sofort vergessen.

Eine Herde kleiner Steppenpferde hatte inzwischen die Angst überwunden und sich vorsichtig dem bewegungslos dastehenden Zug genähert. Die kleinen Tiere, kaum größer als Schafe und mit festem zottigem Fell, streckten die leicht gebogenen Mäulern neugierig den Waggons entgegen und sogen durch ihre großen feuchten Nüstern die Luft ein. Ob sie die Bewegung am Fenster bemerkt hatten oder über etwas anderes erschrocken waren, jedenfalls fuhren alle auf einmal zurück und trappelten in die Steppe hinaus, wobei ihre kurzen Beinchen nur so flogen und die runden Bäuche drollig schaukelten.

Als der von ihren Hufen aufgewirbelte Staub sich gelegt hatte, bemerkte *Er* an einem Pfahl neben der Strecke eine Tafel, auf der in akkuraten schwarzen Buchstaben auf Deutsch geschrieben stand: »Willkommen in Pokrowsk!«

»So viel zu Asien«, murmelte *Er* lächelnd.

Er trat aus dem Abteil und erblickte im Fenster der geschlossenen Plattform in geringer Entfernung Pokrowsk. In der endlosen Steppe wirkten die Häuschen wie eine kleine Insel auf einer riesigen Wasserfläche. Aus Richtung der Stadt humpelte ein kurzbeiniger Mann über die Schienen auf den Zug zu und schimpfte dabei so laut vor sich hin, dass es selbst im Waggon zu hören war. Seine Worte in energischem, fließendem Russisch wiesen deutlich einen ausländischen Akzent auf.

»Welcher Teufel hat dich denn hierhergeholt?!«, brüllte er dem Zug entgegen, vom schnellen Gehen völlig außer Atem, und wedelte heftig mit etwas Weißem, offensichtlich einer Signalflagge. »Dass dich die Pest hole! Bist du verrückt geworden, auf freier Strecke zu übernachten?! Wer hat dich bloß hierhergeschickt?! In einer Stunde rauscht der Uraler hier vorbei! Runter mit dir vom Gleis, du Opportunist!«

Der kleine Kerl fuhr in seiner Schimpfkanonade fort und verfiel dabei offenbar in seine eigene Sprache aus lauter zischenden, schneidenden Lauten. Doch er konnte weder den Zug erreichen noch seine Schimpfkanonade beenden, denn plötzlich bohrten sich die Revolvermündungen der Leibwächter, die wie aus dem Nichts aufgetaucht waren, in seine Brust. Erschrocken kreischte er auf wie ein Weib, seine vom Lauf erschöpften Beine knickten ein, und beinahe wäre er auf die Schienen gestürzt. Von den harten Läufen der Waffen bedrängt, hob er die Hände und wich zurück, wobei er dauernd mit den Absätzen seiner abgetragenen Schuhe an den Schwellen hängen blieb.

»Aber der Uraler kommt doch!«, stammelte er verwirrt und wagte kurze Blicke über die blauen Schirmmützen mit dem himbeerroten Rand hinweg auf den geheimnisvollen Zug. »Der küsst euch kräftig, und ich habe es dann auszubaden …«

Plötzlich wurde er des Fahrgastes ansichtig, der aus dem Wagen gestiegen war, um sich nach der durchwachten Nacht die Beine zu vertreten. Die Gesichtszüge des Männleins erstarrten, nur seine Augen wurden immer größer, bis sie kugelrund waren. Jetzt stießen ihn die Waffenläufe sanft in die Rippen. Geh schon, verschwinde, sollte das wohl heißen. Er wandte seinen Blick ab, seufzte tief auf und nickte heftig mit dem Kopf. »Warum habt ihr das denn nicht gleich gesagt, teure, verehrte Genossen …« Unsicher trat er von einem Bein aufs andere, dann aber drehte er sich um und humpelte über das Gleis zur Stadt zurück. Dabei flogen seine Beinchen nicht weniger schnell als die der zottigen Steppenpferdchen.

Für den Sonderzug gab es nur einen Weg – nach Pokrowsk. Dorthin führte das Gleis gerade und unerbittlich. Von einer Abzweigung oder Umfahrung war weit und breit nichts zu sehen.

Langsam und vorsichtig schlich sich der Zug an die Stadt heran, noch in der Hoffnung, bei den Bewohnern keine Aufmerksamkeit zu erregen und unerkannt vorbeizukommen. Doch als er die ersten Häuser erreichte, wurde klar, dass dies nicht gelingen würde. Offenbar hatte der Kurzbeinige ihre Ankunft bereits ausposaunt. Auf den schnurgeraden, wie mit einem Lineal gezogenen Straßen eilten die Leute zum Bahnhof: Männer in Hemden, die ihnen noch aus den Hosen hingen, schleppten eine riesige rote Fahne an, die sie wahrscheinlich gerade von einem Dach oder einem Tor abgenommen hatten. Ihnen voraus flitzte eine ganze Horde barfüßiger Bengel, gefolgt von fröhlich umherspringenden Hunden, dazu ein paar Musikanten mit den Instrumenten unter dem Arm, bemüht, noch im Lauf ihre Notenblätter an den Trompeten und Hörnern zu befestigen. Den Menschenstrom verfolgten dürre alte Frauen, auch bei diesem warmen Wetter in dicke dunkelblaue Tücher gehüllt. Sie waren die einzigen Fixpunkte in dem Gewühl, drückten sich mit dem Rücken an die Zäune ihrer Häuser und schlugen von Zeit zu Zeit über ihren runzligen Gesichtern ein großes Kreuz.

Vor dem Bahnhof kam Ordnung in die Menschenmenge. Jene, die nur zum Gaffen gekommen waren, drängten sich am Rand des Bahnsteigs zusammen. In der Mitte, unter der runden Bahnhofsuhr im schmiedeeisernen Gehäuse, waren die dunklen Jacketts und Uniformröcke der Obrigkeit zu sehen. Daneben bauten sich die Musiker einer kleinen Kapelle auf – mehrere Blechbläser, die ihre blitzenden Instrumente ausprobierten, während weitere mit Posaunen und Geigen herbeigelaufen kamen.

Als der Sonderzug sich dem Bahnsteig näherte, wurde er langsamer und blieb schließlich stehen.

»Wer hat denn Bremsen befohlen?!«, blaffte der Chef der Leibgarde in den Telefonhörer. »Mach Dampf!«

»Das kann ich nicht«, antwortete der Lokführer verwirrt und erschrocken. »Da liegen andere Gleise.«

»Was heißt, andere Gleise?«

»Eine schmalere Spur. Bis zum Bahnhof war sie normal, aber jetzt sehe ich, die ist schmaler. Das müsste ich prüfen, aussteigen und messen ...«

»Bist du jetzt völlig übergeschnappt? Schielst du vielleicht? Hast du gesoffen? Wie können Schienen so mir nichts, dir nichts schmaler werden? Hier rasen doch seit dem vorigen Jahrhundert Züge hin und her! Die Strecke geht bis zum Ural!«

»Ich bin auch nicht erst seit gestern bei der Bahn! Seit dreißig Jahren auf einer Dampflok unterwegs! Was heißt hier Spurweite – mein Auge sieht jeden krummen Nagel in einer Schwelle! Ich sage dir: Wir entgleisen, wenn wir weiterfahren! Wenn du willst – stell dich an meinen Platz und schmeiß du den Zug vom Gleis! Aber ich steige vorher ab! Ich habe Kinder und einen ungetilgten Staatskredit von achthundert Rubel am Hals!«

»Na schön«, sagte *Er*, der durch die Gardinen auf die am Bahnhof versammelte Menge blickte. »Soll er die Spur prüfen. Steigen *Wir* aus und zeigen *Uns* den Leuten, wenn *Wir* schon mal hier sind.«

Kaum öffnete sich die Wagentür, da schmetterte die Kapelle einen flotten Marsch: Dem hohen Gast wurde ein riesiger Strauß Feldblumen entgegengehalten, über dem das erschrockene Gesicht des Leiters des Empfangskomitees zu sehen war. Weiter hinten wurde über der Menge ein rotes Spruchband entrollt, auf dem etwas in einer unbekannten Sprache geschrieben stand.

»Herzlich willkommen in der Hauptstadt der Sozialistischen Sowjetrepublik der Wolgadeutschen!«, brüllte der Empfangschef, der versuchte, die donnernde Kapelle zu übertönen.

Sein abgearbeitetes Gesicht bestand fast nur aus vertikalen Falten, die oben von buschigen Brauen und in der Mitte von einem dicken Schnurrbart in der Farbe eingeweichten Basts durchschnitten wurden. Durch die tiefsten Furchen an der Nasenwurzel, längs der eingefallenen Wangen und der traurigen Nase liefen Ströme von Schweiß. Sie kamen unter dem speckigen, tief in die Stirn gezogenen Hut hervor und verschwanden hinter dem Kragen des Leinenhemds, über das er ein dunkles Jackett gezogen und alle Knöpfe geschlossen hatte. Wie sich etwas später herausstellte, war das der Vorsitzende des Parteikomitees Becker. Er war von kleiner, schmächtiger Gestalt und hatte einen dürren Hals. Der Brustkorb schien ihm fast völlig zu fehlen, denn die Sachen hingen an ihm wie an einem Kleiderständer herab. Hinter ihm waren noch mehrere solcher Gestalten in Jacketts zu sehen, doch nicht mit Hut, sondern mit Schirmmützen auf dem Kopf.

Er nahm die Blumen entgegen und grüßte die Menschen mit einem Kopfnicken. Etwas zu sagen hatte bei der ohrenbetäubenden Musik keinen Sinn. So drückte *Er* nur die *Ihm* hingestreckten Hände, die *Ihm* erstaunlich dürr, irgendwie knabenhaft vorkamen. *Er* schaute sich um. Alles hier war merkwürdig klein – das aus zierlichen Ziegeln errichtete gemütliche Bahnhofsgebäude erinnerte *Ihn* an ein Spielzeughäuschen, die Straßenlaternen hatten Miniaturhöhe, die Hunde waren höchstens so groß wie Katzen, und diese wie Eichhörnchen. Vor allem aber die Menschen! *Er* war selbst nicht groß, aber diese überragte er um Haupteslänge. In der Menge auf dem Bahnhof konnte *Er* keinen einzigen entdecken, der *Ihn* übertroffen hätte. *Er* schaute auf sie herab wie auf Kinder. So konnte er den Blick frei schweifen lassen und sah auch, was in den hinteren Reihen geschah. Mit gestrecktem Arm hätte er, ohne sich auf die Zehenspitzen zu erheben, die Zeiger der Bahnhofsuhr unter dem Dach verstellen können. Die Leute, die hier lebten, waren keine Zwerge, höchstens etwas unter dem Durchschnitt, allerdings fehlte nicht viel, und man hätte sie kleinwüchsig nennen können. Doch auf *Ihn* wirkten sie wie eine Schar Menschen von bescheidenem Wuchs, die man aus einer Laune heraus oder zum Spaß hier zusammengerufen hatte.

Als die Musiker ihren Marsch beendet hatten, drehte der Dirigent den Kopf dem örtlichen Chef zu, als erwarte er einen Hinweis, ob er ein neues Stück beginnen sollte. Doch auch Becker rührte sich nicht, denn ihm war nicht klar, ob der Gast mit einer bestimmten Absicht nach Pokrowsk gekommen oder nur auf dem Bahnhof ausgestiegen war, um die Leute zu begrüßen und dann weiterzufahren.

»Da kenn sich einer aus, zum Teufel noch mal!«, platzte da die Stimme des Lokführers in die feierliche Stille. In den vergangenen Minuten war er rasch ausgestiegen und hatte die Gleise sorgfältig geprüft – beschaut, betastet, mit dem Zollstock die Stärke der Schienen und ihren Abstand gemessen. Jetzt war er auf den Bahnsteig geklettert und drängte sich mit schuldbewusster Miene zu seinen Fahrgästen durch. »Es ist mir nur so vorgekommen! Tut mir leid! Das Gleis ist in Ordnung! Aber von oben sah es wirklich schmaler aus! Als wäre ich nicht ganz klar im Kopf! Entschuldigung! Dreißig Jahre bin ich bei der Eisenbahn, aber so etwas ist mir noch nicht passiert! Wir können weiterfahren, sofort!«

Der Chef der Leibwache atmete erleichtert auf, warf

aber dem Lokführer einen finsteren, vielsagenden Blick zu.

»Warum weiterfahren?«, ließ *Er* da mit einem Lächeln fallen und reichte den Blumenstrauß an den Chef der Leibwache weiter. »Die Genossen haben *Uns* einen so herzlichen Empfang bereitet. Jetzt können *Wir* sie doch nicht enttäuschen. *Wir* bleiben ein Weilchen. In der Deutschen Republik bin *Ich* noch nie gewesen. Sie vielleicht?«

Der Angesprochene schüttelte verlegen den Kopf. *Er* schnalzte tadelnd mit der Zunge – hab *Ich* es nicht gesagt?! – und, begleitet von dem nicht weniger verwirrten Becker, durchquerte *Er* das Bahnhofsgebäude in Richtung Stadt. Der oberste Leibwächter fluchte in sich hinein, gab rasch ein paar Anweisungen zur Bewachung des Zuges und lief dann den anderen nach, die duftenden Blumen widerwillig an sich gedrückt.

Der aufgeregte Becker ließ den Gast in einem Automobil Platz nehmen, rügte den Fahrer auf Deutsch halblaut für etwas und wischte mit seinem Ärmel den Staub von Kotflügeln und Türgriffen des alten Fords. *Er* quetschte sich irgendwie auf die Rückbank, erstaunt, wie überaus kompakt dieser Wagen war. *Er* brachte *Seine* zu langen Beine kaum darin unter, was *Ihm* wahrscheinlich zum ersten Mal im Leben passierte. Der Chef der Leibwache, der sich neben *Ihn* setzte, und dessen Offiziere, die sich auf die Trittbretter schwangen, schienen keinerlei Unbequemlichkeit zu empfinden und über die geringen Maße von Menschen und Gegenständen gar nicht verwundert zu sein. Gelassen, ja geradezu gleichgültig ließen sie ihre Blicke über den engen Bahnhofsvorplatz mit den kränklich wirkenden Bäumchen schweifen, über die Kutschpferde in Miniaturausführung, die vor niedrige Wagen gespannt waren, über die winzigen Sperlinge, die vor den Rädern des Fahrzeugs aufflatterten und mit ihrem kaum hörbaren Piepsen das Bild vervollständigten.

»Wie befehlen?«, fragte Becker. Kaum hatte er das gesagt, da fiel ihm auch schon auf, wie vorrevolutionär seine Ausdrucksweise war, und er versuchte sich zu korrigieren. »Wohin befehlen Sie zu fahren?« Vor Aufregung verschluckte er sich, musste husten und fand endlich die richtigen Worte: »Was möchten Sie in unserer Stadt sehen?«

»Was gibt es denn in der Hauptstadt der Deutschen Republik anzuschauen?«

Davon gab es in der Tat nicht wenig: Den Schlachthof und die Knochenmühle, wo die Delegation die Produktionshallen und das Kühlhaus mit den gefrorenen halbierten Leibern aufmerksam betrachtete, die allerdings nicht von Kühen und Schweinen, sondern von Kälbern und Ferkeln zu stammen schienen. Den Mühlenpark, wo die sich flott drehenden Flügel der Windmühlen an große Ventilatoren erinnerten. Den Stadtpark mit mehreren hübschen Alleen und einem Leuchtturm, den man als Blickfang dorthin gebaut hatte. Als sie daran vorübergingen, stellte *Er* fest, dass der nicht höher war als *Er* selbst.

Alles hier war seltsam, irgendwie künstlich und spielzeughaft. Wenn *Er* einen Raum betrat, musste *Er* den Kopf einziehen, um sich nicht am Türrahmen zu stoßen. Auf der Straße konnte *Er* in die Fenster der zweiten Etage schauen und beobachten, was dort geschah. Als *Er* einen Blick in das niedrige Gebäude des Stadtkrankenhauses werfen wollte, stieß *Er* aus Versehen gegen den Bretterzaun, der knarrend umfiel und sich in seine Einzelteile zerlegte.

»Danke!«, rief Becker mit durchdringender Stimme. »Wir wollten ihn längst durch ein Eisengitter ersetzen, doch es ist uns nicht gelungen! Ihnen dagegen schon. Dafür ein großes proletarisches Dankeschön!«

Vieles in Pokrowsk schien *Ihm* nicht größer zu sein als *Er* selbst: Die Masten der Stromleitungen, die Häuser, die Bäume, ja sogar der Feuerwehrturm. Das Gefühl, von gleicher Größe zu sein wie die Umgebung, war beunruhigend und vielversprechend zugleich. Es musste ein verborgener Sinn dahinterstecken, die Antwort auf eine noch nicht gestellte, aber wichtige Frage. *Er* strengte sich an, das zu ergründen, aber es gelang *Ihm* nicht. Alle Schilder trugen deutsche Aufschriften. Den darüber aufkommenden Ärger versuchte *Er* zu unterdrücken, brachte es aber nicht fertig.

Auch die ungewöhnliche und damit verdächtige Ordnung und Sauberkeit nervten *Ihn*: Die Gehsteige waren so sorgfältig gefegt, als sei das der einzige Sinn des Lebens der Anwohner. Die Fensterscheiben waren unwahrscheinlich klar und rein geputzt. Offenbar hatte man auch den auf den Elektroleitungen sitzenden Tauben beigebracht, sich nicht überallhin zu entleeren, sondern ausschließlich auf die Gartenbeete. Die Stadtbewohner irritierten ihn. So klein sie waren, zeigte sich in ihren Mienen nur zweierlei: entweder ehrliche Naivität oder konzentrierter Fleiß. *Sein* Begleiter Becker ging *Ihm* ebenfalls auf die Nerven. Der ungesund wirkende, dürre Kerl verbreitete eine unangenehme Hektik und wischte sich dabei ständig mit dem Taschentuch über das Gesicht. Das war bald klatschnass wie auch das Leinenhemd, das Jackett und sogar der Hut, den er sich aus Anlass dieses bedeutenden Ereignisses aufgesetzt hatte. Doch Becker konnte sich nicht entschließen, wenigstens den Hemdkragen zu öffnen, der ihn würgte, oder gar den Hut abzunehmen. Das Mittagessen mundete *Ihm* gar nicht: Es gab Maisbrei mit ein paar winzigen Stückchen Schweinefleisch. Außerdem waren es Kinderportionen, von denen *Er* vier essen musste, um satt zu werden. Ärgerlich waren auch die lokalen Zeitungen auf Deutsch und Russisch, die in so winziger Schrift auf kleinen Blättern gedruckt waren, dass *Er* kein Wort entziffern konnte, so sehr *Er* sich auch mühte. Diese ganze geradezu aufreizend winzige und verdächtig zerbrechliche Welt war ein einziges Ärgernis. Sie war *Ihm* fremd.

Gegen Abend hielt *Er* es nicht mehr aus. »Haben Sie nicht etwas Eindrucksvolles? Großartiges? Grandioses? Etwas Echtes?«

»Haben wir!«, antwortete Becker wie aus der Pistole geschossen. Dann überlegte er einen Augenblick, wischte große Schweißtropfen aus seinem Schnurrbart, bis er endlich die richtigen Worte fand: »Bei unseren Nachbarn in Marxstadt! Unser eigenes Traktorenwerk, wo der erste sowjetische Traktor entwickelt worden ist. Wieso bin ich nicht selbst darauf gekommen, es Ihnen vorzuschlagen! Vielen Dank! Ein großes proletarisches Dankeschön!«

Bis Marxstadt war es eine Stunde Fahrt. Im dortigen Stadtpark wartete schon eine Schar aufgeregter Fabrikarbeiter, deren Haaren man noch auf die Schnelle eine Scheitelfrisur verpasst hatte, deren Stirnen und Hälse vom frischen Waschen noch feucht waren. Man hatte sie nicht ohne Hintergedanken zusammengeholt. Den Besuch eines der ersten Männer im Lande wollte man mit einer außerplanmäßigen Kundgebung begehen, deren Höhepunkt der öffentliche Sturz des Denkmals von Katharina II. sein sollte, die nach wie vor über dem Zentrum von Marxstadt thronte. Dass in einer Kreisstadt der Sowjetrepublik immer noch diese Zarin stand, war eine nicht zu übersehende Nachlässigkeit der örtlichen Staatsorgane. Dieser Fehler sollte nun unverzüglich korrigiert und die Figur – mehrere Pud Bronze bester Qualität – eingeschmolzen und so zu neuem Leben erweckt werden. In Anwesenheit des hohen Gastes wollte man daraus Bauteile für den Traktor gießen.

Als *Er* an der ungeordneten Menge vorüberfuhr und die Leute mit einer trägen Handbewegung grüßte, betrachtete *Er* aus dem Auto heraus die Gesichter der Arbeiter. Sie waren zerfurcht und sonnenverbrannt, nur die Augen strahlten naiv und rein daraus hervor. Die Proletarier wirkten nicht wie Erwachsene, sondern eher wie schlecht genährte, früh gealterte Halbwüchsige. Als *Er* aus dem Wagen stieg, verstärkte sich dieser Eindruck noch. Die Leute von Marxstadt kamen *Ihm* noch kleiner vor als die der Hauptstadt Pokrowsk, sie reichten *Ihm* kaum bis zur Schulter. Einige zufällig bei der Kundgebung anwesende Bauern, die wahrscheinlich aus der Umgebung nach Marxstadt gekommen waren, wirkten noch kleiner, und eine Ziege, die einer von ihnen am Strick mit sich führte, war nicht höher gewachsen als eine große Melone.

Er warf dem Chef *Seiner* Leibgarde einen raschen Blick zu. Der wirkte müde und etwas gelangweilt, die engen Räume, die Gegenstände und Lebewesen in Miniaturgröße – all das schien ihn nicht zu kümmern. Während *Ihn* die zunehmende Enge der Umwelt, die offenbar nur *Er* allein wahrnahm, zunehmend störte und *Er* sich nicht auf die pathetischen Reden konzentrieren konnte, die von der Tribüne erklangen, schweifte *Sein* Blick über unbedeckte Köpfe, über solche mit Mützen und Kopftüchern und stieß dabei auf den der großen Zarin.

Die lächelte *Ihm* bedeutungsvoll zu wie einem Gleichrangigen. Die Bronzefigur, in einer antiken Tunika und mit dem Lorbeerkranz auf dem Haupt, thronte stolz auf einer Art altrömischer Bank und streckte dem Beschauer eine gewichtige Schriftrolle entgegen – wie man *Ihm* später erklärte, das Manifest, mit dem sie vor Jahrhunderten die Deutschen zur Übersiedlung nach Russland eingeladen hatte. Die Figur war nicht sehr groß, wahrscheinlich war die Zarin nur von durchschnittlichem Wuchs gewesen, aber unter den schmächtigen Bewohnern von Marxstadt wirkte sie imposant. Katharina behielt ihr Lächeln auch, als man ihr eine Schlinge um den entblößten Hals warf und ein Mini-Traktor, dessen Zackenräder sich kräftig drehten, dessen Auspuff knatterte und dessen klappernder Getriebekasten die weiße Aufschrift »Zwerg« trug, sie vom Sockel zerren wollte. Umstürzen konnte die kleine Maschine die Monarchin nicht. Dabei mussten alle helfen. Das taten sie und zogen unter dem Kommando des nun noch heftiger schwitzenden Becker mit vereinten Kräften an dem Seil. Schließlich kippte die Statue. Katharinas lächelndes Gesicht beschrieb einen Bogen durch die Luft und landete im Schmutz.

Arbeiter packten die Gestalt der gestürzten Zarin, luden sie sich auf die Schultern und schleppten sie wie Ameisen einen Strohhalm in ihr Werk. Die übrigen folgten nach.

In Pokrowsk wollte *Er* schon glauben, die Epidemie des kleinen Wuchses habe nur die deutsche Bevölkerung betroffen. Aber wenn *Er* nach dem Chefkonstrukteur des Traktorenwerkes von Marxstadt, Mamin, urteilte, betraf diese wohl alle Bewohner der Deutschen Republik, unabhängig von ihrer Nationalität.

Mamin war ein schmächtiger, leidenschaftlicher Mann. Seine Leidenschaft, ja, sein Schicksal waren die Traktoren. Er baute sie seit seiner Jugend, die lange vor der Revolution lag. Seine Lebensbahn musste von einem mächtigen Traktorengott bis zu ihrem Ende vorgezeichnet sein. Mit seinem vorausgegangenen Projekt, dem handwerklich gefertigten »Gnom«, war es Mamin noch nicht gelungen, einen Staatsauftrag zu erhalten. Doch der nachfolgende »Zwerg« wurde zu Recht der erste Traktor der Sowjetunion genannt.

Der äußerst schüchterne Mamin führte die Delegation durch die Fabrikhallen und wirkte dabei so befangen, dass seine ohnehin in leisem Ton vorgetragenen Erklärungen immer wieder zu einem fast unverständlichen Murmeln herabsanken. Verschämt und zugleich feuerrot vor Stolz auf den Erfolg, erläuterte er den Prozess der Montage der Fahrzeuge. Dabei erinnerte er an einen jungen Dichter, der sein Werk zum ersten Mal einem großen Publikum vorträgt. Es war erstaunlich zu sehen, wie warm sein Blick und wie sanft seine Gesichtszüge wurden, sobald er sich den Traktoren zuwandte.

Doch als *Er* die simplen Rahmen der künftigen »Zwerge« erblickte, zuckte *Er* innerlich zusammen. Dass sollten die den Holzpflug ersetzenden Stahlrösser sein, von denen die jungen sowjetischen Reimeschmieder schwärmten? Rösser waren das nicht, auch keine Fohlen, sondern eine Karikatur, ein Hohn auf den sowjetischen Maschinenbau und nichts anderes! Plötzlich wurde *Ihm* klar, dass *Er* keine Sekunde länger unter diesen Zwergen verweilen konnte, in dieser so abstoßend engen Welt, die ihn einzwängte und zu ersticken drohte. *Er* drehte sich um und ging davon, stolperte dabei über am Boden verlegte Rohre, stieß an Regale, stürzte Kisten mit Muttern um, trat mit dem Fuß Schachteln und Kanister beiseite. An den halbfertigen Pygmäen-Traktoren, an den Arbeitern vorbei, die Katharinas abgesägten Kopf zum Schmelzofen schleppten, dem eifrigen Becker, der verzweifelt versuchte, den hohen Gast zu überholen und ihm in die Augen zu schauen, immer um ein paar Schritte voraus – nur ins Freie, an die frische Luft!

Draußen angekommen, erblickte *Er* am Himmel ein bauchiges Flugzeug mit einem roten Transparent unter den Flügeln, das offenbar als Schlussakkord für den Besuch des hohen Gastes gedacht war. Da kam *Ihm* die Erleuchtung: So konnte *Er* dieser Falle entfliehen – nach oben! Auf der Stelle befahl *Er* Becker, der um ihn herumwuselte: »Zum Flugplatz!«

Eine halbe Stunde später sah der Chef der Leibgarde mit finsterer Miene zu, wie sein Schutzbefohlener unbeholfen auf einen Flügel des alten Doppeldeckers vom Typ »Sopwith« kletterte. Wie *Er* es sich in der Kabine hinter dem Piloten bequem machte. Wie die Maschine, mit dem Querruder wackelnd und heftig zitternd, startete, immer schneller rollte, sich vom Boden löste und in die Luft erhob.

Als das Motorengeräusch nicht mehr zu hören war, spuckte der Chef der Leibwache zornig aus – zum Fluchen hatte er keine Kraft mehr –, öffnete den Kragen seiner Uniformbluse, nahm die Mütze ab, ließ sich zu Boden sinken und rückwärts ins Gras fallen.

»Ziehen Sie doch endlich dieses verdammte Jackett aus!«, zischte er Becker leise zu. »Die Hitze bringt Sie ja um.«

Der schnaufte nur und zog die Nase hoch. Dann ließ er sich umständlich auf einem Erdhügel in der Nähe nieder, hob die spitzen Knie bis ans Kinn und schlang die Arme darum.

»Den Hut können Sie doch wenigstens abnehmen, Sie lächerliche Figur.«

Becker antwortete nicht. Er legte den Kopf in den Nacken und schaute mit strenger, trauriger Miene dem sich entfernenden Flugzeug nach.

Er flog zum ersten Mal im Leben. Vom ersten Augenblick an verspürte *Er* Erleichterung. Weder das Dröhnen des Rumpfes noch das Klappern des Propellers machten ihm Angst. Im Gegenteil, hier in luftiger Höhe atmete es sich leichter und dachte es sich besser. *Er* blickte auf die Landschaft, die sich unter dem Flugzeug ausbreitete – die goldgelben Felder, über welche die langen Schatten der Abenddämmerung huschten, die weißen Adern der Straßen, die gewaltige, träge dahinfließende Wolga – und konnte nicht begreifen, weshalb man diese endlosen Weiten, diesen riesigen Fluss einem so unbedeutenden, hektischen Völkchen geschenkt hatte. War das richtig? War das gerecht?

Plötzlich entdeckte *Er* im dunklen Körper der Wolga ein merkwürdiges Schillern, eine Bewegung, wesentlich schneller als das langsame Fließen des Stromes. *Er* beugte sich aus der Kabine, strengte die Augen an und versuchte trotz des heftigen Gegenwindes besser zu sehen. Da stellte *Er* fest, dass *Er* nicht den einen ruhigen Fluss unter sich hatte, sondern eine Vielzahl sich verflechtender Strömungen, nach Farbe und Dichte so verschieden, dass ihm von dem Schauspiel schwindlig wurde. Die grauen, grünen, braunen und ockerfarbenen Adern liefen durch die Steppe und wanden sich zu einem mächtigen Seil zusammen, welches das breite Flussbett zu sprengen drohte. Da wurde *Ihm* klar: Was *Er* sah, war kein einzelner Fluss, sondern es waren Dutzende, Hunderte sowjetischer Flüsse, die sich vereinten und ihre Wasser gemeinsam dem Ziel entgegentrugen. Die goldenen Fäden waren Kura und Aragwi, Inguri und Chobi. Die weißen – Katun, Karawschan und Irtysch. Als blaue Bänder waren Jenissei und Lena, als schwarze Argun und Kolyma zu erkennen. Die farbigen Ströme flossen mit unterschiedlicher Geschwindigkeit, manche schneller, andere langsamer, dritte krochen kaum sichtbar dahin. Sie spritzten und gurgelten, schlugen Wellen und bedrängten einander. Die beweglichen, lebendigen Wassermassen überstiegen fast die Ufer, rauschten gefährlich in den Biegungen, bildeten Schaumkämme und drohten, das feste Land zu überfluten. Mit angehaltenem Atem folgte *Er* diesem phantastischen Tanz des Wassers, dieser Sinfonie Hunderter sowjetischer Flüsse und fühlte, dass *ihm* zum ersten Mal seit vielen Jahren vor Begeisterung das Blut in den Adern stockte. So war es in *Seiner* fernen Jugendzeit gewesen, wenn *Er* Gedichte von Rustaweli und Eristawi hörte.

Die Maschine zog einen sanften Halbkreis über der Wolga und nahm wieder Kurs auf den Flugplatz. *Er* musste sich von der Wasserfläche abwenden und über das Land bis zum Horizont schauen. Doch sein Blick war jetzt ein anderer – die Augen sahen viel mehr, als vor ihnen lag.

Mit diesem neuen Blick nahm *Er* das Land zum ersten Mal ganz und gar, im umfassenden Sinne wahr – in allen Facetten seiner Schönheit von einem Ende bis zum anderen. Es lag vor *Ihm* wie eine schöne Frau, die man seit Langem leidenschaftlich liebt, aber zum ersten Mal völlig unverhüllt sieht. Wie ein Gedicht voller einfacher, genialer Reime, das man gerade erdacht, aber noch nicht niedergeschrieben hat. Beim monotonen Geräusch des Motors erblickte *Er* die braune Wolgasteppe, von der Sonne gedörrt, mit wenigen Flecken von Weidengestrüpp längs der versandeten Nebenflüsse, das gewellte Umland von Moskau, die endlosen Wälder des Ural, die Taiga und den schütteren Baumbewuchs der Tundra. *Er* schaute auf die an den Ufern der Wolga verstreuten Häuschen der Deutschen, auf die winzigen Menschlein und sah vor sich alle Völker des Sowjetlandes. Der scharfe Wind, der *Ihm* um die Ohren pfiff, symbolisierte für *Ihn* das steinharte ewige Eis von

Taimyr, den fein rieselnden Sand des Asowschen Meeres, den zähen Teer Kareliens und die wässrige Süße der Tundrabeere. *Er* wusste, wie ein Tiger seine Pranken setzt, wenn er durch die Taiga am Amur schreitet, wie der Stör auf dem Bootsdeck springt, wenn über seinem Kopf der Fischer mit dem Ruder zum finalen Schlag ausholt, wie die Lilie an einem Bergsee von Turkestan ihre Blüten öffnet. *Er* spürte *sein* Land mit allen Sinnen und in Gänze, wie man den eigenen Körper spürt – jeden Zollbreit Boden, jeden Becher Wasser und jedes Lebewesen, das sich in seiner Erde und seinen Gewässern regt.

Atemlos vor Begeisterung hob *Er* das Gesicht zum Himmel und stieß einen Triumphschrei aus. Der Wind fuhr *ihm* in den Mund, weitete *seine* Kehle, drang in *ihn* ein, füllte alle Räume *seines* Inneren. *Sein* Körper wurde zur Hülle des Windes, in *seinem* Kopf schleuderte ein Springquell Dutzende Wortpaare wie gereimte Verse eines Dichters empor – jedes das einzig Mögliche und auf ewig in sein Gedächtnis eingegraben.

Das Eis der Arktis paarte sich für *ihn* mit Eisbrecher, einem riesigen, starken Schiff mit goldenem Sowjetwappen am stählernen Bug, das Schnee und Eis wie Papier zusammenknüllte und eine glatte, spiegelblanke Wasserfläche hinter sich ließ. Wasser paarte sich mit Elektroenergie, es stürzte aus himmlischen Höhen in endlosen Strömen nieder, die sich in gleißendes Licht verwandelten, das die Erde traf und sich über sie ergoss. Spritzer flogen bis zum Himmel und wurden zu Sternen, größer und heller als alle bisher vorhandenen. Erde paarte sich mit Traktoren, nicht mickrigen »Zwergen«, sondern wirklichen, so groß wie ein solides Bauernhaus, die Pflüge zogen, so mächtig wie ein Baum, welche den Boden in Mannshöhe aufrissen und zusammen mit zentnerschweren Schollen die im Schoß der Erde verborgenen Schätze ans Licht brachten – fette Steinkohle, funkelndes Erz von Nickel, Kupfer und Gold, von Kobalt und Molybdän. Statt Roggen und Buchweizen schossen auf den Feldern binnen Minuten gigantische Bäume aus Eisen, Zink, Titan und Aluminium empor; zwischen ihnen wanden sich Flüsse aus kostbarem Quecksilber, aus geschmolzenem Kupfer und Stahl: Metalle paarten sich nur mit Metallen.

Von all dem Überfluss und der Schönheit traten *Ihm* Schweißperlen auf die Stirn. Aus Wörtern wurden Verszeilen, die sich zu einem harmonischen und zugleich leidenschaftlichen Lied von der Zukunft fügten. Schade, dass es auf Erden keine Stimme gab, die es so klar und rein singen konnte, wie es in diesem Augenblick in seinem Herzen erklang. *Er* trug dieses Lied in sich, sorgsam und dankbar. *Er* fürchtete nicht, es zu vergessen, denn einmal entstanden, wurde es zu einem Teil *Seines* Selbst. *Er* wusste jetzt so viel wie kaum jemand auf der Welt. *Er* wusste, was zu tun war ...

Plötzlich bemerkte *Er*, wie unendlich müde *Er* war. *Er* hatte fast drei Tage lang nicht geschlafen. Kaum war das Flugzeug bebend und hüpfend gelandet, befahl *Er* dem Chef seiner Leibgarde: »Nach Moskau! Auf der Stelle!«

Der fuhr freudig hoch, belebte sich sichtlich und übernahm augenblicklich das Kommando. Drängte alle Begleitpersonen von Stalin ab, den verständnislosen Becker, den traurigen Mamin und all die anderen, ließ *Ihn* ins Auto steigen, zum Bus fahren, begleitete *Ihn* in den Waggon. In die Hauptstadt flog ein Telegramm nach dem anderen: Wir starten! Treffen am Morgen ein! Die gesamte Strecke frei machen! Begleitoffiziere, Heizer und Lokführer liefen auf ihre Plätze, auf der Drehscheibe wurden die Lokomotiven in die entgegengesetzte Richtung gewendet. Unter tiefen Stoßseufzern aller Beteiligten setzte sich der Sonderzug in Bewegung und nahm rasch Fahrt auf, als wollte er in einem Anlauf über die in der Ferne glänzende Wolga springen.

Als der Zug bereits auf das Fährschiff fuhr, tauchte aus einer riesigen Staubwolke der bereits bekannte kleine Ford auf, und Becker sprang heraus. Er rannte zu den gepanzerten Eisenbahnwagen, hämmerte gegen die geschlossenen Türen und winkte mit einem in zerknittertes Papier eingeschlagenen Päckchen, einem »Erinnerungsgeschenk der werktätigen Massen«. Man musste nachgeben. Der Chef der Leibwache empfing die Gabe. Sorgfältig tastete er das Papier ab, schüttelte das Päckchen und horchte daran. Da er mit dem Tast- und Gehörsinn nichts Gefährliches feststellen konnte, brachte er das Geschenk seinem Chef. Das Päckchen wurde geöffnet. Darin lagen Buchsen. Gewöhnliche Buchsen aus Bronze, die man im Traktorenwerk aus dem Metall des soeben gestürzten Denkmals gegossen hatte. Verpackt waren sie in ein frisch gedrucktes Flugblatt, dessen Farbe noch nicht trocken war und Flecke machte. Der Text war inhaltsreich und direkt: »Fünftausend nützliche Buchsen aus einer einzigen unnützen Zarin!« Es folgte eine kurze Erläuterung: Die Buchsen wurden für die Herstellung der »Zwerge« gebraucht. Man ging davon aus, dass die so gewonnene Anzahl für mehrere hundert Traktoren reichte.

Der Chef der Leibwache, durch diese außerplanmäßige Aktion von über zwei Tagen gehörig erschöpft, wollte sich gerade entfernen, da fragte ihn sein Chef unerwartet: »Was findest du besser – Zwerge oder Riesen?«

Der Mann stutzte. Über diese Frage hatte sein ehrlicher Kopf mit der gewölbten Stirn noch nicht nachdenken müssen. Er murmelte etwas in seinen Bart, wartete ab, bis der

Chef ihn mit einer Bewegung des Kinns entließ, und verschwand erleichtert aus dem Abteil.

Er drehte die gewichtigen, rot schimmernden Zylinder zwischen den Fingern. Dann öffnete *Er* das Fenster und warf sie einen nach dem anderen in die Dunkelheit hinaus. *Er* konnte nicht sehen, wie die Buchsen mit einem leisen Plätschern im Wasser der Wolga versanken. So wie *Er* war, ließ *Er* sich auf das Bett des Abteils fallen und schlief sofort ein.

Im Traum erschienen ihm Denkmäler. Gegossen aus bester Bronze, so riesig wie mehrstöckige Häuser und mit Beinen, stark wie hundertjährige Lärchen. Anstelle des Gesichts ein glattes, leicht gewölbtes Oval, das an ein Ei ohne einen einzigen Sprung erinnerte. Das waren die Helden der Zukunft, deren Namen noch keiner kannte. Die gesichtslosen Giganten – ein Dutzend oder zwei – stampften durch die Wolgasteppen, über Flüsschen und Dörfchen hinweg, teilten mit ihren Armen den dichten Nebel, der die Welt einhüllte. Auf der Schulter eines von ihnen, ob nun Mann oder Frau, saß *Er*, der neue Führer des Landes. *Er* hielt sich an einer harten bronzenen Locke fest, die dem Riesen übers Ohr fiel, und blinzelte in den starken Luftstrom, der *Ihm* bei jedem Schritt seines gigantischen Begleiters ins Gesicht fuhr. Um sich herum sah *Er* nur ein endloses Nebelmeer, aus dem die Körper der metallenen Riesen herausragten. Manchmal konnte man durch Risse in der Wolkendecke die Erde sehen, die tief unter *Ihm* lag. Es schien, als bewege sie sich, als fließe sie unter den tonnenschweren Füßen davon. Aber nein, es waren Herden wilder Steppenpferdchen, die dem Tod zu entrinnen suchten, aber unter den Stiefeln der Giganten ihr Leben lassen mussten. Ihr durchdringendes Wiehern und das Krachen ihrer Knochen waren nicht zu hören, denn der wattige Nebel verschluckte jeden Laut. Doch als *Er* genauer hinschaute, erkannte er: Die Stiefel zermalmten keine Pferde, sondern flinke »Zwerge«, die wie Küchenschaben nach allen Seiten auseinanderflitzten …

Er lächelte süß und hilflos wie ein Kind, drehte sich auf die andere Seite und zog sich die Decke über die frierende Schulter.

Der Sonderzug brauste durch die Nacht. Recht hatte der Streckenwärter Gorjunin: Er flog dahin, als berühre er die Schienen nicht. In Abteil sieben lag der Chef der Leibwache, von böser Schlaflosigkeit gequält. Er zermarterte sich das Hirn darüber, wen er besser finden sollte – Riesen oder Zwerge –, oder ob es erlaubt war, weder diesen noch jenen, sondern Menschen von normalem Wuchs den Vorzug zu geben. In Pokrowsk in seiner winzigen Wohnung unter dem Dach hatte sich der Vorsitzende des Parteikomitees Becker bei zugezogenen Fenstervorhängen nackt ausgezogen, mit zwei Eimern kalten Wassers übergossen und konnte nun endlich dasitzen und unverdünnten Stinkus trinken. In der leeren Werkhalle war Konstrukteur Mamin wegen einer ihm unerklärlichen bösen Vorahnung in Tränen ausgebrochen. Ungeschickt und zärtlich umarmte er seine halb fertigen Traktorenkinder, strich mit seinen knotigen Fingern über Räder, Rahmen und Riemenscheiben. Versuchte seine Arme über sie zu breiten wie die Glucke ihre Flügel. Im Vorgefühl drohenden Unheils krampfte sich sein Herz zusammen. Der durchdringende Blick des hohen Gastes ließ etwas Irreparables erwarten, und das bald. Mamin rieb seine Stirn an dem rauen Metall, das sich von seinem Atem und seinen Tränen rasch erwärmte, und flüsterte heiß etwas Unverständliches. Er hätte sie gern alle mitgenommen, seine armen mechanischen Kinder – in den Wald, in die kirgisische Steppe oder auf den Grund der Wolga. Aber eine solche Flucht war leider unmöglich. So blieb ihm nur, ihnen flüsternd immer wieder seine Liebe zu erklären, sie zur Nacht zu streicheln und einzuwiegen, sie zu beruhigen oder eher sich selbst …

Sein Vaterherz irrte sich nicht: Bald darauf fasste die Regierung in Moskau den Beschluss, die Produktion des Kleintraktors »Zwerg« einzustellen. Das Land wollte andere Zugmaschinen. Ein paar Jahre später sollte der inzwischen ergraute und an einem Magengeschwür leidende Mamin auf der Allunions-Landwirtschaftsausstellung diese Giganten sehen: Sie rollten auf Raupenketten und hatten mächtige glatte Rümpfe. Mamin wurde ans Mechanisierungsinstitut von Tscheljabinsk versetzt. Seine verwaisten und schutzlosen Traktorenkinder liefen auseinander. Einige wurden bald gefangen und eingeschmolzen, andere arbeiteten weiter auf den Feldern und kündigten irgendwann den Dienst auf – ob nun wegen schlechter Behandlung oder vor Kummer. Die übrigen verloren sich in den Weiten der Deutschen Republik, ihr Schicksal ist unbekannt.

17

Bach stürzte sich ins Wasser, ohne einen Augenblick zu zögern. Er wusste selbst nicht genau, wie er mit dem Kopf in dieses kühle strömende, Blasen schlagende Nass geraten war. Er strampelte mit den Beinen, bog den Körper, und schon strich ihm ein leichter Wind übers Gesicht, schaukelte der Morgenhimmel über ihm. Ehe seine Augen etwas sehen und seine Ohren etwas hören konnten, fuhr sein Körper in die notwendige Richtung, packten seine Arme das um sich schlagende Mädchen und schoben es zum Boot. Dort patschte die Kleine sinnlos gegen die Außenwand und fuhr mit den Händen daran hin und her.

Bach tauchte und schob sie mit Kopf, Schultern und Rücken nach oben, damit sie sich an der Bordwand festklammern konnte. Dann griff er selbst danach und kletterte ins Boot, das er beinahe zum Kentern gebracht hätte. Er hob Annchen an den Armen herein, drückte sie an sich und umschlang sie mit seinem ganzen Körper.

Da saßen sie beide nun, patschnass und triefend am Boden des Bootes aneinandergepresst, bis die Welt um sie herum zu schaukeln aufhörte und Annchen wieder etwas zu Atem gekommen war. Endlich wagte Bach, ihr ins Gesicht zu schauen. In ihren Augen las er weder Schrecken noch Reue; Annchen blickte ruhig, sogar etwas hochmütig auf die Wolga, als wäre sie nicht Minuten zuvor beinahe in ihr versunken, sondern sicher über die glatte Wasserfläche geschwommen oder geschritten. Bach setzte sich auf die Bank und nahm die Ruder. Wir fahren wohl lieber nach Hause, Annchen …

Doch schon am Abend hielt er es nicht mehr aus. Er fuhr nach Gnadental, um die Maisfelder zu prüfen. In der Woche zuvor hatte er das Märchen von dem schönen Mädchen Goldhaar geschrieben und glaubte nun, dieses müsse sich günstig auf das Reifen des Maises auswirken, dessen Blütenstände an langes blondes Haar erinnerten. Und er irrte sich nicht: In der einen Woche, da Bach nicht auf den Kolchosfeldern gewesen war, hatten sich die Kolben mit den jungen Körnern in strahlendes Gelb gefärbt, als sitze in jedem von ihnen das schöne Mädchen und lasse sein goldenes Haar heraushängen. Als Bach einen Feldrain entlangging und mit den Händen über die grünen Stängel fuhr, hörte er von fern einen Schrei: Da wimmerte jemand dünn und kläglich wie vor Schmerzen. Eine Frau? Ein Kind? Bach lief mitten durch das Feld auf den Laut zu.

Am Weg zwischen Mais- und Weizenfeld drängten sich

ein paar Leute um den alten »Fordson« und schnatterten aufgeregt durcheinander. Etwas weiter weg stand eine Gruppe Kinder – Pioniere, wie man an ihren roten Halstüchern erkennen konnte – mit verwirrten, erschrockenen Gesichtern. Bach hatte den »Fordson« noch nicht ganz erreicht, da lösten sich zwei Männer aus der Menge. Sie hatten ihre Arme verschränkt, einen Dritten, kleiner als sie, darauf gesetzt und liefen rasch in Richtung Gnadental. Sie kamen auf Bach zu, der ins Maisfeld zurückweichen musste, um ihnen den Weg frei zu geben.

Der Dritte war ebenfalls ein Pionier, nur das Halstuch hatte man ihm abgenommen und seine rechte Hand damit umwickelt, die er an die Brust gepresst hielt. Die Finger waren entweder nicht mehr da oder verletzt, das konnte Bach nicht genau erkennen. Er sah nur das Stückchen Stoff, das durch und durch von hellrotem Blut getränkt war. Es lief dem Jungen über den Bauch, die Beine herab und tropfte auf den Boden. Er gab keinen Laut von sich, hatte die Augen geschlossen und den Kopf, der wie leblos hin und her schaukelte, an die Schulter des einen Mannes gelehnt. Das Gesicht des Verletzten war totenblass, aber Bach erkannte ihn sofort: Es war der junge Trommler.

»Das habt ihr nun von eurer Pionierkontrolle!«, rief eine wütende Stimme von dem »Fordson« her. »Was müssen die Bengel auch überall ihre Rotznasen hineinstecken! Wenn du mit Stöckchen wirbeln kannst, dann mach das! Und lass die Finger von dem Traktor! Der Schlosser kommt auch ohne dich klar!«

»Recht hast du!«, rief ein zweiter. »Wo gibt's denn so was, dass die Söhne die Väter kontrollieren! Wie tief sie pflügen, oder wie dicht sie säen – alles wird kontrolliert! Wer wann aufs Feld gezogen ist, wer einen Moment ausgeruht oder, weil er musste, hinter einen Busch gegangen ist, wird kontrolliert! Einmal richtig den Hintern versohlt – das ist die Kontrolle, die diese Pioniere brauchen!«

Bach wandte den Stimmen den Rücken zu und ging in Richtung Gnadental, den Blutstropfen nach. Der Boden war jetzt, im Juli, so hart, dass sie nicht einsickerten, sondern wie große schwarze Erbsen darauf liegen blieben und sich langsam mit Staub bedeckten. Während Bach so ging, musste er daran denken, dass der Held seiner Geschichte vom Trommler sich ebenfalls die Hand verletzt hatte. Um die Tür zum Gläsernen Berg zu öffnen, hatte er statt eines Schlüssels seinen kleinen Finger benutzt. Das tückische Schloss hatte ihn nicht mehr frei gegeben.

In dieser Nacht schlief er schlecht; die merkwürdige Übereinstimmung ließ ihm keine Ruhe. Am nächsten Tag war er schon frühmorgens in Gnadental, um sich nach dem Jungen zu erkundigen. Dort erfuhr er, dass sie den Verletzten ins Krankenhaus nach Pokrowsk gebracht hatten. Dort hatte man ihm alle Finger der rechten Hand abnehmen müssen, die Trommel schlagen würde er also wohl kaum noch können. Sein Vater, der dürre Gauß, hatte sich vor Kummer betrunken und die Trommel nachts in die Wolga geworfen. Danach – ob nun wegen des übermäßigen Alkoholgenusses oder des unerträglichen Kummers über seinen Sohn sank er am Ufer nieder und stand nicht wieder auf. Am Morgen fand man ihn. Gauß wälzte sich im Sand und heulte vor Angst. Er spürte seine Beine nicht mehr. Weder Füße noch Waden oder Knie – er reagierte weder auf Schläge noch auf Stiche mit Nadel und Ahle. Seine Hüften waren noch schmerzempfindlich, aber gehen oder auch nur aufstehen konnte Gauß nicht.

Am nächsten Tag verloren auch Hüften, Bauch und

Rücken jedes Gefühl. Der arme Kerl heulte, dass es im ganzen Dorf zu hören war. Er flehte zu Gott, ihm sein Leben zu lassen, und bereute, in den Kolchos eingetreten zu sein. Hoffmann wollte Frau Gauß schon befehlen, die Fenster zu schließen, damit das antisowjetische Geschrei nicht nach außen drang, aber Pastor Händel, der sich zum Lager des Kranken begab, um seine geistliche Pflicht zu erfüllen, hob die Anordnung auf. Es war unerträglich heiß, und die Leiden des reuigen Sünders so kurz vor seinem möglichen Tod noch zu verschlimmern war unmenschlich.

In ganz Gnadental erriet allein Bach die wahren Gründe des Geschehens. Wahrscheinlich war der arme Gauß nicht Opfer einer Krankheit oder seines Kummers, sondern eines Märchens – der kurzen Geschichte von einem Bauern, der für seine Gier bestraft wurde. Zuerst wurden seine Beine zu Stein, dann der Unterleib und später der ganze Kerl. Nur zwei dem Menschen eigene Fähigkeiten behielt er: sehen und atmen. Dieses Märchen hatte Bach als eines der ersten geschrieben. Das war so lange her, dass er es bereits vergessen hatte. Jetzt fiel es ihm wieder ein. Gauß war sein Leben lang ein Geizhals gewesen, daran gab es keinen Zweifel. Wahrscheinlich wurde er jetzt dafür bestraft, wie in dem Märchen vorausgesagt. Es gab im Dorf auch wahre Pfennigfuchser, die den Hals nicht voll kriegen konnten und viel eher eine so harte Strafe verdient hätten. Aber die traf Gauß, und das zu einer Zeit, da sein Sohn mit einer verstümmelten Hand im Krankenhaus lag.

Am dritten Tag war er völlig gelähmt – von den Zehen bis in die Haarspitzen. Er konnte weder sprechen noch schreien oder weinen. Er lag da, das Gesicht eine bewegungslose Maske, und klappte nur manchmal mit den Lidern. Aus seinen trüben Augen sprach unsägliches Leid.

Als die Nachricht sich im Dorf verbreitete, liefen vor Gauß' Haus die Neugierigen zusammen. Hineinzugehen und mit der Frau des Kranken zu sprechen wagte keiner, doch den von solchem Unheil getroffenen Mitbürger mit eigenen Augen sehen wollten sie schon. Also kletterten sie auf den Bretterzaun – vorsichtig, um den großen Jasminbusch nicht zu beschädigen – und versuchten durchs Fenster zu schauen. Gegen Abend klebten an den Scheiben die skurrilen Abdrücke unzähliger Stirnen, Nasen und Wangen.

Auch Bach kam, um sich den Unglücklichen anzuschauen. In den letzten Tagen war ihm jeder Satz und jedes Wort des vor Jahren erdachten Märchens wieder eingefallen. Als er jetzt vor den verschmierten Fensterscheiben stand, erwartete er zitternd, das von ihm Prophezeite zu sehen. Und er sah: »Im Bett lag kein Mensch mehr, sondern ein wie ein Mensch geformter großer Stein. Wenn man diesen mit dem Namen des Menschen ansprach, rollten Tränen aus seinen Augen.«

Es ist nur ein Zufall, ein Zufall, redete Bach sich ein, als er wieder zur Wolga ging. Er glaubte es selbst nicht mehr, aber behauptete es weiter, suchte es sich einzureden und schüttelte den Kopf, um die ungeheuerlichen Gedanken zu verscheuchen. Ein unglückliches Zusammentreffen.

Am Marktplatz stieß er auf eine Menge Kinder. Vor dem Schulhaus hatten sich offenbar alle Schüler von Gnadental versammelt – von den winzigen Erstklässlern bis zu den hoch aufgeschossenen Jugendlichen. Viele hatten das rote Halstuch umgebunden. Sie lärmten, lachten und schwatzten durcheinander wie ein summender Bienenschwarm. Plötzlich übertönte eine klare Melodie alle Laute, stieg über der Menge auf, füllte den Platz, die Nebenstraßen und schließlich ganz Gnadental. Es war der junge Dürer, der auf der Schultreppe stand, ein blinkendes Horn an die Lippen drückte und diese Töne erzeugte – gekonnt und mit echtem Gefühl, als sei er nicht der Anführer von Pionieren und Komsomolzen, sondern ein richtiger Musiker. Bei diesen Klängen ließen die Kinder sofort jeden Übermut sein und bekamen ernste Gesichter, was sie einander sehr ähnlich machte. Aller Augen hingen an dem tönenden Instrument. Auch die übrigen Laute verstummten – die Schreie der Möwen über der Wolga, das Brüllen der Kamele, ja selbst das Rascheln des Ulmenlaubs. Dürer stieg die Treppe herunter und ging, ohne sich umzuschauen, in Richtung Steppe. Die Kinder formierten sich zu Paaren und folgten ihm in einem langen Zug.

»Wo wollen die denn hin?«, fragte eine Frau am Brunnen und gähnte.

»Die machen ein Lager in der Steppe«, antwortete die zweite. »Ein Pionierlager, hundertmal verflucht soll es sein. Bei Tag herumjohlen und bei Nacht die Felder bewachen.«

Bach schaute dem am Dorfrand verschwindenden Zug nach und bemerkte, wie ein kalter Schmerz ihm in Knochen und Muskeln drang, der immer stärker wurde. Nur er, er allein in ganz Gnadental wusste, dass auf eine geistige Rückkehr der Kinder wohl nicht zu hoffen war. Sie folgten Dürer wie dem Rattenfänger von Hameln, um mit ihm wie auf immer in der Wolgasteppe zu verschwinden. Bach stürzte zu den Frauen hin, brummte etwas Unverständliches und wies verzweifelt auf den sich entfernenden Zug.

»Recht haben Sie, Schulmeister.« Beide nickten. »Die sollten zu Hause bleiben und ihren Müttern helfen! Zum Henker mit dem neuen Leben und den neuen Sitten!«

Er schüttelte heftig den Kopf, fasste sie bei den Händen

und flehte sie an: Haltet sie an! Lasst sie nicht gehen! Holt sie zurück!, wollte er ihnen sagen. Er schaute ihnen in die Augen und schnitt Grimassen: Sie gehen fort! Sie kommen um! Ihr seht sie nicht wieder! Doch die Frauen wurden nur wütend. »Sie sind ja vollkommen verrückt geworden, Schulmeister! Wie ein Hund, den man von der Kette gelassen hat! Jetzt gehen Sie schon auf Menschen los!« Sie nahmen die Tragejoche mit den vollen Eimern auf und trotteten ihrer Wege.

Bach wollte selbst den Kindern nachlaufen, aber auf dem Weg sah er sie nicht mehr und auch keine von ihnen aufgewirbelten Staubwolken. Irgendwo in der Ferne erklang noch einmal das Horn, leise, kaum hörbar, doch es konnte auch der Schrei eines aufgescheuchten Falken gewesen sein. Es war zu spät. Die Kinder waren fortgegangen, »um nie wieder in die Arme ihrer Väter und Mütter zurückzukehren«. Das hatte Bach einst geschrieben.

Mit letzter Kraft schleppte er sich zum Ufer. Ließ sich in das Boot fallen und platschte mit den Rudern im Wasser. Die Gedanken, die ihn bedrängten, sprengten ihm fast den Kopf. War es möglich, dass sein Stift, den er bisher nur als Ursache für Wachstum, Reife und üppige Ernten gesehen hatte, ganz andere, beklagenswerte Geschehnisse auslösen konnte? Warum geschah es gerade jetzt, in diesem heißen Sommer des Jahres 1927, da sich auf den Feldern erneut schwere Getreideähren bogen, Wasser- und Honigmelonen türmten, die Bäume in den Gärten unter der Last der reifen Birnen und Äpfel ächzten, warum gingen gerade jetzt die traurigen Geschichten in Erfüllung? War das eine Strafe oder ein vorbestimmter Gang der Dinge? Eine Strafe wofür? Und betraf sie alle Gnadentaler oder allein Bach? Was sollte er, der unglückliche Märchenerzähler, mit diesem unerwarteten Wissen anfangen? Und was mit den Geschichten, in denen jedem glücklichen Ende Krankheiten, Kriege, Tode und Ängste vorausgingen? Die Fragen quälten Bach, eine schlimmer als die andere. Und auf keine einzige wusste er eine Antwort. Beruhigend war allein, dass er sein Annchen bisher nicht in diese wahnsinnig gewordene große Welt gebracht hatte.

Auf dem Gehöft zurück, tat Bach das, wozu er sich seit Tagen nicht entschließen konnte: Er ging in Klaras Zimmer, kletterte auf einen zur Wand geschobenen Stuhl und las die Inschriften, die er in den letzten Jahren dort angebracht hatte. Sie halfen ihm dabei, sich alle von ihm verfassten Märchen ins Gedächtnis zu rufen. »Die blauen Zwerge«, »Das eigenwillige Kind« und »Der gläserne Sarg«. »Der singende Knochen«, »Der rostige Mann« und »Bärenland«. »Der eiserne Ofen«, »Die Waldhexe« und »Der Auszug der Riesen« ... Wie viele gefährliche und tragische Ereignisse, schreckliche Episoden und blutige Szenen es darin gab! Waren sie auch in einem eleganten Hochdeutsch verfasst, so änderte das nichts an dem grausamen Inhalt: Unglückliche, reuige Stiefmütter mussten auf glühenden Kohlen tanzen, Väter, die um Verzeihung baten, wurden in Nagelfässern einen Berg hinuntergestoßen, Köpfe von Kindern, Erwachsenen oder Tieren rollten, Hände und Füße wurden abgehackt, Ohren und Zungen abgeschnitten, Zwerge und Riesen, die der Mensch aus ihrer Heimat vertrieb, verschwanden am Horizont, Hexen verbrannten im Ofen, sich vor Schmerz und späten Gewissensbissen windend ... Zwar endeten die Märchens stets mit dem Sieg der Armen und Unterdrückten, doch wie unmenschlich hart behandelten diese die Verlierer und Besiegten, um welchen Preis errangen die Helden ihre Siege! Wieso war das Bach nicht früher aufgefallen?

Als er aus seiner Grübelei in die Wirklichkeit zurückkehrte, wurde es draußen schon dunkel. Plötzlich schoss ihm durch den Kopf, dass er Annchen noch nichts zu essen gegeben hatte. Sofort suchte er nach ihr, konnte sie aber nicht finden. Sie war weder im Wohnzimmer noch in der Küche, noch in den Schlafkammern.

Annchen!

Er lief nach draußen. Weder auf dem Hof noch hinter dem Haus, in Scheune, Stall, Geflügelstall oder Eishaus sah er sie.

Annchen!

Er lief den Weg zur Wolga zurück, stöhnte und brüllte, so laut er konnte, sprach in Gedanken immer wieder ihren Namen. Er sprang über die Ufersteine, um irgendwo im Wasser konzentrische Kreise zu entdecken. Völlig außer Atem, mit heißem schweißnassem Gesicht erreichte er schließlich das Boot, das zwischen großen Steinen versteckt lag.

Da war sie, sein kleines Annchen. Die Arme auf die Knie gelegt, saß sie kerzengerade mitten auf der Ruderbank. Ihr Blick ging weit hinaus – zur Mitte des Flusses oder zu den kaum zu erkennenden Lichtern von Gnadental. Als sie Schritte hörte, wandte sie sich zu Bach um und schaute ihn gelassen, ja sogar ein wenig vorwurfsvoll an, warum er so spät erschien. Dann kehrte ihr Blick zum Fluss zurück. Sie wollte wieder auf den Wellen schaukeln.

Zum ersten Mal im Leben verspürte Bach den Wunsch, sie zu schlagen. Das beschämte ihn; er ließ sich neben dem Boot auf die Knie nieder und legte das Gesicht an die Bordwand. Da spürte er, wie eine kleine Hand seinen Hinterkopf berührte, vorsichtig, als wollte sie ihn etwas fragen oder zu etwas auffordern. Nein. Ohne aufzuschauen schüttelte er den Kopf. Nein, versuche gar nicht erst, mich zu überreden. Doch die leichten Fingerchen strichen ihm übers Haar, zart, kaum fühlbar. Nein, beharrte er. Du brauchst mich nicht zu bitten, nein, nicht jetzt … Doch dann, sich selbst für seine Nachgiebigkeit verwünschend, stand er auf, schob das Boot ins Wasser und griff nach den Rudern.

Sie schwammen auf der nächtlichen Wolga wie auf einem Meer aus Tinte, die gegen das Boot plätscherte und den Horizont verdunkelte. Man konnte nicht sehen, wo der Fluss endete und die Steppe begann, wo die Steppe endete und der Himmel anfing. In der tintenschwarzen Fläche spiegelten sich die Sterne. Darin zitterten auch die fernen Lichter von Gnadental, und kaum jemand hätte wohl unterscheiden können, welche davon in den Häusern brannten und welche am Himmel leuchteten.

Annchen saß am Bug, ließ beide Arme über die Bordkante hängen und schaute verzaubert in die Nacht. Dabei schien sie kaum zu atmen. Bach ging es ebenso. Hier auf dem schwarzen Wasser, in der schwarzen Luft traten die Märchen vor seinem geistigen Auge in allen Einzelheiten deutlich hervor wie in den hellblauen Strahlen eines Kinos: die Wanne kochenden Wassers, in der die hinterhältige Königin baden musste, die glühende Rüstung, die der hartherzige Landgraf anzulegen hatte, der eiserne Ofen, in dem die böse Stiefmutter verbrannte, die silbernen Hände, die die abgeschlagenen ersetzen sollten, die in ihrem Stall versteinerten Pferde, die an Bäumen hängenden Leichen, deren Leber die Raben fraßen …

Etwas würgte Bach und lege sich als erdrückende Last auf seine Schultern – die Angst. Sie fühlte sich an wie ein Mühlstein, der das Rückgrat zusammenpresste, die Schultern gegen das Brustbein drückte und die Gelenke ausrenkte. Die Angst um die Felder von Gnadental, um die geräuschvollen Geflügelhöfe, die gefüllten Scheunen und blühenden Gärten, um Schweine-, Pferde- und Rinderställe, um all die frohen Menschen auf den Kolchosversammlungen. Die Angst wog so schwer, dass er fürchtete, sie könnte den schwankenden Kahn in der Wolga versenken.

Hier entstand in seinem Kopf auch die passende Bezeichnung für dieses seltsame 1927 – das *Jahr der Schlimmen Vorahnungen*.

Völlig ermattet kehrte Bach um. Im Grunde war er froh über diesen unbeabsichtigten Ausflug. An diesem Abend hätte er ohnehin keinen Schlaf gefunden.

Was er geschrieben hatte, trat ein. Im August wurde den Gnadentalern, die noch nicht in den Kolchos eingetreten waren, alles Vieh und Inventar, ja sogar die »Zwerge« weggenommen und in gemeinschaftliches Eigentum überführt. Zwei Tage lang kochte die Empörung im Dorf. Doch als Hoffmann am dritten Morgen zur Maschinen-Traktoren-Station kam, erstarrte er vor Schreck: Vom gesamten Maschinenpark stand einzig und allein der klapprige »Fordson« im Schuppen. Die »Zwerge« hingegen, sowohl die des Kolchos als auch die soeben erst vergesellschafteten, waren spurlos verschwunden. Hoffmann brüllte und drohte den Saboteuren mit dem Volksgericht. Er lief durch alle Höfe, kontrollierte die Ställe und Scheunen der Bauern, denen er misstraute, verhörte jene, die man vor Kurzem als Kulaken enteignet hatte. Schließlich rief er aus Pokrowsk eine Abteilung Miliz herbei und bestand auf einer Untersuchung. Es nutzte alles nichts. Die Traktorenkinder blieben verschwunden, als hätte man sie in die Wolga gefahren. Allein Bach wusste, dass die »Zwerge« freiwillig ins Exil gegangen waren, weil der übermäßige

Zorn der Dorfbewohner sie abstieß. Es geschah so wie beim Auszug der Gnome aus dem Land der Menschen. Bach fand sogar die Spuren ihrer Zackenräder weit draußen in der Steppe, wo die Kolchosfelder und auch die privaten Parzellen endeten. Das sagte er keinem, und nach ein paar Tagen hatte der Regen sie verwischt.

Im September wurde klar, dass der »Fall der ›Zwerge‹« nicht aufgeklärt werden konnte. So plante man, die ehemaligen Kulaken als die Hauptverdächtigen aus Gnadental zu verbannen. Zu ihrer Verteidigung erhob sich das halbe Dorf, während die andere Hälfte auf der Verbannung der Schädlinge bestand. Es wurde so lange gestritten, bis man eines Morgens ihre Häuser leer fand. Die Kulaken waren ebenso spurlos verschwunden wie vor ihnen die »Zwerge«. Es wurde geraunt, dass man die Leute des Nachts auf Wagen gesetzt und fortgebracht habe – in die Tundra an der Kolyma oder in die Steppe von Kalmückien –, genau wusste das keiner. Nur Bach wusste es: Die Leute wurden nicht nach Norden und nicht nach Süden, sondern nach Osten gebracht, in das Bärenland, das er beschrieben hatte. Und er allein hatte eine Vorstellung davon, welches Missgeschick die Unglücklichen dort erwartete.

Im Oktober verreckte das von den Kulaken beschlagnahmte Vieh vor Kummer um ihre verschwundenen Besitzer, ungeachtet guter Fütterung und entsprechender Pflege. Die Ochsen und Kühe der Kulaken fraßen und soffen nicht mehr. Tagaus, tagein standen sie bewegungslos vor den vollen Krippen und muhten zur Decke, solange ihre Kraft reichte, bis sie nach einigen Tagen tot umfielen. Das Gebrüll in den Gemeinschaftsställen war so stark, dass es selbst Bach am rechten Wolgaufer hörte. Hoffmann sauste wie ein kleiner Teufel auf dem Viehhof herum, wollte die

Tiere zum Fressen zwingen, schlug sie auf die dürren Bäuche, führte sie im Freien umher und wusch sie mit warmem Wasser ab, schleppte aus der Steppe Salzstücke herbei und versuchte den Kühen die nutzlose Delikatesse in die traurigen Mäuler zu stopfen. Der Tierarzt, der aus Pokrowsk herbeigerufen wurde, konnte sich dieses merkwürdige Viehsterben nicht erklären. Er zuckte hilflos mit den Schultern und schrieb in seinen Bericht die erste Diagnose, die ihm einfiel – »Rotz«. Doch eine Behandlungsmethode konnte er nicht anbieten. Allein Bach wusste: Das Vieh war nicht zu retten. Es musste bis zum letzten Stück sterben. Viel später, als die Dorfbewohner es längst vergessen hatten, sollten sie das traurige Brüllen erneut hören – im Geheul des Schneesturms und im Grollen des Donners. Seitdem heulten jeder Schneesturm im Winter, jedes Gewitter im Frühjahr und jeder Donner im Sommer über Gnadental wie die sterbenden Tiere, damit man die unschuldig Vertriebenen und dem Tod Geweihten nicht vergaß.

Im November brach im gemeinschaftlichen Pferdestall eine echte Rotz-Epidemie aus, und binnen einer Woche hatte sie den gesamten Bestand des Kolchos dahingerafft. Bach sah zu, wie man die Pferdekadaver zum Schindanger brachte. Die Mäuler der vor die Wagen gespannten Kamele und die Gesichter der Gespannführer waren mit schwarzen Tüchern verhüllt. Die auf die Wagen geworfenen Kadaver streckten die starken Beine nach allen Seiten. Es sah aus, als wolle man nicht verendete, sondern versteinerte Pferde vergraben.

Im Dezember stellte sich heraus, dass sich auch Kinder mit Rotz angesteckt hatten, Pioniere, die die Pferde betreuten. Der Weihnachtsmonat wurde für Gnadental zu einem Monat der Trauer. Immer wieder zogen düstere Prozessionen zum Friedhof in der Steppe. Die Verstorbenen wurden in geschlossenen Särgen mitgeführt, um die Dorfbewohner nicht durch den Anblick der von der Krankheit entstellten Kindergesichter zu schrecken. Als Bach am Heiligabend die Toten zählte, wunderte er sich nicht, dass es genau sieben waren.

Verzweifelt musste Bach zusehen, wie die Früchte seiner Mühen verloren gingen – langsam und unwiederbringlich. Das Leben im Dorf, das dank seines Stiftes erblüht war, stagnierte und welkte dahin, verlor Farben und Düfte wie eine vom Frost überraschte Blume.

Der Boden um Gnadental wurde plötzlich mager und weiß – ob von Salz oder anderen Mineralien, war nicht genau festzustellen. Apfel- und Birnbäume waren voller Blüten, aber die waren taub und brachten keine Früchte. Hühner und Gänse legten Eier ohne Dotter, nur mit grauem, durchsichtigem Eiweiß gefüllt. Schafe, Stuten, Kühe und Kamelstuten quälten sich beim Wurf oft mehrere Tage lang, was es noch nie gegeben hatte. Das Dorf war von ihrem Gebrüll erfüllt, doch die Jungen kamen meist tot zur Welt. Und wenn ein Kälbchen oder Lämmchen einmal lebend geboren wurde, dann stets mit einem Makel – es war ein Albino, hatte einen Wasserkopf oder drei Augen. Die Frauen brachten keine Kinder mehr zur Welt. Die Frucht in ihrem Leib starb ab, und der Mutterbauch, der sich gerade bilden wollte, fiel wieder zusammen.

Auch Gnadentals Straßen waren jetzt immer weiß – im Winter vom Schnee, im Frühjahr von den abgefallenen Blüten, im Sommer von Grassamen und im Herbst von Steppenstaub. Niemand fegte die Straßen, die Männer plagten sich auf den Feldern mit dem unfruchtbaren Boden, die Frauen saßen zu Hause und trauerten um ihre ungeborenen Kinder.

War Bach auch an diesen Vorgängen schuld? Wie konnte er all dem Finsteren, Grausamen und Blutigen entgegenwirken, das seiner Hände Werk war? Was konnte die Gnadentaler vor der Erbarmungslosigkeit seiner Geschichten schützen? Ihm fiel nur ein Mittel ein: über Gutes zu schreiben.

Zunächst versuchte er sich an Geschichten zu erinnern, in denen es keinen einzigen bösen Menschen und nichts Trauriges gab. Doch er fand nicht eine einzige. In jedem Märchen traten böse oder verräterische Kräfte auf, mehr noch, sie brachten die Handlung überhaupt erst in Gang. Ob es dabei um ein unschuldiges Huhn oder einen dummen Hahn ging – überall traten menschliche Laster und Schwächen in ihrer ganzen Hässlichkeit hervor, geschahen Verbrechen, Unglück und Katastrophen. Überall war der Hauch des Todes zu spüren. Bach ging alle bekannten Themen durch – penibel, eins nach dem anderen, wie man die Linsen für die Suppe ausliest. Dabei stellte er mit Erstaunen fest, welch großen Raum der Tod darin einnahm – Kindesmord, Kriege, Pestepidemien, Krankheiten, Verrat und Missetaten gab es in Hülle und Fülle, doch den Lohn für ertragene Qualen nur ein einziges Mal – am Ende.

Durfte Bach jetzt über Kämpfe und Schlachten schreiben, wenn diese schon einen Tag später in Gnadental ausbrechen konnten? Durfte er von der Hinrichtung einer Hexe oder eines hartherzigen Landgrafen berichten, wenn das den wirklichen Tod eines Menschen nach sich zog? Konnte er zulassen, und sei es auch nur auf dem Papier, dass Kinder verwaisten, ein geliebtes Mädchen verstummte oder ein Hühnchen an einem Korn erstickte?

Bach fing an, über anderes zu schreiben. Nach wie vor nannte er seine Texte Märchen, es waren aber keine, sondern nur Stückwerk, zusammenhanglose Beschreibungen, krampfhafte, kaum verständliche Gedankenspiele. Mit harter Hand merzte Bach aus seinen Geschichten alles Düstere, Böse und Ungeeignete aus, so dass nur Glückliches und Erfreuliches übrig blieb.

... Er küsste die gerettete Jungfrau, setzte sie auf sein Pferd und brachte sie in sein Land, wo Wohlstand und Frieden, Gesundheit und Glück, Vernunft und Gerechtigkeit herrschten ...

Im Januar 1928 ging beim Gebietskomitee der KPdSU (B) der Deutschen Republik ein vom Parteiführer abgezeichnetes Telegramm mit der Weisung ein, die Getreidebeschaffung zu beschleunigen. Auf der Dorfversammlung verkündete Hoffmann zusätzliche Auflagen für »den begüterten Teil der Bauernschaft – die Kulaken«.

... Von nun an führten sie ein gutes, einträgliches Leben. Jeden Morgen fanden sie unter dem Kopfkissen einen goldenen Taler. Jeden Tag wurde von der Ziege ein Eimer duftenden Honigs gemolken. Jeden Abend legte das Huhn silberne Eier ...

Ab März wurde in der ganzen Deutschen Republik Artikel 107 des Strafgesetzbuches angewandt – die Beschlagnahme von Getreideüberschüssen bei Personen mit übermäßigen Vorräten. In Gnadental kamen drei Familien um solche Beschlagnahmen nicht herum. Eine Woche später wurde auf Hoffmann, der die Fuhrwerke mit dem konfiszierten Getreide nach Pokrowsk begleitete, der erste Anschlag verübt. Ein im Gebüsch am Wegesrand versteckter Unbekannter schoss zweimal von hinten auf ihn. Er verfehlte ihn beide Male und konnte entkommen.

... Es gab inzwischen so viel Getreide im Land, dass man begann, es an andere Staaten zu verkaufen. Im Lande selbst hatte man genug zu essen, verfütterte das Korn an Geflügel und anderes Getier, und es blieb immer noch etwas übrig ...

Im April bewertete das Büro des Gebietskomitees der KPdSU (B) in Pokrowsk die Ergebnisse der Getreidebeschaffung als »jämmerlich«. Jetzt wurden das Volkskommissariat für Justiz und die Organe der GPU an der Sache beteiligt. Zur Durchführung zusätzlicher Beschlagnahmen traf ein GPU-Trupp in Gnadental ein. Bei Auseinandersetzungen mit Dorfbewohnern wurden ein Gnadentaler getötet und zwei festgenommen. Seitdem erhielt der Dorfsowjet regelmäßig – ein-, zweimal im Monat – Verstärkung von der GPU.

... Wie der Wind flogen die Pferde zum Schloss, wo das junge Paar eine fröhliche Hochzeit erwartete: festlich gekleidete Menschen, ein köstliches Mahl und berauschende Getränke im Überfluss ...

Im Mai verkündete Hoffmann die Gründung einer Zelle des Bundes militanter Gottloser in Gnadental. Da sich kein anderer Bewerber fand, übernahm er selbst die Leitung. Zwei Tage später wurde ein zweiter Anschlag auf ihn verübt, erneut ohne Ergebnis.

... Denn die Wahrheit siegt immer über die Lüge, weiß stets über schwarz und das Leben unweigerlich über den Tod ...

»Was bringst du mir da?!«, brüllte Hoffmann und warf die Blätter mit Bachs Texten auf den Boden. »Das sollen Märchen sein?! Honigsüßes Gesabber ist das, aber keine

Märchen! Ich habe hier Krieg! Krieg um die Leute, um die Ernte, um Menschenleben! Ich brauche kämpferische Märsche! Jedes Wort – ein Schuss, ein Stoß mit dem Bajonett! Und du schleppst mir solches Gewäsch an. Wo ist das Thema? Wo sind die Helden? Wo die Feinde? Wo die Schlachten um Leben und Tod, zum Teufel noch mal? Der Sieg der Gerechten! Die Bestrafung der Schuldigen! Die Moral! Wo ist hier ein vernünftiges Wort? Wo?!«

... Dort, wo Licht und Dunkelheit enden, wo Raum und Zeit miteinander verschmelzen, in diesem Reich fanden die armen Waisen Ruhe und Glück, dort blieben sie bis zum Ende ihrer Tage ...

Im August stellte das Gebietskomitee der KPdSU (B) fest, dass der Plan der Getreidebeschaffung in der Republik nur zu 74 Prozent erfüllt war. Den leitenden Funktionären vor Ort, darunter Parteisekretär Hoffmann und dem Vorsitzenden des Dorfsowjets Dietrich, wurde eine strenge Rüge erteilt.

... Als sie vor die Sonne und den Mond traten, erklärten die Gestirne: Geht nach Hause und lebt in Wohlstand bis ins hohe Alter, erntet Getreide und Äpfel ohne Zahl. Wir helfen euch dabei, füllen die Apfelblüten mit weißem Silber und die Weizenähren mit dunklem Gold ...

Im September brachte die Deutsche Republik eine Rekordernte bei Getreide ein – über 570 000 Tonnen. Als Bach das im »Wolga-Kurier« gelesen hatte, fuhr er nachts heimlich nach Gnadental, riss das Blatt mit den Ernteergebnissen von der Ulme, nahm es mit nach Hause und legte es in das Bändchen mit Goethes Gedichten. Am nächsten Tag teilte Hoffmann Bach mit, er brauche seine Dienste nicht mehr. Die Qualität der Märchen sei so gesunken, dass es sinnlos sei, für weitere zu bezahlen. Das waren seine Worte. Die Rubrik »Unsere neue Folklore« gab es in der Freitagsausgabe des »Wolga-Kuriers« jedoch weiterhin. Hoffmann besaß noch einen ganzen Vorrat von Bachs Geschichten, und später begann er selbst zu schreiben.

... Seitdem war nur Freude im Herzen des armen Poeten. Sein Geldbeutel füllte sich. Und im Ofen wartete stets ein sanft gebräunter Kuchen auf ihn, den seine geliebte Frau gebacken hatte ...

Von September bis Dezember stellten Mitarbeiter der GPU in Gnadental neunzehn Fälle von verstecktem Getreide fest – eine Rekordzahl im Vergleich zu den Nachbardörfern. Das gab diesem Jahr seinen Namen: *Jahr des Versteckten Getreides.*

... Die Kürbisse hatten in diesem Jahr einen so vortrefflichen Geschmack, dass man sie statt Honig und Zucker zum Frühstück, zum Mittagsmahl und zum Abendbrot essen konnte. Sie waren so riesig, dass eine ganze Familie darin Platz gefunden hätte wie in einem Haus ...

Im Januar 1929 startete eine weitere Kampagne der Getreidebeschaffung. Nun wurden fünf Gnadentaler gerichtlich belangt und ihr gesamtes Hab und Gut beschlagnahmt. Weitere sechs wurden mit einem individuellen Ablieferungssoll belegt. Eine Woche später schlachteten vier Familien all ihr Vieh, verließen Haus und Hof und verschwanden aus dem Dorf.

... Ihr Weg führte sie in ein wunderbares Land, wo die Menschen sich ihren Lebensunterhalt nur mit ehrlicher Arbeit verdienten. Seine Bewohner waren so fleißig und der Boden so fruchtbar, dass auf den Feldern bis zum Horizont das ganze Jahr hindurch Ernten reiften ...

Im Mai wurden bei Gnadental drei Pionierkontrolleure umgebracht. Die Schüler, die bei Nacht die Saat auf den Kolchosfeldern bewachten, wurden mit Schussverletzungen tot aufgefunden. Zwei waren zehn Jahre, einer neun Jahre alt. Es bestand der Verdacht, dass der Mörder der Vater eines der Jungen war. Bewiesen werden konnte das nicht, denn der Mann verschwand spurlos. Einen Monat später verließen die Familien der drei Jungen das Dorf in unbekannter Richtung.

... Kinder ohne Zahl gebären. Einander lieben bis zum letzten Atemzug. Jeden Abend am offenen Fenster sitzen und sich der endlosen goldenen Felder freuen ... Sich der endlosen goldenen Felder freuen ... Sich der endlosen goldenen ...

Im Juni rollte erneut eine Kampagne durch die ganze Republik – zur Ermittlung von Kulakenwirtschaften. Die von oben vorgegebene Zahl, ein Anteil von mindestens 2,5 Prozent aller Einwohner, konnte Hoffmann nicht erfüllen. Die Bewohner verließen Gnadental in Massen. Wegen Zuwiderhandlung gegen diesen Auftrag erhielt Hoffmann im Gebietskomitee der Partei in Pokrowsk eine zweite strenge Rüge. Auf dem Heimweg wurde ein dritter, erneut erfolgloser Anschlag auf ihn verübt.

... Golden glänzen die Fluren ... In den Gärten röten sich die Äpfel, stupse sie an, und es spritzt! ... Glücklich sind die Men-

schen … Glücklich sind die Tiere … Glücklich sind Zwerge und Riesen … Alle sind glücklich … Golden glänzen die Fluren … Golden … Golden … Golden …

Im August ging ein Rundschreiben des Rates der Volkskommissare der Russischen Sozialistischen Föderativen Sowjetrepublik (RSFSR) ein, in dem angewiesen wurde, die Beschaffung von Fleisch, Butter, Eiern und anderen Lebensmitteln zu steigern. Im September startete die vollständige Kollektivierung der Bauernwirtschaften. Die Flucht der Bevölkerung aus den Dörfern, die bereits Massencharakter angenommen hatte, beschleunigte sich weiter, was den Namen des Jahres 1929 bestimmte: *Jahr der Flucht.*

18

Über Gnadental stieg Rauch auf, der bis zu den Wolken reichte.

Bach erblickte diesen Rauch, als er ans Steilufer trat, um sein Morgenmärchen durchzugehen. Seit einem Jahr hatte er keinen Stift mehr in die Hand genommen, fabulierte aber in Gedanken weiter. Wenn er beim Morgengrauen am Ufer stand und über die Wolga zu den weit verstreuten Häuschen blickte, dann sprach er sich in Gedanken seine Kreationen vor, wiederholte beharrlich mehrfach die wenigen Sätze, die ihm in der Nacht eingefallen waren – von fruchtbaren Feldern und lang erwarteten Hochzeiten, von Familien mit vielen Kindern und von rauschenden Festen … So wie Klara einst das Morgengebet über ihrem Gemüse- und Obstgarten gesprochen hatte, tat er dies jetzt für die Kolchosfelder seines Heimatdorfes. Diese leidenschaftlichen, zusammenhanglosen Beschwörungen konnten sich kaum erfüllen, doch

Bach erfand sie weiter. Einen anderen Weg, Gnadental zu helfen, wusste er nicht.

Der Rauch war so dick und schwarz, als hänge ein Karakulfell vom Himmel herab. Bach sprang ins Boot und arbeitete wie wild mit den Rudern: Hinüber! Die herbstliche Wolga, grau und zerzaust, schaukelte das Boot nachlässig und gleichgültig. Ebenso grau und zerzaust war der Horizont. Die Möwen schrien, schossen dicht übers Wasser, stürzten sich hinein und tauchten mit zappelnder Beute im Schnabel wieder auf. Offenbar schrien auch Menschen, nicht einer oder zwei, sondern eine große Menge. Das Stimmengewirr drang mit dem beißenden Brandgeruch zu ihm.

Bach durchfurchte mit den Rudern den schwankenden Leib des Flusses und drehte sich immer wieder nach dem näher kommenden Dorf um. Sein infames Gedächtnis spielte ihm alle irgendwann geschriebenen Episoden von Bränden, Brandstiftung oder Feuerregen vor. Sollte er heute niedergebrannte Häuser und verkohlte Menschen zu sehen bekommen? Schafe mit versengtem Fell und im Rauch erstickte Vögel? Trauernde Brandopfer, die binnen weniger Stunden das Dach über dem Kopf und zugleich ihr Hab und Gut verloren hatten? Krampfte sich sein müdes Herz nun schon zum tausendsten Mal zusammen, weil er sich schuldig fühlte für das, was hier geschah? Vielleicht sollte er nicht mehr in dieses Dorf kommen, sich von allem lossagen, was dort passierte, sich mit der Wolga von ihm abschotten, keine Märchen mehr schreiben, nicht mehr ans Ufer gehen und zum linken Ufer schauen, sondern nur noch zu Hause sitzen und das fünfjährige Annchen großziehen. Doch das brachte Bach nicht über sich. Immer wieder zog es ihn nach Gnadental, wo er eilig durch die Straßen ging, in den »Wolga-Kurier« schaute und die

Umgebung durchforschte. Immer wieder fragte er sich, ob die Dinge sich nicht wendeten. Ob jene reiche, fruchtbare Zeit nicht zurückkam. Doch das geschah nicht.

Er band sein Boot an einem fast gänzlich durchgefaulten Pfahl des Anlegesteges fest und kletterte hinauf. Seit Längerem tat er das, denn das Ufer war von den Skeletten verlassener Boote übersät, kein Ort für sein noch intaktes, dachte er. Er lief über die rissigen Bretter, sprang in den Sand und rannte dorthin, woher Rauch und Geschrei kamen.

In der Hauptstraße knallten Türen und Fensterflügel, klickten Schlösser und Riegel, kreischten Frauenstimmen. Hühner rannten ziellos umher, aufgeregte Hunde bellten. Ebenso ziellos stürzten Menschen wie von Sinnen mit bleichen, fremden Gesichtern von einem Haus zum anderen. Ein herrenloser Blecheimer rollte klappernd und durch Schlaglöcher springend die Straße entlang, brachte Bach beinahe zu Fall und kollerte weiter in Richtung Wolga. Es war, als sei er ein lebendes Wesen und flüchte vor etwas Schrecklichem. Es stank nach verbranntem Gummi und glühendem Eisen. Überall flog heiße Asche herum. Als Bach den Marktplatz erreichte, hielt er erschrocken inne, weil ihm Rauch und Gluthitze entgegenschlugen.

Mitten auf dem Platz brannte ein Feuer wie eine riesige rote Tulpe. Es waren die drei Ulmen, aus denen eine einzige gewaltige Flamme schlug. Ein Haufen Gerümpel, das man zwischen sie geworfen hatte, bildete den Blütenboden, und jeder Baum ein Blütenblatt. In der stillen Luft bewegte sich die Flamme kaum, sondern sandte nur schwarze Rauchwolken und riesige Funkenbälle zum Himmel. Ständig kamen rußverschmierte Leute zu dem Feuer gelaufen und warfen immer neue Dinge hinein – Bretter,

Möbel, Stapel von Büchern, Kleidung ... Das Feuer prasselte so heftig, dass die Stimmen der Menschen kaum noch zu hören waren.

»... Alle Anschläge und Ehrentafeln!«, brüllte der Schmied Benz von der Kirchentreppe her. Doch sein Schreien galt merkwürdigerweise nicht der Menge, sondern der geschlossenen Kirchentür. »Die Ernteergebnisse! Die Roten und Schwarzen Bretter! Die Agitationstafeln! Der ganze neue Mist – ins Feuer damit! Die Kommunisten sollen brennen wie diese Tafeln – in der Hölle!«

»In der Höll-e-e-e!«, fiel die Menge ein, schwang Mistgabeln und Sicheln.

»Die Bücher aus dem Lesehaus! Die Plakate aus der Schule und der Agitationsecke! Zeitungen und Zeitschriften!«, brüllte Benz weiter. »Die Bilder aller dieser Hundesöhne und -töchter, denen Gott deutsche Namen geschenkt hat!«

Jetzt flogen Rollen Papier, weitere Bücher und danach die Fotos von Karl Marx und Karl Liebknecht in ihren massiven farbigen Rahmen eins nach dem anderen ins Feuer.

»Hörst du? Deine Idole brennen schon, nur du bist noch übrig!« Mit aller Wucht seiner schweren Faust schlug der Schmied gegen die Kirchentür. Doch die mit Eisenbändern bewehrten Türflügel zitterten nicht einmal.

Jemand hatte sich vor der wütenden Menge in der Kirche eingeschlossen, begriff Bach.

»Deine Klamotten, Judas!« Bei diesen Worten flogen jemandes zerknitterte Hosen, eine Jacke, Fußlappen und Unterhosen in die Flammen. »Deine Sachen!« Es folgte ein Sperrholzkoffer, der im Fluge aufging und seinen Inhalt – Löffel, Geschirr und anderes Küchengerät – überall verstreute. »Deine Papiere!« Jetzt flatterten Hefte, eine Menge beschriebener Blätter, Bleistifte, Rechnungen und ein dickes Kontorbuch ins Feuer, in das man jahrelang Bachs Märchen eingeklebt hatte. »Mach endlich auf und bring die Leute nicht noch mehr in Rage! Je länger du da drin hockst, desto länger wirst du im Feuer schmoren!«

»Nicht verbrennen, sondern ersäufen muss man den wie einen tollwütigen Hund!«, wurde aus der Menge gerufen. »Und ihm vorher den Wanst mit Steinen füllen, damit er besser schwimmt! Im Feuer lassen Märtyrer des Glaubens ihr Leben, nicht Kommunisten!«

»Den Schweinen zum Fraß vorwerfen!«, forderten andere. »Davon hat der Kolchos viele, die fressen ihn mit Haut und Haaren! So bringt er seinem Kolchos wenigstens noch einen Nutzen, der Hundesohn!«

»Die kirgisische Methode wäre gut – ihn einem Pferd an den Schwanz binden und das in die Steppe jagen!«

»Das wäre zu viel der Ehre! Mit dem Truhendeckel den Kopf abhauen, kurz und knapp!«

Bach ging zwischen den Dorfbewohnern umher und schaute in die wutverzerrten Gesichter. Beim Schein des Feuers waren sie kaum voneinander zu unterscheiden, er sah nur finster zusammengezogene Brauen, starrende Augen und aufgerissene Münder … Ob Männer oder Frauen, jung oder alt – sie waren alle gleich. Ebenso ihre Stimmen – tief und heiser wie das Krächzen von Raben.

»Kippt doch Petroleum unter die Tür und zündet sie an, dann kommt er sofort raus!«

»Schlagt mit einem Baumstamm die Tür ein!«

Da tauchte wie aus dem Nichts die magere Gestalt von Pastor Händel auf. Er stürzte mit ausgebreiteten Armen zur Kirchentür, um sie vor der Gewalt der Masse zu schützen.

»Gotteslästerung lasse ich nicht zu! Verteidigt den Tempel des Glaubens, aber zerstört nicht das Gotteshaus!«

Abseits von der Menge, an den Brunnen gelehnt, saß am Boden der Vorsitzende des Dorfsowjets Dietrich. Seine Kleidung war völlig verdreckt, die Wattejacke an den Schultern zerrissen. Er wischte sich unablässig mit dem Handrücken über die schmutzigen Wangen, verschmierte dabei aber das ganze Gesicht. Bach lief herzu, holte aus dem Brunnen einen Eimer Wasser und stellte ihn vor Dietrich hin, damit er sich waschen konnte. Doch statt sich das Wasser ins Gesicht zu plätschern, nahm er den Eimer und kippte ihn über sich aus, als sei dies kein grauer Novembertag, sondern heißes Juliwetter. Er blieb noch ein paar Sekunden sitzen, die Hand schützend über die Augen gelegt und mit Erleichterung im Gesicht. Dann kam er, triefend, irgendwie auf die Beine und ging langsam davon.

Bach lief ihm nach, trippelte ein paar Schritte neben ihm her und stöhnte fragend. Dietrich schüttelte nur den Kopf und wiederholte ein ums andere Mal: »Wie konnte er nur so blöd sein, so blöd …« Bach griff nach seinem klatschnassen Ärmel und zog ungeduldig daran. Dietrich riss sich los und zeigte nach oben. Als Bach den Kopf hob, staunte er so sehr, dass er Dietrich und dessen merkwürdiges Verhalten sofort vergaß. Auf der Kirche von Gnadental fehlte das Kreuz. Der Kirchturm ragte nach wie vor zum Himmel auf, aber die Spitze war abgebrochen, wodurch das ganze Gebäude beschädigt und verlassen wirkte. Am Turm hing ein Seil, an dem der Vandale wahrscheinlich nach oben gelangt war. Das Ende verschwand in einem der Turmfenster. Als Bach um sich schaute, entdeckte er auch das Kreuz: Sorgsame Hände hatten es ordentlich an die Kirchenwand gelehnt.

»Ja-a-a!«, heulte da die Menge auf und begrüßte zwei Burschen, die eine hölzerne Leiter anschleppten. »Endlich! Das wird aber auch Zeit!«

Die Leiter wurde an die Kirchenwand gelehnt, und einer der jungen Männer stieg zu dem Spitzbogenfenster hinauf, dessen zerschlagenes Glas in den letzten zehn Jahren von einem Spruchband mit der verblassten Aufschrift »Dem Morgenrot entgegen!« verdeckt war. Der Stofffetzen flog nach unten, und der Bursche steckte den Kopf zum Fenster hinein. Drinnen krachte es, der Junge riss mit einer merkwürdigen Bewegung die Arme hoch und fiel rückwärts von der Leiter.

»Eine Waffe hat er auch noch, der Dreckskerl!«, brüllten Stimmen. »Damit muss man ihn erschießen wie einen Hund! Besser noch, eine Mistgabel in den Bauch, damit er sich länger quält! Oder wir hängen ihn an den Beinen auf, sollen die Raben ihm Augen und Leber aushacken!«

Der stöhnende Bursche wurde fortgebracht, und die Menge, die Pastor Händel inzwischen von der Tür abgedrängt hatte, trommelte mit den Fäusten dagegen.

»Mach auf! Jetzt musst du dich verantworten! Für die Getreidebeschaffung! Für die Samenfonds! Für die Steuern! Für die Kolchosen! Für die Gottlosen und die Kulaken! Au-u-u-fm-a-a-a-chen!«

Die brennenden Ulmen heulten dazu und streckten ihre in Flammen stehenden Äste zum Himmel.

Bach hielt sich die Ohren zu, konnte aber den Blick nicht von der Menschenmenge im Feuerschein wenden. Langsam zog er sich zurück.

»Wir haben ihn!«, ertönte es da aus einer Seitenstraße. »Der Rest ist in der Steppe verschwunden, aber diesen Vogel haben wir erwischt!« Mehrere Leute schleiften einen Mann an den Haaren herbei. Der zappelte nur ein wenig und suchte sich zu befreien. »Geschnappt haben wir den Aktivisten!«

»Her mit ihm!«, johlte die Menge voller Ungeduld. »Macht scho-o-o-n!«

Der Junge wurde vor der Kirchentreppe zu Boden gestoßen. Dabei rollte er ein Stück und blieb vor der untersten Treppenstufe liegen. Sofort griffen Dutzende Arme nach ihm, aber sie bekamen ihn nicht zu fassen, denn zahllose Füße in Schuhen, Stiefeln und Holzpantinen trampelten über ihn hinweg. Sein Körper hüpfte und wand sich unter ihren Tritten.

»Halt!«, ertönte da der Bass des Schmiedes Benz. Er stieß die Leute auseinander und drängte sich zu dem am Boden Liegenden durch. »Wir brauchen ihn lebend! Zurück!«

Wieder heulten die Ulmen auf und ließen einen Funkenregen über dem Platz niedergehen.

Benz hatte den Mann erreicht. Er packte ihn am Fuß und zerrte ihn die Treppe hinauf. Dabei schlug der Kopf bei jeder Stufe hart auf, und für einen Moment war sein Gesicht zu sehen: Es war der Pioniervorsitzende Dürer.

»Deinen Helfershelfer haben wir!«, donnerte Benz in Richtung der verschlossenen Kirchentür. »Wenn du nicht aufmachst, muss er an deiner Stelle schmoren!«

»Au-u-u-fm-a-a-achen!«, heulte die Menge.

»Mach du das Maul auf!«, forderte Benz von Dürer. »Aber du musst laut schreien, damit es in der Kirche zu hören ist!«

Doch Dürer schwieg, entweder weil er bewusstlos oder weil er so standhaft war.

»Jetzt haben wir's!«, kreischte die Menge und reichte einen mit einer Flüssigkeit gefüllten Eimer von Hand zu Hand weiter. »Das hilft bestimmt!«

Benz nahm den Eimer von ausgestreckten Händen entgegen und goss einen Teil des Inhalts über Dürer. Die Menge wich zurück. Ein scharfer Geruch schwappte über den Platz: Es war Benzin.

Dürer wimmerte kindlich auf. Er versuchte sich umzudrehen und in die Hocke zu kommen, aber seine verletzten Arme und Beine glitten auf den nassen Stufen aus, er schlug mit Gesicht, Brust und Schultern auf, kauerte sich dann vor der Kirchentür hilflos zusammen und schaute entsetzt auf den Funkenflug über ihm.

»Los!«, forderte die Menge. »Lass was hören!«

Dürer versuchte zu schreien, aber seiner Kehle entrang sich nur ein kaum hörbares Jaulen. Verzweifelt riss er den Mund auf, bleckte die Zähne und strengte die Kehle so an, dass die Adern am Hals dick wie Stricke hervortraten. Vergebens: Aus seinen verzerrten Lippen drang kein Laut.

»Ins Feuer mit ihm!«, grölte die Menge jetzt. »Dürer ins Feuer!«

Die Ulmen stöhnten erwartungsvoll auf und reckten den Menschen ihre brennenden Äste entgegen.

»Nein!«, rief es da laut und durchdringend von der anderen Seite des Platzes. »Das lassen wir nicht zu!«

Drei Jungen von zehn, zwölf Jahren kamen zur Kirche gelaufen. Ihre Gesichter waren weißer als ihre Hemden, die Halstücher flammend rot wie das Feuer. Die Pioniere drängten sich in die Menge, sickerten durch sie hindurch, wie Wasser durch Baumwurzeln rinnt. Sie stellten sich um den zitternden Dürer herum und bedeckten ihn mit ihren dünnen Armen.

»F-o-o-o-rt mit euch!«, blökte die Menge, und über Dutzenden wütenden Gesichtern schossen Dutzende Fäuste in die Luft.

»Wir geben ihn nicht her!«, antworteten die Kinder mit

hoher, reiner Stimme. »Macht ihr euch fort! Und wenn nicht, dann verbrennt uns zusammen mit ihm!«

»Ihr stellt euch gegen eure Väter?!«, schrie es aus der Menge, die erneut mit Gabeln und Sicheln drohte.

»Ja, das tun wir!«

Empört schob sich die Menge zur Kirchentreppe vor. Jetzt waren weder der misshandelte Dürer noch die weißen Hemden der Kinder oder ihre roten Halstücher zu sehen, eine dunkle Menschenmasse wogte hin und her, in dem Getöse konnte man kein einziges Wort mehr verstehen.

Der Lärm wurde immer größer, verschmolz mit dem Heulen der Ulmen zu einem mächtigen Chor, bis auf dem Platz etwas laut krachte. Eine Explosion? Ein Schuss? Nein – es war das Geräusch, mit dem die Türflügel der Kirche von innen aufgestoßen wurden und gegen die Mauern geknallt waren.

Die Menge erstarrte, Sicheln und Fäuste hingen in der Luft, das Schreien und Weinen riss ab. Aller Augen richteten sich auf die schwarze Öffnung, in der sich durch Rauch und Staub allmählich eine lichte Gestalt abzeichnete.

»Da bin ich«, sagte Hoffmann leise. »Ihr könnt mich haben.«

Seine zerknüllten Kleider trug er in der einen Hand, die Schuhe in der anderen. Er trat auf die Treppe hinaus und schleuderte zuerst Hemd und Hose, dann die Schuhe zu Boden. Die Menge wich davor zurück wie vor den Lumpen eines Aussätzigen. Jetzt stand Hoffmann allein und nackt auf der Kirchentreppe.

Er blickte müde, aber ruhig von der Höhe der drei steinernen Stufen auf die Menge herab, beleuchtet vom grauen Tageslicht und dem roten Feuerschein. Seine Nacktheit entblößte, was man zuvor unter der Kleidung nur hatte vermuten können: Hoffmanns Körper war nach anderen Regeln gebaut als der eines normalen Menschen. Seine Gliedmaßen passten nicht zueinander: Die Hände hingen bis zu den Knien herunter, der rechte Arm war länger als der linke, und die krummen Beine erinnerten an Tierpfoten. Knochen und Muskeln waren unter der Haut zu merkwürdigen Knoten verbunden, wiesen an den unmöglichsten Stellen Höcker oder Dellen auf. Seine Brustwarzen waren schräg verteilt – die eine am Halsansatz, die andere neben einer Achselhöhle. Der große Bauchnabel saß bei ihm an der Seite. Der mit dichtem Haar bewachsene Hodensack hing ihm tief herunter wie bei einem alten Tier.

»Den Revolver habe ich auf den Altar gelegt«, sagte Hoffmann. »Er ist geladen, verletzt euch nicht damit.«

Er tat einen Schritt vorwärts.

Die Menge gab ihm den Weg frei.

Hoffmann schritt die Stufen hinunter und ging zwischen den zurückweichenden Menschen über den Platz. Das tat er ruhig, ein krummes Bein vor das andere setzend. Seine verbogene Wirbelsäule federte, die Knochen bewegten sich merkwürdig, die Muskeln spannten sich, als hätten sie eine schwere Arbeit zu verrichten. Wie gebannt und ohne ein Wort verfolgte die Menge dieses Spiel.

Hoffman ging aus Gnadental in Richtung Steppe.

Er hatte den Rand des Marktplatzes fast erreicht, da wollte ihm jemand den Weg nicht frei geben und stellte sich direkt vor ihn. Eine Frau, groß und mit einem fülligen Körper gesegnet – Melonen-Emmy. Die gewaltige Brust vorgereckt, erwartete sie ihn.

Hoffmann blieb erst stehen, als er den üppigen Frauenkörper fast berührte. Er stand ein paar Augenblicke da, als studiere er das Hindernis. Dabei schaute er Emmy gerade ins Gesicht. Die erwiderte seinen Blick spöttisch und ohne zu blinzeln. Er wollte um sie herumgehen, aber die Menge hatte sich bereits aus ihrer Erstarrung gelöst. Sie schloss links und rechts dicht zu der Frau auf. Hoffman anzurühren traute sich niemand, doch alle standen da, das Kinn drohend vorgestreckt, die Sicheln und Gabeln fest in den Händen.

Melonen-Emmy grinste und tat einen Schritt nach vorn. Sie stieß Hoffmann nur ein wenig mit ihren Brustwarzen an. Der senkte den Blick, drehte sich langsam um und schlug die entgegengesetzte Richtung ein.

Die Menge folgte ihm.

Die Leute gingen schweigend, Schulter an Schulter, ohne ihre Schritte zu beschleunigen oder zu verzögern und ohne die bewegungslos am Boden Liegenden – Dürer und die anderen Kinder – zu bemerken. Sie schritten dahin, als wären sie mit einem Schleppnetz über den Platz gefahren und hätten ihre einzige Beute eingefangen. Dabei war nicht klar, ob Hoffmann sie anführte oder sie ihn vor sich hertrieben – die Straße zur Wolga hinunter.

Bach drückte sich an die Brunnenwand und ließ den Zug passieren.

Er war hin und her gerissen, wusste nicht, ob er auf dem Platz bei den Kindern bleiben oder der Menge nachlaufen und versuchen sollte, den Unglücklichen zu retten. Die Schritte der Menge entfernten sich. Die niederbrennenden Ulmen knackten und prasselten immer noch.

Bach wollte laut und wild schreien, um dieses Geräusch zu übertönen, die Pioniere aus ihrem Todesschlaf zu wecken und die verhexte Menge zur Besinnung zu bringen. Lallend packte Bach einen verkohlten Stock und schlug damit gegen den leeren Brunneneimer wie an eine Glocke. Doch sein Trommeln von Holz auf Blech klang zu dumpf und ging in dem allgemeinen Lärm unter. Bach ließ den Eimer fallen und rannte zum Fluss.

Die Menschen, so finster dreinblickend und schweigend wie zuvor, hatten sich längs des Ufers unmittelbar am Wasser aufgebaut. Bach versuchte, hinter der dicken Mauer von Rücken und Köpfen etwas wahrzunehmen, zwängte sich zwischen die Schultern zweier Leute, schob und drängelte, bis man ihn nach vorn ließ. Jetzt stand er in der ersten Reihe, bis zu den Knöcheln im Wasser. Und konnte alles sehen.

Hoffmann ging in die Wolga. Es strengte ihn an, als sei es kein Wasser, sondern zäher Teer. Bevor er den nächsten Schritt tat, wandte er sein schönes Gesicht, das jetzt verbittert und hoffnungslos dreinschaute, noch einmal zum Ufer hin. Da ging jedes Mal eine Bewegung durch die erhobenen Arme mit Gabeln und Sicheln. Jetzt reichte ihm das Wasser schon bis zu den Knien, dann bis zu den Hüften. Es erreichte seinen Rücken …

Bach heulte auf und wollte vorwärtsstürzen, um Hoffmann zurückzuhalten und zu retten. Doch da krallten sich Hände in seinen Kragen und sein Haar. Bach wollte sich losreißen, aber das gelang ihm nicht. Harte, gleichgültige Hände hielten ihn gepackt, bis das Wasser Hoffmann bis zur Brust, bis zum Hals reichte, bis er sich ein letztes Mal umschaute und dann ganz in der Wolga verschwand. Sein Kopf ging rasch und spurlos unter, ließ an der Oberfläche weder Kreise noch Blasen zurück.

Die Menge blieb noch lange am Ufer stehen und starrte auf den Fluss. Von Hoffmann war nichts mehr zu sehen. Schließlich ließen die Hände Bach los, er klatschte ins Wasser und blieb dort sitzen, mitten in gelbem Schaum und heranrollenden Wellen, vor Kummer leise wimmernd.

Warum war Hoffmann auf die Kirche gestiegen? Hatte

er die Gegend von dem ideologisch schädlichen Kreuz befreien wollen? Oder hatte er tatsächlich vorgehabt, in der Kirche ein Kinderheim einzurichten? Die verstaubten Kultgegenstände hinauszuwerfen, eine Heizung einzubauen, Schlaf- und Aufenthaltsräume zu schaffen? Wie dem auch sei, dieser Wunsch war nun zu seinem letzten, unerfüllbaren geworden.

Wie lange Bach so am Ufer der Wolga saß, wusste er nicht zu sagen. Auch nicht, wen er beweinte, den wunderlichen Hoffmann oder die getöteten Kinder. Vielleicht gar alle Gnadentaler. Jene, die das Dorf verlassen hatten. Jene, die geblieben waren. Den ausgelaugten Boden. Die verbrannten Ulmen. Das glückliche *Jahr der Überreichen Ernte*, das unwiederbringlich in der Wolga versunken war, so wie Bachs letzter Schüler.

Längst stand am Ufer niemand mehr, nur der graue Sand trug noch die Spuren unzähliger Stiefel und Schuhe. Bach erhob sich und trottete zur Anlegestelle. Über die rissigen Bretter erreichte er sein Boot. Stieß es ab und ruderte zu seinem heimatlichen rechten Ufer zurück, ohne das Dorf und die darüber schwebenden Rauchwolken auch nur eines Blickes zu würdigen.

Er wusste, dass er nie wieder einen Fuß nach Gnadental setzen werde.

Dass er nichts mehr schreiben wollte.

Dass er Annchen nicht unter die Menschen bringen konnte, niemals.

Der Sohn

19

Die ganze Nacht verbrachte Bach sitzend, das schlafende Annchen im Arm. Von dem Gewicht taten ihm bald die Schultern weh, aber sich von dem Kind zu trennen und es ins Bett zu legen, vermochte er nicht. Ihn beschäftigte ein einziger Gedanke: Ob wohl auf der Welt ein Ort war, wohin der alte graue Wolf Bach sein Mädchen mit den Zähnen fort schleppen und vor der wild gewordenen Menge von Gnadental verstecken konnte? Gab es einen solchen Ort? Gab es ihn? Als er draußen das Schnattern eines vorbeifliegenden Gänseschwarms vernahm, bemerkte er, dass es schon Morgen war. Da wurde ihm klar: Einen solchen Ort gab es. Das Land, das er zwar nicht seine Heimat nennen konnte, aber das für ihn auch nicht die Fremde war – das Reich.

Viele hatten Gnadental mit diesem Ziel verlassen, und viele waren mit leeren Händen in das Dorf zurückgekehrt. Aber es gab auch jene, denen es gelungen war, die Grenze zu überwinden, sich wie Schatten zwischen den Welten hindurchzuschleichen und sich im Reich niederzulassen, eine Höhle zu finden und sich dort zu verkriechen. Jetzt lebten sie doch an Rhein und Oder, Elbe und Weser – der Müller Wagner, die kinderreichen Planks und die sparsamen Schmidts. Irgendwo dort hatte sich gewiss auch Udo Grimm mit der alten Tilda niedergelassen, wenn er sie nicht wegen Klaras Flucht vor Zorn verstoßen hatte. Konnte sich dort nicht auch für den bescheidenen Bach und das kleine Annchen ein Fleckchen finden?

Er ging in den Garten, wo die Apfelbäume in der nebligen Morgenluft kaum zu erkennen waren. Langsam schritt er zwischen ihnen hin und her, streichelte sie und verabschiedete sich von jedem Einzelnen. Er berührte etwas Raues, Nasses – die kalte Feuchtigkeit, die auf den Stämmen lag. Er bat die Bäume um eines: Klara zu behüten. Sie suchte er erst auf, als am blaugrauen Himmel bereits eine blasse Novemberdämmerung heraufzog. Mit gesenktem Kopf stand er lange neben dem Grabstein und hörte auf die wenigen Vogelrufe in der Höhe. Von dem warmen Herbst getäuscht, flogen die Gänse in diesem Jahr spät nach Süden. Mit den Fingern berührte er den Stein. Verzeih mir, Klara, dass ich unser Annchen in die große Welt bringe. Einen anderen Weg gibt es offenbar nicht.

Dann ging er eilig an die Vorbereitungen. Als Erstes galt es, den Hof aufzuräumen: Er legte herausgefallene Holzscheite ordentlich auf den Stapel zurück, rollte den Hackklotz in die Scheune, räumte alles Werkzeug vom Hof dorthin, dazu den Tisch der Sommerküche. Nahm noch ein paar flatternde Lappen von der Wäscheleine ab, wickelte die Leine auf und verstaute sie im Hausflur. Dann leerte er die Fässer mit dem Regenwasser, das er eimerweise zu den Apfelbäumen schleppte und sie damit begoss. Alles, was unter den Schutzdächern stand – Kisten, Wagen, Schachteln und Eggen –, verschwand im Schuppen. Die Pferche für Rinder und Geflügel, dazu das Eishaus wurden verriegelt, Scheune, Kuhstall und Geflügelhaus mit Vorhängeschlössern gesichert.

Er arbeitete schnell und lautlos. Die Gegenstände gehorchten ihm, legten sich ihm in die Hand, fielen nicht zu Boden und machten keinen unnötigen Lärm. Nur als er aus einem halb mannshohen Weidenkorb Äpfel in die Reisetasche packen wollte, kippte der mit einem langgezogenen wehmütigen Ächzen um, und die großen Früchte fielen zusammen mit der Heupolsterung auf den gestampften Lehmboden des Schuppens. Missgestimmt schüttelte Bach den Kopf. Die Äpfel würden Druckstellen bekommen und noch vor dem Winter faulen. Aber wozu die Sorgen? All die Körbe, die bis obenhin mit rosafarbenen, grünen und gelben Äpfeln gefüllt waren, die unter der Decke aufgehängten Schnüre mit Trockenfisch und die zahllosen Bündel im Sommer gesammelter Kräuter – all das blieb auf dem herrenlosen Gehöft zurück, konnte niemanden mehr nähren oder heilen. Bach legte die verstreuten Früchte in den Korb zurück und bedeckte sie sorgsam mit Heu. Auch diese Tür bekam ein Vorhängeschloss.

Als die Wirtschaft in Ordnung gebracht war, ging er wieder ins Haus. Auf dem Tisch breitete er ein großes festes Laken aus, legte all seine und Annchens Sachen darauf – Kleidung und Schuhe, dazu zwei Holzschüsseln mit Löffeln. Das knotete er zu einem dicken Bündel zusammen. Das war alles, was er in das neue Leben mitnehmen wollte. Eigentlich sollte noch das Goethebändchen hinein, aber das Bündel war auch so schon schwer genug.

Geld für die Reise besaß Bach nicht. Was sie kostete, konnte er sich kaum vorstellen. Er wusste nicht einmal, wie die derzeit gültigen Scheine und Münzen aussahen. Daher beschloss er, ein paar von Tildas Klöppelarbeiten mitzunehmen und bei Gelegenheit zu verkaufen. Lange wühlte er in den Truhen, um die am feinsten gearbeiteten Kragen und Deckchen zu finden. Als er aus einer der Truhen wieder auftauchte, stand das schläfrige Annchen in der Tür.

Mach dich fertig, sagte er in Gedanken zu ihr. *Wir fahren nach Moskau, um uns deutsche Pässe zu beschaffen.*

Bald darauf traten sie aus dem Haus – der vor Entschlossenheit blasse Bach in einer Felljacke vom Romanow-Schaf und kirgisischer Filzkappe, über der einen Schulter die Tasche mit dem Reiseproviant und über der anderen das dicke Bündel mit ihren Sachen. Dazu die vom Schlaf rotbäckige Tochter, die er in ein wollenes Umschlagtuch gehüllt hatte, unter dem sie die aus einer alten Steppdecke genähte Wattejacke trug.

Bach schloss die Haustür ab, stellte sich dann auf einen umgekippten Eimer, ertastete hinter dem überhängenden Strohdach einen von außen nicht sichtbaren Spalt zwischen zwei Rundhölzern und ließ dort das große Schlüsselbund hineingleiten. Den Eimer räumte er unter die Vortreppe. Ein letztes Mal wandte er sich dem Haus mit den fest verschlossenen Fensterläden und dem struppigen Strohdach zu, dem leeren Hof und dem kahlen Garten, wo er an einem Baum einen vergessenen kleinen gelbgrünen Apfel entdeckte, der einsam an einem Zweig schaukelte. Er nahm Annchen bei der Hand und ging mit raschem Schritt zum Wolgaufer.

Die Kleine war nicht weniger aufgeregt als Bach, aber aus Vorfreude, als erwarte sie ein spannendes Abenteuer. Rasch bewegte sie die kurzen Beinchen, um mit Bachs ausgreifendem Schritt mitzuhalten, und schnaufte im Takt mit ihm. Den Blick hatte sie begierig nach vorn gerichtet, unter dem Kopftuch hervorgerutschte Löckchen tanzten auf ihrer Stirn. Hätte er sie freigegeben, wäre sie wahrscheinlich, vor Aufregung quietschend und mit geöffnetem Mund nach Luft schnappend, vor ihm hergelaufen.

Annchen sprang als Erste ins Boot, wollte sofort zum Bug und die Hände ins Wasser hängen lassen, um die Spritzer der Bugwelle zu fangen. Doch Bach gab ihr mit einem kurzen, strengen Befehlslaut zu verstehen, sie möge sich still hinsetzen. Er warf das Bündel mit ihren Sachen auf den Boden und wies sie mit einem Blick an, es festzuhalten. Annchen verstand, setzte sich und legte ihre Händchen gehorsam auf das Gepäckstück. Bach stieg ins Boot, stieß es mit dem Ruder von einem großen Stein ab, das Ufer geriet ins Schaukeln und entfernte sich von ihnen.

Einen Abschiedsblick auf den Steilhang mit dem gewundenen Pfad vor dem grauen Himmel zu werfen, hatte Bach keine Gelegenheit mehr. Auf der Wolga herrschte starker Wellengang, das Boot wurde gnadenlos durchgerüttelt und in die Höhe geworfen, so dass Insassen und Gepäck fast ins Wasser fielen, dann tief nach unten gestürzt, wo sie von Spritzern durchnässt wurden. Bei jedem Wellenberg sog Annchen begeistert die Luft ein und stieß sie bei jedem Wellental wieder aus. So flogen sie dahin mit Einatmen und Ausatmen ..., Einatmen und Ausatmen ...

Während Bach mit den Rudern das brodelnde Wasser peitschte, hatte er ständig ein Auge auf das rechte Ufer. Irgendwann musste es flacher werden, und die ersten Häuser der russischen Stadt Saratow mussten in Sicht kommen. Bach war selbst nie dort gewesen, aber er erinnerte sich, wie häufig der finstere Kaissar seinen Herrn dorthin gerudert hatte. Also konnte die Fahrt so kompliziert nicht sein. Bach versuchte, nahe am Ufer zu bleiben, doch nach einer Stunde stellte er fest, dass er sich fast mitten in der Fahrrinne befand. Die Strömung war stärker als seine Arme. Zum Glück war die Wolga leer, die Schifffahrt hatte man schon im Oktober eingestellt.

Durch das Klatschen der Wellen und das Pfeifen des Windes ertönte plötzlich irgendwo ganz nah der Basston einer Sirene – zweimal kurz und einmal lang. Erschrocken fuhr Bach herum. Da stampfte ein Dampfer, flach, breit und mit stumpfem Bug rasch die Wolga herauf, als wollte er seinen kleinen Kahn im nächsten Moment überrollen. Wo kam der so plötzlich her? Bach zerrte an den Rudern, dass er sie beinahe aus der Halterung gerissen hätte. Mit dem linken bremste er, mit dem rechten arbeitete er wie wild, um das Boot näher ans Ufer zu bringen, und das gegen die Strömung und den steifen Wind. Das Boot schlug einen Haken und hüpfte über die Wellen. Annchen ließ sich von der Bank auf das nasse Kleiderbündel fallen und hielt sich mit den Händen an den Bordwänden fest, ohne den Blick von dem Ungeheuer zu wenden, das auf sie zukam. Da dröhnte die Sirene wieder, zweimal kurz und einmal lang, dass ihnen die Ohren schmerzten. Der Dampfer kam immer näher und zog haarscharf an ihnen vorbei. Bach glaubte, mit dem Ruder gegen die Bordwand zu stoßen. Die schwarz gestrichenen gewölbten Bordwände vibrierten, Schaumflocken klebten daran, und weiter oben hüpften die Rettungsringe wie an die Reling gehängte Kringel. Ein Matrose beugte sich herunter, schüttelte wütend die Faust und brüllte den im Boot erstarrten Bach an:

»Wohin willst du denn mit deinem Trog, du Vollidiot!« Er war puterrot im Gesicht, und das nicht vom Wind, sondern vor Zorn.

»Sogar ein Kind schleppt er mit, der Blödian!«

Dann war der Dampfer vorbei, doch das Boot schaukelte noch lange auf den von ihm aufgewühlten Wellen. Bach zog die Ruder ein und atmete schwer. Er wischte sich Gesicht und Nacken ab, die von der Aufregung ganz verschwitzt waren. Sein Blick fiel auf Annchen. Die Kleine starrte immer noch dem Schiff hinterher und bewegte dabei lautlos die Lippen, als wollte sie die soeben von dem Matrosen gehörten Worte nachsprechen. Schließlich wandte sie sich Bach zu, und aus ihrem Mund tönte es – zweimal kurz und einmal lang …

Am Rande von Saratow gingen sie an Land. Zu zweit zogen sie das Boot ans Ufer, legten es in eine Vertiefung zwischen zwei Weiden und deckten Zweige darüber. Dann folgten sie einem schmalen Uferpfad, der offenbar zur Stadt führte.

Bach nahm Annchen an die Hand und hielt sie so fest, dass sie ab und zu vor Schmerz wimmerte. Aber sie riss sich nicht los. Was sie um sich herum erblickte, frappierte sie so sehr, dass sie alles andere vergaß, den neben ihr gehenden Bach und sogar sich selbst. Hinter jeder Biegung des Pfades warteten Dinge, die sie noch nie gesehen und gehört hatte. Eine Frau kam zum Fluss herunter. Um den Kopf trug sie ein braunes Tuch (wie Annchen), am Leib eine Jacke, die mit einem Strick gegürtet war (wie bei Bach). In der Hand hielt sie eine Leine, an der ein riesiges Tier angehängt war, das seine Mähne schüttelte, träge mit den Hufen vor sich hin trabte, den Kopf zurückwarf, riesige Zähne zeigte und dann mit hoher, merkwürdiger Stimme schrie … Auf einem Hügel stand ein Blockhaus wie das von Annchen und Bach. Dahinter noch mehrere andere. Neben einem ragte ein hoher Pfahl in die Luft, und von dem Pfahl führte ein schwarzes Seil ins Haus. Unten machte sich ein Mann zu schaffen, der einen Stock in die Luft hob. Es krachte, und aus dem Seil schossen weiße Funken und eine Flamme heraus … Bei einem eisernen Ungeheuer mit Rädern drängten sich Menschen, schimpften und gestikulierten. Da heulte das Ungeheuer mit tiefer Stimme auf und fing ohrenbetäubend zu klappern an …

Alles, was Annchen zum ersten Mal sah, prägte sich ihrem Gedächtnis ein wie eine Serie farbiger und erstaunlich scharfer Fotografien. Was sie zum ersten Mal hörte, wurde dort gespeichert, so wie Grammophonplatten aus hartem Schellack geprägt werden. Doch diese ganze riesige, phantastische Welt hatte nicht genug Platz in ihren Augen und Ohren, sie blendete und betäubte sie. Sie drohte Annchens kleines aufgeregtes Herz in Stücke zu reißen, ihren von all den Eindrücken glühenden Kopf zu sprengen. Dagegen konnte sie sich nicht wehren, sie konnte sich dieser Welt nur unterordnen und sich in ihr auflösen. Das tat Annchen. Von Zeit zu Zeit schloss sie die Lider, hielt den Atem an und schwebte an Bachs Hand ergeben dahin. In dem seligen Gefühl, Teil dieser Laute und Bilder zu sein: der klatschenden Schaufelräder des Dampfers auf dem Fluss, der Schimpfworte des Matrosen, des wiehernden Pferdes, der funkensprühenden Elektrizität oder der klappernden Dreschmaschine. All die Wörter und Bezeichnungen kannte sie noch nicht, aber ging es denn um Wörter? Auch ohne sie war die Welt fesselnd genug. Wenn sie wieder zu Atem gekommen war, öffnete sie erneut die Augen.

Annchens Aufregung entging Bach nicht. Aus ihren Pausbäckchen war die Röte gewichen, ihre Äuglein glänzten fiebrig und ihre Lippen waren in ständiger Bewegung. Manchmal trübte sich ihr Blick, sie verfiel gleichsam in einen kurzen Schlaf, bewegte dabei aber gehorsam die Beine. Er wollte sie auf den Arm nehmen, um sie ein wenig zu beruhigen, doch sie protestierte, heulte auf und riss sich los. So gingen sie weiter, jeder aus eigener Kraft.

Sie kamen an mehreren Hügeln vorbei, auf denen dicht gedrängt Holzhäuser standen, irrten zwischen Bretterzäunen, Bächen mit Brücken aus Baumstämmen und winzigen Kapellen umher, bis sie schließlich den aus steinernen Gebäuden errichteten Stadtkern erreichten.

Die grauen Pflastersteine, welche die Straßen bedeckten, waren der geräuschvollste Teil der neuen Umgebung. Alles, was mit ihnen in Berührung kam, fing sofort an zu klopfen, zu klappern und zu klirren, ob nun Wagenräder, Pferdehufe oder die Nägel, mit denen die Absätze der Passanten beschlagen waren. In all das Geklapper und Gerassel mischten sich schrille menschliche Stimmen, die Rufe ausstießen wie: »Sammle Altw-a-a-a-r-r-r-en! Lumpen! R-r-riemen! Geschir-r-r!« – »Sa-r-r-r-atower Mo-r-r-r-genpost!« – »Pi-r-r-r-oggen! Mit Inne r-r-r-eien!«

Aus der Tasche zog Bach einen Strick, dessen eines Ende er Annchen um die Brust band, während er das andere an seinem Gürtel befestigte. Sie wehrte sich nicht, wahrscheinlich bemerkte sie es gar nicht. Wäre Bach plötzlich verschwunden, hätte sie das jetzt wahrscheinlich auch nicht mitbekommen. Von all dem blitzenden Glas, Stahl, Kupfer und Messing gingen ihr die Augen über. Sie sog die Lichtreflexe, die bunten Farben und die Gerüche der Straße in sich ein – von Pferde- und Menschenschweiß, von nassem Pflaster und Staub, von Eisen und Schmierfett, von billigem Machorkatabak, von Wodka und Essbarem.

Dazu die Geräusche – das Klingeln der Straßenbahn und das Heulen des Windes in den Ablaufrohren der Dachrinnen.

Die Straße, die Bach und Annchen bis zum Bahnhof zu gehen hatten, kam ihnen so breit und gewaltig vor wie ein Nebenfluss der Wolga. Ihre Steilufer waren die Häuser in Weiß, Gelb und Rosa, mit zwei oder drei Stockwerken. Über ihren gepflasterten Grund liefen endlose Menschenströme. Dazwischen huschten wie riesige mechanische Fische Straßenbahnen und Autos hin und her. Langsam wie Krebse krochen Bauernwagen, wie Wasserpflanzen wedelten die herbstlich kahlen Bäume mit ihren Ästen, als krumme und schiefe Stängel wuchsen Strom- und Laternenmasten aus dem Boden. Je weiter Bach und Annchen gingen, desto weniger Erde und Bäume hatten sie um sich, desto mehr Stein, Eisen und Beton.

»U-u-u …«, stöhnte kläglich eine Fabriksirene.

»S-s-s …«, brutzelte heißer Asphalt, den eine Dampfwalze auf der Straße ausrollte.

Dazu Hunderte menschlicher Gesichter – blasse im trüben Tageslicht oder graue von den Rußflocken des Asphalts. Sie wurden wie von Stromschnellen durch die Stadt getragen, kreisten um Apotheken und Bäckereien, wurden in Straßenbahnen und Busse gespült und von diesen wieder ausgeworfen.

Wenn ein Autobus eine Menschenmenge ausgespuckt und eine andere verschlungen hatte, schnaufte er zufrieden, knallte mit den blechernen Türen, die Räder begannen sich zu drehen, er rollte los und hinterließ fettige Gummispuren auf dem Asphalt. Darüber legten sich andere von Automobilen und Fahrrädern. Über die Gehwege am Rand liefen zahllose Spuren von Kautschuksohlen. Weder die Hufe der Pferde noch die Holzräder der Bauernwagen oder die nackten Füße der Straßenkinder hinterließen ihre Abdrücke, nur Gummi und Gummilack, Eisen und Kautschuk.

»Sch-sch-sch …«, zischten die Autoreifen.

»S-s-s …«, surrten die Fahrräder.

Annchen lauschte begierig auf all das Knacken, Prasseln und Rascheln, das Klopfen, Schnaufen und Krachen. Alles wollte sie anfassen – die bronzenen Pfähle der Straßenlaternen, den rauen Stein der Häuserwände, die glatten lackierten Kotflügel der am Straßenrand parkenden Autos, die Gullys, ja sogar jeden Pflasterstein unter ihren

Füßen. Doch der Strick um ihre Brust zog sie weiter vorwärts.

Von all dem Tohuwabohu dröhnte und schmerzte Bach bald der Kopf. Am liebsten hätte er Annchen auf den Arm genommen und wäre quer durch die sich auf den Gehwegen drängende Menschenmenge, durch die langen Reihen rollender Kutschen und langsamer Bauernwagen so schnell wie möglich zum Bahnhof gelaufen. Besorgt blickte er zu seiner Tochter hinunter. Der Mund stand ihr offen, als wollte sie gleich etwas rufen, ihr begeisterter Blick glitt über Menschen, Hunde, Pferde, Schaufenster, Ladenschilder, im Wind flatternde Plakate, wehende rote Fahnen bis zu einem Flugzeug, das über den Himmel brummte … Nein, sie auf den Arm zu nehmen wäre ihm jetzt wohl nicht gelungen.

Auf dem Markt vor dem Bahnhof ging es noch wilder zu. Käufer und Verkäufer – alle riefen etwas, boten an, lobten, schimpften, liefen hin und her, rieben sich gegenseitig an Rücken und Ärmeln. Die Waren – essbare, alte, gebrauchte, neue, goldene, zerschlissene, reparierte, gestohlene, aufgekaufte oder eingetauschte – lagen am Boden, auf Tischen und in Kisten, lugten aus Körben und Säcken, aus geöffneten Händen und Jackentaschen, flatterten oder schwebten über der Menge, von den starken Armen besonders einfallsreicher Händler hochgehalten.

Von diesem Stimmengewirr fast taub, drängte sich Bach irgendwo dazwischen. Auf der einen Seite stand ein vertrockneter Greis in Hundefellmütze, der auf einem von Rost zerfressenen Gitter Schaschliks briet. Von den rußigen Spießen tropfte dickes Fett in die glühenden Kohlen, zischte und ließ beißenden Rauch aufsteigen. An Bachs anderer Seite hockte eine Frau mit von der Sonne fast schwarz gebranntem Gesicht und spitzen Knien, die in die

Menge ragten, neben einem großen Haufen Melonen und murmelte monoton etwas auf Tatarisch vor sich hin oder sprach endlose Gebete. Bach zog Tildas Spitzenkreationen aus seiner Jacke und hielt sie ungeschickt der vorüberziehenden Masse sich ständig drehender Köpfe, neugieriger Gesichter und flinker Hände entgegen. Zu seinen Füßen hatte sich das nach wie vor an seinen Gürtel gebundene Annchen eingerichtet. Die Kleine saß auf dem Kleiderbündel, hielt sich an Bachs Hosenbeinen fest, folgte mit weit aufgerissenen Augen dem Menschengewimmel und bewegte dabei unablässig die Lippen. So stand Bach lange da und begann zu frieren, nur Annchens warmer Körper wärmte seine Knie. Er verkaufte nichts.

Gegen Abend, als die Menge sich lichtete und es auf dem Platz vor dem Bahnhof ruhiger wurde, hörten sie die Stimmen der Lokomotiven. Von weit her, jenseits des mit Stuck verzierten Bahnhofsgebäudes, ertönten in großen Abständen lockende Sirenen. Jedes Mal, wenn Annchen sie vernahm, legte sie den Kopf in den Nacken, spitzte die Lippen und ließ leise ihre Antwort ertönen: Zweimal kurz, einmal lang.

Der Schaschlik-Brater hatte bereits Asche und erloschene Glut aus dem Kohlebecken gekippt, es sich auf den Rücken geladen und sich davongemacht. Die Melonenhändlerin rollte von irgendwoher einen großen Wagen herbei, lud den Rest ihrer Ware auf und zog mit dem Gefährt davon. Die Käufer und Gaffer wurden immer weniger. An ihrer Stelle lungerten jetzt Männergestalten in abgeschabten Jacken und mit wölfischem Blick, dazu ganze Horden in Lumpen gekleideter flinker Bengel zwischen den leeren Marktständen umher. Als einer von ihnen an Bach vorüberlief und Annchen entdeckte, hielt er kurz inne, blickte sie mit einem breiten unguten Grinsen an, wobei es zwischen seinen schartigen Zähnen golden funkelte, und tönte: »Ein herzliches Bonjour, Mademoiselle!« Die Kleine streckte ihm ihr rotgefrorenes Händchen entgegen und lallte eine Antwort. Der Bengel fing so höhnisch zu lachen an, dass der an seiner Unterlippe klebende Zigarettenstummel auf und ab tanzte. Bach steckte seine Deckchen in die Jackentasche, packte Annchen an der noch ausgestreckten Hand und ging davon, um nach dem Fahrkartenschalter zu suchen. Dabei hoffte er, dort könnte eine gutherzige Frau sitzen, der seine Klöppelarbeiten vielleicht gefielen.

Hinter den schweren Türen der Bahnhofshalle schlug ihnen ein dicker, warmer, säuerlich riechender Brodem entgegen. Unter der hohen Decke mit den Resten längst nicht mehr brennender Lüster hielten sich im Halbdunkel Hunderte Menschen auf – drückten sich an die Wände, saßen auf Bündeln und Koffern oder lagen auf dem Boden. Als Bach und Annchen durch die Halle zu gehen versuchten, mussten sie über fremdes Gepäck, über Tragestangen mit daran hängenden Bündeln, über Kisten mit Gurken, über Häufchen kleiner gelber Zuckermelonen, über Körbe mit gackernden Hühnern, über Arme und Beine von Schlafenden steigen. Bach war in Eile und reckte den Hals auf der Suche nach einem Fahrkartenschalter. Annchen ging nur ungern weiter, wollte hier einen laut schnarchenden Mann im abgerissenen Kaftan mit den Fingern berühren, sich dort neben einem Karton mit Luftlöchern niederhocken, aus dem es eindeutig miaute. Bach zerrte sie ungeduldig weiter. Annchen drehte immer wieder den Kopf und schaute zurück, stolperte und wäre manchmal beinahe gefallen. Dabei brummelte sie unaufhörlich etwas vor sich hin. Sie hatte nicht mehr die Kraft, mit dieser erdrückenden Flut von Eindrücken fertigzuwerden. Doch ihr leises Stimmchen wurde von den Geräuschen ringsum verschluckt.

Die Schlange vor den Fahrkartenschaltern war kurz. Bald lehnte Bach mit der Brust auf einem massiven hölzernen Tresen und schaute voller Hoffnung durch ein Fensterchen, das zur Hälfte von Milchglas verdeckt war. Als er auf der anderen Seite ein rundliches Frauengesicht mit einem tiefrot geschminkten Fleck in der Mitte und der offiziellen Baskenmütze auf dem Haar erblickte, schob er seine vor Aufregung schwitzende Hand mit ein paar seiner Deckchen unter dem Glas hindurch. Das Gesicht der Frau verzog sich befremdet, die Mütze begann leicht zu zittern und der tiefrote Fleck geriet in Bewegung.

»Was sollen die Possen, Bürger? Was schiebst du mir da zu? Nimm es sofort zurück! Das hier ist kein Marktplatz, sondern eine staatliche Einrichtung! Oder soll ich die Miliz rufen?!«

Bach stopfte seine Ware rasch in die Jacke, packte das erschrockene Annchen und zog sich schnell zurück – hinter eine Säule, in eine Ecke, möglichst weit fort von der schimpfenden Verkäuferin und den neugierigen Blicken der Umstehenden. Dabei fiel ihm offenbar eines von Tildas guten Stücken herunter, aber er wagte es nicht, zurückzugehen und es aufzuheben, denn in einer Ecke des Saales hatte er eine hohe Gestalt in blauer Uniformjacke und Schirmmütze mit himbeerrotem Rand entdeckt. Er zog sich immer weiter zurück, vorbei an den hohen halbrunden Fenstern, hinter denen bereits blaue Dunkelheit zu sehen war, an Bänken, auf denen überall Reisende lagen, an Servierwagen, Tischchen, Gepäckträgern und Imbissverkäuferinnen, dorthin, wo man von dem Aufsehen noch nichts bemerkt hatte.

Endlich entdeckte er ein Stückchen freien Fußboden an der Fensterbank in einer Ecke. Dorthin drängte er sich durch, warf das Bündel ab, setzte Annchen darauf und löste den Strick um ihren Leib. Er selbst ließ sich neben ihr nieder und streckte die Beine aus, zum ersten Mal an diesem Tag. Müdigkeit legte sich auf ihn wie ein warmes Federbett. Er beschloss, hier zu übernachten. Am Morgen wollte er versuchen, ohne Fahrkarte in den Zug nach Moskau zu gelangen. Vielleicht war ja die Wagenschaffnerin eine gutherzige Frau, die etwas für Spitze übrighatte.

Jetzt regte sich sein Magen. Er bekam Hunger, schließlich hatten sie seit dem Morgen nichts gegessen. Er öffnete seine Tasche und holte zwei Äpfel hervor – einen kleinen mit Druckstellen für sich und einen großen roten für Annchen. Erst jetzt bemerkte er, wie sehr sich ihr Gesicht in den letzten Minuten verändert hatte.

Seit Längerem blass vor Aufregung, war es nun weiß wie die Wand geworden. Wangen, Lippen und Nase waren kaum noch zu unterscheiden, als hätte man sie mit Kreide beschmiert. Nur die weit aufgerissenen Augen glänzten vor Erregung. Annchen saß regungslos da, die geballten Fäustchen an die Brust gedrückt, ihr Blick irrte unablässig über Menschen und Gegenstände, ohne stillstehen zu können, Lider und Wimpern zitterten, der Mund öffnete sich einen Spaltweit und schloss sich wieder. Als Bach dieses blasse, vor Anspannung verzerrte Gesichtchen mit einer Fingerspitze berührte, wandte Annchen sich ihm mit blicklosen Augen zu, runzelte die Brauen und kräuselte die Lippen, als wollte sie zu weinen beginnen. Dann riss sie plötzlich den Mund weit auf und schrie mit aller Kraft: »A-a-a …!!!«

Die Frauen ringsum fuhren erschrocken zusammen und bekreuzigten sich. Auf der Bank neben ihnen begann ein

Säugling zu weinen. Dutzende Gesichter – erstaunte, bestürzte und ärgerliche – von Leuten, die aus dem Schlaf gerissen wurden, wandten sich Bach zu. Er sprang auf, drückte das brüllende Mädchen gegen seinen Leib und nahm es auf den Arm. Aber das Kind zum Schweigen zu bringen war unmöglich. Annchen heulte mit aller Kraft die Aufregungen dieses verrückten Tages aus sich heraus, bis ihr die Luft ausging. Holte tief Atem und schrie weiter:

»A-a-a …!!!«

Jetzt irrte Bach in dem engen Winkel hektisch hin und her, versuchte das Kind einzuwiegen, verschüttete die Äpfel, stolperte über das Bündel unter seinen Füßen und stieß überall auf die misstrauischen Blicke fremder Leute. Schließlich gelang es ihm, sich das Bündel irgendwie über die Schulter zu werfen und sich die Tasche um den Nacken zu hängen. Mit der immer noch schreienden Kleinen stürzte er zur nächsten Tür.

Da kam ihm bereits die hohe Gestalt im blauen Uniformrock und der Schirmmütze mit himbeerrotem Rand entgegen, die er zuvor erblickt hatte, aber Bach war schneller, erreichte die Tür als Erster, sprang hinaus und rannte davon, ohne sich noch einmal umzuschauen. Ob ihm jemand nachlief, konnte er nicht hören, denn Annchens Köpfchen lag an seiner Schulter, und in seinen Ohren hallte unablässig ihr »A-a-a …!!!«

Anfangs spürte Bach Asphalt unter den Füßen, dann lief er ein paar Stufen hinunter und erreichte mit kleinen Steinchen vermischten weichen Boden. Er sah sich ein paarmal um, ob ihnen jemand folgte, aber in der Dunkelheit war nichts zu erkennen. Er stolperte über etwas Langes, Hartes und wäre beinahe zu Boden gestürzt, konnte sich aber mit einem Sprung wieder fangen. Da stellte er fest, dass er inzwischen auf einem Schienenstrang lief.

Das tat er lange, ließ zahllose Schwellen und Weichen hinter sich. Die Gleise bildeten ein pittoreskes Netz, überkreuzten sich und trennten sich wieder in einzelne Stränge wie das wirre Haar eines stählernen Riesen. Hinter ihm schnauften Lokomotiven, ratterten die Räder endloser Züge; ständig musste er ausweichen und Haken schlagen, damit sie ihn nicht überrollten.

Dann war es plötzlich still. Annchen schrie nicht mehr. Aus Furcht, das lang ersehnte Schweigen zu stören, ging Bach weiter, drückte das Mädchen an sich und schritt vorwärts. Dabei lauschte er ihren kurzen Atemzügen. Nach einer Weile gingen sie in leises Schnaufen über. Annchen war fest eingeschlafen.

Die Sterne über ihm sagten Bach, dass er sich auf dem richtigen Weg befand – nach Norden. Die Wolga musste irgendwo rechts von ihm sein; er spürte geradezu körperlich ihre Nähe. Dann kamen die Dörfchen am Stadtrand in Sicht. Nun war es nicht mehr weit bis zu den Weiden, unter denen ihr Boot versteckt lag. Als er zwischen den Häuschen die ersten Straßenlaternen erblickte, verließ Bach das Eisenbahngleis und bog zum Flussufer ab.

Nein, Annchens zarte Seele war nicht für den Lärm dieser aberwitzigen Städte und Dörfer voller Menschen gemacht. Was ihr guttat, war ein ruhiges Leben in der Einsamkeit. Zu Recht hatte Bach sie all die Jahre vor der großen Welt geschützt, das Gehöft vor ihrem Eindringen bewahrt. Jetzt war sein Gewissen rein. Er hatte versucht, das Kind in die Welt hinaus zu geleiten, aber dieser riskante Schritt hätte fast mit einem Unglück geendet. Also war es ihr Schicksal, auf ihrem Hof als Einsiedler zu leben. Und ihn traf dafür keine Schuld. Keine Schuld. Keine Schuld …

Bach schritt durch die dunklen, kaum beleuchteten

Dorfstraßen und ließ das schlafende Saratow hinter sich. Unter seinen Füßen knirschten Steine, über ihm seufzte der Wind. Manchmal waren aus der Ferne klagende Töne zu hören, vielleicht von einem Fuchs in der Steppe oder von einer Eule. Müdigkeit spürte Bach nicht. Im Gegenteil, allein der Gedanke, dass er Annchen mit jeder Minute weiter von dieser großen Welt forttrug, beruhigte ihn. Schade, dass der Weg nach Hause Dutzende Werst weit war, dass unter den Weiden das Boot auf sie wartete, das er auf keinen Fall hier zurücklassen durfte. Sonst wäre Bach die ganze Nacht mit Annchen auf dem Arm so weitergegangen bis zu den Mauern des vertrauten Gehöfts.

20

Das Boot holten sie erst am Morgen, als aus dem dichten Nebel eine kalte Sonne unfreundlich hervorlugte. Der Rückweg war wesentlich schwerer, denn über Nacht hatte sich die Wolga mit kleinen Eisstückchen – von dünnem Schnee bedeckten durchsichtigen oder trüben – überzogen, was das Rudern gegen den Strom sehr erschwerte.

Annchen war nach wie vor ruhelos und stieß dauernd merkwürdige Laute aus. Doch beherrschte sie nicht Angst, sondern eine anhaltende Erregung, die sie nicht abschütteln konnte. Dauernd schaute sie sich um, als erwarte sie jeden Augenblick, das Menschengewühl vom Vortag wiederzusehen. Mehr noch, sie schien es sich sogar zu wünschen. Bach hatte den Eindruck, in den klaren Stimmen der Natur hörte Annchen noch immer das Getöse der Straßen von Saratow, sah im Wald mit seinen vielen Bäumen die Hunderte von Menschen auf dem lärmenden Markt, in den bis zum Horizont reichenden Feldern riesige Plätze und in den über der Wolga schwebenden Möwen silbrige Flugzeuge. Konnte es sein, dass das Mädchen nach einem einzigen Tag in der großen Welt bereits deren Zauber erlegen war?

Während er sein Töchterchen nach Hause fuhr, begriff Bach immer weniger, was in jener Nacht über ihn gekommen war, dass er die Kleine von dem Ort ihrer Geburt hatte wegbringen wollen. Er versuchte sich mit dem Gedanken zu beruhigen, dass die Gnadentaler, so grausam sie in den vergangenen Tagen auch gewesen waren, sich inzwischen gewiss beruhigt hatten. Schließlich hatten sie immer wieder beobachtet, wie Bach mit dem Boot anlegte und dass er vom gegenüberliegenden Ufer gekommen war. Doch ungebetene Gäste hatten sich in den letzten Jahren auf dem Hof nie eingestellt. Der war – ob nun vom Hauptstrom des Lebens einfach isoliert oder von jemandem verwünscht – für Fremde unzugänglich. Weder der ferne Krieg noch die zwei Jahre Hungersnot oder die Veränderungen im Lande hatten ihn berührt. Konnte das nicht auch weiterhin so bleiben?

Als Bach und Annchen gegen Abend todmüde das Boot ans Ufer zogen, den Pfad hinaufstiegen, den Wald durchquerten und das verschlossene Haus erreichten, war alles so wie vor Tagen, vor Jahren oder gar Jahrzehnten. Die Äste der Apfelbäume wiegten sich sanft im Wind, vom Regen dunkel gefärbt standen das aus Rundhölzern errichtete Wohnhaus und die Wirtschaftsgebäude, umgeben von einem dichten Kreis ehrwürdiger Eichen. Vom Wald her roch es nach Nässe und Fäulnis, von der Wolga nach eisigem Wasser.

Nur ein paar Stücke Feuerholz waren nicht auf dem Stapel aufgeschichtet, sondern lagen an der Hauswand herum. Und der Hackklotz war nicht mehr an seinem Platz vor der Schuppentür, die nachlässig offen stand. Aus dem Schornstein schien ein Rest Rauch aufzusteigen … Bach schnalzte warnend mit der Zunge, worauf Annchen, die gerade zum Vorhäuschen laufen wollte, sofort innehielt. Bach griff mit einer Hand nach dem Gepäck, mit der anderen nach Annchen und zog sich damit in den Schuppen zurück. Bleib hier!, bedeutete er ihr. Er schaute sich um, ob irgendwo eine Gabel oder ein Beil zu sehen war. Der Korb, den er selbst umgestoßen und wieder aufgestellt hatte, lag schon wieder am Boden. Und die Äpfel waren erneut nach allen Richtungen gerollt. Verschmutzt lagen sie auf der Erde und zeigten bereits die ersten Druckstellen. Vorsichtig, bemüht, kein Geräusch zu machen, griff Bach nach einer Mistgabel und ging einmal ums Haus.

Alle Fensterläden waren ordentlich verschlossen. Nur das Küchenfenster, an dem er die zerbrochenen Scheiben durch Bretter ersetzt hatte, war aufgebrochen. Man hatte ein paar Bretter herausgerissen und das Loch mit einem Kissen verstopft. Offenbar hatten die ungebetenen Gäste den Schlüssel zum Vorhängeschloss nicht finden können und waren durch das Küchenfenster eingestiegen wie die Unholde, die vor einigen Jahren Klaras und Bachs Leben zerstört hatten. Der Boden unter dem Fenster war zertreten, und das steinerne Fundament trug schwarze Fußspuren.

Ob es Gnadentaler waren? Die wären sicher nicht durch das Fenster geklettert, sondern hätten das Schloss abgerissen und die Tür geöffnet. Wer konnte das sein?

Bach hätte sich im Schuppen verstecken und abwarten können, bis die Eindringlinge sich zeigten. Aber der Tag war kalt, Annchen und er waren müde und hungrig. Bis zum Einbruch der Dunkelheit warten? Oder gar bis zum Morgen? Dafür hatte er keine Kraft mehr. Nachdem Bach das ganze Gehöft noch einmal aufmerksam geprüft hatte, stieg er die Vortreppe hinauf, holte den Schlüssel aus dem Versteck und öffnete das Schloss. Ohne die Mistgabel aus der rechten Hand zu lassen, zog er mit der linken geräuschlos den Türflügel auf und trat ins Haus.

Schon bei der Dunkelheit, in die durch die Ritzen in den Fensterläden nur wenig trübes Licht sickerte, war das fürchterliche Durcheinander zu erkennen. Auf dem Tisch häufte sich Geschirr – Schüsseln, Kännchen, dazu ein paar Töpfe mit Essensresten. Die Geschirrregale waren leer, jemandes freche Hand hatte alles herabgefegt, so dass jetzt Kaffeekanne, Suppenkelle, Kochtöpfe, Fleischwolf, Stampfer, Schaumlöffel und Schneidbretter verstreut auf dem Fußboden herumlagen. Hinter der Ofentür glomm noch etwas Glut. Vor dem Ofen lag ein Haufen Holzscheite, daneben zerknüllte Zeitungen mit den Werken des Dorfkorrespondenten Hobach. Das Papier hatte man offenbar zum Anzünden benutzt.

Bach trat ins Wohnzimmer. An der Schwelle wäre er beinahe auf etwas Schlüpfrigem ausgeglitten. Als er sich bückte und es aufhob, war es ein Apfelgriebs. Davon lagen jede Menge herum – helle und schon ziemlich nachgedunkelte. Auf Bachs Ofenbank, die ganz an den Ofen herangeschoben war, hatte man ein Lager, eher wohl eine Art Nest eingerichtet. Es war ein ganzer Berg von Decken, Mänteln, Kissen, Schals und Röcken, der wirkte wie eine Höhle für einen kleinen menschlichen Körper. Auf die Ofenkacheln hatte eine ungeübte Hand mit einem Stück Holzkohle ein paar Krikelkrakel geschmiert. Bach schaute genauer hin: Es waren keine Buchstaben, sondern chaotische Linien wie die Wolgawellen an einem trüben Tag.

Mit dem Knie drückte Bach vorsichtig die Tür zu Grimms großem Schlafzimmer auf. Es war leer. Die Wandteppiche waren heruntergerissen und für den Nestbau verwendet worden. Alles andere befand sich an Ort und Stelle. Nur der Samowar, der jahrelang unbemerkt auf dem Fensterbrett gestanden hatte, sah irgendwie merkwürdig aus. Als Bach näher herantrat, sah er, warum: Jemand hatte ihm Grimms Pelzmütze übergestülpt. So wirkte der gewölbte kupferne Bauch jetzt wie ein rot angelaufenes Gesicht und der Hahn mit dem gebogenen Griff wie eine Hakennase. Ebenfalls mit Kohle hatte jemand zwei schwarze Augen auf dem Metall hinzugefügt. Die ungebetenen Gäste mussten Spaßvögel sein.

Auch in Klaras und Tildas Zimmern war niemand, ebenso auf dem Dachboden, in dem kleinen Keller, im Eishaus, im Kuh- und Geflügelstall. Überall sah sich Bach gründlich um. Und entdeckte allerorten die Spuren der unverfrorenen Eindringlinge. Nur sie selbst waren nicht zu sehen.

Bach führte Annchen ins Haus. Er hieß sie den Schmutz zusammenfegen und alles wieder an seinen Platz stellen. Er selbst reparierte das aufgebrochene Fenster. An Nägeln sparte er dabei nicht. Grimmig schlug er sie mit dem Kopf des Beils ein, als sei das kleine Küchenfenster der einzige Zugang zum Haus für böse Kräfte. Dann schleppte er aus dem Schuppen die Wintervorräte herbei – frische Äpfel in Körben, eingelegte Äpfel in Fässchen, getrocknete Äpfel in Säcken, Apfelkerne in Tüten, Apfelgelee in Gläsern. Damit stellte er Grimms Schlafzimmer voll, das man nun kaum noch betreten konnte. Alle größeren und schweren Werkzeuge, die man zum Aufbrechen der Fensterläden oder der Haustür benutzen konnte – Beile, Sicheln, Spaten, Spitzhacken und Ketten – holte er ebenfalls ins Haus. Natürlich konnten die ungebetenen Gäste selbst Messer und sogar Waffen haben, aber ihnen das eigene Werkzeug überlassen wollte Bach auf keinen Fall. Auf dem Ofen stapelte er Brennholz bis zur Decke. Das würde für einen halben Monat reichen, wenn nicht länger. Die Haustür verriegelte er von innen und fixierte die Klinke mit einem Spatenstiel, damit sie sich von außen nicht herunterdrücken ließ.

Jede Erinnerung an den schrecklichen Aprilmorgen vor sechs Jahren verbot er sich. Keinen Augenblick, keine Einzelheit der damaligen Vorgänge hatte er vergessen, aber die Gesichter, die Stimmen und Gestalten dieses Gesindels waren verschwommen oder verdrängt. Der Schmerz war abgeklungen, tief in sein Inneres verbannt. Doch jetzt war ihm, als sei ein Vorhang aufgerissen worden, denn es schmerzte wieder genauso heftig wie damals.

Ihm fiel ein, dass der Kerl mit den flinken Augen nach einem Gemisch aus Schweiß, billigem Tabak und gesalzenem Fisch gestunken hatte. Wie der Halbwüchsige sich ständig nervös die Lippen geleckt hatte, als trockneten sie ihm immer wieder aus. Wie der bärtige Kalmücke mit dem linken Augenlid gezuckt und die Augen zusammengekniffen hatte, um den Tick zu stoppen. Auch wie Klara an jenem Morgen gelächelt hatte, sah er wieder vor sich. Und auch, dass Annchen nicht seine leibliche Tochter war, ging ihm durch den Sinn.

In Grimms Zimmer wurde plötzlich laut gelacht. Bach meinte, es müsse jener unverschämte Kerl sein, gleich werde er im Türrahmen auftauchen, Klaras Häubchen zwischen den Zähnen halten und blödsinnig knurren. Bach griff nach der Gabel und stürzte dorthin. Da sah er, dass Annchen lachend auf dem Fensterbrett saß, weil sie den Samowar in Grimms Fellmütze entdeckt hatte.

Bach trat zu ihr und nahm sie in die Arme. Er stand so lange bei ihr, bis sie sich wieder beruhigt hatte. Draußen heulte der Wind, über dem Dach leuchteten die ersten

Sterne auf, auf dem Ofen knackte kaum hörbar das trocknende Holz, das Haus durchzog der süße Duft von Äpfeln, doch Bach stand immer noch da, die Arme um sein Annchen geschlungen. Er war zur Verteidigung bereit.

In dieser Nacht kamen sie nicht. Bach lag bis zur Morgendämmerung mit offenen Augen auf der Ofenbank und lauschte auf die Geräusche vor dem Haus. Bald hörte er im Heulen des Windes jemandes leise Stimmen und Klopfen, dann glaubte er hinter den Fensterläden vorüberhuschende Schatten zu sehen. Jedes Mal tastete er nach der Mistgabel, die neben dem Kopfende stand, erhob sich und ging lange im Haus hin und her, um herauszufinden, vor welchem Fenster sich die Feinde versteckten. Gegen Morgen wurde er der Sache müde. Er setzte sich unter dem Küchenfenster auf den Fußboden, nahm die Gabel zwischen die Beine, lehnte sich an die Wand und sank endlich in tiefen Schlaf.

Als es wieder Tag war, beschloss er, hinauszugehen. Die Gabel in beiden Händen, durchsuchte er Hof, Garten und alle Wirtschaftsgebäude – nichts. Vielleicht waren die ungebetenen Gäste längst aus dieser Gegend verschwunden. Sie hatten auf dem Gehöft übernachtet und waren danach weitergezogen, um anderswo zu rauben und zu stehlen. Eine Nacht wollte er noch in diesem Belagerungszustand verweilen, dann jedoch die Äpfel in die Kühle des Schuppens zurückbringen und das gewohnte Leben wieder aufnehmen.

Sehr erleichtert beendete Bach seinen Rundgang. Im Türspalt zeigte sich bereits Annchens gelangweiltes Gesichtchen, und Bach wollte ihr schon zuwinken, sie könne herauskommen, als er plötzlich an dem vernagelten Küchenfenster einen großen schmutzigen Klecks erblickte.

Irgendwer hatte aus Ärger wütend einen nassen Erdbrocken dagegengeworfen. Ähnliche Kleckse entdeckte er auch an der Haustür. Er prüfte sie mit dem Finger – die Erde war bereits hart und trocken. Es musste also nachts passiert sein.

Ärgerlich zischte er Annchen zu: Zurück ins Haus, schnell! Dann sprang er selber die Treppe hinauf und schloss die Tür hinter sich. Die Stimmen und das Klopfen hatte er sich also doch nicht eingebildet. Die Fremden waren nachts zum Gehöft zurückgekehrt, aber nicht ins Haus gelangt. Dass sie das nicht mit Gewalt versucht hatten, war erfreulich. Entweder waren sie unbewaffnet oder so gering an Zahl, dass sie es nicht riskieren wollten, den Besitzern Auge in Auge gegenüberzutreten. Sorge bereitete ihm allerdings, dass sie bei seinem Rundgang durchaus am Waldrand versteckt gesessen und den schmächtigen Bach samt dem kleinen Annchen gesehen haben konnten.

Den ganzen Tag verbrachte Bach in gespannter Erwartung. Ständig ging er von einem Fenster zum anderen, um durch einen Spalt zu beobachten, was sich draußen tat. Die Schlitze waren schmal, er konnte nur winzige Stückchen von Hof, Garten und Wald überblicken – eine Seite der alten Eiche am Waldrand, eine Ecke des Arbeitstisches unter dem Vordach, eine Biegung des Weges zum Eishaus. Er beobachtete genau und wartete.

Auch diese Nacht verging ohne Schlaf. Gegen Mittag des nächsten Tages hielt er es nicht länger aus. Erneut durchsuchte er das Gehöft. Dann dachte er nach. Endlos konnten die Kerle zwei schwache Menschen in einem einsamen Haus nicht überwachen. Wären sie bewaffnet, dann hätten sie längst mitgehen lassen, was sie brauchten – Proviant und Kleidung. Auch die Bewohner hätten sie mit Leichtigkeit aus dem Haus vertreiben können. Da dies in den ersten beiden Tagen nicht geschehen war, musste es nicht mehr passieren. Bach zog den Spatenstiel aus der Haustür, schob den Riegel zurück und öffnete vorsichtig den Türflügel. Ein fauliger Gestank hing in der Luft: Auf der Schwelle lag ein halb verwester großer Fisch, wie sie die Wolga anfangs lange mit sich trägt und irgendwann an ein Ufer spült.

Bach knurrte wütend. Was für Mistkerle das doch waren! Er nahm das stinkende Etwas mit dem Spaten auf und schleuderte es weit fort in Richtung Wald. Vergraben wollte er es später. Jetzt musste er erst einmal mit den Typen reinen Tisch machen, die ihn schon den zweiten Tag belagerten, und das offenbar nicht aus Eigennutz, sondern weil sie Spaß daran hatten.

Entschlossenen Schrittes stieg er die Treppe hinunter und schaute sich um. Jetzt war das ganze Haus voller Erdbrocken. Türrahmen, Wände und Fensterläden, überall klebten graue Brocken, als habe man das Haus aus weittragenden Kanonen mit Schmutz beschossen. Brüllend vor Empörung lief Bach auf dem Gehöft umher und fand überall Spuren dummer Streiche: Die Türen zu Schuppen und Scheune waren weit aufgerissen, Kisten und Kasten mit Werkzeugen umgekippt, die Brunnenkette war bis zum Ende heruntergelassen, doch der Eimer nicht in Sicht. Während Bach alle Winkel weiter nach den Urhebern durchsuchte, entdeckte er den Eimer auf dem Dach des Kuhstalls. Jemand war mit Hilfe einer Leiter dort hinaufgeklettert und hatte den Eimer über den Dachfirst gestülpt. Danach hatte er die Leiter, wie sich später herausstellte, in den Brunnen fallen lassen. Überall auf dem Hof herrschte Chaos, ein übermütiges, böses Durcheinander.

Der Ofen im Kuhstall war warm, dort lagen Heu und Fichtenzweige verstreut. Die ungehobelten Gäste hatten hier übernachtet. Bach stocherte mit der Gabel in Heu und Zweigen herum, konnte aber nichts finden. Schimpfworte brummend, warf er die Zweige hinaus und schob das Heu zu einem Haufen in der Ecke zusammen. Die Holzscheite, welche die unverschämten Gäste vom Stapel in den Stall geschleppt hatten, nahm er auf den Arm und trug sie zum Haus zurück. Er fürchtete schon, auch der Holzstapel könnte zerwühlt sein, aber er war unversehrt. Die ungebetenen Gäste hatten nur einen Teil der Kloben fortgetragen und sie auf dem hinteren Hof zu Türmen aufgebaut. Bach stieß sie mit Fußtritten um und räumte auch die Kloben zurück. Nein, das waren keine Räuber. Es mussten schwache, schmutzige, boshafte, aber feige Kerle sein, die all das angerichtet hatten.

Er räumte auf dem Hof und in den Anbauten auf, hängte den Eimer an die Kette und stellte alles Inventar wieder an seinen Platz. Dann nahm er aus der Scheune die getrockneten und für den Winter verstauten Seile und zwei Netze, ein eng- und ein weitmaschiges, mit ins Haus. Vom Dachboden holte er sich eine lange Leine, verschloss die Tür, verbot Annchen streng, aus dem Haus zu gehen, und legte sich schlafen. Anfangs konnte er nicht in den Schlaf finden, zu groß war sein Zorn auf die Missetäter der letzten Nacht. Dann überwältigte ihn jedoch die Müdigkeit, und bald schlief Bach fest und traumlos.

Bei Sonnenuntergang erhob er sich und bereitete eine Falle vor. Unter Tildas Schätzen wählte er eine hübsche Jacke aus, die mit roter Borte geschmückt war, steckte ein Stück Holz hinein und hängte das mit einem Strick am Dach der Vortreppe auf. Von Weitem hatte es den Anschein, als hänge die Jacke in der offenen Haustür, entweder, um zu trocknen oder nach langem Liegen in der Truhe gelüftet zu werden. Am Küchenfenster erweiterte er den

Spalt ein wenig, indem er eines der Bretter lockerte und leicht verschob, um die Geräusche von draußen besser hören zu können. Dann setzte er sich dahinter auf einen Schemel und wartete ab. In Reichweite an der Wand lehnten Gabel, Spaten und Spitzhacke. Die Netze legte er neben sich bereit, den Strick steckte er in seine Jacke. Annchen, die schon schlafen sollte, trieb die Neugier herbei. Sie steckte ihr Näschen durch den Küchenvorhang und beobachtete verständnislos Bachs Vorbereitungen. Der knurrte sie böse an, sie möge wieder ins Bett gehen.

Er richtete sich auf langes Warten ein. Die Taugenichtse, die sich nachts auf seinem Gehöft herumtrieben, kamen gewiss erst nach Sonnenuntergang, vielleicht auch später. Er hoffte, dass sie sich die Chance nicht entgehen ließen, sich näher heranschlichen, um die Jacke zu betasten oder an sich zu nehmen. Dabei wollte er sie überraschen, den ersten ergreifen, zur Abschreckung ordentlich verbläuen und dann laufen lassen, damit er es den anderen erzählte. Prügel waren das beste Mittel gegen Feiglinge.

Da saß er nun und starrte auf die blassen Streifen Licht, die durch die geschlossenen Fensterläden sickerten. Vom Sonnenuntergang merkte man im Haus kaum noch etwas. Draußen waren die üblichen Geräusche eines Herbstabends zu hören. Der Wind pfiff, ab und zu schrie leise ein Waldkauz. Mit einem Mal wurde ihm brennend bewusst, wie froh er war, wieder zu Hause zu sein, in diesem Wald, in diesem Garten, in dem Klara ruhte, am Steilufer der ewigen Wolga. Er hörte, wie Annchen im Schlaf leise schnaufte. Das war ein Augenblick echten Lebens, ging es ihm durch den Kopf, an der Schwelle seines Hauses zu sitzen und über den Schlaf des Kindes zu wachen. Über Klaras Schlaf unter den Apfelbäumen, über die Apfelbäume und dieses ganze Gehöft, das ihm längst

Heimat geworden war, das ihn vor der herzlosen, wahnsinnigen großen Welt schützte. Hier, in diesem alten Haus mit den verschlossenen Läden, in dieser anheimelnden Dunkelheit, bei der Wärme des Ofens, dem Duft der Äpfel und den Atemzügen des geliebten Kindes ging es ihm gut. Das Gehöft schwamm wie ein Schiff über die Waldlichtung, durch Wald und Garten, auf der Wolga und durch die Welt. Bach wollte es nie wieder verlassen. Ufer brauchte er nicht. Er wollte auf diesem Schiff fahren, solange seine Kräfte reichten, Annchen immer bei sich haben und vor allen Räubern schützen, die es wagten, die Bordwand zu erklimmen. Und wenn Annchen auf der Reise überhaupt nicht sprechen lernte, dann sollte es wohl so sein.

Da war vor einem Fenster ein leichtes Knirschen zu hören, wahrscheinlich war ein Fuchs vorbeigelaufen. Dann knirschte es wieder. Nein, das war kein Fuchs, da schlich etwas Größeres vorsichtig über den Hof. Bach stand von seinem Schemel auf, bemüht, möglichst leise zu atmen, und tastete am Fußboden nach dem Netz. Jetzt schlurfte eine Sohle kaum vernehmbar über Stein – der Fremde stieg die Vortreppe herauf. Bach faltete das Netz auseinander, zählte bis fünf, holte tief Luft und trat dann mit aller Kraft gegen die unverschlossene Tür. Die sprang krachend auf, stieß jemanden auf die Stufen zurück, ein dunkles Etwas, das mit unterdrücktem Stöhnen hinunterrollte. Bach breitete die Arme aus und ließ sich auf dieses Dunkle fallen. Er landete darauf, warf das Netz darüber und schloss die Arme. Etwas zappelte in seiner Umarmung. Es war klein, knochig und flink, zischte vor Wut, strampelte und wand sich, um wieder frei zu kommen. Aber das Netz war stark, Bach zog den Strick aus der Jacke, und mit dem Knie seine zappelnde Beute zu Boden drückend, umschlang er sie fest mehrere Male.

»Lass mich los, du Aas!«, heulte der Ertappte auf Russisch mit wütender dünner Stimme auf. »Du deutscher Hund! Du Dreckskerl! Lass mich los, sage ich! Sonst stecke ich deine Hütte an! Und dir selber kratz ich die Augen aus, beiß die Nase ab und zerre dir die Därme aus dem Leib! Dir und deiner weißhaarigen Brut! Lass los!«

In der Dunkelheit konnte Bach kein Gesicht erkennen. Er spürte nur, wie sich unter seinen Händen und Knien etwas Heißes, Aalglattes, Kräftiges bewegte. Bach setzte sich auf den Kerl und schlang den Strick so lange um ihn, bis er zu Ende war.

»Helft mir, Genossen!«, brüllte der Kerl jetzt, so laut er konnte. »Der bringt mich um, der vergewaltigt mich! Hilfe!«

Jetzt erschien im Türspalt ein zitternder Lichtfleck. Das von dem Geschrei erwachte Annchen trat mit einer Laterne in der Hand aus der Tür. Bach wollte ihr warnend zu verstehen geben, sie möge sofort ins Haus zurückgehen, doch der Lärm, den der Gefangene machte, übertönte alles andere. Sich von ihm erheben konnte Bach nicht. Denn der riss so verzweifelt an seinen Fesseln, dass er sie hätte abwerfen können.

»Hierher! Schnell!« Die Stimme überschlug sich. »Hier bin ich, Genossen! Die wollen mich unter die Erde bringen, diese Mörder und Banditen, die das Blut der Arbeiterklasse saufen! Diese Herren und ihre Basmatschen! Diese Kulaken mit ihren Helfershelfern! Dieser Abschaum!«

Annchen näherte sich vorsichtig den am Boden ineinander verkrallten Gestalten und blieb dicht vor ihnen stehen. Dann hockte sie sich nieder und richtete das Licht der Laterne auf den Verursacher des Lärms.

Im flackernden Kerzenschein erblickte Bach schwarze Haarsträhnen, die den Stacheln eines merkwürdigen Igels ähnelten. Dazwischen blitzten ebenso schwarze Augen – lang und schmal, als habe man auf einem flachen verschmutzten Gesicht mit Tusche zwei Striche gezogen. Die Stacheln verbargen einen großen Mund, breite Kinnbacken und eine platte Nase mit dicken Nasenflügeln. Das war Bachs Fang – ein Kirgisenjunge von acht bis zehn Jahren, der in Lumpen gehüllt war und mit erlesenen russischen Schimpfwörtern um sich warf.

Als er sah, dass auf seinen Ruf lediglich die kleine Tochter des Hausbesitzers herbeigeeilt war, stöhnte er enttäuscht und fauchte ärgerlich: »Ich komm schon wieder von euch los, ihr Scheusale! Dass euch der Teufel hole! Der Blitz soll eure Hütte niederbrennen bis zum letzten Kienspan! Die Würmer sollen eure Apfelbäume verschlingen bis zum letzten Blättchen! Und ihr sollt in der Wolga ersaufen, damit die Fische was zu fressen haben!«

Plötzlich verstummte er. Annchen hatte mit ihrer Hand nach seinem Gesicht gegriffen, die wirren Strähnen weggeschoben und mit den Fingern seine Lippen berührt.

»Ich beiß sie ab«, drohte der Junge.

Annchen lachte laut auf und berührte die beweglichen Lippen noch einmal.

»U-u-u«, brummte sie dabei froh und zärtlich. »U-u-u …«

Was er mit seinem Gefangenen anfangen sollte, wusste Bach nicht. Es hatte zu nieseln begonnen. Bach schleifte den im Netz verfangenen Körper ins Haus zum Ofen, wo es warm war. Der Junge fluchte immer noch, aber nicht mehr so wild. Vorsichtig äugte er um sich, unsicher, was ihn hier erwartete. Annchen wollte es sich auf einer Bank in seiner Nähe bequem machen, doch Bach schickte sie mit einem strengen Knurren ins Bett zurück.

Die Züge des kleinen Kirgisen erinnerten Bach an Kaissar, den finsteren Fährmann, der den Schulmeister zum ersten Mal an diesen Ort gebracht hatte. Die gleichen geschwollenen Augenlider, die dichten schwarzen Augenbrauen, die bis zu den Schläfen reichten, wesentlich länger als die Augenschlitze, die gleiche mongolische Härte im Blick. Von Kaissar unterschieden den Bengel nur sein junges Alter, das hitzige Temperament und sein erstaunlicher Wortschatz. Die Flüche waren saftig und vielgestaltig, er fischte immer neue Verwünschungen aus seinem Gedächtnis hervor, erfand weitere und wiederholte sich kein einziges Mal.

Natürlich musste Bach den Gefangenen bestrafen, ihm mit einem nassen Strick ordentlich den Rücken bearbeiten, damit ihm die Lust verging, Bach noch einmal Streiche zu spielen. Doch sein Blick war so hart und böse, sein Mund nach den letzten Unflätigkeiten so entschlossen zusammengepresst, dass Bach sah: Es würde nichts helfen, der Rücken des Jungen war an Prügel gewöhnt wie seine Füße an lange Märsche in der Kälte. Sollte er ihn ohne Strafe ziehen lassen? Dann würde er sich gewiss mit noch schlimmeren Bosheiten rächen. Ihn nach Pokrowsk in ein Kinderheim bringen? Der lief bei der ersten Gelegenheit davon. Bach wusste mit dem unverschämten Gast einfach nichts anzufangen. Der ordnete sich bestimmt keinem fremden Willen unter.

Also löste Bach den Strick, stellte den Jungen auf die Beine und nahm das Netz ab. Der wollte zunächst nicht an gute Absichten glauben, versuchte Bach in die Hand zu beißen, dann aber beruhigte er sich, wartete ab, bis er frei war und sauste als Erstes auf allen vieren ans andere Ende der Küche.

»Hast wohl Angst gekriegt, Deutscher?« Er drückte sich an die Wand, schüttelte sich wie ein Hund und ging dann ein wenig in die Knie, bereit, jedem erneuten Zugriff durch einen Sprung auszuweichen. »So ist es doch, oder?«

Bach sammelte in aller Ruhe die über den ganzen Fußboden verstreuten Utensilien ein. Rollte Strick und Seile auf. Die Netze hängte er zum Trocknen über die Fensterstöcke. Dann nahm er den Besen und fegte den von draußen hereingetragenen Schmutz beiseite. Heizte den Ofen.

Das Bürschchen beobachtete jede seiner Bewegungen, glitt ständig an den Wänden entlang, stets bemüht, in größtmöglicher Distanz zu Bach zu bleiben.

»Gib mir was zu fressen«, stieß er schließlich laut, aber nicht allzu sicher hervor. Offenbar versagte seine übliche Frechheit. »Dein Lager platzt von all den Vorräten. Das weiß ich genau.«

Anstelle einer Antwort schritt Bach zur Haustür und hielt sie weit auf. Draußen ging ein heftiger Regenguss nieder, er klatschte auf Vortreppe und Türschwelle. Er schaute den Jungen ausdrucksvoll an. Willst du?

»Das hättest du wohl gern!«, sagte der wie aus der Pistole geschossen. »Geh doch selber raus. Ich finde es hier nicht schlecht.«

Jetzt brachte Bach ein paar alte Decken und warf sie auf die Ofenbank. Er wies mit dem Finger darauf – hier wirst du schlafen – und zog sich selbst in Grimms Zimmer zurück. Irgendwie zwängte er sich zwischen den Körben und Fässern mit Äpfeln durch und legte sich auf Grimms Bett – zum ersten Mal im Leben.

Das Bett war hoch, die mit trockenem Gras gestopfte Matratze weich wie Daunen, die Teppiche an den Wänden dämpften die von draußen hereindringenden Geräusche. Wieso war er nicht früher darauf gekommen, in dem bequemen Bett des Hausherrn zu schlafen? Wie hatte er es nur jahrelang auf der harten Bank ausgehalten?

Die Tür ließ er offen stehen, um zu hören, was in der Küche vor sich ging. Der Junge suchte noch eine Weile in den Regalen nach Essbarem. Als er nichts fand, kehrte er zu seiner Bank zurück. Dort ächzte und drehte er sich lange, bevor es still wurde.

Bach lag schlaflos da und sog den das ganze Haus durchziehenden Duft reifer Äpfel ein. Wie gewohnt, wollte er nach dem schlafenden Annchen sehen, dem Atem der Kleinen lauschen. Er stand auf, schlich geräuschlos durch das Haus und öffnete die Tür zur Mädchenkammer.

Annchens Bett war leer, die Decke zurückgeschlagen, das zerknüllte Kissen lag verlassen da. Erschrocken tastete Bach mit den Händen über das Bett, das noch den Abdruck des kindlichen Körpers trug. Kein Annchen. Er schaute unter das Bettgestell, fuhr mit den Händen hin und her, vergebens. Jetzt stürzte er ins Wohnzimmer zurück. Da saß Annchen am Ende der Ofenbank zu Füßen des schlafenden Gastes. Über das Nachthemd hatte sie ein Tuch geworfen und die Knie bis ans Kinn hochgezogen. So schaute sie in das Gesicht des Jungen, das im Schlaf unerwartet schutzlos wirkte.

Drei Tage lang goss es ohne Unterlass – ein Dauerregen, im November nicht ungewöhnlich, der die letzten Spuren des Herbstes von Feldern und Wäldern wusch – die verbliebenen gelben Blätter, Spinnennetze und Staub von den Bäumen. Er tilgte auch die Erdbrocken von den Hauswänden, spülte von Stämmen und Brettern jeden Unrat fort.

Den Jungen in diesen Regen hinauszujagen, brachte Bach nicht fertig.

Bald wurden die Tropfen weißer, größer, flaumiger und legten sich zottige Schwänzchen zu. Aus ihnen wurden

Schneeflocken. Der erste Schnee legte sich dick und schwer auf das Strohdach des Hauses und die Anbauten, hüllte Apfel- und Ahornbäume, Espen und Eichen ein, bedeckte das rechte und das linke Flussufer, Steine und Steppe. In der Wolga löste er sich zunächst auf, wurde zu einem dünnen Brei, dann zu eisigem Speck, erstarrte zu festen Plinsen, aus denen nach und nach über der ganzen Wasserfläche eine glitzernde Rinde entstand. Der Schnee fiel ebenfalls drei Tage lang ohne Unterlass.

In diesen Schnee schicken konnte Bach den Jungen auch nicht.

Als sich das Wetter am siebenten Tag etwas beruhigt hatte, trat er morgens auf die dick verwehte Vortreppe hinaus und begriff, dass der Schnee jetzt nicht mehr tauen, sondern bis zum Frühjahr bleiben würde. Wie auch der ihm zugelaufene Junge.

21

Der hieß Wassja. Er verstand hervorragend zu fluchen und überall Chaos zu verbreiten.

Alles, was Wassjas schmutzige Hände berührten, zerbrach sogleich, fiel auf den Boden, wurde zerschlagen, zerrissen oder geriet zumindest durcheinander. Wenn er durchs Zimmer ging, gelang es ihm immer, dabei einen Stuhl oder einen Kerzenständer umzuwerfen. Auf dem Hof so am Brennholzstapel anzuecken, dass mindestens ein paar Scheite herabfielen, im Garten die an einen Apfelbaum gelehnte Leiter umzuwerfen und dabei ein paar Äste abzuknicken und gleich noch die Rinde zu verletzen. Er selbst schien daran gar keine Schuld zu haben. Seine knochigen Gliedmaßen, an denen kein Gramm Fett oder Fleisch war, bewegten sich wie von selbst, ohne den Befehlen von Wassjas zottigem Kopf zu folgen, als existierten sie für sich allein. Seine Finger kritzelten mit einem Stück Kohle ganz von selbst Krakel an die Wand oder schnitten mit dem Küchenmesser nicht zu entziffernde Zeichen in die Tischplatte. Die Fingernägel pulten den Kalk aus den Fugen des Kachelofens. Über die ungehorsamen Arme und Beine zu klagen war allerdings nicht angebracht. In Augenblicken der Gefahr, wenn Wassjas kleines Hirn sich vor Angst zusammenkrampfte und er nicht in der Lage war, einen einzigen vernünftigen Gedanken zu fassen, agierten seine Gliedmaßen ebenso selbstständig: Sie flohen, ruderten, krallten sich fest, krochen, schlugen um sich – und hatten damit ihrem Besitzer schon mehrfach das Leben gerettet.

Ebenso selbstständig existierte in Wassjas Organismus auch sein großer Mund, von Wassja herabsetzend *Futterklappe* genannt, der sich keinen Argumenten der Vernunft unterordnen konnte oder wollte. Beim geringsten Anzeichen von Erregung seines Besitzers sprang er auf und sonderte Schimpfwörter ab. Dabei spielte keine Rolle, ob Wassja sich freute, ärgerte oder ängstigte, die Kraftausdrücke waren immer von allererster Sorte. Meist fluchte er auf Russisch, aber er konnte es auch auf Kirgisisch, Tatarisch und Baschkirisch. Er kannte Schimpfwörter der Tschuwaschen, der Mordwiner, ebenso der Udmurten, der Mari und der Kalmücken. Wörter und Sprachen blieben an ihm hängen wie die Kletten an seiner Hose. Dabei warfen seine Lippen alle ihm bekannten Idiome durcheinander, wodurch so originelle Flüche entstanden, dass sie nicht nur diejenigen in Erstaunen versetzten, die sie zu hören bekamen, sondern auch Wassja selbst. Seine vielsprachigen Tiraden zielten nie auf den Verstand des Opfers, sondern ausschließlich auf sein Herz, womit er immer Erfolg hatte.

Hin und wieder unternahm Wassjas schüchterne Vernunft den Versuch, den ungestümen Körper und das freche Mundwerk zu zügeln, aber das mit wenig Nachdruck und ohne jedes Ergebnis. Was ihm offenbar genutzt hatte, denn Wassja war bereits acht oder zehn Jahre alt – sein genaues Alter wusste er nicht – und immer noch am Leben. Viele Straßenkinder, mit denen ihn das Schicksal für ein paar Tage oder Monate zusammengeführt hatte, waren schon lange gestorben – im kalten Schmutz der Straßengräben, in nach Desinfektionsmitteln riechenden Krankenhäusern, in den Notunterkünften der Städte. Doch Wassja war nach wie vor quicklebendig. Seine flinken Hände holten sich alles, was er zum Leben brauchte: Brot von Marktständen, Wasser- und Honigmelonen von den Feldern, ein Huhn, das sich verirrt hatte, oder Kleidung, die Badende ohne Aufsicht am Ufer zurückließen. Seine schnellen Beine brachten ihn in Sicherheit vor schlechten Menschen, Krankheiten, Streitereien und Schlägereien, überflüssigen Fragen, wütenden Marktfrauen und pfeifenden Milizionären. Wenn seine Beine ihn einmal im Stich ließen und Wassja erwischt wurde, trat auf der Stelle der Mund in Aktion: Dessen Schimpfkanonaden schreckten manche ab und belustigten andere, worauf sie den kleinen Dieb oft milder behandelten.

Seinen Namen hatte er sich selbst ausgesucht. Früher hatte er schon andere gehabt. In seinem Gedächtnis tauchten zuweilen Stimmen auf, die ihn in ihrer Sprache auf ihre Weise riefen – eine leise Frauenstimme auf Kirgisisch Baissar, ein hustender Mann auf Baschkirisch Salawat, ein vom Rauchen heiseres Kinderstimmchen auf Russisch Basmatsche oder Sauerkohl. Zu wem die Stimmen gehörten, wusste er nicht mehr. Auch nicht, welcher sein richtiger Name war. Daher suchte er sich immer wieder einen neuen, unbeschwert klingenden aus, in dem er die früheren irgendwie vereint sah. Das war zurzeit Wassja.

Er hatte einmal eine Mutter gehabt. Vielleicht war es ihre leise Stimme, die er manchmal zu hören glaubte, aber genau konnte er das nicht sagen. Die Mutter hatte einen mageren Brustkorb, aus dem die Rippen herausschauten wie bei einem dürren Pferd, und leere Brüste, die nach saurem Quark rochen. An ihr Gesicht wie auch an seinen Geburtsort hatte er kaum eine Erinnerung. Ob er in einer kirgisischen Jurte, einem Blockhaus der Kalmücken, der Baschkiren oder Tataren geboren wurde, war ihm nicht bekannt.

Aus einzelnen Lebensphasen hatte er Bilder im Kopf, die ihn an unterschiedlichen Orten zeigten: Da rannte er in der Wüste den federleichten Kugeln des Steppenrollers nach, in den blauen Sümpfen eines Deltas stand er bis zum Bauch im Wasser und sammelte die Wurzeln des Rohrkolbens, dann wieder lag er träumend in weißem Sand unter rotbraunen Kiefern. Es wechselten die Menschen, die Bäume, Felsen und Gräser, die ihn umgaben. Unverändert blieb jedoch eines: Wie weit Wassja auf seiner Wanderschaft auch kam, wenn seine Kräfte nachließen und die Stimmung sank, dann führten ihn die Füße ganz von selbst an einen Fluss – breit und träge wie das Meer, gewunden und schnell oder in unzähligen Armen und Seen über eine Ebene ausgebreitet. Die Flüsse waren großzügig, gaben ihm Fische und Schnecken, Krebse und kleine Wasserschildkröten. Sie hießen Etel, Bulga, Su oder einfach das Große Wasser. Später ging ihm auf, dass dies verschiedene Namen für ein und denselben Fluss waren – die Wolga. In ihrem Umkreis war er sein ganzes kurzes Leben umhergezogen, ohne je auf die Richtung zu achten. Er konnte sich nicht verirren, weil er stets in ihrer Nähe blieb.

Auf das einsame Gehöft in den Wäldern am rechten Ufer war er zufällig gestoßen. Er hatte geglaubt, das Glück des Landstreichers habe ihm ein Schlaraffenland beschert: ein festes Dach gegen Schnee und Frost, volle Speicher, Brennholz in Hülle und Fülle. Kein Besitzer, keine Wachen und keine Miliz weit und breit. Lass es dir gut gehen, Wassja, hier kannst du überwintern. Doch er hatte sich zu früh gefreut. Die Besitzer tauchten wieder auf, schlossen sich in der warmen Hütte ein und nahmen auch noch alle Vorräte zu sich, die deutschen Geizkragen. Dann fingen sie Wassja mit einem Netz ein wie den blödesten Gründling. Er wollte sich heimlich in der Nacht davonmachen, doch der Regen hielt ihn zurück. Und dann der Schnee. Später hatte er zum Weglaufen keine Lust mehr.

Ein erfahrener Herumtreiber sucht sich sein Winterquartier rechtzeitig aus, damit er nicht schon in den ersten Frostnächten erfriert. Entweder zieht er weit nach Süden bis nach Turkestan in die Nähe der reichen Stadt Taschkent oder des großzügigen Samarkand. Manch einer schlüpft in einem Kinderheim unter oder verdingt sich bei einer möglichst mitleidigen und wohlhabenden Familie. Wassja konnte keinerlei Beschränkung ertragen, weder durch den festen Tagesablauf in einer Obdachlosenunterkunft noch das Arbeiten im Kinderheim. Wenn der Herbst kam, zog er die Wolga hinab bis über Astrachan hinaus, wo sie sich in Tausenden Armen über die Steppe ausbreitet und selbst zum Meer wird, dem Kaspi mit seinen weißen Stränden. Die Winter dort waren scheußlich, feucht und kalt, dafür gab es Fischereigenossenschaften mit guten, versoffenen Kerlen. Den Fischern war er keine große Hilfe, aber er kam durch. Hier schnorrte er einen Rest Fischsuppe aus einem Eimer, dort ein paar ausgeweidete Innereien, woanders brachte er die müden Männer mit seinen erstklassigen Flüchen in Stimmung und wurde dafür so großzügig bewirtet, dass er sogar noch etwas übrig behielt. So überstand er die kalte Zeit.

Doch in diesem Herbst blieb Wassja auf dem deutschen Gehöft hängen und verpasste den Absprung. Über den frisch gefallenen Schnee weiter nach Süden zu wandern war nicht sehr verlockend: Man kam schwer voran und konnte sich leicht den Tod holen. Also musste er hier überwintern.

War dies nicht ein hervorragender Unterschlupf für einen Nomaden wie ihn? Viel Platz und genug zu essen. Die Öfen wurden ordentlich geheizt, das Dach war dicht. Hier konnte er von früh bis spät auf der Ofenbank liegen, in den Tag hinein träumen und auf den Frühling warten. Der Hausherr, ein grauer Alter mit schwärzlichem Gesicht und knorrigen Händen, schien friedlich zu sein und hielt die Fäuste still.

Anfangs war der fuchsteufelswild gewesen, als er den ungebetenen Gast im Netz fing und gefesselt ins Haus schleppte. Wassja sah genau, wie seine Lippen vor Zorn bebten. All seine Erfahrung sagte ihm, dass jetzt eine gewaltige Tracht Prügel folgen musste. Aber statt den Eindringling ordentlich zu verbläuen, löste der Alte seine Fesseln und ließ ihn sogar auf der Ofenbank schlafen. Wenn er nicht zuschlagen wollte, dann war er ein schwacher Charakter.

In dem Alten hockte eine Angst, das begriff Wassja bald. Jeder Mensch trägt etwas in sich, das sein Wesen bestimmt und alles Übrige steuert. Wenn man ihm das wegnimmt, ist es aus mit ihm, es bleibt nur hohles Fleisch, wie eine Pflaume ohne Kern. Einer lebt seinem Hass, ein anderer der Sehnsucht, ein dritter der Fleischeslust. Bei dem alten Deutschen war es die Angst. Sie trieb ihn mehrmals am

Tag zum Fluss. Aber er trat nicht ans offene Steilufer hinaus, von wo man den besten Blick auf die Wolga hatte, sondern versteckte sich hinter Bäumen und beobachtete von dort angespannt, wie die Wolga zufror. Zugleich durchforschte er die verschwommene Silhouette des linken Ufers, als erwarte er jemanden von dort und fürchte es zugleich. Dann ging er wieder nach Hause und saß stundenlang in der Küche. Dort schliff er die ohnehin scharfen Sicheln und Messer an einem flachen Stein, bis sie unerträglich blinkten. Innen neben der Haustür standen an der Wand immer eine Mistgabel, eine Säge und ein Spaten. Auf dem Fensterbrett lag eine Axt.

Der Alte hatte keine Angst um sich, sondern um das Mädchen. Die Angst war so groß, dass es Wassja manchmal schien, er könnte sie im Halbdunkel des Hauses sehen. Sie war ein dickes Seil, fast ein Schiffstau, das aus dem eingefallenen Bauch des Alten wuchs und bis in das magere Körperchen des Mädchens reichte. Es war stets angespannt wie eine Saite, ganz gleich, in welcher Entfernung voneinander sich Vater und Tochter befanden. Wenn Wassja zufällig zwischen sie geriet, drückte er sich rasch beiseite, weil er fürchtete, gegen das Seil zu laufen. Hätten die beiden sprechen können, dann wäre die Furcht des Alten im Gespräch vielleicht geringer geworden. Doch beide waren stumm, und in der Stille dieses seltsamen Hauses wurde das Seil stärker und spannte sich immer mehr, so dass Wassja glaubte, es müsste jeden Augenblick zu klingen beginnen.

In dem Mädchen saß eine Gier. Wassja hatte Menschen aller Art gesehen – manche gierten nach Essen, andere nach Geld oder gar Blut. Der Tochter des Hauses stand der Sinn nach etwas anderem: nach Neuem. Das war keine gewöhnliche Neugier, das Interesse an der Beschaffenheit der Welt, sondern der leidenschaftliche Wunsch, bisher nicht Gehörtes, Gesehenes oder Erlebtes zu hören, zu sehen und zu spüren. Diese Sehnsucht kannte jedes Straßenkind: Sie erwachte in seinem Herzen im Frühjahr, trieb es von der sicheren Verpflegung der Aufnahmestellen und Kinderheime fort in eine Freiheit voller Hunger. Aber zum ersten Mal sah Wassja diesen Wunsch in so unersättlichem Maße: Die blauen Augen der Kleinen wirkten auf ihn wie ein bodenloser Brunnen, der voller Begeisterung die Welt in sich einsog und davon nie genug bekam.

Was für ihn selbst das Wichtigste war, wusste Wassja nicht. Vielleicht der Hunger. Vielleicht die Faulheit. Aber vielleicht war er innerlich auch vollkommen leer. Über sich selbst nachzudenken gelang ihm nicht, andere zu ergründen fiel ihm leichter und war auch einträglicher.

Die Bewohner des Hauses, deren Namen er nicht kannte, weshalb er sie bei sich nur den Alten und das Mädchen nannte, hatte er schnell durchschaut. Von denen war nicht zu erwarten, dass sie ihn nachts erwürgten, ihn quälten oder zu ihrem Vergnügen nackt in den Schneesturm hinausjagten. Sie gaben ihm sicher auch zu essen. Wenn nicht, dann hatte er zwei Hände und wollte sich nehmen, was er brauchte. Jetzt war er fest entschlossen, von hier nicht mehr wegzugehen. Wenn sie ihn loswerden wollten, sich mit Zähnen und Klauen an dieses Haus zu klammern, an diese Speicher voller Äpfel und Trockenfisch, an diese Bank beim warmen Ofen. Hierzubleiben, koste es, was es wolle, zumindest bis zum Frühjahr.

Ob der Alte Wassjas Absicht erriet oder es einfach zu seinem Naturell gehörte, jedenfalls entspann sich vom ersten Tag an zwischen ihnen ein Kräftemessen der Charaktere. Das war eine ernste Angelegenheit. Wer hier den anderen bezwang, hatte die Oberhand für lange Zeit, vielleicht sogar fürs ganze Leben.

Mit den Fischern vom Kaspischen Meer hatte Wassja leichtes Spiel: Er musste sich nur unterwürfig geben, kräftig mit dem Schwanz wedeln und möglichst laut winseln, dann gab ihm immer einer etwas zu essen. Fischer gab es viele, an Gesichter konnte sich Wassja gar nicht erinnern. Das hatte seinen Grund: Heute kümmerte sich einer um ihn, morgen andere. Und wenn einer ihm dumm kam oder ihm seine Macht beweisen wollte, dann konnte Wassja auch Zähne zeigen oder eine solche Schimpfkanonade loslassen, dass man das nicht so schnell vergaß. Er behielt stets die Oberhand, weil er selbst entschied, wann er sich in einer Fischerhütte aushalten ließ und wann er das Weite suchte.

Auf diesem Hof jedoch musste er sich von Anfang an anders zeigen – unbeugsam und entschlossen, damit es dem Alten gar nicht erst einfiel, ihn bevormunden zu wollen. Mit Worten hätte das Wassja nicht erklären können, aber seine reiche Erfahrung sagte ihm: Er durfte keine Schwäche zeigen. Zu grob durfte er sich auch nicht geben, um den Hausherrn nicht übermäßig gegen sich aufzubringen. Es war ein Drahtseilakt, ein Gang auf dem feinen Grat zwischen Gefügigkeit und Aufmüpfigkeit. Auf diesem Grat stießen sie mit den Hörnern zusammen – der ungewaschene kirgisische Bengel mit den störrischen Haaren und der alte Mann.

Bereits am ersten Morgen – Wassja war gerade erwacht und musste daran denken, wie schmählich man ihn am Abend zuvor mit dem Netz eingefangen hatte – hielt ihm der Alte einen Lappen und einen Eimer Wasser vor die Nase und tippte mit dem Finger auf die beschmierten Ofenkacheln, er möge sie abwischen.

»Mach's doch selber!«, entgegnete Wassja vorsichtig. »Woher sollte ich denn wissen, dass du wiederkommst? Hättste deine Wirtschaft nicht allein gelassen, würde sie jetzt besser aussehen!«

Da kam auch schon die Kleine herbeigesprungen, tanzte um ihn herum und lallte etwas vor sich hin. Beinahe hätte sie das Abwischen erledigt, doch der Alte knurrte sie nur böse an, nahm ihr den Lappen fort und hielt ihn erneut Wassja hin.

Wassja nahm den Lappen und warf ihn in Richtung Fenster. Das wollte er gar nicht, seine Arme taten das ganz von allein, und er konnte sie nicht daran hindern. Mit einem schmatzenden Ton klatschte der Lappen gegen die Scheibe und blieb dort kleben. Außen liefen Regentropfen an dem Glas herunter und innen das Wasser des Lappens – eine tolle Sache! Die Kleine lachte laut auf. Im nächsten Augenblick hatte sie sich den Lappen vom Fenster geholt und klatsch, warf auch sie ihn dagegen.

Der Alte lachte nicht. Er maß Wassja nur mit einem finsteren Blick, nahm die Kleine bei der Hand und ging mit ihr zum Frühstück in die Küche. Wassja forderte er nicht dazu auf.

Offenbar aßen sie eine Wassersuppe mit zerstoßenen Getreidekörnern. Wassja rutschte auf seiner Bank hin und her, ein feiner säuerlicher Duft stieg ihm in die Nase. Er wollte abwarten, bis der Alte ausging. Dann sollte schon etwas Essbares zu finden sein, und wenn er das ganze Haus auf den Kopf stellte.

Doch draußen goss es in Strömen, und der Alte dachte gar nicht daran, das Haus zu verlassen. Zunächst klapperte er in der Küche mit dem Geschirr, danach verschwand er in seinem Zimmer. Bedrückt sog Wassja den Geruch reifer Äpfel ein, der das ganze Haus durchzog. Der leere Magen knurrte und hüpfte in seinem Bauch wie ein gefangener Vogel.

Die Tochter des Hauses, satt, aber mit neugierigen Augen, holte sich eine mit Schnitzereien verzierte Fußbank herbei, setzte sich darauf und musterte Wassja wie ein exotisches Tier.

»Reiß die Augen nicht so auf, die fallen dir noch raus!«, blaffte Wassja sie an, aber die Kleine nahm ihm das überhaupt nicht krumm, sondern brach nur in ihr törichtes, begeistertes Lachen aus.

Der Eimer stand immer noch neben der Ofenbank. Von einem herunterhängenden Zipfel des Lappens fielen Wassertropfen langsam auf den gestampften Lehmboden, man hätte die Zeit danach messen können.

Schließlich warf sich der Hausherr eine alte Jacke über, hielt sich eine leere Schüssel über den Kopf und lief durch den strömenden Regen zum Klosett. Sofort stürzte Wassja in die Küche und strich wie ein hungriger Wolf darin herum. Wo konnte er sich etwas in den Mund stecken? Und wieder war das Mädchen zur Stelle, kippte ihm eilig etwas Kleines in die Hand – ein paar Getreidekörner oder Erbsen. Er sollte sie schnell essen! Ohne sie eines Blickes zu würdigen, stopfte sich Wassja die Gabe in den Mund, kaute, schluckte das trockene Zeug nur mit Mühe herunter und musste husten. Er war damit noch nicht fertig, da klappte bereits die Haustür, und der Alte war wieder da.

Wassja wusste gar nicht, was er da gekaut hatte – Weizen oder Maiskörner. Er spürte nur, dass sein Hunger von diesem winzigen Angebot nicht gestillt war, sondern jetzt erst richtig erwachte und ihm in alle Eingeweide fuhr.

»Du Unmensch! Elender Kulak!«, brüllte Wassjas große Klappe den Alten an und verspritzte dabei Speichel vermischt mit halb zerkauten Getreidekörnern. »Du Mörder! Du Blutsauger! Schlägst dir selber den Bauch voll, und ich soll an den Fingern lutschen? Ich erlaube dir nicht, minderjährige Kinder auszubeuten! Ich werde mich beim Parteikomitee über dich beschweren! Also, her mit dem Fressen, wie es sich gehört!«

Der so Beschimpfte maß ihn mit einem gleichgültigen Blick – wahrscheinlich hatte er gar nichts verstanden – und ging wieder an seine Arbeit. Die Kleine hingegen krähte begeistert und starrte auf Wassjas Mund. Heftig atmend, schien sie ihm zurufen zu wollen: Rede weiter! Noch mehr! Jetzt war er beleidigt, ließ sich auf die Bank fallen und drehte allen den Rücken zu, um seinen quälenden Hunger zu beruhigen und danach etwas zu schlafen, wenn es schon nichts zu beißen gab.

Er fand jedoch keine Ruhe, die klatschenden Tropfen des Lappens störten ihn. So drehte und wendete er sich unter der Decke auf der Bank bis zum Abend, die nicht enden wollenden Geräusche von der Arbeit des Alten in seiner Wirtschaft im Ohr und den zärtlichen Blick der Kleinen im Nacken.

Zum Abendessen wurde Erbsensuppe gekocht. Als Wassja schnuppernd feststellte, dass der Alte auch noch Räucherfisch hineingab, wurde er fuchsteufelswild. Die Beine trieben seinen Körper vom Lager und jagten ihn in die Küche. Dort packten seine Arme einen Feuerhaken, der aus dem Ofenloch ein paar Kohlestücke fischte. Sie warteten gar nicht ab, bis die abgekühlt waren, sondern begannen sofort alle Kacheln der Küchenseite zu beschmieren. Dabei fiel Wassja gar nicht auf, dass er sich hier schon einmal verewigt hatte. Als er fertig war, drehte er sich zu dem Alten um. Dessen Miene wurde immer länger, als habe eine unsichtbare Hand seinen Bart gepackt und ziehe ihn nach unten.

Eine Weile betrachtete er Wassjas Gesamtwerk, dann packte er den Jungen beim Schlafittchen und zerrte ihn mit sich. Bevor der auch nur piepsen konnte, fand er sich draußen auf der Vortreppe wieder und die Haustür krachte hinter ihm zu. Jetzt war um ihn nur noch eiskalte, von Regen durchtränkte Dunkelheit.

»Mach auf!«, begann er zu brüllen und hämmerte mit Händen und Füßen gegen die Tür. »Ich werde mich erkälten! Hier draußen erfrieren!«

Er klopfte lange. Inzwischen war er völlig durchnässt. Das Dach der Vortreppe schützte zwar vor den Güssen von oben, doch der Wind peitschte den Regen seitlich gegen Wassjas völlig schutzlose Gestalt.

Da öffnete sich die Tür einen Spalt, höchstens eine halbe Handfläche breit. Wassja zwängte seine schmächtige Schulter hinein. Für ein warmes, trockenes Plätzchen hätte er jetzt sein Leben gegeben. Er stahl sich zur Ofenbank und klammerte sich mit seinen erstarrten Fingern daran. Doch niemand versuchte ihn noch einmal hinauszuwerfen. Die letzte Kerze war bereits ausgeblasen, der Alte und das Mädchen machten sich bettfertig und verschwanden bald in ihren Zimmern.

Als es im Haus still geworden war, zog sich Wassja splitternackt aus und hängte die nassen Sachen zum Trocknen über den Ofen. Da saß er nun, nur in eine Decke gehüllt, und hörte auf das unaufhörliche Trommeln des Regens. Dann tastete er nach dem Eimer, der immer noch neben der Bank stand, nahm den nassen Lappen und fuhr damit über die beschmierten Kacheln.

So fing es an. Stieß Wassja beim Umhergehen einen Stuhl oder den am Türrahmen lehnenden Spaten um, hatte er ihn aufzuheben. Einen umgeworfenen Eimer musste er wieder aufstellen und das Wasser aufwischen. Hinterließ er Spuren auf der Vortreppe, waren sie abzuwaschen. Wassja keuchte, ächzte und schimpfte wie ein Rohrspatz, aber er hob auf, räumte fort und wischte sauber. Eines Abends ging er daran, sich selbst zu waschen, setzte sich in einen großen Trog mit warmem Wasser und begann unter dem strengen Blick des Alten den Schmutz von seinem Körper zu entfernen. Zuerst gab das eine dicke schwarze Brühe, dann erschienen graue Schmutzröllchen, die kleiner und immer heller wurden und schließlich ganz verschwanden. So schwer war das gar nicht. Der Alte sollte ruhig denken, dass er den zugelaufenen Kerl besiegt hatte. Wassja wollte sich auf einem anderen Gebiet durchsetzen.

Als die Regengüsse in Schnee übergingen, riss der Alte die Tür seines Zimmers weit auf und ging daran, die Lebensmittel in Körben, Kisten und Säcken wieder in Schuppen, Scheune und Keller zu bringen. Dort also hielt er seine Vorräte versteckt, der elende Geizhals! Von dort kam der Apfelgeruch, der das ganze Haus durchzog, so dass ihm davon noch im Schlaf das Wasser im Mund zusammenlief! Die Kleine war sofort zur Stelle, um ihrem Vater zu helfen. Das tat auch Wassja. Wenn er die Tüten mit den Apfelkernen trug, ließ er eine Handvoll davon in eine Tasche gleiten. Wenn er eine Kiste mit Äpfeln schleppte, verschwand einer in seiner Jacke. Den wollte er dann unter der Ofenbank verstecken. Da kam einiges zusammen. Er würde nicht mehr leiden müssen, wenn ihn der Alte wieder einmal mit Hunger quälen wollte. Nur wo sollte er mit seiner Beute hin?

Im Wald fand sich gewiss ein Plätzchen, aber er fürchtete, zu lange wegzubleiben, weil das Verdacht erregen konnte. Er musste also auf dem Gehöft etwas finden. Wassja, in solchen Dingen erfahren, entdeckte bald einen

Spalt zwischen den Steinen im Fundament, in den ein verpackter Trockenfisch passte, einen von unten nicht sichtbaren Vorsprung unter dem Scheunendach für Äpfel, ein Astloch in einem alten Apfelbaum für ein Tütchen mit Nüssen, ein lockeres Brett in der Verkleidung des Eishauses ... Er brachte alle seine Schätze unter, beschwerte sie mit Steinen, deckte sie mit Zweigen ab. Aber innerlich blieb er unruhig, denn es waren keine sicheren Verstecke, erreichbar für Feuchtigkeit, Frost, Ratten oder Eichhörnchen. Doch er hatte keine Wahl; das Ergatterte im Haus aufzubewahren, wagte er nicht.

Zudem folgte ihm die anhängliche Kleine auf Schritt und Tritt. Kaum war er um eine Ecke gebogen, sauste sie hinterher, kaum war er in die Scheune geschlüpft, war auch sie schon da. Sie ließ sich einfach nicht abschütteln. Er musste die Sachen in ihrer Gegenwart verstecken. Für alle Fälle drohte er ihr mit der Faust: Wehe, du verrätst mich! Doch sie schüttelte sich vor Lachen und streckte ihm zur Antwort ihr eigenes winziges Fäustchen entgegen. So ein Dummerchen.

An diesem Tag hatte der Alte von früh bis spät ein Auge auf Wassja: Wenn er die Äpfel umlagerte und mit frischem Stroh bedeckte, wenn er den Trockenfisch aufhängte und jeden einzelnen frisch verpackte – ein Blick zu Wassja. Der setzte eine finstere, selbstsichere Miene auf und hielt dem Blick stand. So arbeiteten sie den ganzen Tag bis zum Abend. In der Nähe so reicher Schätze hätte Wassja gern noch länger verweilt. Leider waren am Abend alle Äpfel in der Kühle des Kellers untergebracht, Getreide, Erbsen und Mais ausgeschüttet, ausgelesen und wieder in die Blechbehälter gefüllt, die Schnüre mit dem Trockenfisch über dem Ofen und die mit den Kräuterbündeln in der Scheune und auf dem Dachboden aufgehängt.

Zum Abend gab es Hafersuppe, die mit Kräutern und ein wenig Salz gewürzt war. Zum Sattwerden holte der Alte Nüsse hervor und legte eine Handvoll für jeden auf den Tisch. Als die Kleine, dieses dumme Ding, die Nüsse erblickte, grinste sie Wassja zu, sprang kichernd auf und rannte hinaus. Der Alte bekam einen Schreck und brummte ihr etwas hinterher, was wohl hieß, wohin? Doch Wassja hatte schon begriffen, und sein Magen krampfte sich zusammen. Am liebsten hätte er sich unsichtbar gemacht, aber wo sollte er bei diesem Schneegestöber hin? Da war das Mädchen auch schon zurück – mit Schneeflocken im Haar und Wassjas Tütchen in der Hand. Aus dem Zeitungspapier rollten Nüsse hervor, feucht und mit Resten von faulem Apfelholz bedeckt. Sie lächelte Wassja fragend an: Habe ich es richtig gemacht?

Und wieder bekam der Alte so ein langes Gesicht wie am Vorabend, seine Wangen wirkten noch eingefallener, der Bart schob sich vor.

»Na, was ist? Krieg ich heute Prügel?!«, plapperte Wassjas Mund los, bevor der Alte überhaupt einen klaren Gedanken fassen konnte. Der Junge sprang so heftig auf, dass sein Stuhl umkippte. Er gab ihm noch einen Tritt, damit es lauter krachte. »Na los, schlag den schwachen Schutzlosen! Verhau die streunende Waise, die heimatlose Seele!«

Da kam der Alte mit vor Wut gerunzelten Brauen und finsterem Blick auf Wassja zu. Der spürte, dass er ihm diesmal nicht nur einen Klaps versetzen, sondern ihn gewaltig durchprügeln wollte. Wassja stellte sich schon darauf ein, denn er wusste, er hatte es verdient. Er hatte es nicht hingekriegt, die Beute ordentlich zu verstecken, nun musste er für seine Unfähigkeit bezahlen.

»Ich lasse mir das nicht gefallen!«, plapperte Wassjas

Mund weiter. »Bist selber schuld! Hättest mich nicht hungern lassen sollen, dann hätte ich auch nichts weggeschleppt. Das ist dein Kapitalismus, du deutscher Judas! Glaubst wohl, weil du dich von den Menschen abgesondert hast, ist dir alles erlaubt?!«

Jetzt heulte das Mädchen wütend auf und rannte wieder hinaus. Nun schickte auch Wassja ihr einen Wutschrei nach. Sie würde ihn verraten mit allem, was dazugehörte! Aber er konnte ihr nicht nachlaufen, denn der Alte war ihm auf den Fersen. Er sprang in eine Ecke, in die nächste und dann zum Ofen. Der Alte immer hinter ihm her.

»U-u-u-!«, schrie die Kleine, die ganz außer Atem wieder ins Zimmer gelaufen kam. »U-u-u-!«

Jetzt knallte sie alle von Wassja beiseitegeschafften Päckchen auf den Tisch, so schmutzig, nass, mit Erde und Stroh beklebt, wie sie waren. Dann sprang sie zu Wassja hin, umarmte ihn, als wollte sie ihn schützen, und blickte dabei den Alten mit einem bittenden Winseln an. Der sprang herzu und bekam den Jungen endlich zu fassen.

Wassja kniff die Augen zu und krümmte sich, aber es folgte kein Schlag. Eine starke Hand schleppte ihn durch die Küche und stieß ihn auf den Stuhl am Tisch. Als Wassja die Augen wieder öffnete, war der Alte gerade dabei, all die guten Sachen vor Wassjas Nase zu einem Haufen zusammenzuschieben: Iss!

Wassja hockte betreten da und klappte mit den Lidern. Da schöpfte der Alte eine Handvoll der gestohlenen Erbsen, mit Apfelkernen und Sägespänen vermischt, aus dem Haufen und stopfte sie ihm in den Mund. Dazu knurrte er etwas in gefährlichem Ton, was wohl heißen sollte: Iss, habe ich gesagt!

Und Wassja begann zu essen. Noch nicht ganz überzeugt, dass die Prügel abgesetzt waren, begann er eilig und verwundert Haferkörner, Weizenkörner, Maiskörner, Mohrrübenpulver, Kohlrübenpulver, getrocknete Rüben, getrocknete Äpfel, Trockenfisch und getrocknete Beeren, vermischt mit verklebtem Stroh, Zeitungsfetzen und Ästchen zu kauen. In seinem Mund knirschte es, als zermahle er Glasscherben. War das Sand? Oder Erde? Doch Wassja kaute gehorsam, schluckte und schluckte. Mit großer Mühe würgte er die Bissen die Speiseröhre hinunter. Das Zeug war trocken und kratzte im Hals, aber um Wasser bat er nicht – schließlich hatte er auch seinen Stolz. Na, Alter? Hast du's begriffen? Wolltest mich unterkriegen – mit so einer Kleinigkeit? Das soll eine Strafe gewesen sein? Die hätte ich gern jeden Tag, am besten zweimal!

Dann hatte er alles Diebesgut auf einen Schlag verschlungen. Stolz und mit Siegermiene stand er auf und legte sich auf die Ofenbank, während der Alte und die Kleine ihr Abendessen beendeten.

Sein Bauch meldete sich später, als das Licht im Hause bereits gelöscht war und sich alle in ihre Zimmer zurückgezogen hatten. Als Erstes bekam er furchtbaren Durst, als ob in seinem Gedärm eine Wüste entstanden sei. Sie verlangte nach Wasser, nicht nach ein, zwei Bechern, sondern nach einem ganzen Brunnen, am besten der ganzen Wolga. Bemüht, keinen Lärm zu machen, glitt Wassja von der Ofenbank herunter und schlich in die Küche. Als er den Eimer ertastet hatte, steckte er gleich seinen Kopf hinein und soff sich kniend mit kaltem Wasser voll. Das musste ein Drittel oder gar die Hälfte des Eimers gewesen sein. Davon wurde ihm ein wenig leichter. Als er zu seinem Lager zurücktrottete, gluckste es in seinem Bauch wie in einem Fass und war bestimmt im ganzen Haus zu hören.

Er war noch nicht eingeschlafen, als ihn ein schneidender Schmerz durchfuhr. Er schien seinen Körper von den

Lenden bis zur Brust zu durchdringen. Im ersten Augenblick erschrak Wassja nicht, sondern wunderte sich nur, wie ein so riesiger Schmerz in seinem kleinen Körper Platz fand. Doch der wuchs rasch weiter und schaukelte sich auf wie ein Pendel nach oben bis zum Magen, nach unten in die Därme, herauf und herunter. Als er sich in den übersichtlichen Gedärmen des Jungen eingerichtet hatte, änderte er die Richtung: Jetzt rollte er im Bauch von einer Seite zur anderen und zwang Wassja, die Arme um den Leib zu schlingen und sich auf seiner Bank nach rechts und links zu drehen. Am Ende sprengte das Bauchweh alle Grenzen, fuhr völlig chaotisch durch den Körper, als wollte es sein Inneres in tausend kleine Stücke zerschneiden.

Offenbar stöhnte er, zunächst durch die Zähne, dann in das mit Kräutern gefüllte Kissen. Er musste seine Wangen an der Decke gerieben haben, um den widerlich kalten Schweiß vom Gesicht zu bekommen. Mit den Fingern drückte er auf dem geschwollenen, steinharten Bauch herum, um den Schmerz irgendwo zu orten, aber der entglitt ihm immer wieder, rieb sich an der Wirbelsäule, klammerte sich an die rückwärtigen Rippen, zerrte an seinen Schulterblättern. Wassja glaubte, jetzt müsse er sterben.

Zusammengekrümmt fiel er schließlich von der Ofenbank auf den Boden und lag dort lange bewegungslos. Irgendwie drehte er sich auf den Bauch und begann, mit Schultern und Ellenbogen arbeitend, über den kalten Fußboden zu kriechen. Er kroch nach Gefühl, ohne recht zu wissen, wohin er wollte. Er wusste nur: Krepieren sollte man allein, möglichst weit weg von den Menschen. Er überwand unbekannte Hindernisse, stieß gegen Stühle und umging sie, schurrte mit den Wangen über den gestampften Boden. Schließlich stieß er mit der Stirn an das kalte Holz der Haustür. Mit dem Gesicht schob er das über die Schwelle geworfene alte Schaffell beiseite und drückte die Nase in den Spalt, durch den die kalte Luft der Freiheit eindrang.

Durch den Spalt zwängen konnte Wassja sich nicht. Und auch die Tür nicht öffnen, dazu hatte er beim Kriechen zu viel Kraft verloren. Da lag er nun und sog den Duft von Schnee ein, während sich in seinem Inneren der Schmerz austobte, so dass er fast den Verstand verlor. Irgendwann packten ihn starke Hände am Kragen und schleppten ihn noch einmal durch die Küche wie ein paar Stunden zuvor zum Abendbrot.

Er hatte kein bisschen Kraft mehr, sich zu wehren. Die Hände taten mit Wassjas schlaffem Körper, was sie wollten, drehten ihn wie eine Puppe mit dem Gesicht nach unten, drückten ihm hart und heftig auf den Bauch, als wollten sie ihn zum Platzen bringen, schoben ihm die harten Finger in den Mund, so weit es ging. Am liebsten hätte Wassja die Kiefer zusammengepresst und diese Finger abgebissen, aber dazu kam er nicht. Der Schmerz im Bauch geriet plötzlich in Bewegung, stieg ihm säuerlich bis in die Kehle und ergoss sich schließlich aus Wassjas weit aufgerissenem Mund nach draußen …

Am nächsten Morgen wollte er überhaupt nichts essen. Einen halben Tag lang lag er noch auf der Ofenbank, die Decke über den Kopf gezogen und die Nase an die warmen Ofenkacheln gedrückt. Davor saß die Kleine auf ihrem Bänkchen und starrte erwartungsvoll auf ihn. Das konnte er nicht sehen, doch er fühlte es sogar durch die dicke Steppdecke. Ganz in der Nähe im Wohnzimmer saß auch der Alte bei einer Beschäftigung und schnaufte konzentriert vor sich hin.

Als Wassja gegen Mittag die Nase aus seiner Höhle steckte, gab der ihm mit einer Kopfbewegung zu verstehen, er möge zu ihm kommen. Unwillig kroch Wassja ans Licht. Da hob der Alte etwas Dickes, Helles von seinen Knien auf, an dem er schon einen halben Tag lang gewerkelt hatte. Er warf es über Wassjas knochige Schultern. Es war eine Schaffelljacke. Für eine Frau gemacht, das sah man an der roten Borte am Kragen, in den Schultern sehr breit und so weit, dass Wassja dreimal hineingepasst hätte. Nur Ärmel- und Körperlänge hatte der Alte gekürzt, in der Taille einen Hanfstrick befestigt und Löcher im Rückenteil ordentlich gestopft. Eine echte Pelzjacke!

So etwas hatte Wassja noch nie besessen. Er schaute sich die Ärmel genauer an: Das Leder war löchrig, und in den Falten saß Schmutz. Vorsichtig strich er über das schon etwas kahle Fell an den Aufschlägen, befühlte den Hanfstrick und zog ihn enger. Dann trat er einige Schritte von dem Alten zurück und sagte drohend: »Die gebe ich nicht wieder her!«

Der Alte musste lachen und zog ein Paar Schuhe hervor. Sie waren groß, hoch und mit Pelz gefüttert. Wassja schlüpfte in die Schuhe. Dann setzte er sich auf die Ofenbank, schob die Hände in die Jacke und wiederholte im gleichen Ton: »Auch die Schuhe gebe ich nicht her!«

Der Alte stand auf, warf sich seine Schaffelljacke über und ging hinaus. Wassja überlegte einen Moment und folgte ihm. Danach auch die Kleine, die wie an ihn angebunden schien.

Zum ersten Mal stand Wassja bis über die Knöchel im Schnee und fror nicht. Er hieb mit dem Fuß in die Schneedecke. Na, hast du's kapiert? Mich kriegst du nicht mehr! Du zwickst mich nicht mehr in die Füße wie sonst im Winter! Er legte sich Schnee auf Schultern und Arme, doch die froren ebenfalls nicht. Die Jacke hielt sie warm. War das schön! Wassja lachte laut auf, sprang hoch und ließ sich rücklings in den Schnee fallen. In der Ausrüstung kriegt man keine Erkältung! Die Kleine kreischte ebenfalls auf, und schon lag auch sie auf dem Rücken im Schnee. War das lustig!

Nur der Alte lachte nicht. Er hielt Wassja einen großen Spaten aus Holz hin: Er sollte auf dem Hof Schnee schippen. Mit Gesten zeigte er ihm, dass er Wege von der Vortreppe zum Klosett, zum Speicher und zur Scheune schaufeln sollte.

»Mach das doch selber!«, gab Wassja bissig zurück. »Willst du mich kaufen? Für die alten Sachen dir einen Arbeiter zulegen, den du nicht bezahlen musst? Daraus wird nichts! Die Zeiten der Sklaven in unserem Land sind vorbei! Noch nichts davon gehört?«

Der Alte maß ihn mit einem strengen Blick, stieß den Spaten in eine Schneewehe und ging ins Haus.

»Du wirst schon sehen!«, brüllte ihm Wassja hinterher. »In der Ausrüstung gehe ich sonst wohin! Ins Nachbardorf, ach was, bis zum Kaspischen Meer!«

Er spuckte nach der Haustür – von Weitem traf er genau die Mitte – und verschwand in Richtung Wald.

Der Schnee reichte ihm hier bis zum Knöchel, dort bis zum Knie. Wassja stapfte durch die Schneewehen, dass es knirschte, zerrte hier und da an den unteren Zweigen der Bäume, dass der Schnee in dicken Klumpen herunterfiel. Durch die verschneiten Äste sah er den klaren blauen Himmel. An den Stämmen bewegten sich gelbe und himbeerrote Flecke – Meisen und Kreuzschnäbel. Vielleicht sollte er tatsächlich von dem Gehöft verschwinden, solange der Besitzer ihm Felljacke und Schuhe nicht wieder abnahm.

Als das Haus längst hinter Eichen und Ahornbäumen verschwunden war und der hohe blaue Himmel sich mit tiefhängenden grauen Wolken bedeckt hatte, bemerkte Wassja, dass das Mädchen hinter ihm herlief.

»Was soll denn das!«, schrie er sie an. »Marsch, nach Hause mit dir, du Klette!« Aber die schenkte ihm nur ihr dummes Lächeln und lallte das immer gleiche »U-u-u-!«

Wassja warf Schnee nach ihr, um sie zu vertreiben.

Darauf warf sie Schnee nach ihm.

Er schleuderte einen Stock gegen sie.

Sie tat es ihm nach.

Dabei lachte sie aus vollem Halse über das lustige Spiel. Und quietschte immerzu, was wohl hieß: Mach weiter!

Na gut, dachte Wassja bei sich. Wenn das Dummerchen sich im Wald verirrte, konnte er nichts dafür. Der Alte war selber schuld, wenn er nicht besser auf den ungeratenen und auch noch einfältigen Balg aufpasste. Er stapfte weiter, ohne sich umzuschauen.

Dabei lauschte er darauf, wie hinter ihm unter dem leichten Schritt des Kindes der Schnee knirschte. Seine Beine trugen Wassja ganz von selbst zwischen Eichen und Birken dahin, durch Löcher und Kuhlen, immer das hohe Ufer der Wolga entlang, die, für ihn nicht sichtbar, nach Süden floss. Die Hände griffen wie von selbst nach einem langen Stock, mit dem er sich besser einen Weg durch die Schneewehen bahnen konnte. Ein paarmal lugte er nach hinten. Das Mädchen hielt mit ihm Schritt. Es hatte sich sogar eine Rute gesucht, die es wie er bei jedem Schritt in den Schnee steckte.

Dann begann es zu schneien, anfangs leicht und dünn, dann immer mehr und mehr.

»Geh zurück, du blondes Schaf!«, brüllte Wassja sie schließlich an. »Marsch, Marsch, zu deinem Vater!« Er sprang auf sie zu, drehte sie an den Schultern um und rief: »Hau ab, nach Hause, solange die Spuren noch zu sehen sind!« Dabei wies er mit seinem Stock auf die Abdrücke im Schnee, ihre kleinen und die großen von seinen neuen Schuhen. »Verstanden?«

Das Mädchen zog geräuschvoll die rote Nase hoch – jetzt fror das blöde Ding schon – und piekte mit seiner Rute auf dieselben Stellen im Schnee wie Wassja vor ihr. Dabei schaute sie ihn voller Hoffnung an: Habe ich es richtig gemacht?

»Für welche Sünden werde ich nur bestraft?«, brüllte Wassja, jetzt wirklich wütend. »Was bist du für ein Hohlkopf! Kein Wort aus dem Mund und kein Gedanke im Hirn!«

Es schneite immer dichter, der Schnee blieb auf den Bäumen liegen. Der Wind verteilte ihn auf den Ästen und an den Stämmen, die bald vollkommen weiß dastanden. Selbst die Luft wurde weiß und dick, man konnte nicht weiter sehen als bis zu den allernächsten Bäumen und Büschen.

Wassja hätte dem Mädchen davonlaufen können. Seine Beine waren schneller und ausdauernder. Er konnte sich verstecken, hinter einem verschneiten Baumstumpf abtauchen und in dessen Deckung fortkriechen, bis er hinter den Bäumen verschwunden war. Er hätte ihr auch ein paar Klapse verpassen können, nicht dass es wehtat, nur so zur Abschreckung, damit sie Angst bekam und von ihm fortlief.

»Du!«, brüllte er sie böse an und holte mit dem Stock gegen sie aus. »Hau endlich ab, du stummes Ding!«

Er schleuderte den Stock weit von sich. Der pfiff über die verschneiten Büsche hinweg und fiel in einen Haufen Windbruch. Wassja kehrte um und stapfte in Richtung

Gehöft. Hinter ihm knackte es kurz – auch die Kleine hatte ihre Gerte in den Windbruch geworfen – dann hörte er ihre eiligen Trippelschrittchen wieder hinter sich.

Der Nachhauseweg zog sich in die Länge. Durch das Schneegestöber zu gehen war wesentlich schwieriger. Ein paarmal wäre Wassja um ein Haar über kaum sichtbare Äste gestolpert und bedauerte bereits, dass er den Stock weggeworfen hatte. Angst hatte er keine. Seinen Beinen konnte er vertrauen. Sie hatten ihn schon aus größeren Gefahren herausgeführt. Ab und zu warf er einen kurzen Blick über die Schulter, ob die Kleine nicht zurückblieb. Doch die stolperte folgsam hinter ihm her, die frierenden Händchen an die Brust gedrückt. Dann spürte er, wie etwas den Hanfstrick an seiner Jacke nach rückwärts zog. Das Mädchen hielt sich daran fest und kam so besser voran.

Als der Wind immer schlimmer heulte, musste Wassja die Kleine an die Hand nehmen, sonst hätte sie irgendwann den Strick losgelassen, wäre zurückgeblieben, hätte hinfallen und sofort verschwinden können. Wer hätte sie in den Schneewehen dann noch gefunden? Unvermittelt zeichnete sich in dem brodelnden Weiß eine dunkle Gestalt ab: Der Alte. Er packte sie beide beim Kragen und zerrte sie hinter sich her. Man musste nur folgsam einen Fuß vor den anderen setzen. Er schritt schnell aus, als stapften sie nicht durch einen schneeverwehten Wald, sondern bei Sonnenschein über ein ebenes Feld. Wassja schluckte den Schnee, der ihm in den Mund flog, und zerbrach sich den Kopf darüber, ob der Alte ihm die Felljacke wieder abnehmen werde.

Dann traten aus all dem Weiß endlich die Umrisse von Wohnhaus, Scheune und Schuppen hervor, eine Tür klappte, und Wassja ließ sich bei dem vor Wärme dampfenden Ofen auf den Boden fallen. Neben ihm plumpste auch die Kleine hin. Der Alte schüttelte sie aus der winzigen Felljacke und den vereisten Filzstiefeln heraus, nahm ihr das dick verschneite Tuch ab und drückte sie an sich. Lange stand er so, die Arme um das kleine Wesen geschlungen und das Gesicht in ihrem Haar vergraben.

»Von jetzt an lässt du mich gefälligst in Ruhe«, erklärte ihm Wassja wichtig, stand auf und schüttelte Eisstückchen aus seinem Kragen. »Schließlich habe ich dein einfältiges Balg vor dem Schneesturm gerettet. Hätte ich das nicht getan, würde sie jetzt hinter einem Busch der graue Wolf fressen und mit ihren Knöchlein knacken.«

Der Alte hob den Kopf mit müdem Blick, und zum ersten Mal schien es Wassja, dass er ihn aufs Wort verstanden hatte.

Das ist es, ging es Wassja auf, das ist der Köder, mit dem ich den Alten an den Haken kriege: dieser ständig lächelnde, alberne kleine Fratz mit seinen Beinchen so dünn wie Schilfrohrstängel und den flatternden weißen Löckchen wie das Federgras in der Steppe.

Den ganzen nächsten Tag verbrachte er auf der Ofenbank. Auch als ihm gar nicht mehr so war und seine Arme und Beine nach Bewegung verlangten, stand er nicht auf, sondern wälzte sich weiter in seinen Decken und Kissen. Immer wieder tastete er nach der Schaffelljacke unter seinem Kopf. Der Alte hatte sie zur Haustür bringen wollen, wo alle Jacken hingen, aber Wassja gab sie nicht her. Am liebsten hätte er darin geschlafen, um sie auch wirklich zu behalten, aber dafür war das Haus zu gut geheizt.

Die Kleine wuselte ständig um ihn herum. Wassja fing an, sie zum Lachen zu bringen: Mal zog er eine schreckliche Fratze, grunzte wie ein Schwein, dann wieder streckte er die Zunge heraus und begann sich die Brust zu lecken.

Für diesen Trick brauchte man eine sehr lange Zunge, und Wassja hatte noch nie einen getroffen, der das auch konnte. Die Kleine schnaufte und quietschte vor Begeisterung. Der Alte machte sich überall im Hause zu schaffen und tat so, als interessiere ihn das Treiben der Kinder nicht. Doch jedes Mal wenn Annchen besonders laut lachte, wurde sein Blick warm, und in seinem grauen Bart zeigte sich etwas wie ein kleines Lächeln.

»So ist das!«, erklärte Wassja belehrend, als der Tag zu Ende ging. »Verstanden? Ich habe Wichtigeres zu tun, als auf dem Hof Schnee zu schippen. Ich muss dein Kind unterhalten. Mit dem Schnee wirst du schon allein fertig werden, dafür habe ich keine Zeit. Und das Essen könnte auch besser sein. Unterhaltung ist eine teure Angelegenheit.«

Schweigend wandte der Alte den Blick von ihm ab.

Wassja hatte gewonnen.

Als am Abend im Haus eine einzige Kerze in einer Laterne angezündet wurde und lange Schatten über die Rundholzwände tanzten, nahm der Alte einen schweren Kasten von der Kommode und stellte ihn auf den Tisch. Von irgendwoher holte er ein Ding aus Metall, das einer großen geschweiften Glocke ähnelte, und befestigte es an dem Kasten. Die Kleine, die bereits wusste, was jetzt kam, lief zum Tisch, legte ihre dünnen Ärmchen auf die Kante, darauf das Kinn und beobachtete genau, was nun geschah.

Der Alte hantierte lange ächzend an dem Ding herum, öffnete den Deckel, nahm mehrere kleine Einzelteile, die er zuvor auf den Tisch gelegt hatte, blies den Staub von ihnen ab und steckte auch sie in den Kasten. Für Wassja war das hochinteressant, aber er wollte Charakter beweisen und blieb auf der Ofenbank liegen. Schließlich holte der Alte ein abgegriffenes Kuvert aus der Kommode und zog vorsichtig, mit zwei Fingern, eine große schwarze Plinse daraus hervor. Die legte er auf den Kasten, drehte an einer Kurbel und setzte dann einen aus dem Kasten seitlich herausragenden gebogenen Arm mit einer Nadel am Ende auf die Plinse.

Die Nadel begann auf und ab zu hüpfen, es knisterte, und aus dem glockenförmigen Trichter kam ein Seufzer. Dann aber erklang daraus der Gesang einer tiefen Männerstimme so stark und frei wie das Fließen der Wolga beim Frühjahrshochwasser.

Wo kam diese Stimme her? Von der glatten Oberfläche der im Halbdunkel glänzenden Plinse? Aus dem großen Maul des Rohres? Von der Spitze der auf der Plinse tanzenden Nadel?

Nun war es um Wassja geschehen. Eigentlich hätte er erschrecken, vor diesem Teufelszeug flüchten oder einen Schuh danach werfen sollen, um dem Spuk ein Ende zu machen. Doch das konnte er nicht. Wie verzaubert saß er da und starrte auf die leicht zitternde Öffnung des glockenähnlichen Gebildes. Das Wunder einer Stimme aus dem Nirgendwo, aus dem leicht bebenden, von Grünspan bedeckten blechernen Trichter, aus der Berührung einer Stahlnadel mit diesem schwarzen Fladen, den man leicht mit dem Absatz zertreten konnte – dieses Wunder machte Wassja sprachlos, es traf ihn mitten ins Herz.

Er verließ sein Lager und näherte sich langsam dem Apparat. Die Stimme rollte über den Tisch, wallte über den Fußboden, durch das Zimmer, über Wassjas plötzlich schwitzenden Körper hinweg, erfüllte Bauch, Glieder und Kopf mit etwas Starkem, Wichtigem. Die Worte verstand er nicht, sie klangen fremd und schwermütig. Wassja kannte ein paar Brocken in allen Sprachen, die an der Wolga gesprochen wurden, und konnte sich immer ein wenig Sinn erschließen. Doch hier war kein Sinn, nur eine Stimme, eine Melodie, Klänge, die sich zu einem einzigen Strom fügten. Davor stand Wassja wie vor einem unbekannten Fluss, in den er steigen wollte, es aber nicht konnte.

Als die Nadel bereits über die ganze Plinse gelaufen war, sich der Mitte näherte und dort auf der sich weiter drehenden Scheibe stehen blieb, während sich an ihrer Spitze etwas Staub sammelte, ließ die Kleine kichernd einen winzigen Holzsplitter auf die Plinse fallen. Der wurde von dem Luftzug sofort heruntergeweht. Wassja klopfte ihr leicht auf die Finger. Mit solchen Sachen trieb man keinen Unsinn.

An diesem Abend lauschten sie weiteren Stimmen – von Männern, von Frauen und beiden zusammen. Sie hörten Gedichte und Lieder verschiedenster Art – schnelle und lustige, getragene und traurige. Schließlich zog der Alte das Rohr wieder aus dem Kasten, klappte ihn zu und stellte ihn auf die Kommode zurück. Alle drei suchten ihr Nachtlager auf.

Wassja lag auf der Ofenbank, die Arme um die schwach nach Schaf riechende Felljacke geschlungen, und lauschte den unbekannten Stimmen und Worten nach. Er hörte sie ganz deutlich, als kreisten immer noch schwarze Plinsen auf dem Wunderkasten. Er wollte mit diesen Stimmen mitsingen. Er wollte laufen, fliegen, schwimmen, wohin auch immer, mit ihnen oder allein. Am liebsten hätte er sich den Kasten gegriffen und wäre damit aus dem Haus gelaufen, weit fort, wo ihm das Ding niemand nehmen konnte. Aber ohne die geschickten Hände des Alten konnte man ihn wohl kaum zum Klingen bringen.

Am Morgen drückte sich Wassja schon zeitig bei der Kommode herum. Mehrmals berührte er verstohlen den

Kasten. Er fühlte sich kalt an. Der Alte machte sich in der Küche zu schaffen, behielt dabei aber den Jungen im Auge. Nach dem Frühstück schlüpfte der in die Felljacke und setzte sich seine alte Filzkappe auf.

»Also«, sagte er mit finsterer Miene zu dem Alten. »Ich schippe den Schnee weg, aber du lässt heute Abend deinen Leierkasten für mich laufen. Ohne Mätzchen. Ohne deine kapitalistischen Tricks! Ich will alle Plinsen hören – von der ersten bis zur letzten. Das lass dir gesagt sein!«

Und ging an die Arbeit.

Der Winter war schneereich, und Wassja hatte fast jeden Morgen auf dem Hof zu räumen. Danach hackte er Holz, heizte den Ofen und schlug das Eis vom Brunnenrand ab. An sonnigen Tagen schob er den Schnee von den Dächern herunter oder holte Reisig zum Anfeuern aus dem Wald. Anfangs brachte er so viel, wie er in den Armen oder auf dem Rücken tragen konnte, aber als er gemeinsam mit dem Alten den Schleppschlitten hergerichtet hatte, benutzte er den. Dann reparierten sie alle Schuhe, die es auf dem Gehöft gab: Die Schuhchen der Kleinen in verschiedenen Farben, ein Paar lederne Bauernschuhe, hohe Schuhe in verschiedenen Größen, Stiefel aus Leder und Fell, der Pelz nach außen oder nach innen gekehrt, mehrere Paare alter Filzstiefel. Die Kleine bekam eine neue Felljacke anstelle der alten, verschlissenen. Aus Stroh wurden frische Matten geflochten. Alle Lebensmittelvorräte wurden erneut geprüft, Buchweizen gesiebt und nachgetrocknet, Äpfel umsortiert, Kartoffeln und Kohlköpfe, Zwiebeln und Rüben kontrolliert, der feuchte Sand erneuert, in dem die Mohrrüben lagen.

Im Gemüsegarten wurden Bretter und Tafeln aufgestellt, um den Schnee zurückzuhalten. Sie zerstießen Sonnenblumenkerne zusammen mit der Pfahlwurzel der Einbeere und streuten das Gemisch um die Zwiebel- und Knoblauchbeete herum, um Ratten und Mäuse abzuhalten. Alle Apfelbäume wurden kontrolliert, ob sie nicht unter dem Frost litten, ob die Verpackung aus Hanfsäcken noch intakt war. Wo sie schadhafte Stellen entdeckten, legten sie Birkenrinde aus dem Wald darauf und schippten Schnee darüber.

Arbeit gab es immer. Hatten sie von der Wolga frisches Eis für das Eishaus geholt, fiel dicker Neuschnee. Also hieß es in den Obstgarten laufen und die Zweige abschütteln – nicht in Eile, sondern gründlich und liebevoll. Jedes Zweiglein musste mit einer Holzgabel berührt und vorsichtig bewegt werden, damit der Schnee abfiel, es dabei aber nicht geknickt wurde. Kaum hatten sie den Schornstein gefegt und die Asche als Dünger in den Garten gebracht, da kam strenger Frost. Sie mussten zum Ufer laufen und die Angelschnüre aus dem Wasser ziehen, damit das Eis sie nicht zerriss und ihnen der Fang verloren ging. Kaum war man morgens aufgestanden, hatte gegessen und für die Kleine ein paar Grimassen gezogen, war schon wieder Abend und Zeit für den Wunderkasten. So lebten sie – vom Morgen zum Abend, auf und ab, einatmen, ausatmen.

Die Gedichte und Lieder von den schwarzen Plinsen lernte Wassja auswendig. Auf dem Hof gab es nicht viele Platten, kaum mehr als die Finger an beiden Händen, und jeden Abend wurden alle gespielt. Aus unerfindlichem Grund legte der Alte sie stets in der gleichen Reihenfolge auf, die er nicht ein einziges Mal veränderte. Den Anfang machten Gedichte, dann kamen die lustigen Lieder und schließlich die traurigen. An dieser Reihenfolge fand Wassja nach und nach Gefallen. Tagein, tagaus hörte er dieselben Verse, und obwohl er die Wörter und Sätze nicht verstand, merkte er sie sich von Anfang bis Ende. Er verschlang sie im Ganzen wie eine Schlange oder ein Raubvogel eine zu große Beute. Das faszinierende Wortgemisch entstand aus dem Nichts, aus der Luft, aus der über die verstaubte Plinse hüpfenden Nadel. Es war auch nichts, denn es kostete nichts und brachte keinerlei Nutzen. Man konnte es weder zum Fluchen noch zum Erschrecken anderer benutzen, keinen Menschen damit gütig stimmen oder zum Lachen bringen. Es war das *Andere*. In diesen sinnlosen, flüchtigen Tönen existierte ein anderes, Wassja bisher unbekanntes Leben mit anderen Kräften und Gesetzen. Wassja strengte seinen kleinen Geist an, um diese plötzliche Leidenschaft für den Wunderkasten zu begreifen, aber es gelang ihm nicht. Das Bemühen quälte ihn, er wollte es sein lassen, konnte es aber nicht. Häufig wälzte er sich bis Mitternacht auf der Ofenbank, wütend auf sich selbst, auf dieses merkwürdige Ding und auf den Alten.

In dessen Gegenwart blieb er unzugänglich, bemüht, sich seine Leidenschaft nicht anmerken zu lassen, buckelte nicht und riss sich auch nicht um die Arbeit. Seine Hauptbeschäftigung war das Mädchen. Dafür wurde ihm vieles nachgesehen. Wenn er für sie ein Liedchen trällerte oder ihr eine Geschichte erzählte, dann galt das häufig als Arbeitsbefreiung. Das gemeinsame Spiel war ein zuverlässiger Schutz vor dem nächsten Auftrag. Und da es ihm angenehmer war, sein loses Mundwerk zu benutzen, als mit Spaten oder Beil zu hantieren, kam bei Wassja im Laufe des Winters sogar etwas wie Sympathie zu dem armen Dummerchen auf. Er spürte, dass sie nicht nur die Währung war, für die er sich bei dem Alten einen halben Tag sorglosen Lebens und ein sättigendes Mittagessen erkaufen konnte. Sie war mehr – der Schlüssel zum Herzen des Alten oder wenigstens zu einem Stückchen davon. Jedes

Mal, wenn Wassja seine Macht über sie spürte, verging er fast vor Befriedigung, als sei es nicht die Kleine, die über seine Possen lachte oder eine lustige Grimasse eifrig nachäffte, sondern der Alte.

Zunächst führte Wassja ihr alle seine Tricks und Kunststückchen vor, von denen er unzählige beherrschte: wie man die Finger verknotet, wie man die Schulterblätter scharf hervortreten lässt, wie man auf Händen geht, wie man auf dem Rücken kriecht, wie man die Lider aufreißt und die Augäpfel so weit herausdreht, dass sie zwei Billardkugeln gleichen. Wie man ein Messer auf der Nasenspitze balanciert, wie man aus dem Kehlkopf singt, ohne die Lippen zu öffnen, wie man auf einer Ferse steht, wie man sich mit den Fußzehen am Kopf kratzt, wie man mit der Nase aus einem Teller säuft und wie man die längsten Spuckefäden produziert. Er zeigte ihr alles, was er konnte, nichts hielt er vor ihr zurück. Anfangs schaute sie ihm nur wie gebannt zu, doch dann fing sie an, es ihm nachzutun. Und es gelang ihr sogar! Das dürre winzige Ding, selbst nur Haut und Knochen, erlernte mit vor Eifer aufgerissenen Augen alle seine Bravourstückchen: schnalzte mit der Zunge, stand auf dem Kopf, drehte sich auf einer Ferse, spuckte durchs ganze Zimmer und ritzte Krikelkrakel in die Tischplatte.

Ihm bereitete es Vergnügen, zu sehen, wie rasch die Kleine lernte, wie schnell sie sich seine Grimassen und Gesten aneignete. Darin lag ein wunderbares Geheimnis, das ihm ein starkes, unbekanntes Behagen bescherte. Die Jungen, die er bisher gekannt hatte, übernahmen auch den einen oder anderen Trick von ihm, wollten aber immer sogleich beweisen, dass auch sie etwas draufhatten. Annchen indessen konnte mit anhaltendem Eifer und Begeisterung endlos nachahmen, was er tat, ohne nach dem Sinn zu fragen. Sie war wie Wachs in seinen Händen, gehorsam, stets bereit und willig, sich zu verändern.

Bald verfiel Wassja auf einen neuen Spaß – das Spielemachen. Er lehrte sie das Schattenspiel mit den Händen beim Schein einer Kerze, das Messerwerfen, Abschlagen und Weitspucken. Anfangs wollte es gar nicht funktionieren. Annchen begriff seine Erklärungen nicht. Wenn Wassja ein Spiel anfing, ahmte sie gehorsam alle seine Bewegungen nach, ohne an Regeln zu denken oder gewinnen zu wollen. Dass er sich darüber ärgerte, konnte sie nicht verstehen. Schließlich fanden sie einen Ausweg. Sie dachten sich eigene Spiele aus – ohne Wettbewerb oder komplizierte Aktionen, Dinge, die einfach Spaß machten. Sie ließen sich vom Dach des Eishauses auf dem hinteren Hof in eine riesige Schneewehe fallen, zogen sich gegenseitig auf dem Schleppschlitten, rannten am Waldrand hin und her und wirbelten riesige Schneewolken auf, schlugen Eiszapfen von den Ästen, kreischten um die Wette und freuten sich, wenn der Wald das Echo zurückwarf.

Auch hier spürte Wassja seine Macht: Wenn er es wollte, dann sprang die Kleine von morgens bis mittags wie aufgezogen in die Schneewehen, dann rannte sie, laut lachend, immer wieder um das Haus oder kletterte auf einen Baum und holte ihm den dort hängen gebliebenen Stock herunter. Wörter verstand sie nicht, erfasste aber sehr schnell Satzmelodie und Gesichtsausdruck. Wie gern sah sie ein Lächeln auf seinem Gesicht. Für ein gutes Wort oder ein freundliches Nicken nahm sie jede Mühe auf sich. Wassja genoss es, die Tochter des Hauses herumzukommandieren. Zu viele Freiheiten erlaubte er sich dabei nicht. Denn er bemerkte, dass das dem Hausherrn nicht passte. Nur manchmal konnte er sich nicht zurückhalten: Wenn sie gemeinsam in den Wald gingen, um Reisig zu holen, dann ließ er sich auf den Schleppschlitten fallen und hieß das Mädchen, ihn zu ziehen und dabei zu wiehern wie ein Pferd. Oder wenn sie im Haus allein waren, dann musste sie mit heraushängender Zunge auf allen vieren laufen und wie ein Hündchen jaulen.

Das Wiehern, Jaulen, Krähen und Zwitschern wie Tiere und Vögel gelang ihr besser als Wassja. Ohne Mühe ahmte sie auch seine verschiedenen Pfiffe nach – mit gespitzten oder breitgezogenen Lippen, durch eine Zahnlücke, durch die Zähne, auf zwei oder drei Fingern –, das Schnalzen und Gurgeln. Schließlich übernahm sie ganze Wörter.

Der Alte bemerkte all das eher als Wassja. Wenn der Hausherr die Kleine jetzt anschaute, sah Wassja in seinem Blick eine neue Traurigkeit wie bei einem geprügelten Hund. Erst später begriff Wassja, dass dies stets der Fall war, wenn er mit dem Mädchen sprach, das heißt, wenn er sprach, sie vor ihm saß, genau auf seinen Mund schaute und etwas vor sich hin lallte. Darauf achtete Wassja jetzt genauer. Tatsächlich bewegten sich ihre Lippen unentwegt, und die Adern an ihrem Hälschen traten vor Anspannung hervor. Wollte sie etwa sprechen? Das wäre ein Ding! Am Ende war sie gar nicht stumm und gar kein Dummerchen?

Ihr das Sprechen beizubringen war ein wesentlich größeres Vergnügen als Messerwerfen oder Weitspucken. Wassja widmete sich der neuen Aufgabe mit allem Ernst. Er sprach jetzt langsamer und mit übertriebenen Lippenbewegungen zu ihr, artikulierte die Wörter präzise und wiederholte das Gesagte mehrmals. Manchmal nahm er auch Gesten zu Hilfe, um ihr das Verstehen zu erleichtern. Dann wieder saß er auf der Bank, wies auf die Dinge ringsum und nannte mehrmals ihre Namen.

»Fresse!«, sprach er überdeutlich, fuhr mit der Handfläche über sein Gesicht und danach über das des Mädchens. »Auch Schnauze. Oder Visage.«

»Klauen!« Dabei hob er seine Hände mit gespreizten Fingern. »Die hast du auch.«

»Hinterpfoten!« Jetzt schaukelte er mit den Beinen.

»Arsch!« Er klopfte sich auf die dürren Hinterbacken.

»Wanst! Maul! Zinken!«

Wassja achtete darauf, keine Wörter aus dem Kirgisischen oder anderen Sprachen ins Russische zu mischen, um seine Schülerin nicht durcheinanderzubringen. Passierte das einmal, korrigierte er sich sofort. Jetzt war er bemüht, nicht zu schnell zu sprechen, wenn er Geschichten erzählte oder Verse aufsagte. Auch den häufigen Wechsel von Themen und Gegenständen unterließ er. Wenn sie am Morgen mit dem Geschirr, der Kleidung oder Küchengeräten anfingen, dann blieben sie den ganzen Tag bis zum Abend dabei:

»Teller! Futterluke! Topp mit Deckel!«

Es war ganz erstaunlich zu beobachten, wie Wassjas Worte im Kopf der Kleinen hängen blieben. Sie sprach noch nicht, erkannte aber bereits gewisse Zusammenhänge zwischen Lauten und Gegenständen. Wassja warf großzügig mit seinem Vokabular um sich:

»Rotzlöffel!«

»Mistforke!«

»Nervensäge!«

Die Kleine hatte eine leichte Auffassungsgabe. Immer noch kamen keine ganzen Wörter aus ihrem Mund, sondern nur Laute, die manchmal Silben ähnelten. Aber mit jedem Tag wurden sie mehr und unterschiedlicher.

»Her damit!«

»Komm aus den Puschen, Drecksack!«

»Schluss mit der Maloche, jetzt gibt's Fressen!«

Bald erfuhr Wassja, wie die Kleine hieß. Anfangs half er sich mit Spitznamen: »Dummerchen«, »Vögelchen« oder »Libelle mit Stielaugen«. Als klar wurde, dass sie in Kürze zu sprechen beginnen werde, wollte er ihr selbst einen Namen geben. Er überlegte lange, ging alle Namen durch, die er kannte oder auf seiner Wanderschaft in Kinderheimen gehört hatte. Er prüfte, ob sie zu diesem schmalen Gesichtchen passten. Sie gefielen ihm alle nicht – weder so stumpfsinnige wie *Novemberin* oder *Melkerin* noch die militanten *Armija* oder *Barrikada* und auch nicht *Wiljura* oder *Budjona*. Letztere hörten sich an wie die Namen von Kühen, Ehrenwort! Auch nicht die sehr kompliziert klingende *Dsershinalda*. Schließlich fand er einen Namen, der ihm passend erschien: *Aviazia*. Aber die Taufe seiner Schülerin gelang ihm nicht. Als der Alte mitbekam, dass Wassja die Kleine immer mit demselben Wort ansprach, packte er ihn beim Kragen und schüttelte ihn durch. Nicht heftig, und es tat nicht weh, aber er lallte aufgeregt etwas und zeigte immer wieder auf die Tochter, bis Wassja begriff, was er meinte. Erneut musste Wassja alle ihm bekannten Frauennamen aus dem Gedächtnis klauben und laut aussprechen, bis der Alte zufrieden nickte: *Anna*. So hieß das Blondchen also. Da wunderte sich Wassja und stimmte zu, denn darauf wäre er auch schon fast gekommen. Anna ging in Ordnung. Etwas netter: Anja.

»Wisch die Rotznase ab!»

»Plärr nicht, Heulsuse!«

»Beweg den Arsch, verdammt noch mal!«

Manchmal hatte Wassja das Lehren satt. Dann stand ihm der Sinn nach einfachen Spielen, die nur Arme und Beine beanspruchten. Also unterbrach er seinen Unterricht. Einen halben oder ganzen Tag lang tobten die beiden nun im Schnee herum oder liefen zur Wolga, um Angelschnüre auszulegen. Danach begann er von Neuem mit dem Mädchen zu üben. Denn darin lag seine Macht, die endgültige Macht über sie und damit auch über den Alten und das ganze Gehöft.

Anfangs wehrte sich der Alte dagegen, dass Wassja der Kleinen etwas beibrachte. Er schloss sie in ihrem Zimmer ein. Doch sie schlug mit Händen und Füßen gegen die Tür, verlangte herausgelassen zu werden, quietschte wie ein in der Schlinge gefangener Frischling. Einmal wollte er Wassja sogar hinauswerfen. Er packte ihm eine Tasche Proviant, hieß ihn die Felljacke anziehen, gab noch ein dickes Tuch hinzu und wies auf die Tür: Verschwinde.

»Das wäre ja noch schöner!«, erwiderte Wassja mit finsterer Miene. »Ich bleibe für immer hier. Mir geht es hier gut.«

Der Alte blieb stur, wies mit dem Finger auf die Tür, doch der Finger zitterte wie der Schwimmer an der Angelschnur. Die in ihrem Zimmer eingeschlossene Kleine winselte durch den Türspalt, als ob sie Schlimmes ahnte.

»Was willst du denn, du Blutsauger?!«, brüllte Wassja auf. »Soll das Kind für immer stumm bleiben? Mit mir fängt sie in wenigen Tagen an zu sprechen, aber mit dir zungenlosem Waldkauz nie im Leben!«

Der Alte zuckte zusammen, als hätte Wassja ihn geschlagen.

»Zu Recht wollen sie dich kriegen, die, nach denen du jeden Tag am Steilufer Ausschau hältst!« Wassja war nicht mehr zu bremsen. »Die kennen deine schwarze Seele! Wenn du mich jetzt rauswirfst, dann renne ich durch alle Dörfer der Umgebung und schreie es an jeder Ecke heraus, was du für ein Konterrevolutionär bist! Ich schreie so laut, dass denen die Ohren wehtun! Und schon kommen deine Freunde zu dir auf Besuch!«

Der Alte schüttelte den zottigen Kopf, seine Unterlippe zitterte, aber er gab nach.

Von nun an hielt er sich vom Unterricht fern und beschäftigte sich mit Hausarbeit. Nur in seinem Blick wuchs diese hündische Traurigkeit, die Wassja schon kannte.

So verging der Winter. Tagsüber brachte Wassja dem Mädchen das Sprechen bei, womit er den Alten tief ins Herz traf. Abends quälte der Alte Wassja, wenn er den Musikkasten aufzog und damit im Kopf des armen Jungen ihm unverständliche Gedanken auslöste. Allein der Kleinen ging es gut – mit Wassja und dem Vater.

Nach und nach fand sich der Alte mit Wassja als Lehrer ab. Als der Winter zu Ende ging, plapperte die Kleine einzelne Silben schon so schnell und flüssig, dass Wassja und der Alte von einem Tag zum anderen ihr erstes Wort erwarteten. Manchmal las der Junge in der Art, wie der Alte die Kleine jetzt anschaute, Ungeduld und Hoffnung. Wassja grinste in sich hinein. Wer wollte mich im tiefsten Winter in den Schnee hinausjagen?

Dann kam der Frühling.

Für Wassja war die Sonne am Himmel nicht einfach die Sonne, sondern Baldocha, in der Gaunersprache der Gott der Landstreicher, der in ihnen die Wanderlust weckte. Und die Wolga, die neben Eisbrocken vom Hochwasser fortgespülte Häuser, Brücken und Boote mit sich führte, war für ihn kein Fluss, sondern eine Straße, die ihn in die Ferne rief. Der Wind klatschte ihm keinen Schnee mehr ins Gesicht, sondern schob ihn mit starken, warmen Händen vor sich her. Die Bäume hielten ihn nicht mehr mit ihren Zweigen fest, sondern wiesen ihm die Richtung – fort von dem Gehöft, in den Wald.

Nein, entschied Wassja. Ich gehe nirgendwohin.

Vogelschwärme zogen schreiend und jubelnd über den Wellen dahin. Die Wolken taten es ihnen gleich, nur blickten sie schweigend herab. Fischschwärme trieben durch das Wasser, junges Grün lugte aus dem Steppenboden, der Schnee zog sich zurück, taute und ergoss sich in den Fluss.

Das alles ärgerte Wassja. Er ging vom Steilufer zum Haus zurück, um zu schlafen. Ließ sich auf die Ofenbank fallen.

Das Kissen unter seinem Kopf roch nach Kiefernharz vom Oberlauf des Flusses. Die Decke über seinen Schultern duftete nach am Lagerfeuer frisch gebratenem Barsch. Die Ofenkacheln nach Sand aus Astrachan. Durch das leicht geöffnete Fenster roch Wassja nicht alten tauenden Schnee, sondern das Salz des Kaspischen Meeres.

Er öffnete die Augen. Setzte sich in der Dunkelheit auf. Und sah, dass er nach allen Seiten an Stricken hing, durchsichtigen, die er in der Nacht kaum erkannte, aber die stark waren wie Schiffstaue. Die dicksten kamen aus den Zimmern des Alten und der Kleinen, ein feinerer von dem Wunderkasten auf der Kommode und von anderen Dingen im Haus. Dazwischen hockte Wassja wie eine Fliege im Spinnennetz.

So ist das!, dachte Wassja böse. So will der Alte mich kriegen – still und heimlich! Mich umgarnen, an sich und das Gehöft binden! Mit sprechenden Plinsen verzaubern, mit reichlich Essen locken und mit Geschenken bestechen, damit ich hier bis zum Tod hängen bleibe!

Er sprang von der Ofenbank, zerriss alle Schnüre und Fäden, stürzte aus der Tür und war verschwunden.

22

»Wa! Wa! Wa!«, schrie Annchen am Morgen und rannte auf dem Hof hin und her.

Bach hörte ihre Schreie schon, als er noch gar nicht richtig wach war. Er fuhr hoch und sprang aus dem Bett. So wie er war, nur in der Unterwäsche, über die er rasch die Kirgisenweste geworfen hatte, stürzte er hinaus. Annchen, im Nachthemd, mit wirrem Haar und weit aufgerissenem Mund, rannte vom Schuppen zur Scheune, riss alle Türen auf, lief hinein, warf Körbe, Eimer und Kisten um, zerrte die an den Wänden hängenden Werkzeuge herunter und kam wieder heraus.

»Wa! Wa! Wa!«

Als sie den ganzen Hof abgesucht hatte, stürzte sie in den Garten. Der kleine weiße Fleck hüpfte zwischen braunen Stämmen und Ästen hin und her, an denen sich schon dicke Knospen zeigten.

Bach griff sich im Laufen eine Jacke und eilte seinem Mädchen nach, um es vor dem frischen Frühlingswind und dem frostigen Hauch des letzten Schnees in den Senken zu schützen. Doch Annchen, die bis an den Rand des Gartens gelangt war, blieb einen Moment stehen, schaute sich ratlos um und wandte sich dann dem Wald zu.

»Kra! Kra! Kra!«, krächzten erschrocken die Krähen, flatterten von den Bäumen auf und flogen im Kreis.

»Wa! Wa! Wa!«, kam ein trauriges Echo zurück, fuhr durch die Bäume und ließ die Zweige erzittern.

Bach stürzte hinter ihr her. Sonnenstrahlen fielen durch die Äste, unter seinen Füßen spritzte es, Birken, Ahornbäume und Espen flogen vorüber. Er patschte durch Morast, glitt auf faulem Laub aus und stolperte über am Boden liegende Zweige. Die harten Baumstämme krachten gegen seine Schultern, dicke Äste fuhren über sein Gesicht, hinterließen rote Furchen auf Wangen und Stirn. Den Schmerz bemerkte er gar nicht. Das leichtfüßige Annchen konnte er nicht einholen, aber auch zurückbleiben war unmöglich, etwas riss seinen Körper nach vorn, als sei er an dem Mädchen angebunden. Eine unbekannte Kraft schleifte ihn vorwärts, jagte ihn über Baumstümpfe, zerrte ihn durch Pfützen und Wasserrinnen zwischen den Wurzeln, zog ihn aus Gruben, schleuderte ihn über Gräben und Schluchten.

»Wa! Wa! Wa!«

Sie liefen lange – bis ihre Nachthemden schwarz von Schmutz, ihre Gesichter puterrot und nass von Schweiß waren, bis die erschöpften Beine keinen Schritt mehr tun konnten und sie fast keine Luft mehr bekamen. Erst dann wurden Annchens Bewegungen schwächer, ihr Lauf langsamer, knickten ihr die Knie ein … und sie sank in Bachs Arme.

Auch er hätte sich am liebsten vor Erschöpfung fallen lassen – auf den Boden, in eine Pfütze, in einen Graben, wohin auch immer, nur die Augen schließen und ein paar Minuten bewegungslos liegen bleiben. Doch da war das völlig entkräftete Annchen an seiner Brust. Durch den dünnen Stoff, der beider Körper voneinander trennte, spürte er den wilden Schlag ihres Herzens. Bach überwand den Schmerz in den Knien, schnappte mit weit aufgerissenem Mund nach Luft und wankte mit Annchen im Arm schleppenden Schrittes zwischen den Bäumen zum Gehöft zurück.

Doch je länger er so ging, desto schneller wurde sein Schritt und desto leichter erschien ihm der Mädchenkörper an seiner Brust, als ströme von ihm über die körperliche Berührung eine junge, reine Energie in Bachs gequälten Organismus. Auf wundersame Weise füllten sich Bachs Beine, Rücken, Nacken und Arme von den Schultern bis zu den Fingerspitzen mit elastischer, freudiger Kraft, dürsteten nach federnder Bewegung. Plötzlich bereitete es ihm Vergnügen, mit den Füßen das faule Laub niederzutreten, auf dem Lehm auszurutschen und mit den Schuhen störende Äste am Boden zu zerstampfen. Den Blick zur Frühjahrssonne zu heben. Die Farbtöne der Baumrinde zu bemerken – das Rostrot der Kiefern, das Grau der Eichen, das Lila und Blau an den Zweigen der Himbeer- und Brombeersträucher. Und die Luft einzuatmen, die kühl war, nach tauendem Schnee und feuchter Erde roch. All das war ein Labsal, hatte für ihn einen richtigen, ihm verständlichen Sinn. In alledem atmete das Leben.

Bach drückte das Mädchen, das ihm klein, fast schwerelos vorkam, an seine Brust und spürte dabei so viele verschiedene, wichtige Dinge wie nie zuvor: das Aufsteigen des Baumsaftes von den Wurzeln durch die Stämme bis zu den Zweigen, das Zittern der jungen Blätter unter den Schalen der Knospen, die Erwärmung der Erde auf den Hügeln und die verschlafenen Bewegungen der Samen, Knollen und Sporen. All dieses dem Auge unsichtbare Krabbeln, Schwingen, Atmen und Beben hallte in ihm wider, alles erregte ihn, als vollziehe es sich nicht außerhalb, sondern innerhalb seiner selbst. Ein Überfluss an Gerüchen stieg ihm in die Nase: von rinnendem Wasser, von dem frischen Gras an schneefreien Orten, von süßlich faulendem Holz, von einem abtauenden Ameisenhaufen. In seinen Ohren mischten sich unzählige Töne, seine Haut empfand mit jeder Falte und jeder Pore das Streicheln des Windes ... Das war nicht der Rausch des Gewitters, den Bach gekannt hatte, kein blinder, besinnungsloser Ausbruch von Emotionen an der Grenze des seelischen Kollapses, sondern die Entfaltung der Gefühle in ihrer ganzen Fülle und Schönheit als seine ständigen weisen Begleiter.

Was hatte seine Sinne derart geschärft? Der Frühling? Die Angst um Annchen, die in Erleichterung umschlug? Bach wusste es nicht. Er begriff es erst, als er das vor Erschöpfung eingeschlafene Mädchen ins Bett gelegt hatte und auf den Hof hinaustrat. Die Ursache dieser ungewöhnlichen Gefühlsaufwallung war Annchens Nähe. Hatte ihre Berührung ihm früher die Angst vertrieben, schenkte sie ihm jetzt ein neues, unbekanntes Bewusstsein der Realität: die Fähigkeit, sich von der Schönheit der Welt bewegen zu lassen und in jeder, auch der winzigsten ihrer Erscheinungsformen das Lebendige zu sehen.

Der ihm zugelaufene Wassja blieb verschwunden. So wie er aus dem Nichts bei ihm aufgetaucht und auf eigenen hartnäckigen Wunsch geblieben war, so verschwand er auch wieder im Nichts. Er war barfuß fortgegangen, hatte die pelzgefütterten Schuhe unter der Bank und die für ihn umgearbeitete Felljacke auf der Bank zurückgelassen, kein Wort zum Abschied gesagt und auch nichts aus dem Haus mitgenommen. Bach prüfte die über den Winter geschrumpften Lebensmittelvorräte, die Sachen in der Kommode und in Tildas engem Kämmerchen, den Inhalt der Truhen unter den Betten und der Kästen in der Küche – alles war an seinem Platz. Nur Wassja nicht.

Annchen trauerte. Es war der erste große Schmerz in ihrem Leben. Wenn sie morgens erwachte, überfiel sie der Kummer über die Trennung von ihrem einzigen Freund jeden Tag neu. Die Trauer wuchs mit jeder Stunde des Tages und erfüllte bald ihr ganzes Zimmer, den Wohnraum, das Haus, den Hof und den Obstgarten, in dem inzwischen die Apfelbäume erblüht waren. Unfähig, diesen alles durchdringenden Schmerz zu bewältigen, hielt Annchen aus, solange ihre Kraft reichte. Wenn sie erschöpft war, lief sie vom Gehöft fort – manchmal gegen Abend, manchmal mittags, und an den schlimmsten Tagen frühmorgens gleich nach dem Aufwachen. Sie rannte durch den Wald, rief überall nach dem verschwundenen Freund und hoffte, wenn sie ihn nicht finden konnte, dann wenigstens an den Orten zu verweilen, wohin ihre Trauer noch nicht gedrungen war. Vergebliche Mühe: Die Trauer war überall und Wassja nirgendwo.

Dieses tägliche Weglaufen hielt den ganzen Sommer an. Bach konnte gar nicht sagen, ob er auch noch etwas anderes tat – die Apfelbäume beschnitt, im Gemüsegarten Mohrrüben und Minze säte, angelte oder Nüsse sammelte, aß oder träumte, über etwas nachdachte oder ständig nur das trauernde Mädchen suchte.

Sein einziger Trost waren die Minuten der Rückkehr nach Hause. Ohne sie hätte sich Bachs Herz in Angst verzehrt, so wie auch der festeste Schuh sich durch langes Tragen verschleißt. Mit Annchen in den Armen ging Bach durch den Wald. Anfangs war er frühlingshaft durchsichtig und voller Klänge, dann sommerlich farbenfroh und laut, später herbstlich still. Dabei füllte sich seine Brust mit leichten, bebenden Empfindungen. Der zarte, von der Trauer verzehrte Körper des Mädchens vermittelte ihm eine unerklärliche Zärtlichkeit für die Welt, schärfte seine Gefühle in nicht gekanntem Maße. Jetzt war er bereit, in Tränen der Dankbarkeit auszubrechen, die diesem freigiebigen Wald galten, der ewigen Wolga, den endlosen Steppen, dem ganzen üppigen Leben um ihn herum und Annchen, das Bach diese Momente kurzen, tiefen Glücks schenkte.

Gegen Ende des Sommers fiel ihm auf, dass er nicht direkt zum Gehöft zurückging, sondern Umwege machte – über fernere Lichtungen und Pfade, lange um den Garten kreiste, um die Minuten des Alleinseins mit Annchen zu verlängern. Dass er mit Sorge auf alle Geräusche des Waldes horchte, als fürchte er, die Schritte des zurückkehrenden Wassja zu hören. An Tagen, da Annchen mit dem Weglaufen zögerte, hätte er sie am liebsten angestupst und ihr zugerufen: Lauf! Schreie, weine, trauere und sinke dann in meine Arme! Ich kann dich trösten! Ich trage dich durch Dickicht und Wald, lange und behutsam, weil ich dich liebe!

An solchen Gedanken war auch etwas Anstößiges, ja sogar Verwerfliches. Als Bach dies bewusst wurde, schloss er Annchen in ihrem Zimmer ein, schob den Riegel vor und rückte eine Kiste mit Steinen heran. Weglaufen gab es nicht mehr. Es war genug. Er selbst setzte sich auf die Kiste, den Rücken an die Tür gelehnt. Da saß er nun und spürte die Schläge der schwachen Fäustchen von der anderen Seite. Hier vor der Tür schlief er ein. Er schlief lange und tief, denn zum ersten Mal in diesem Sommer brauchte er nicht zu befürchten, dass Annchen inzwischen weglaufen werde. Sie tat es trotzdem – durchs Fenster.

Mit der Fußbank zerschlug sie eine Scheibe, und weg war sie, von den im Rahmen verbliebenen Scherben zerkratzt und ein paar Fäden von ihrem Rock hinterlassend. Das Geräusch riss Bach aus dem Schlaf. Doch bis er die zentnerschwere Kiste beiseitegerückt, die Tür geöffnet hatte und entgeistert vor dem eingeschlagenen Fenster stand, war Annchen längst spurlos im Wald verschwunden.

Das war der Lohn für seine schlechten Gedanken. Sein ewiger Albtraum, dass Annchen eines Tages verschwinden werde.

Laut heulend rannte Bach vom Gehöft. Wohin sollte er sich wenden? Er wusste es nicht.

Offenbar fiel er in Gräben, stürzte in Bäche und kroch über deren Grund. Er musste sich an Baumwurzeln und Büschen, die an den Ufern wuchsen, wieder herausgezogen haben. Er trampelte über Ameisenhaufen, warf mit den Schultern Vogelnester herunter, trat Himbeer- und Brombeersträucher nieder, knickte Faulbeersträucher und Birkenzweige. Er tat das alles nicht aus bösem Willen, sondern weil es ihm einfach nicht möglich war, den Hindernissen auszuweichen. Dabei brüllte er, ohne aufzuhören, unartikulierte Laute, die Annchens Name sein sollten.

Bald wurde er heiser und konnte das Knirschen der Steine unter seinen Schuhen, das Knacken der zertretenen Zweige nicht mehr übertönen. Wie sehr hätte Bach jetzt die Sprache gebraucht. Den hallenden, durchdringenden Schrei.

Ob Annchen gerade durch das Unterholz stolperte und dabei weder nach Hilfe rufen wollte noch konnte? Vielleicht liefen Bach und sie ganz nah aneinander vorbei, folgten denselben Pfaden, kletterten durch dieselben Gräben, klammerten sich an dieselben Sträucher, stolperten über dieselben Wurzeln, traten in dieselben Fußstapfen, ohne einander finden zu wollen und zu können – zwei verirrte Stumme im Wald.

Als die Dämmerung in Blau überging und die Nacht hereinbrach, fand Bach sich an dem bekannten Steilhang wieder. Die Füße hatten ihn ganz von allein zur Wolga geführt. Er schleppte sich zum Gehöft zurück, nahm einen Blecheimer vom Ofen, den Stößel aus dem Mörser und zog noch einmal in den Wald, wo er unablässig mit dem Stößel gegen den Eimer schlug.

Der Wald antwortete ihm. In der Ferne schrien traurig ein paar Käuze, stöhnten Eulen, ließen Rohrdommeln ihre tiefen Stimmen hören.

Annchen antwortete nicht.

Das war die Quittung für sein egoistisches Bestreben, Annchen von der Welt fernzuhalten. Sie nicht sprechen lernen zu lassen, ihr einen gleichaltrigen Freund wegzunehmen, damit sie mit ihm allein blieb, damit er allmächtig und ungeteilt über sie herrschen konnte.

Gegen Morgen lenkten ihn seine Beine erneut zur Wolga. Als ihm bewusst wurde, dass er am Steilufer stand, ließ er die Arme sinken und hörte auf zu schlagen. Doch in der langen Nacht hatte er sich derart an den Klang gewöhnt, dass er ihm noch lange in den Ohren hallte. Wütend warf er Eimer und Stößel zu Boden, doch es half nicht. Um die Obsession loszuwerden, trat er mit dem Fuß dagegen. Eimer und Stößel fielen in die Wolga. Er konnte genau sehen, wie der Eimer den Hang hinabsprang und voller Beulen von den Steinen ins Wasser plumpste. Wie der Stößel den Pfad hinabrollte und im gelblichen Schaum verschwand. Doch in seinem Kopf donnerten immer noch die Schläge. Er hob die Hände, um sich die Ohren zuzuhalten, da sah er beim ersten Morgenlicht, dass seine Handflächen von tiefen Schrammen durchzogen, von Erde, Nadeln und trockenem Gras verklebt waren. Genauso verschmiert waren Unterarme, Schultern und Brust. Die Kleidung hing ihm in Lumpen vom Leib, doch durch die Risse war nicht der nackte Körper zu sehen, sondern von Abschürfungen und Blutergüssen bedecktes Fleisch, eine einzige Wunde. Die Beine waren schwarz vom Waldboden, die Füße nackt: Die Schuhe musste er irgendwo verloren haben. Doch das war jetzt ohne Bedeutung.

Er wandte sich um und ging in Richtung Gehöft. Da spürte er, dass er hinkte, denn ein Bein knickte ein, und er musste es bei jedem Schritt nachziehen. Auch das war ihm jetzt gleichgültig.

Lange humpelte er so dahin. Die Sonne stand schon über den Bäumen, gelbe und rosa Lichtflecke hüpften über den Waldboden. Bach schleppte sich bis zur Vortreppe, wollte aber nicht ins Haus gehen. Ohne Annchen hatte er drinnen nichts zu suchen. Er schleppte sich die Hauswand entlang bis zu dem zerschlagenen Fenster. Der Stößel schlug immer noch in seinem Kopf, aber er hatte sich an den Klang gewöhnt, er störte fast nicht mehr.

Ohne die Scherben unter den nackten Füßen zu spüren, trat Bach ans Fenster und schaute hinein. Da sah er sie: Annchen schlief in Kleidern und Schuhen auf ihrem Bett. Sie hatte sich, wie sie war, in Decken und Kissen sinken lassen, nur die mit Walderde verklebten Schuhe schauten ein wenig über die Bettkante hinaus. Ein Sonnenstrahl glitt über ihr entspanntes Gesicht. Sie verzog es ein wenig, seufzte im Schlaf und drehte sich vom Licht fort auf die andere Seite.

Als Bach Annchens leisen Atem vernahm, bemerkte er, dass die hallenden Schläge in seinem Kopf verstummt waren. Eigentlich hätte er jetzt Wasser heiß machen, den Schmutz abwaschen und seine Wunden verbinden müssen, aber er brachte es nicht fertig, vom Fenster fortzugehen, und gestattete sich, noch ein Weilchen da zu stehen und auf das schlafende Kind zu schauen. Bis die Sonne schon hoch über dem Waldrand ihren Zenit erreicht hatte.

Er stand da und schaute zu, wie das Licht in ihren über das Kissen fließenden zarten Löckchen spielte, wie sich ein Stückchen Wange und das darunter liegende Händchen rosa färbten.

Nein, dieses Mädchen war nicht aufzuhalten. Seit ihrer Geburt war die Kleine gekrochen und gelaufen, wohin sie wollte. Ein angeborener Freiheitsdrang lockte sie, und sie gehorchte ihm, ohne an Bach, ihr Heimathaus, an all das zu denken, was sie zurückließ. Hier, im Angesicht der reglos daliegenden Kleinen, wusste er genau: In ein paar Jahren war sie fort. Lief aus der Tür, sprang aus dem Fenster, zwängte sich durch jeden Spalt, um in die Welt hinauszugehen. Vielleicht, ohne sich zu verabschieden.

Plötzlich wurde ihm heiß, sicher hatte er zu lange in der prallen Sonne gestanden. Hinterkopf und Scheitel bis zur Nasenspitze und den geschwollenen Ohren brannten. Er glühte so sehr, dass er am liebsten vom Steilufer in die Wolga gesprungen wäre. Aber bis dorthin zu humpeln wäre ihm, geschwächt wie er war, kaum gelungen. Auch nicht, einen schweren Eimer mit Wasser aus dem Brunnen zu ziehen. So leckte er sich nur die trockenen Lippen und riss sich die Fetzen vom Leib, die einmal ein Hemd gewesen waren. Doch es wurde nicht besser, sein Körper brannte wie glühende Kohlen.

Sich mit den Händen die Hauswand entlangtastend, gelangte er zu dem einzigen Ort, wo sofortige Kühle zu erwarten war – zum Eishaus. Dort legte er sich auf die nach Schlamm riechenden Eisstücke, die über den Sommer bereits weich und porös geworden waren, drückte das Gesicht dankbar an etwas Kaltes, Nachgiebiges, wahrscheinlich einen gefrorenen Fisch, und blieb, die ersehnte Kühle genießend, reglos liegen …

Von diesem Tag an hörte Bach auf, Annchen kontrollieren und aufhalten zu wollen. Sie lief hinaus, wann und wohin sie wollte – in den Wald, das Wolgaufer stromauf und stromab –, kam aber bei Sonnenuntergang stets wieder. Offenbar linderte die Bewegung ihren Schmerz um den verschwundenen Jungen und ließ ihn langsam abklingen. Die häufigen Gänge aus dem Haus bereiteten ihr zunehmend Vergnügen. Dann kehrte sie mit roten Wangen und verträumtem Blick aus dem Wald zurück.

Wenn Annchen nicht da war, wusste Bach nicht, was er mit sich anfangen sollte. Er konnte keinen klaren Gedanken fassen. Jede Arbeit, die er begann, fiel ihm aus der Hand. Dann ging er ins Eishaus, zog sich bis auf die Unterwäsche aus, legte sich auf das Eis und verharrte dort lange ohne jede Bewegung. Während sein Körper sich gegen die Kälte wehrte, erholte sich der Kopf von den quälenden Gedanken. Seine Kleidung nahm Fischgeruch an, er fand Schuppen in den Taschen, doch solche Kleinigkeiten bemerkte er gar nicht.

Wenn Annchen abends von einem Ausflug nach Hause kam, kletterte sie mit einem schuldbewussten Lächeln auf Bachs Schoß und drückte sich an seine Brust. In ihren Augen sah er jedoch keine Reue, nur müde Freude und Ruhe. Bach trug Annchen in den Garten und ging mit ihr in den Armen dort lange zwischen den Apfelbäumen hin und her. Sie wehrte sich nicht dagegen. Die kurze Zeit der Zärtlichkeit nahm er dankbar entgegen. Diese wenigen Minuten waren sein Leben. Als er an einem dieser Abende den Garten dreimal umrundet, lange an Klaras Grab gestanden hatte und mit dem still gewordenen Annchen ins Haus gehen wollte, sah er, dass die Haustür offen stand und drinnen Licht angezündet war. Er hätte erschrecken müssen, aber Bachs Seele hatte in der letzten Zeit solche Qualen gelitten, war von all den Ängsten so erschöpft, dass sie kaum noch zu einer Aufregung imstande war. Mit Annchen auf dem Arm stieg er die Vortreppe hinauf und trat ins Haus.

Auf einem Fensterbrett brannte die Laterne. Jemand rutschte auf den Knien durch die Küche und fegte unter dem Tisch zusammen, was dort herumlag.

»Ist das schmutzig hier«, sagte Wassja finster und stand auf. »Habt die Wirtschaft verlottern lassen, als ich nicht da war.«

Über den Sommer war er kräftiger geworden, allerdings nicht gewachsen. Seine Stimme klang jetzt tiefer und dumpfer, sein Gesicht war sonnengebräunt und wettergegerbt, das lange Haar am Hinterkopf zusammengebunden und zu einem Zopf geflochten. Der Junge wirkte wie ein Erwachsener.

Annchen fuhr zusammen, entriss sich Bachs Armen und rannte auf Wassja zu. Ihn zu umarmen, wagte sie nicht, sondern blieb einen halben Schritt vor ihm stehen.

»Wass-ja!«, sagte sie deutlich. »Wass-ja!«

»Klar, der Herrgott nicht«, bestätigte der und fegte den Kehricht auf die Schippe.

»Wass-ja«, wiederholte Annchen. »Wassja, Wassja, Wassja!! …«

23

Nun waren sie wieder zu dritt.

Wassja ging nicht mehr weg, sondern lebte auf dem Gehöft, ohne um Erlaubnis zu fragen oder seine lange Abwesenheit auch nur mit einem Wort zu erklären. Ganz so, als sei er der Hausherr. Er schlief weiter auf der Ofenbank. Um Essen oder frische Wäsche, Kissen und Decke bat er nicht. Doch als Bach es ihm brachte, nahm er es ohne Dank entgegen, als stehe es ihm zu. Im Küchenschrank fand Bach später ein paar verklebte Tafeln Schokolade, die merkwürdigerweise in einem verschlissenen seidenen Kissenbezug verpackt waren. Auf der Kommode lag ein Stapel Schallplatten in schmutzigen Papiertaschen, die sie bisher nicht kannten. Manche waren zerkratzt oder angeschlagen, alle mit Aufnahmen deutscher Lieder und Gedichte.

Über den Sommer hatte Wassja sich verändert. In seinem Gesicht war eine Schramme hinzugekommen. Die kurze weiße Narbe prangte auf seiner gebräunten Stirn genau zwischen den schwarzen Brauen wie mit Kreide gezeichnet. Auch das Nasenbein seiner Plattnase war krumm, möglicherweise bei einer Schlägerei gebrochen. Seine Gestalt wirkte kräftiger und untersetzter, die Bewegungen waren kontrollierter, seine Mimik noch karger. Bei aller jungenhaften Leichtigkeit war bereits etwas Gesetztes, Seriöses an ihm zu spüren. Er gehörte zu den Jugendlichen, deren Gesicht früh Züge eines Erwachsenen annimmt und deren geringer Wuchs das Alter schwer schätzen lässt. Von hinten wirkte er fast noch wie ein Knabe, während sein finster dreinblickendes Asiatengesicht auch einem jungen Mann gehören konnte. Neben dem etwas gedrungenen Wassja wirkte Annchen, die über den Sommer ebenfalls gewachsen war, noch kindlich ungelenk und wehrlos, obwohl sie bereits ein wenig größer war als er.

Bach wusste nicht, wie er die unerwartete Rückkehr aufnehmen sollte. Auch nicht, wie er mit diesem merkwürdigen Jungen umzugehen hatte. Dem Anschein nach war Wassja eine schlichte Natur – wie ein eiserner Angelhaken, wie ein Eimer mit Wasser oder ein grauer Flussstein aus der Wolga. Wenn man ihm Essen vorsetzte, aß er es, wenn nicht, nahm er es sich selbst. Wenn man ihm eine Arbeit auftrug, drückte er sich, wenn er für seine Faulheit bestraft wurde, führte er sie aus. Fühlte er sich schlecht, schlug er Krawall, ging es ihm gut, warf er sich auf die Ofenbank und schlief so fest, dass ihn kein Kanonenschuss wecken konnte. Aber es gab in seiner Seele einen geheimen Ort, wo er etwas Unsichtbares sorgsam vor anderen verbarg, das bei ihm selbst Angst oder Scham auslöste. Diese kaum sichtbaren Spuren von Menschlichkeit, die zuweilen hinter seinen groben Manieren aufschimmerten, waren es, die Bach mit dem Jungen versöhnten.

Wenn Wassja zum hundertsten Mal mit dem Finger auf einen Gegenstand zeigte und dessen Bezeichnung mit seinen vom Wind ausgedörrten Lippen besonders deutlich formte, damit Annchen jede Nuance aufnahm, dann hätte Bach ihn vor Dankbarkeit am liebsten umarmt. Doch wenn derselbe Wassja eine Minute später wie ein Schwein grunzte und sich den Bauch kratzte, was Annchen prompt nachäffte, musste er sich arg zusammennehmen, um beide nicht hinauszuwerfen.

Wenn an den Abenden das Grammophon und die schon reichlich ausgeleierten Platten auf den Tisch kamen, wenn Wassja von der hüpfenden Nadel kein Auge ließ und die Verse von Goethe und Schiller begierig in sich aufnahm, wurde Bach warm ums Herz. Doch wenn er dann Annchen sah, die ausschließlich das Spiel der Lichtreflexe auf der sich drehenden Platte interessierte, dann wollte er Platten und Grammophon zertrümmern und den frechen Kerl, der im Unterschied zu seiner eigenen Tochter die Größe der deutschen Dichtung erfasste, ohne die Worte zu verstehen, zum Teufel jagen.

Wenn Annchen über Wassjas Possen laut lachte und ihn mit glücklichen Augen ansah, aus denen Tränen kollerten, dann verging Bach fast vor Freude. Doch wenn sie morgens nach dem Aufwachen nicht zu ihm gelaufen kam, sondern sofort vor der Ofenbank Aufstellung nahm und darauf wartete, dass Wassja erwachte, dann sehnte sich Bach nach den Tagen ihrer Zweisamkeit.

Der Kampf, der mit dem Auftauchen des Jungen auf dem Gehöft begonnen hatte, entbrannte nach dessen Rückkehr in neuer Stärke. Er sollte sich jahrelang hinziehen, und sein Ausgang war vorbestimmt: Der Alte musste verlieren und der Junge gewinnen. Es war der Kampf um Annchen.

Wassja hatte alles auf seiner Seite: seine Jugend, eine fröhliche Natur, ein Mundwerk, das unablässig Unsinn absonderte, und schließlich Annchen selbst. Bach hingegen hatte nichts, nur sich allein.

Der weisere Teil seines Ichs bereitete sich darauf vor, die künftige Niederlage anzuerkennen und sich damit abzufinden. Doch der andere Teil keineswegs! Er war finster entschlossen, um jeden Preis zu kämpfen und wenn nicht zu siegen, dann die Auseinandersetzung wenigstens so lange wie möglich hinzuziehen. Ihre Länge war jetzt das Maß des gemeinsamen Lebens mit Annchen, das Bach noch blieb.

Den ersten Schlag führte Wassja, ohne es zu bemerken. Mit seiner Rückkehr erwachte vieles, das bislang in Annchen geschlummert hatte und herangereift war, plötzlich zum Leben und kam zu voller Blüte. Schon nach wenigen Tagen wirkte sie wie ausgewechselt: In ihrem Blick war Freude über die Rückkehr des langersehnten Freundes, aber auch unbekannte Vorwitzigkeit, Verwegenheit und Übermut. In ihrem Gesicht tauchten neben dem Ausdruck von Zufriedenheit neue Mienenspiele auf: Pfiffigkeit und Schalkhaftigkeit, sorglose jungenhafte Keckheit und zuweilen sogar Schauspielerei. Ihre Armbewegungen wurden kräftiger und ausladender, die Schultern streckten sich, die Glieder lockerten sich in den Gelenken. Selbst den Kopf hielt sie irgendwie anders, selbstbewusster. Sie warf ihn zurück und blickte herausfordernd um sich, als betrachte sie die Welt nicht mehr von der Warte eines naiven Kindes, sondern eines aufgeschossenen jungen Erwachsenen. Nein, Annchen kopierte Wassjas Gang und

Gesten nicht bewusst, versuchte nicht, seine Bewegungen nachzuahmen. Wassja wuchs ganz von selbst in sie hinein, auf natürliche und unwiderrufliche Weise.

Eine Woche nach seiner Rückkehr erinnerte sie sich an das Spiel mit dem Küchenmesser, warf es gegen einen Baum und traf genau in die Mitte des dort durch einen Lehmbrocken dargestellten Flecks. Das unterschied sie von Wassja, der das Ziel häufig verfehlte. Nach einer weiteren Woche beherrschte sie das Zielspucken nicht schlechter als ihr Lehrer. Nach drei Wochen kam Bach hinzu, als Annchen bei einer ihrer freundschaftlichen Kabbeleien zum ersten Mal die Oberhand gewann. Sie setzte sich rittlings auf ihn, ließ ihn lange nicht aufstehen, drückte sein Gesicht laut lachend zu Boden, bis er wütend wurde und sie böse anschrie.

Bach gefiel das nicht schlecht: diese plötzliche Kraft und Geschicklichkeit, der Drang nach neuen Fähigkeiten und die absolute Bereitschaft, sie beherrschen zu lernen, das unbedingte Streben nach Erfolg. Das waren Dinge, an denen es Bach von klein auf mangelte und die er selbst Annchen nie hätte beibringen können. All diese Züge erwachten nun in ihr, so wie ein verlorenes Samenkorn im Frühjahr unweigerlich einen Spross aus der Erde treibt. Doch wie schnell diese Metamorphose vor sich ging, machte ihm Angst. Wie enorm war doch die Macht dieses ungewaschenen, schlitzäugigen Hergelaufenen über sein Annchen! Und wie gering Bachs eigener Einfluss!

Diese schnelle Veränderung musste er irgendwie bremsen und verlangsamen. Bach beschloss, ein Mittel einzusetzen, das ihm schon einmal geholfen hatte, mit Wassja fertig zu werden – die Arbeit. Schwere Arbeit bis zur Erschöpfung, bis Arme und Beine schmerzten, das war das richtige Mittel gegen viele Probleme. In diesem Falle gegen zu schnelles Erwachsenwerden.

Arbeit gab es auf dem Gehöft mehr als genug. Bach fing an, den Kindern Aufgaben zu übertragen, die er bisher als Sache der Erwachsenen angesehen hatte. Er brachte ihnen bei, Bäume zu schlagen, Vögel in Schlingen zu fangen, das Boot zu teeren, das Strohdach auszubessern, die rauen Stämme der Apfelbäume zu Beginn des Jahres mit Kalk zu weißen und zum Jahresende in Schilf und Lumpen einzuhüllen. Dabei überlegte er: Wenn er als Stummer sie nicht das Leben lehren konnte, dann sollten es Garten und Wald tun. Die Apfelblüte sollte dafür sorgen, dass Annchen Zartgefühl und Ehrfurcht nicht vergaß, das harte Holz von Eiche und Ahorn ihr seelische Festigkeit vermitteln, das klebrige Harz – Treue, das leichte Stroh – Einfachheit und Demut, der Lehm – Elastizität und der Wechsel der Jahreszeiten – alle übrigen Gesetze des Lebens.

Die Kinder arbeiteten fleißig. Selbst Wassja, der rastlose Einzelgänger, gab sich redlich Mühe, als ob die Monate seiner Abwesenheit ihn Gehorsam gelehrt hätten. Aber bei der Arbeit kann man seinen Charakter nicht verbergen, dort zeigt er sich in vollem Umfang. Das war auch bei Wassja nicht anders. Dieser Charakter kam überall zum Vorschein und durchkreuzte Bachs Absichten gründlich. Wassjas Art, die Arbeitsaufgaben zu erfüllen, brachte in den gleichförmigen Alltag des Hofes Momente von Witz, Waghalsigkeit und leichter Verrücktheit.

Der Junge weigerte sich nicht, den Fußboden zu fegen, doch zuvor schlüpfte er in eines von Annchens Kleidern und fegte besonders pingelig, womit er ein dümmliches Frauenzimmer karikierte. Wenn er den Brunnen säuberte, dann grölte er in einem furchtbaren Gemisch aus Russisch, Kirgisisch und anderen Bach unbekannten Sprachen irgendwo aufgeschnappte Schmachtfetzen. Bach staunte nicht schlecht, als er in einer der gnadenlos entstellten Melodien eine Arie des Mephisto aus Gounods »Margarethe« erkannte. Wenn er die Obstbäume mit Kalk bestrich, nahm er den Pinsel nicht in die Hand, sondern in den Mund. Wenn er Brennholz aus dem Wald anschleppte, ging er dabei rückwärts. Sammelte er Äpfel auf, lief er ab und zu im Handstand und klatschte mit den nackten Füßen dazu. Die Arbeit verrichtete er gründlich, exakt und keineswegs langsamer als auf die korrekte Weise. Daran gab es für Bach nichts auszusetzen.

Annchen staunte und tat es ihm nach. Doch schon bald blieb sie dabei nicht stehen, sondern dachte sich selbst lustige Tricks aus, würzte die Arbeit mit Possen und Streichen. So wurde ihr klar, dass man die Welt auch aus dem Kopfstand betrachten kann und sie gleich unterhaltsamer wirkt. Dass die Gegenstände nicht nur zu ihrem eigentlichen Zweck benutzt werden können. Schuhe sehen an Händen oder Baumästen viel interessanter aus, das Gleiche gilt für ein Spitzenhäubchen aus der Kommode auf einem Kürbis im Garten, eine in allen Regenbogenfarben schillernde Schuppe vom Karpfen auf einem langweiligen Fensterbrett oder ein Bettlaken als Kleid und auch als Fischernetz.

Argwöhnisch beobachtete Bach, wie sich in dem geregelten Leben des Gehöfts allmählich Chaos ausbreitete. Noch wirkte es harmlos und rührend wie ein Hundewelpe mit Milchzähnen. Doch Welpen wachsen irgendwann zu bissigen Hunden heran. Wer wollte wissen, ob Annchens Lust, in allen Dingen Spaß und Spiel zu sehen, eines Tages nicht in einem bösen Erwachen enden konnte?

Bach brauchte dringend ein Mittel gegen dieses Chaos, solange es noch nicht das ganze Gehöft samt Haus und

Anbauten erfasst hatte, im Obst- und Gemüsegarten noch nicht als lästiges Unkraut aufgeschossen war. Er fand es in den alten Sachen in Tildas bodenlosen Truhen, die dort seit vielen Jahren unbenutzt ruhten, wobei Zeit und Motten ihnen arg zugesetzt hatten. Was konnte besser gegen Unordnung und Anarchie helfen als aufwendige Arbeit zur Wiederherstellung im Verfall begriffener Geschichte?

Er trug den Kindern auf, den Inhalt der beiden großen Truhen durchzusehen und zu reparieren. Dabei überlegte er: Wenn er als Stummer nicht in der Lage war, sie auf das Leben vorzubereiten, vielleicht taten es die Dinge. Die Kniehosen aus Tuch, die Strickwesten für Männer und Frauen mit den farbigen Knöpfen, die mit gestickter Borte eingefassten Wattejacken mit samtenen Kragen, die Ringelstrümpfe, die ausladenden Barchenthauben, die in mehreren Lagen übereinander zu tragenden Röcke ... All das war verstaubt und von Motten zerfressen, es musste sorgfältig geflickt und gestopft, gründlich gewaschen und getrocknet werden. Das war keine Arbeit für ein, zwei Wochen, sondern wahrscheinlich für mehrere Monate.

Wie groß war Bachs Erstaunen, als die so schlau gewählte Waffe funktionierte – nicht bei Annchen, der alle seine Bemühungen galten, aber bei Wassja.

Beim Anblick der geöffneten Truhen blieb ihm das Wort im Halse stecken. Und als gar aus deren verstaubter Tiefe die langsam zerfallenden Sachen aus Wolle und Seide zum Vorschein kamen, griff Wassja mit halb offenem Mund und abwesendem Blick nach der Fußbank, hockte sich neben den Truhen nieder und stand erst wieder auf, als es schon tiefe Nacht war.

Annchen, von dieser gewaltigen Aufgabe überfordert, saß ein, zwei Stunden vor Tildas Schätzen und nahm sie mit spitzen Fingern auseinander. Dann war sie es leid, begann zu knautschen, Wassja am Ärmel zu zupfen, verlangte nach Bewegung oder Spielen. Doch der Junge reagierte nicht. Er hatte wieder den Gesichtsausdruck, den Bach bei ihm bemerkt hatte, als er die Nadel auf die Schallplatte setzte – ein Gemisch aus Fassungslosigkeit, Entzücken und Ehrfurcht.

Welche geheimen Federn hatten das Innerste des kleinen Kirgisen in Bewegung setzen können? Welche Zäpfchen und Rädchen drehten sich darin?

Wie dem auch sei, von diesem Tag an wurde Wassja ruhiger und strenger. Während die Arbeit am Inhalt der Truhen für Annchen zu einer unangenehmen Pflicht geriet, war sie für Wassja eine Quelle täglicher Lust, nicht weniger als die Stunden, die er am Grammophon verbrachte. In diesen Tagen richtete er zum ersten Mal in gütlichem Ton eine Bitte an Bach: Lange stand er vor ihm, murmelte finster etwas in seinen Bart und nickte mit dem Kopf in Richtung von Tildas Kammer. Schließlich verstand Bach: Wassja bat darum, dort schlafen zu dürfen. Das erlaubte er ihm.

Hätte er gewusst, was daraus werden sollte, nie im Leben wäre ihm diese Erlaubnis in den Sinn gekommen. Stattdessen hätte er Wassja mit Schimpf und Schande vom Hof gejagt.

Annchen fing wieder an wegzulaufen. Doch diesmal in Wassjas Begleitung. Als sie einmal alle Lust an der Routinearbeit und dem langen Schweigen des Freundes verloren hatte, der wie gebannt mit den alten Sachen hantierte, sprang sie auf und rannte, bleich vor Ärger, hinaus. Nichts Gutes ahnend, lief Wassja ihr nach. Ehe Bach sich's versah, waren die beiden im Wald verschwunden. Erst spät am Abend kamen sie zurück – lächelnd und zufrieden. Nun ging es wieder los, das Weglaufen, Warten, Weglaufen …

Es war Bach zur Gewohnheit geworden, die Abwesenheit der Kinder im Eishaus abzuwarten. Doch selbst die Eiseskälte vertrieb nicht die neue Angst, Wassjas heimatlose Seele könnte, nach Freiheit dürstend, erneut vom Hof flattern und das vertrauensselige Annchen dem Jungen folgen. Doch wenn die Ausreißer nach Hause kamen – erhitzt, von Bewegung und Freude außer Atem –, empfand Bach eine Erleichterung, die an Schmerz grenzte. Ebenso eine Dankesschuld gegenüber Wassja. Dafür, dass er Annchen wieder nach Hause gebracht hatte? Oder dass er sie nicht allein im Wald herumlaufen ließ?

Ja, Bach hing jetzt von diesem Jungen ab, dem Zugelaufenen unbekannter Herkunft, den er selbst in einem Netz gefangen, ins Haus geholt, ihm Obdach gewährt, ihn versorgt und über den Winter bei sich behalten hatte.

Nun standen die beiden Kinder gegen ihn, verbunden durch ihre Jugend und das gemeinsame Einsiedlerleben.

Was konnte er dem entgegensetzen? Welche Mittel hatte er noch?

Er fing an, mit ihnen abends zum Steilufer zu gehen, um den Sonnenuntergang zu bewundern. Er glaubte, die ewige Schönheit der Wolga werde ihre Herzen rühren und sie zur Ruhe bringen. Groß war seine Hoffnung nicht, doch da er keine anderen Freunde hatte, erkor er sich den Fluss zum Verbündeten. Der ging darauf ein, ließ auf seinem glatten Körper ein solches Abendrot erscheinen und seine Wellen solche Verzierungen hinzufügen, dass Bach vor Begeisterung die Augen feucht wurden. Doch die Kinder teilten sein Entzücken nicht, sie interessierten vielmehr die Lichter des fernen Gnadentals. Als Bach dieses gefährliche Interesse bewusst wurde, stellte er die Abendspaziergänge rasch wieder ein.

Andere Mittel standen Bach nicht zur Verfügung.

Wassja schon. Das gefährlichste von allen und auch das problematischste war die Sprache.

Annchen fing sofort nach Wassjas Rückkehr zu sprechen an – in ganzen Wendungen und Sätzen, eilig und von ihren Gefühlen überwältigt. Solange Wassja wach war, sprach sie mit ihm, erzählte ihm aufgeregt etwas, fragte ihn, verlangte nach Antwort, sprach ihm etwas nach oder stritt mit ihm. Wenn er schlief, sprach sie mit einer vorüberhuschenden Eidechse oder einem Vogel, mit den Apfelbäumen im Garten, mit dem Gras unter der Treppe oder einem gefrorenen Fisch im Eishaus. Zuweilen murmelte sie einen Satz auf verschiedene Art vor sich hin, prüfte die Intonation und den Klang ihrer Stimme. Es schien ihr ziemlich gleich zu sein, mit wem sie worüber redete. Hauptsache, sie konnte Zunge und Lippen bewegen, Töne erzeugen, sie zu Wörtern zusammenfügen und die Wörter zu Sätzen. Vor dem Einschlafen oder wenn sie hinter dem Haus allein war, sprach sie häufig mit sich selbst, und sogar diese Übungen, die niemand hörte, bereiteten ihr Vergnügen.

Mit Bach sprach sie nicht. Weil sie das beide verbindende Schweigen nicht als Last oder Hindernis empfand, sondern als eine Form der Verständigung, die durch jedes gesprochene Wort nur zerstört werden konnte? Weil sie Bach nicht kränken wollte? Oder weil sie nicht sicher war, ob er sie verstand?

Er verstand sie tatsächlich nicht. Er freute sich daran, wie beweglich ihre Lippen waren und wie ihr Gesicht beim Gespräch aufleuchtete. Endlos konnte er ihre Stimme genießen, wenn sie belehrend auf den Holzstapel oder den Brunnen einredete. Dann belauschte er sie, wie ein Erstklässler hinter einer Ecke des Hauses oder der Scheune versteckt, und flüchtete sofort ins Haus, wenn er Schritte hörte. Doch er verstand kein einziges Wort.

Eine fremde Sprache ergriff von seiner Tochter Besitz, so wie sie eindeutig bereits die Eigenschaften eines fremden Menschen, des Straßenkindes Wassja, in sich aufgenommen hatte.

Was für eine Sprache war das? Als der schlitzäugige Kerl das erste Mal im Gehöft auftauchte, glaubte Bach, die zahllosen Kraftausdrücke, mit denen er um sich warf, seien Russisch. Doch Wassjas Wörter und Phrasen unterschieden sich so sehr von den wenigen hundert Wörtern des Russischen, die Bach geläufig waren, dass sie wahrscheinlich einer ihm unbekannten Sprache entstammten. Was waren das für seltsame Tätigkeitswörter: mampfen, schlackern, schnüffeln, mopsen, einsacken, verwichsen, verpissen, rumhängen? Was sollte protzen, schwadronieren, scheuchen bedeuten? Oder hamstern, verblöden, scharwenzeln? Was für verrückte Hauptwörter waren Gaunerclique, Drahtzieher, Arschgeige, Drecksack oder Aasgeier? Was war ein Ganoventreff? Was ein Erdenwurm? Ein Wegelagerer? Ein Blödmann? Ein Quatschkopf? Ein Menschewik? Ein Knauser? Ein Basmatsche? Eine Großfresse? Ein Linksturner? Ein Trotzkist? Ein Rechtssozi? Ein Oboronze? Ein Potentat? Oder ein Landsknecht?

Anfangs wehrte sich Bach gegen diese fremde Sprache. Wenn er sich in den Nächten auf Udo Grimms riesigem Bett hin- und herwälzte, stellte er sich vor, wie er diesen Hergelaufenen aus dem Haus jagen werde. Er wollte ihm eine Tasche mit Wegzehrung packen und die Haustür nicht wieder öffnen, bis Wassjas Schritte für immer im Wald verklungen waren. Doch am nächsten Morgen brachte er es nicht über sich, sein Vorhaben auszuführen.

Als nicht mehr zu übersehen war, dass die Kleine jeden Augenblick zu sprechen anfangen werde, erschrak Bach tief. Zugleich freute er sich so, wie er sich kaum jemals in seinem Leben gefreut hatte. Die Last der Schuld, die er all die Jahre mit sich herumgeschleppt hatte – der Schuld an Annchens Stummheit und ihrer unfreiwilligen Einsamkeit –, schwand mit jedem Tag.

Doch erst als sie die ersten Worte sprach, wurde Bach klar, dass es kein Zurück gab. Annchen wuchs nun mit einer ihm unbekannten Sprache auf, und als Einziger auf dem Gehöft beherrschte sie Wassja. Sollte er eines Tages verschwinden, dann hatte sie niemanden mehr, mit dem sie ein Wort wechseln, zusammen groß werden und ihre Gedanken austauschen konnte. Wenn Wassja für immer ging, blieb Annchen in den Kinderschuhen stecken, ohne Sprache konnte sie nicht erwachsen werden. Folglich musste Bach die Waffen strecken. Er durfte nicht länger gegen diesen kleinen Unruhestifter ankämpfen, sondern musste seine Anwesenheit als unumgänglich und unabänderlich, genauer gesagt, als unbedingt erforderlich anerkennen.

Und Bach gab nach. Nein, die rebellische, die stolze Seite seines Charakters stimmte nicht zu und forderte eine andere Lösung: Er sollte den unverschämten Kerl fesseln – nachts, wenn Annchen nichts mitbekam –, ihm einen Knebel in den Mund stopfen, ihn in das Fischernetz von damals hüllen, ins Boot werfen und das die Wolga hinabtreiben lassen, Annchen ein paar Ohrfeigen verabreichen, ihr befehlen, für immer den Mund zu halten und die erlernten Wörter zu vergessen. Bach selbst hätte sich am liebsten ins Eishaus gelegt und wäre dort erfroren, damit die Kinder allein blieben und einsahen, wie unrecht sie gehandelt hatten. Sein Stolz forderte, forderte und forderte … Doch Bach befahl ihm zu schweigen.

Zu schweigen, wenn die Kinder aus dem Wald kamen, über etwas redeten, laut lachten und sich verschwörerische Blicke zuwarfen, aber sofort verstummten, wenn sie Bachs ansichtig wurden.

Zu schweigen, als Annchen anfing, sich aus Bachs Griff zu winden, sich seinen Umarmungen zu entziehen und sich für seine ohnehin seltenen Gefühlsbekundungen zu schämen. Nachts kam sie dann geschlichen und legte sich in seine Arme, die sich so nach ihr sehnten, als wollte sie sich für ihr abweisendes Verhalten am Tag entschuldigen. Kurz darauf war sie wieder weg.

Zu schweigen, als Annchen ihrer beider Sprache der Atemzüge und Bewegungen zu vergessen begann und das Sprechen mit Wörtern zu ihrer einzigen Art der Verständigung wurde.

Zu schweigen.

Zu schweigen.

Er versuchte, sich die Sprache beizubringen, die die Kinder benutzten, um etwas vom Inhalt ihrer Gespräche zu verstehen oder wenigstens zu erahnen. Aber entweder war das Russische zu kompliziert oder Bach zu alt: Immer wieder fielen die Wörter aus seinem Gedächtnis wie Erbsen aus einer löchrigen Hosentasche.

Auch dieses Scheitern nahm er hin, eines von vielen. War es überhaupt ein Scheitern? Oder einfach nur der normale Lauf der Dinge?

Schließlich sagte er sich: Dann muss es eben so sein. Sollten sie einfach wachsen, die Kinder. Und wenn ihre Sprache ihm auch fremd, ihre Gedankengänge ihm unverständlich waren. Die Minuten der Nähe zu ihnen waren zu selten und zu kurz. Auch daran konnte er nichts ändern.

Dann wurden sie eben neben ihm groß wie die Apfelbäume im Garten, wie die Eichen im Wald. Sollten sie sich von den Früchten seiner Arbeit ernähren, in seiner Nähe atmen, schlafen, essen und lachen. Er wollte sie großziehen, so fleißig und fürsorglich, wie er konnte – für sie Fische fangen, Nüsse sammeln, Birkensaft holen, Mohrrüben und Kartoffeln ausgraben. Sie mit Kräutern behandeln, wenn sie krank waren. Ihnen Schallplatten vorspielen, wenn sie sich langweilten. Den Ofen heizen und auf sie warten, wenn sie länger im Wald blieben.

Was er sich vornahm, setzte er Punkt für Punkt um.

24

Vielleicht waren das seine glücklichsten Jahre. Die Apfelbäume trugen reiche Früchte. Die Wolga erstarrte im Eis und floss dann gemächlich weiter dem Kaspischen Meer entgegen. Um die Dächer fegte der Wind – stürmisch, mit Schnee und Graupel vermischt im Winter, böig, mit Feuchtigkeit und himmlischer Spannung geladen im Frühling, träge und trocken, von Staub und den leichten Flugsamen des Steppengrases durchsetzt im Sommer.

Das übrige Leben spielte sich fern von ihnen ab – in Gnadental, in Pokrowsk, im ganzen Wolgagebiet, doch sein Echo gelangte nicht bis zu dem einsamen Gehöft. Das schwamm, wie Bach es sich erträumt hatte, als einsames Schiff auf einem Ozean, dessen Küsten es nicht brauchte.

Viel später erfuhr Bach, welcher Art Jahre an ihnen vorübergezogen waren, und gab ihnen Namen. Während dieser vier Jahre erwarb die Welt einen erstaunlichen und zugleich erschreckenden Charakterzug: Alles, was geschah, spielte sich unweigerlich in großem Maßstab ab. Es erfasste riesige Räume, betraf enorme Massen von Menschen, brachte gewaltige Gebilde und Erscheinungen hervor. Die Welt wurde wahrhaft *groß*, als sei sie so umgebaut worden, dass in ihr nur noch Giganten und Riesen hausten. Daher konnte man diese Zeit durchaus die *Großen Jahre* nennen.

Das Jahr 1931 bezeichnete Bach als das *Jahr der Großen Lüge*. In diesem Jahr logen alle – die Parteifunktionäre vor Ort, die Parteiführung im Zentrum und die Zeitungen. Das taten sie zu dem einzigen Zweck, den Auftrag der »Vollständigen Kollektivierung« in der Deutschen Republik zu erfüllen. Als dieses Ziel im Sommer erreicht wurde, kam es in den Dörfern »bei einer Reihe Familien zu Fällen von Hunger«. In Wirklichkeit erhoben sich die Bauern zu Aufständen und flohen zu Tausenden in andere Regionen.

Das Jahr 1932, das *Jahr des Großen Staudamms,* stand im Zeichen der drohenden Überflutung von Pokrowsk und vielen Dörfern am linken Wolgaufer, einschließlich Gnadentals. Denn weiter flussabwärts wäre beinahe mit dem Bau eines riesigen Staudamms begonnen worden. Das blieb zunächst aus, doch zur Freude gab es keinen Anlass: Nach wie vor kam es in den Dörfern zu »Fällen von Hunger«. Doch die monatliche Brotration wurde weiter gekürzt, in diesem Jahr dreimal.

Darauf folgte unweigerlich das *Jahr des Großen Hungers,* das 40 000 Bewohner der Deutschen Republik das Leben kostete, was im Vergleich zu den sieben Millionen Opfern im ganzen Land recht wenig war. Danach kam – ebenso unweigerlich – das *Jahr des Großen Kampfes,* in dem die Folgen des Hungers überwunden und seine Rückkehr verhindert werden sollten. Das bedeutete Kampf gegen das Analphabetentum, gegen die Verwahrlosung und Obdachlosigkeit von Kindern, gegen die Unterschlagung von Getreide, gegen unparteiliche Lehrtätigkeit in Hochschulen, gegen die Durchsetzung der Wirtschaftsverwaltung mit Schädlingen, gegen deutschen Nationalismus und sogar gegen Faschismus, der sich seit dem Machtantritt Adolf Hitlers im Reich in den deutschen Dörfern an der Wolga Zugang verschaffte …

Von alledem wussten Bach und die Kinder nichts. Ihr *kleines* Leben verlief nach eigenen Gesetzen. Auch die Zeit verging dort anders – langsam und kaum spürbar. Wenn es nach Bach gegangen wäre, hätte sie vollends stehen bleiben können, aber das lag nicht in seiner Macht.

Der Wechsel der Jahreszeiten interessierte Bach kaum noch. Es war ihm nicht völlig gleichgültig, ob es warm oder kalt war, ob farbig oder grau, ob ihr Alltag schneller oder langsamer dahinfloss. Die Sache lag anders: Seine von der Sorge um das geliebte Kind wund gescheuerte Seele war so auf dieses Problem fixiert, dass äußere Dinge wie Temperatur, Farben und Geschwindigkeiten ihre Bedeutung verloren. Bachs Herz reagierte nur auf Annchen. Ihre Anwesenheit entschied darüber, ob er Sommer und Winter überhaupt noch wahrnahm.

Wenn er nachts ein paar Minuten mit Annchen in den Armen dasaß, eröffnete sich ihm jedes Mal von Neuem die Schönheit der Welt. Dann spürte er, wie sich die Erde mit Salz- und Süßwasser tränkte, wie Bäume und Gräser aus ihr neue Kraft saugten, wie sie sich dankbar mit Blättern und Blüten bedeckten, wie aus dem feinen Flaum auf den Flügeln der jungen Vögel Federn wuchsen, wie die Bäuchlein der Jungtiere in Höhlen und Astlöchern sich mit Fell bedeckten, wie sich mit einem freudigen Jucken die Geweihe der Hirsche streckten, wie die Fischchen in der Wolga an Leibesumfang zunahmen und sich mit Schuppen bedeckten. Wenn Annchen sich dann seinen Armen entwand und in ihr Mädchenzimmer zurücklief, war es mit all diesen Gefühlen und Eindrücken vorbei. Bach schaute zum Fenster hinaus und stellte erst jetzt fest, ob es schneite, ob die letzten braunen Blätter im Wind tanzten oder ob unaufhörlich eiskalter Regen fiel.

Doch auch das hatte er am Morgen schon wieder vergessen. Erneut musste er mit einem Blick nach draußen die Jahreszeit prüfen, um zu wissen, was er anzuziehen hatte. Im Winter brauchte er Schaffelljacke und Pelzmütze im Grunde genommen gar nicht, sondern hätte ständig in der ärmellosen Steppweste und der dreieckigen Filzmütze herumlaufen können, denn sein Körper, durch den langen Aufenthalt im Eishaus gestählt, spürte Kälte kaum noch. Aber die Gewohnheit setzte sich durch.

Es zeigte sich jedoch, dass die Außentemperatur für das Glück nicht so wichtig war. Mit Erstaunen lernte Bach, wie viel Freude man aus Alltagsdingen ziehen konnte, die ihm früher eher als Last erschienen waren – für Annchen Essen zu kochen, Schuhe zu reparieren, das Haus zu putzen, in dem sie wohnte, ihre Kleider zu stopfen, den Ofen zu heizen, der sie wärmte, Wasser im Kessel heiß zu machen, an dem sie sich laben konnte, ihr das Kissen zur Nacht aufzuschütteln, Letzteres heimlich, damit Annchen nicht böse wurde. All das genoss er in vollen Zügen. Wie viel Freude bereitete ihm jetzt die Pflege der Apfelbäume! Wie gern wühlte er in seinen Beeten, wo er Mohrrüben verzog und Kartoffeln häufelte. Mit welch heimlichem Behagen sah er Annchen zu, wenn sie Äpfel, Kartoffeln und Mohrrüben verschlang, dazu von ihm gesammelte Beeren und von ihm gefangene Gründlinge! Sogar die Versorgung des zugelaufenen Wassja erhielt für Bach einen Sinn und machte ihm Freude. Fischsuppe oder Buchweizengrütze setzte er jetzt nicht mehr dem kirgisischen Jungen vor, einem Frechling und Streithahn mit schlechtem Charakter, sondern Annchens Lehrer, der ihr zudem Unterhaltung und Schutz bot.

Oft musste Bach an die nimmermüde Tilda denken, die Tag für Tag für die Bewohner des Gehöfts gesorgt hatte. Nun erst begriff er den Grund für ihren unverdrossenen Fleiß. Er selbst war jetzt so wie die wortkarge alte Frau, von deren Mühen alle anderen lebten. Zufällig fiel ihm ihre gestreifte Schürze in die Hände, die die Kinder bei der Durchsicht der Sachen aus ihrer Truhe geholt hatten. Von nun an band sie sich Bach bei der Arbeit in Küche und Garten um. Dass so etwas Frauen trugen, kümmerte ihn nicht.

Annchen wuchs rasch und unaufhaltsam in die Höhe. Ihre Arme und Beine, bislang nur zarte, von durchsichtiger Haut bedeckte Knöchlein – wurden mit jedem Jahr länger und gaben der Figur des Mädchens etwas von einem Schilfrohrstängel. Bald überragte sie den untersetzten Wassja um einen ganzen Kopf, und es wurde klar, dass er sie wohl kaum mehr einholen konnte. Ihre Bewegungen und ihr Schritt waren so leicht und schnell, dass ihr Körper wie schwerelos erschien. Wenn Bach sie bei der Arbeit im Garten oder auf dem Hof beobachtete, fuhr er bei jedem Windstoß zusammen. Er wurde den Gedanken nicht los, dass die nächste Bö das Mädchen in die Lüfte erheben und davontragen könnte. War sie doch selbst wie die Luft, wie der Wind, wie der Flug des Herbstlaubs über den Wellen der Wolga. Ihr Haar verstärkte diesen Eindruck noch: Zwar flocht Annchen die blonden Locken zu Zöpfen, die sie sich um den Kopf legte, doch an Stirn und Schläfen lösten sich immer wieder Strähnchen, die sie wie eine Wolke umflatterten.

Annchens rundes Kindergesicht wurde schmaler, unter

den Pausbäckchen kamen Wangenknochen hervor, die Stupsnase glättete sich, und es entstand ein markantes Profil. In diesen klaren Zügen, die zusehends erwachsener wirkten, erblickte Bach immer mehr von sich selbst. Er hatte sich ewig nicht mehr rasiert, und der Bart bedeckte sein Gesicht fast bis zu den Augen, doch auch so sah er die große Ähnlichkeit. Kaum eine Tochter konnte ihrem Vater stärker ähneln. Von Klara waren ihr nur die tiefblauen Augen geblieben.

Doch der Ausdruck, den dieses ihm so liebe Antlitz annehmen konnte, all die Mienen und Grimassen waren Bach zutiefst fremd. Ihr Mund, klein und mit fein gezeichneten Lippen, konnte im Augenblick zu einem weit aufgerissenen Maul werden, das für Bach unverständliche Schimpfwörter von sich gab, er konnte sich zu einem frechen Grinsen verziehen oder verächtlich zusammengepresst werden. Die feinen Brauen, auf der weißen Mädchenstirn wie mit einem Stift gezeichnet, flogen sarkastisch in die Höhe oder wurden an der Nasenwurzel zusammengezogen, wodurch sich die zarte Haut in zornige Falten legte. Die Nase vollführte häufig kreisförmige Bewegungen, die an das Schnüffeln eines Schweinerüssels erinnerten, und konnte bei einem Redeschwall aus ihrem Mund laut schniefen. Auf wundersame Weise wirkte Wassjas Mienenspiel, von dem Annchen all das Getue übernommen hatte, mit den Jahren ruhiger und gutmütiger. Es war, als habe er das in den Jahren als Straßenkind Aufgeschnappte an sie weitergegeben, und ihm blieb sein eigenes, klares, von den Masken der Vergangenheit befreites Gesicht.

Annchen redete viel. Bach, für den die Unterhaltung der Kinder nur eine Aneinanderreihung von Lauten war, liebte ihre Stimme, die stark und hell klang wie ein Möwenschrei. Im Unterschied zu ihr sprach Wassja, der mit den Jahren etwas heiser geworden war, tiefer und leiser. Den Inhalt der Gespräche der Kinder konnte Bach nicht verstehen, doch ihm fiel auf, wie lang und abgewogen Wassjas ruhige Sätze waren und in welchem Stakkato Annchen antwortete. Sie redete in kurzen, abgehackten Phrasen, die alle sehr ausdrucksvoll wirkten, sich aber nicht zu einem Redefluss zusammenfügten. Es war, als zwitschere sie eifrig, habe aber noch nicht singen gelernt. Die frühere Sprache der Atemzüge und Gesten zwischen ihr und Bach hatte sie endgültig vergessen. Er nahm ihr das nicht übel. Eigentlich hätte er sich darüber freuen müssen, dass an die Stelle der Verständigung der Wortlosen eine wirkliche Sprache getreten war.

Über vieles mehr hätte Bach sich freuen müssen: dass Annchens zarter Körper bisher Krankheiten kaum kannte; dass sie dem äußeren Anschein nach zart, in Wirklichkeit aber stark und ausdauernd war: Beim Wettlauf durch den Wald und beim Schwimmen im Fluss übertraf sie Wassja jetzt mit Leichtigkeit. Dass jedes Frühjahr in ihren Augen zwar eine zuvor nicht gekannte Unruhe auftauchte, die im Sommer ihren Höhepunkt erreichte und im Winter abflaute, sie aber bislang auf Bachs Gehöft geblieben war.

Doch in Annchens Nähe war stets auch Wassja. Bach hatte den Moment verpasst, da die kurzen belustigten Blicke, die Wassja für seine Schülerin übrig gehabt hatte, zu langen ernsthaften wurden. Als zum ersten Mal nicht Annchen Wassja nachlief, die ersten Worte stammelte und mit ihm plappern oder spielen wollte, sondern sich die Dinge umkehrten. War das geschehen, als sie zu zweit durch den Wald liefen? Oder sehr viel später, als sie richtig zu sprechen begann? Manchmal schien es Bach, Wassja sei nicht nur ein, zwei Jahre älter als Annchen, sondern mindestens fünf, so viel erwachsene Zärtlichkeit sprach aus seinem Gesicht, wenn er das Mädchen jetzt ansah.

Diese unerlaubte Zärtlichkeit hätte Bach erzürnen, misstrauisch machen und empören müssen. Aber das geschah nicht. Wenn er Annchen ins Gesicht schaute, dann sah er in ihren blauen Augen nur Träumerei, unausgesprochene Fragen und Erwartungen, kein Erwidern von Gefühlen. Annchen hing an Wassja stark und hingebungsvoll wie an einem Haustier. Sie brauchte ihn als ihren einzigen Freund und Gesprächspartner, aber nicht mehr. Wassjas Gefühle teilte sie nicht, wie auch nicht die Bachs. Den Alten und den Jungen einte jetzt das Schicksal einer unerwiderten Liebe zu Annchen.

Oft musste Bach an den Tag denken, da Annchen das Gehöft verlassen werde. Ging sie dann mit Wassja, in dem der seit Jahren schlummernde Drang zur Wanderschaft vielleicht neu erwachte? Oder zog sie aus eigenem Entschluss in die Welt, gefolgt von dem verliebten Wassja? Nahm sie den Weg durch den Wald oder das Boot? War sie dann immer noch ein spindeldürres Mädchen oder bereits eine ausgewachsene junge Frau?

Bach entschied, einem solchen Entschluss nicht im Wege zu stehen. Sein Widerstand hätte auch kaum etwas genützt, denn Annchen war es gewohnt, Hindernisse zu überwinden. Wenn es so weit war, wollte er den Kindern Provianttaschen für den Weg packen, sie zum Abschied umarmen und sich seinen Schmerz nicht anmerken lassen. Das alles nahm er sich vor ... und fand plötzlich den Winter so schön. Denn die Kinder würden das Gehöft wohl kaum bei Frost und Schneegestöber verlassen. Aus demselben Grund mochte er das Frühjahr nicht mehr – all die plätschernden Bäche und das Vogelgezwitscher im Wald, die warmen Winde, die Sonnenreflexe und das junge

Grün. In jedem Sommer sehnte er ungeduldig den Herbst herbei, um in Erwartung des ersten Schnees zu glauben: Nein, es ist noch nicht Zeit. Noch nicht in diesem Jahr.

Frühjahr und Sommer zu überstehen wurde Bach zunehmend zur Qual. Daher dachte er sich etwas aus, um seinen Schmerz zu lindern. Nachts, wenn die Kinder schliefen und die Fensterläden bis zum Morgen geschlossen waren, trat er auf die Vortreppe hinaus und hängte ein Schloss vor die Haustür. In eine Jacke gehüllt, setzte er sich auf die Steinstufen, den Rücken ans Geländer gelehnt, den Schlüssel in der Tasche fest in der Hand, und dämmerte so vor sich hin bis zum Morgengrauen. Die kurzen süßen Stunden, da die Kinder vollkommen in seiner Macht waren, nicht aus dem Haus gehen und ihn schon gar nicht verlassen konnten, erfüllten sein Herz mit einer tiefen, verschämten Freude. Natürlich wusste er, dass er sich selbst betrog. Er hatte keinerlei Macht mehr über sie. Aber konnte man ihm dafür böse sein? Beim ersten Sonnenstrahl stand er auf, drehte den Schlüssel im Schloss vorsichtig um, damit er nicht quietschte, öffnete die Haustür und schlüpfte wieder in sein Zimmer.

Häufig verbrachte er diese nächtlichen Stunden statt auf der Treppe im Boot am Wolgaufer. Er hatte stets ein Beil dabei. Stundenlang konnte er auf dem Trockenen im Boot sitzen und auf den Fluss schauen. Dabei stellte er sich vor, dass er mit einem Beilhieb den Boden des morschen Fahrzeugs durchschlagen und den Kindern den Fluchtweg auf dem Fluss abschneiden könnte. Er wusste, dass er das nicht tun würde, weil er weder das Boot opfern noch sich mit den Kindern anlegen wollte. Aber selbst aus dieser fiktiven Möglichkeit schöpfte er Kraft. Das war wichtig, denn sie nahm mit jedem Jahr ab.

Einmal im Frühherbst verbrachte Bach eine solche Nacht des Wartens erneut im Boot. Er schlief nicht, sondern saß einfach nur da, fuhr mit den Händen über die von der Morgenfrische feuchte Bordkante und dachte darüber nach, wie Annchen in diesem Sommer gewachsen war. Die Zehnjährige konnte man inzwischen durchaus für eine Dreizehnjährige halten. Bald sollte sie auch den schmächtigen Bach überholt haben. In diesem herannahenden Augenblick, da Annchen von oben auf ihn herabschauen würde, schien Bach ein geheimer Sinn, ein Wendepunkt zu liegen. Folgte dann die Trennung? Er rutschte auf der Bootsbank hin und her, um die Bilder des Abschieds von den Kindern zu vertreiben – Abschied am Waldrand, Abschied im Haus, Abschied am Steilufer ... Dann packte er das Beil und begann mit der scharfen Klinge auf die Bordwand einzuschlagen. Späne flogen. Er schlug weiter ... Als im Bauch des Bootes ein Loch entstanden war, durch das man eine Faust stecken konnte, schleuderte er das Beil auf die Steine, zog die Jacke fester und ließ sich ins Boot fallen. Er schlug die Hände vors Gesicht, weil er seine Tat bereute oder sich dafür schämte, und blieb reglos liegen ...

Er fuhr hoch, weil er laut angerufen wurde.

»He, du da, am Ufer!«

Bach hob den Kopf und schaute sich mit verschlafenen Augen um. Die Sonne stand schon hoch am Himmel. Auf dem Wasser, kaum zehn Meter vom Ufer entfernt, erblickte er ein Boot. Darin der Ruderer, ein junger Mann in verschossener Uniformbluse ohne Rangabzeichen und mit einer Schirmmütze.

»Sei gegrüßt, Großvater!«, rief der Bursche und lächelte dabei so breit, als begegne er einem guten Bekannten. Selbst vom Ufer sah Bach, wie weiß seine Zähne waren.

»Haust du hier allein, oder sind noch weitere Bürger in der Nähe?«

Der Bursche sprach Russisch, aber als er Bachs Verwirrung sah, wiederholte er seine Frage auf Deutsch. Da sein Gegenüber erneut nicht reagierte, fiel er wieder ins Russische zurück.

Bach stand in seinem Boot auf und fuchtelte mit den Armen, als wolle er einen ganzen Schwarm Mücken vertreiben. Das hieß unmissverständlich: Hau ab! Fort mit dir!

»Warum so unfreundlich?« Der Bursche lachte laut, arbeitete mit den Rudern und drehte das Boot mit dem Bug zum Ufer. »Ich bin kein ungebetener Gast. Ich bin ein Angestellter des Staates und erfülle hier nur meine Pflicht!«

Einzelne Wort verstand Bach und glaubte sogar den Sinn des Satzes erfasst zu haben, aber die Aufregung hinderte ihn daran, sich zu konzentrieren. Das fremde Boot kam näher, und der Bursche brüllte immer lauter. Wahrscheinlich glaubte er, sein Gegenüber höre schwer. Bach begann am Ufer hin- und herzulaufen, er wusste nicht, wie er den ungebetenen Besucher loswerden oder wenigstens zum Schweigen bringen sollte. Als ihm klar wurde, dass der Fremde gleich anlegen werde, hob er einen Stein auf und warf ihn in Richtung des Bootes.

»Warum so aggressiv?!« Der junge Mann ließ die Ruder ins Wasser sinken und bremste das Boot. »Wir bekämpfen das Analphabetentum, damit deine Enkel Bildung bekommen und aufgeklärt leben können. Und du wirfst einen Stein nach mir. Schäm dich, Großvater!«

Doch Bach griff bereits nach dem nächsten Stein, noch größer und schwerer als der erste.

»Sag mir nur eins«, beharrte der Bursche, der nicht näher herankam, aber sich auch nicht wieder entfernte. »Hast du Schreiben und Rechnen gelernt? Kannst du einen Stift in der Hand halten? Deinen Namen schreiben? Zehner und Einer zusammenzählen? Oder kannst du nur mit Steinen werfen?«

Bach stand da und drohte mit dem Stein.

»Hab keine Angst, ich tue dir nichts! Ich will dir auch nicht auf der Stelle das Alphabet beibringen! Dafür haben wir andere Leute. Ich bin nur zum Registrieren und Agitieren gekommen! Ich muss auf meinem Fragebogen abhaken, ob du des Schreibens und Lesens kundig bist oder nicht. Das ist alles! Also, gestehe: Kannst du lesen und schreiben? Oder nicht?«

Der Junge brüllte so laut, dass das sicher auch auf dem Gehoft zu hören war. Bach wusste einfach nicht, wie er dieser donnernden Rede Einhalt gebieten sollte. Mit zitternden Händen hob er den Stein über den Kopf, was bedeutete: Noch ein Wort, und er fliegt!

»Ach, hol dich doch der Teufel!«, rief der Agitator beleidigt. »Bleib in deiner Bärenhöhle hocken und lutsche an den Pfoten! Die fortschrittliche Menschheit wird auch ohne dich auskommen!«

Er griff nach den Rudern und wollte sich gerade in die Riemen legen, als vom oberen Rand des Steilufers jemand langgezogen rief:

»H-e-e-e!«

Und schon kam Annchen den Pfad heruntergelaufen, die Hände in der Luft und mit den Füßen kaum den Boden berührend. Ihr folgte, sich an den Sträuchern festhaltend und viel Staub aufwirbelnd, Wassja.

Vor Schreck stand Bach wie gelähmt da. Annchen konnte stolpern, an dem Steilhang stürzen! Aber ihre Füße waren leicht und geschickt, sie hatten ihren Körper den steilen Hang heruntergetragen, waren über die Ufersteine gesprungen und standen jetzt im Wasser. Schon reichte es ihr bis zu den Knien, sie griff nach dem Bug des fremden Bootes mit vor Verwunderung und Freude strahlenden Augen, lachte und rief dem Fremden eilig und aufgeregt etwas zu. Aber was?

Wassja folgte ihr. Er packte das Boot von der anderen Seite und plapperte ebenfalls aufgeregt los, schien etwas zu fragen, vielleicht auch zu bestätigen. Aber was?

Bach stand am Ufer, den schweren Stein gegen die Brust gedrückt und begriff, dass gerade etwas sehr Ernstes, Wichtiges vorging, dem er nicht folgen konnte.

»Hör mal, du fremdes Element«, ließ sich jetzt der Agitator wieder vernehmen, doch in seiner Stimme klang nichts mehr von der früheren Gutmütigkeit oder Freude, sondern nur noch Kälte und Strenge. »Wieso versteckst du sowjetische Kinder vor der sowjetischen Schule? Vor dem Kollektiv? Willst sie mit dir in die Finsternis und den Sumpf der Vergangenheit zerren?«

Bach presste den Stein immer fester zusammen. Der gab nicht nach. Seine Finger schmerzten von der Anstrengung.

»Aber das wird dir nicht gelingen, du Feind! Nicht umsonst reisen Agitatoren durch das ganze Land, um solche Kinder aus dem Joch der Unwissenheit zu befreien! Und solchen wie dir Zügel anzulegen, so feste wie möglich!«

Jetzt schmerzte Bach auch die Brust. Er hatte den Stein so heftig dagegen gedrückt, dass ihm fast die Rippen brachen.

Die Kinder liefen auf ihn zu und riefen etwas, beschworen ihn, drängten sich um ihn und schauten ihn flehend an. Sie plapperten unablässig, fassten ihn bei den Schultern, lächelten schüchtern und nickten so lange, bis auch er lächelte und zur Antwort nickte. Mehr konnte er nicht tun, nur unablässig lächeln und nicken. Da jubelten sie glücklich auf, umarmten ihn kurz und stürzten zu dem wartenden Boot. Bach nickte noch immer. Aber das sahen sie nicht mehr, denn sie waren mit dem Einsteigen beschäftigt.

Der Agitator ruderte vom Ufer fort. Die Kinder riefen Bach durchdringend etwas zu und winkten heftig mit den Armen. Bach nickte zur Antwort und lächelte.

»He, Großvater!«, rief der Agitator wieder. »Ich bringe sie jetzt nach Pokrowsk ins Kinderheim ›Clara Zetkin‹. Vielleicht werden sie noch nicht aufgenommen. Die Heime sind im Moment übervoll! Wenn sie nicht unterkommen, dann kehren sie morgen zu dir zurück. Dafür sorge ich. Stell dich darauf ein!«

Wieder nickte Bach und lächelte.

Erst in der Abenddämmerung wurde Bach bewusst, dass das Boot mit den Kindern endgültig am Horizont verschwunden war. Und dass er immer noch den Stein gegen seine Brust drückte. Vorsichtig legte er ihn zu Boden.

Zu begreifen, was er in diesem Augenblick dachte oder fühlte, war Bach nicht in der Lage. Ihm schien, er sei bar jeden Gedankens und Gefühls. Sein Kopf war hohl wie ein leerer Eimer. Ebenso sein Körper.

Als sich Bach gegen den Kopf schlug, glaubte er einen Ton zu hören. Auch als er sich auf die Brust schlug.

Da er nicht wusste, was er mit dieser klingenden Leere anfangen und wohin er mit ihr gehen sollte, beschloss er, sich auf einem großen Stein niederzulassen und dem ewigen Lauf der Wolga zuzuschauen.

Also setzte er sich und schaute.

25

Im Zentrum der sowjetischen Hauptstadt, umgeben von den knorrigen Linden des Boulevard-Rings, mitten im Netz der Gassen des alten Moskaus, hinter den Zinnen der

Kremlmauern verborgen, stand in einem Gemach des Senatspalastes ein Billardtisch. Seine starken geschwungenen Beine, die an Frauenhüften erinnerten, bestanden aus Eichenholz, das als ganzer Stamm in einem plombierten Güterwagen aus dem Fernen Osten in die Werkstatt bei Moskau gebracht worden war. Die hohe Bande und der Rahmen waren aus klingender mordwinischer Esche gefertigt. Die Tischplatte aus einer einzigen Tafel Gebirgsschiefer, den man in Bergwerken am Baikalsee gewonnen hatte. Das Tuch, das die Platte bedeckte, war aus der Wolle des Vlieses von Stawropoler Merinoschafen gewebt, die für ihre besonders langen Fasern berühmt ist. Auf der ersten Allunions-Landwirtschaftsausstellung, die ein paar Jahre später stattfand, sollte sie dafür mit einer besonderen Medaille ausgezeichnet werden.

Im November 1934 genoss die Länge und Festigkeit der Wollfasern Andrej Petrowitsch Tschemodanow. Langsam ließ er seine Finger über das Gewebe gleiten, prüfte Spannung und Abnutzungsgrad. Tschemodanow kniete schon recht lange neben dem Tisch, strich über das Tuch, klopfte mit den Fingerknöcheln gegen die lackierten Bretter der Bande und lauschte auf die Töne, die das trockene Holz von sich gab. Tschemodanows Finger waren einzigartig: Sie spürten jede sich andeutende kahle Stelle vor einem Loch in der Ecke, ertasteten selbst den feinsten Sprung in der Bande. Doch wieso nur die Finger? Einzigartig war der ganze Tschemodanow – von den hellen, ungewöhnlich scharfen Augen, die tief unter buschigen Brauen herausschauten, dem weizenfarbenen Schnurrbart, der den zumeist fest zusammengepressten Mund verbarg, so dass man nicht wusste, ob der Mann gerade lächelte oder unzufrieden die Lippen kräuselte, bis zu den legendären Armen mit den kräftigen Handgelenken, die, wenn er in Stimmung und in der richtigen Gesellschaft war, mit dem Queue solche Wunder vollbrachten, dass man es glatt hätte filmen müssen. Dann flogen die Bälle wie kaum noch sichtbare Blitze über das Tuch, die Löcher schienen einen nach dem anderen regelrecht einzusaugen, und das in so rascher Folge, dass man gar nicht so schnell den Kopf drehen konnte. Die Zuschauer der berühmten Tschemodanow-Stöße kamen zusammen wie zu einem Fest, für das es eine besondere Einladung gab. Mit einem Wort, er war der Meister aller Billardspieler.

Tschemodanows Knie waren kräftig, schließlich rutschte er fast jeden Tag darauf herum, denn er war für alle Billardtische im Kreml zuständig. Einmal monatlich prüfte er bei jedem einzelnen die Spannung des Tuchs, den Zustand von Rahmen und Bande. Man konnte natürlich auch im Stehen mit der Handfläche über die Tischplatte fahren, aber sah man aus dieser Höhe wirklich alles genau? Auf den Knien sah man besser, und es war zugleich eine Geste des Respekts vor dem Tisch. Auch der Tierarzt lässt sich auf einem Schemel nieder, wenn er der Kuh den Bauch abhört. Doch ein Billardtisch ist keine Kuh, sondern ein Kunstwerk. Vertrackter als jedes Musikinstrument. Ein hochkomplizierter Mechanismus.

Während Tschemodanow, immer noch auf den Knien, die Billardkugeln eine nach der anderen über den Tisch rollen ließ und ihre langsamen Drehungen studierte, war jemand mit leisem, selbstsicherem Schritt in den Raum getreten. Tschemodanow brauchte nicht den Kopf zu wenden, um zu wissen: Das war sein Schüler. Der einzige und höchste. Auch er einzigartig.

»Wie geht's unserer Elefantin?«, fragte Stalin statt einer Begrüßung.

»Der geht es gut; sie ist kein bisschen nervös«, gab Tschemodanow zurück.

Elefantinnen nannten die beiden unter sich die Billardkugeln. Andrej Petrowitsch hatte einmal nebenbei fallen lassen, dass sie ausschließlich aus den Stoßzähnen von Elefantenkühen hergestellt wurden. Solche von Bullen gab es auch, aber die waren von geringerer Qualität und wurden im Kreml natürlich nicht benutzt. Seitdem hießen die Kugeln nur noch so.

»Gestern hatte ich den Eindruck, dass Nummer elf Unfug treibt.«

Tschemodanow nahm Kugel Nummer elf und ließ sie rollen. Das blassgelbe Elfenbein schwebte über die smaragdgrüne Fläche und drehte sich so gleichmäßig um die eigene Achse wie die Ballerina Olga Lepeschinskaja, die auf der Bühne des Bolschoi-Theaters 32 Fouetté-Drehungen auf der Zehenspitze vollführen konnte.

»Ich nehme sie in die Werkstatt mit und prüfe das«, sagte Tschemodanow, ließ die Kugel in seine Tasche gleiten, holte aus einem Tuchfutteral eine Ersatzkugel und legte sie auf den Tisch.

»Wollen wir eine Partie spielen?«, fragte der Schüler und nahm, ohne eine Antwort abzuwarten, sein Queue aus armenischer Buche von der Wand.

»Durchaus«, willigte Tschemodanow ein, der in diesem Billardzimmer ebenfalls einen eigenen Stock hatte.

In der Regel fand der Unterricht einmal wöchentlich statt. Immer spätabends zur festgesetzten Zeit, ganz gleich, ob im Sitzungssaal die Mitglieder des Politbüros auf *Ihn* warteten oder auf den Stühlen *Seines* Vorzimmers berühmte Generale stocksteif und mit unbewegter Miene saßen. Anfangs war es Andrej Petrowitsch noch peinlich gewesen, wenn sich durch die ausgedehnten Übungen mit seinem Schüler (»Diesen *Schnittball* wollen wir jetzt noch dreißigmal üben! Und jedes Mal den Stoß bitte ein wenig schwächer!«) wichtige politische Entscheidungen verzögerten. Bald jedoch begriff er, dass es sich genau anders herum verhielt: Sein Schüler liebte das Billard. Von jeder Übungsstunde kam *Er* erholt und in bester Laune zurück. Konnte es für ein Land etwas Besseres geben als geistige Frische und gute Stimmung seines führenden Mannes? Wenn man sich in das Problem tiefer hineindachte, dann leistete das Billard indirekt einen nicht geringen Beitrag zum Aufbau des Sozialismus, war dafür geradezu eine notwendige Voraussetzung.

In diesem Augenblick jedoch stand *Ihm* der Sinn eindeutig nicht nach einer Unterrichtsstunde, sondern nach einem Spiel, einem echten, kämpferischen, ohne alle Nachsicht und Vorzugsbedingungen. Hin und wieder – meist schon nach Mitternacht oder gegen Morgen – hatte *Er* das Bedürfnis, über ein besonders kompliziertes Problem nachzudenken, das in der Stille *Seines* Arbeitszimmers im Kreml nicht lösbar schien. Dann schrillte in Tschemodanows Schlafzimmer ein neues, eigens für solche Fälle angeschlossenes Telefon, und vor seiner Haustür fuhr eine schwarze Limousine vor, um den Lehrer, der flink in seine Hose gefahren war, zu einem Spiel mit dem Schüler zu bringen. Wo der mit seinen Gedanken war, wenn *Er* mit dem Queue gegen die Kugeln stieß, konnte Tschemodanow sich nicht vorstellen. Aber diese nächtlichen Fahrten mochte er, wartete geradezu darauf. Dass er in Entscheidungen über wichtige Staatsangelegenheiten einbezogen war, schmeichelte ihm. An diesem Tag war er durch ein Zusammentreffen glücklicher Umstände zur rechten Zeit am rechten Ort.

»Um den ersten Anstoß«, verkündete er sachlich, schob

die Bälle in der Mitte des Tisches zu einem Dreieck zusammen und legte einen Spielball auf jede Seite.

Sie führten ihre Stöße aus. Der Lehrer setzte seinen Stoß exakter: Sein Ball sprang von der hinteren Bande ab, rollte quer über den Tisch und blieb vor der vorderen Bande wie angeklebt liegen. Für den Spielball des Gegners blieb keine Chance, und Tschemodanow hatte den ersten Stoß. Die Partie war eröffnet.

Beide spielten ernsthaft und ohne Hast. Diese zeigte der Schüler ohnehin nie. Eine plötzliche Anwandlung zu kontrollieren, einen Zug sorgfältig zu durchdenken, durch zur Schau getragene Gelassenheit den Gegner nervös zu machen – von dieser Fähigkeit besaß *Er* genug für drei. Langsam ging *Er* um den Tisch herum, langsam legte *Er* seinen seit der Jugendzeit verkrüppelten Arm auf das grüne Tuch, langsam krümmte *Er* die knorrigen Finger zu einem Bogen, zielte in aller Ruhe und führte dann den Stoß mit dem Queue gegen den Ball so hart, dass es klang wie ein Pistolenschuss. Hier offenbarte *Er Seinen* Charakter.

Tschemodanow hatte noch nie erlebt, dass *Er* sich erregt, einen guten Schnittball übersehen oder hastig zugestoßen hätte. Aber er hatte *Ihn* auch noch nie wirklich aus sich herausgehen sehen, obwohl *Er* bereits seit sieben Jahren Billard spielte. Doch was war ein Billardspieler ohne das?! Höchstens ein mittelmäßiger Amateur, dessen Spiel nicht lebte, das weder Schönheit noch Leidenschaft besaß. Im Rausch des Spiels war selbst ein Fehler schön, ob nun aus Selbstüberschätzung oder Aufregung begangen, denn ein solches Spiel hatte Leben …

Beim Billard kommt Leidenschaft mit der Erfahrung. Man kann zehn, hundert oder zweihundert Partien spielen, bis man begreift: Das ist es! Am Mienenspiel konnte Tschemodanow zweifelsfrei ablesen, ob einer mit Herz spielte oder sich nur auf seine Technik verließ. Am schnellsten vom Billard packen ließen sich die Dichter – man denke nur an Majakowskis waghalsiges Spiel! Und, was man kaum glauben mag, die Militärs – nicht die Etappenhengste, sondern die echten Kämpfer. Das lag wohl an ihrer Heißblütigkeit. Leute wie Budjonny oder Woroschilow, wie die sich schlugen! Verwegen, mit weit ausholenden Bewegungen, dass fast der Stock brach oder das Tuch zerriss! Für manch einen waren das hirnlose Draufgänger und Haudegen. Tschemodanow hingegen sah darin Schönheit, echtes Billardgenie. Wie gern wollte er seinem Schüler dabei helfen, nicht nur die Regeln zu beherrschen, sondern sich von dem Spiel packen zu lassen, nicht einfach mit dem Queue zuzustoßen, sondern es mit Schmiss zu tun, den Ball nicht einfach ins Loch zu schieben, sondern ihn elegant zu spielen, zu legen! Aber Leidenschaft konnte man einem Menschen nicht beibringen. Und auch nicht mit Worten erklären. Tschemodanow hatte es probiert, wenn er mit sich allein war, aber es war nur Unsinn dabei herausgekommen, wie wenn man die Symptome einer Krankheit nach einem medizinischen Lehrbuch aufzählt: kalte Hände, Druck in der Brust, Leere im Kopf, schwereloser Körper ... Doch vielleicht auf ganz andere Weise? Das Queue kann Pinsel, Geigenbogen oder Feder sein. Die Bälle Farben oder Saiten. Und das Tuch die Leinwand. Ausholen und Stoß – die reine Musik! Doch nein, da halfen weder Klartext noch poetische Bilder. Es war unmöglich.

Sein pädagogisches Versagen, das Unvermögen, seinen Schüler in das Geheimnis der Billardkunst einzuweihen, bedrückte Tschemodanow. Es war, als halte er etwas Wichtiges zurück, aber was sollte er tun?

An diesem Tag spielte sein Schüler nicht besonders gut.

Wenn man es höflich ausdrückte! Tatsächlich spielte *Er* schlecht, sogar sehr schlecht. Etwas störte *Ihn*, hemmte *Seine* ohnehin zögerlichen Bewegungen, hinderte *Ihn* daran, die Stöße wenigstens mit der gewohnten Sorgfalt anzusetzen. Und Tschemodanow, der in einem ernsten Spiel niemanden schonte, sei es ein Botschafter, ein Volkskommissar oder der erste Mann im Staate, hatte bald den ersten Treffer – eins zu null. Er knurrte vor Ärger, spielte für sich und wollte doch seinem Schüler helfen.

Der knurrte ebenfalls. *Er* mochte es gar nicht, wenn *Sein* Gegner von Anfang an in Führung ging – weder im Spiel noch in der Politik. Damit bestimmte der Logik und Tempo der Partie. Seiner Überlegenheit bewusst, teilte er diese dem Publikum mit. Das war gefährlich, die Zuschauer konnten sich für so einen Spieler begeistern.

Beim zweiten Stoß schaute Tschemodanow gar nicht hin. Es machte Klack, der Ball schoss wie ein weißer Blitz mitten unter die im Zentrum des Tisches liegenden Kugeln, die nach allen Seiten auseinanderfuhren, davon eine geradewegs in ein Loch – zwei zu null! Zwei blieben in den Ecken, kaum einen Fingerbreit vor dem Ziel, liegen. Damit gab es die nächsten Treffer fast umsonst – jeder Neuling, der zum ersten Mal ein Queue in der Hand hielt, hätte das hinbekommen. Auch Tschemodanow, den das gar nicht freute, aber was sollte er tun?! Die verdammten Hände erledigten es ganz von allein! Die Bälle fielen bei Klappstößen: drei zu null ... vier zu null. Den Schüler wagte er gar nicht anzublicken, er konnte spüren, wie dessen Miene sich verdüsterte.

Für den fünften Stoß wählte Tschemodanow einen komplizierten Ball, der dicht an der Bande lag, und ließ die beiden einfachen links liegen, die sein Gegner leicht einlochen konnte, wenn er denn an die Reihe kam. Mit einer

Hand als Unterlage auf der Bande und das Queue steil angesetzt, wollte er etwas stärker als notwendig zustoßen, damit der Ball ein paar Millimeter weiter flog und das Loch knapp verfehlte. Aus Scham vor sich selbst schloss er die Augen und stieß heftig zu wie ein Offiziersschüler im ersten Jahr, der Mut beweisen will. Geräuschvoll schabte das Queue über das Tuch. Dann ein dumpfer Schlag gegen den ledernen Rand des Loches. Der Ball geriet ins Trudeln, hüpfte hoch, hielt sich, von der ihm vermittelten Energie getragen, den Bruchteil einer Sekunde in der Luft und – plumpste ins Loch. Fünf zu null.

Mit finsterem Blick sah der Schüler zu, wie Tschemodanow ihn in Grund und Boden schoss. Das geschah ihm recht: *Er* hatte beim ersten Stoß nicht getroffen und musste jetzt dafür bezahlen. Genauso hatte *Er* sich vor eineinhalb Jahren gefühlt, als in Deutschland die Nationalsozialisten zur Macht kamen. Das war Anfang 1933. Der Führer, dieser Emporkömmling, unternahm, bevor er sich überhaupt auf dem Posten des Reichskanzlers zurechtgefunden hatte, einen, wie es damals schien, recht harmlosen Vorstoß: Die deutsche Botschaft in Moskau regte an, den hungernden Deutschen an der Wolga Lebensmittelpakete von Verwandten im Reich zu schicken. Das Thema von den »Brüdern« im Ausland spielte Hitler seit längerer Zeit. Schon im Wahlkampf hatte er der damals regierenden Partei eine Mitschuld am »Hungertod der Brüder im wilden Russland« gegeben. Der führende Mann in Moskau hatte den Ernst dieses Schrittes anfangs nicht voll erkannt. Die Lage im Wolgagebiet war nicht schlecht, das für die Weltöffentlichkeit sorgsam aufgebaute Schaufenster des Sozialismus glänzte mit Erfolgen und Errungenschaften. Die Deutsche Republik meldete als Erste im Lande den Übergang zur vollständigen Kollektivierung. Dort wurde der erste Traktor der UdSSR in Serie gebaut. Zwar stellte man die Produktion des »Zwergs« bald wieder ein, aber ein Platz in der Geschichte war ihm sicher. Die »Kampagne zur Verwurzelung der Bevölkerung« lief auf Hochtouren, allein Lehrbücher und Literatur in deutscher Sprache wurden für die Summe von 300 000 Goldrubel in Deutschland gekauft! Und das Studio »Njemkino« – Deutscher Film – hatte den ersten eigenen Spielfilm »Der Umschwung« gedreht, fertiggestellt und in den Vertrieb gebracht. Das waren doch Früchte einer kulturellen Revolution, die sich da vollzog! In der Deutschen Republik erlebten Organisationen wie die Pioniere, OSSOAWIACHIM oder der Bund der militanten Gottlosen eine Blütezeit. Zugegeben, 1932 wurde im Wolgagebiet nicht die beste Ernte eingefahren, aber in den Berichten von dort hieß es beruhigend, Hunger komme nur »in Einzelfällen« vor, er werde »übertrieben« und sei »ein Instrument zur Vernichtung der Kulaken als Klasse«. Der deutschen Botschaft wurde nicht gestattet, den Sowjetdeutschen Lebensmittelpakete zu schicken, »weil es in Sowjetrussland keinen Hunger gibt«. Daraufhin erschienen in der deutschen Presse wütende Schlagzeilen und bissige Artikel. Im Rückblick wurde dem Billardschüler klar, dass die Paketaktion der erste Schlag in einem sorgfältig geplanten Spiel gewesen war. Der erste Ball, den der Gegner im Loch versenkt hatte.

Wie zu erwarten war, folgte bald darauf eine ganze Serie von Treffern. Ohne den Billardtisch zu verlassen, traf der Gegner mit dem Queue noch viermal hintereinander. In großer Auflage und mit viel Werbung in den führenden deutschen Zeitungen erschien in Berlin die Broschüre »Brüder in Not!«, die vom tragischen Schicksal der Sowjetdeutschen berichtete (Treffer!). Zur gleichen Zeit wurde eine Ausstellung von Briefen Sowjetdeutscher an ihre Verwandten im Ausland eröffnet. Der Besuch dort war für die Berliner, als säßen sie in einem Horrorfilm, so stark verströmten die kurzen, häufig in den letzten Lebenstagen geschriebenen Zeilen den Hauch des nahenden Todes (Treffer!). Die Nachrichtenagentur Wolf verbreitete einen antisowjetischen Appell des »Volksbundes für das Deutschtum im Ausland«, in dem die gesamte zivilisierte Welt aufgerufen wurde, sich an der Hilfe für die hungernden Deutschen in der UdSSR zu beteiligen (Treffer!). Alle Banken des Reichs eröffneten ein Sonderkonto mit der Bezeichnung »Brüder in Not«, in das als Erste Adolf Hitler und Paul von Hindenburg je eintausend Reichsmark einzahlten (Treffer!). Und im Berliner Lustgarten lief die Vorbereitung für eine antisowjetische Kundgebung unter der Losung »Der Weg der Deutschen in der UdSSR – ein Weg in den Tod«. Auf die Kundgebung sollten eine Demonstration und eine Spendensammlung folgen.

»Sie sind an der Reihe«, sagte Tschemodanow ruhig und trat vom Tisch zurück.

Endlich war es ihm gelungen, einen komplizierten Schnittstoß zu verfehlen und ohne Treffer zu bleiben. Doch an zwei Ecken lagen jetzt sehr günstig platzierte Bälle bereit.

»Ich bin dran«, stimmte der Schüler zu. »Aber die zwei Kugeln Nummer fünf und sieben sind für Sie. Sie haben sie vorgelegt und sollen sie auch nutzen. Brüderliche Hilfe brauche ich nicht.«

Während sie spielten, war es draußen dunkel geworden. Tschemodanow ging zur Tür und knipste das Licht an. An der ausladenden Lampe über dem Tisch flammten die zehn flachen Zylinder auf und tauchten das Spielfeld in helles Licht, als hätte man einen Bühnenscheinwerfer eingeschaltet. Alle Gegenstände außerhalb des Lichtkreises verschwanden im Dunkel – die Stühle für die Spieler, das Ledersofa für die Zuschauer, der Aschenbecher mit Ständer, der Schrank für die Queues, das Fenster, die Fotos an der Wand, auch die Wände selbst. Auf der Welt war nichts mehr außer dem grünen Tuch, den weißen Kugeln darauf und den zwei Männern, die als kaum zu unterscheidende Schatten um das Ganze kreisten. Wirklich zu sehen war stets nur der Spieler, der sich über den Tisch beugte, um den nächsten Stoß auszuführen. Jetzt war es der Schüler.

Er konnte die ihm unangenehme Erinnerung immer noch nicht abschütteln, wie geschickt der Führer die Partie gegen ihn eröffnet hatte. Die ganze überzogene Kampagne zur Hilfe für die »hungernden deutschen Brüder«, der man den politischen Zweck schon von fern ansah, war durch und durch heuchlerisch und so grob gestrickt, dass sie anfangs bei *Ihm* eher Erstaunen als Unruhe auslöste. Bei so viel frecher Verlogenheit verlor die sowjetische Seite zunächst ein wenig die Fassung. Dann besann sie sich und erklärte offiziell Protest. »Prawda«, »Iswestija«, »Trud«, »Ogonjok« und »Krassnaja Swesda« kreuzten die Klingen mit dem »Berliner Tageblatt«, dem »Lokalanzeiger«, dem »Völkischen Beobachter« und der »Deutschen Allgemeinen Zeitung«. Das zeigte Wirkung, doch der Gegner behielt eindeutig die Oberhand.

Der Schüler bewegte das Queue leicht in der Luft hin und her und überlegte, welchen Ball *Er* anspielen sollte. Am liebsten hätte *Er* ihn nicht im Loch, sondern auf dem schnauzbärtigen Rüssel des Führers landen lassen. Schließlich entschied *Er* sich für einen Schnittstoß. Den führte *Er* aus, doch der Ball sprang ab. Er war nicht sehr sauber und etwas zu schwach gespielt. Der Ball drehte sich gleichsam gegen seinen Willen zum Loch hin, erreichte es, wäre beinahe vorübergerollt, fiel aber doch hinein. Endlich hatte der Schüler seinen ersten Treffer gelandet.

Ein Lächeln verkniff *Er* sich. Vor dem zweiten Stoß rieb *Er* das Lederfleckchen an der Spitze sorgfältig mit Kreide ein, zielte lange und gründlich. Diesmal stieß *Er* etwas kräftiger zu, aber ein zweiter Treffer gelang nicht. Wortlos nahm *Er* das Queue vom Tisch und tauchte ins Dunkel ab.

Der Gegner indes trat daraus hervor. Zuerst waren nur seine Hände zu sehen, klein, etwas gekrümmt, legten sie sich auf die lackierte Bande und begannen nervös mit den Fingern auf das Holz zu trommeln. Die schmalen Gelenke verschwanden in den Ärmeln des Tweed-Anzugs von teurem englischem Schnitt mit sehr breiten Revers. Im Jackenausschnitt ein blütenweißes Hemd mit einer zerknitterten Krawatte, deren Knoten etwas seitlich verrutscht und so eng zugezogen war, dass sich selbst an diesem dürren Hals kleine Fältchen bildeten. Der untere Teil des Gesichts hing breit und schwer über den Kragen herunter, während der obere Teil nur aus der fettigen Haarsträhne zu bestehen schien, die schräg an der fliehenden Stirn klebte. Genau in der Mitte zwischen Stirn und Unterkiefer hob sich scharf das kleine Quadrat des gestutzten Schnauzbärtchens ab.

Der Führer warf zunächst einen prüfenden Blick über den ganzen Tisch, dann beugte er sich plötzlich nach vorn und öffnete die Arme wie eine riesige Spinne, um die richtige Stellung für den Stoß zu finden. Ein kurzes Zucken mit dem Schnauzbart, und schon schoss das Queue gegen den Ball vor, trieb ihn zu kühnem Lauf über drei Seiten, doch ohne Ergebnis. Enttäuscht sog er geräuschvoll die Luft ein, blinzelte und runzelte die Brauen. Dann verschwanden zuerst die linke Hand, dann die rechte mitsamt dem Queue und schließlich der schmächtige Körper im Dunkeln. Als Letztes war der Kopf zu sehen. Der Führer schüttelte ihn ärgerlich, wodurch die von Brillantine glänzende Haarsträhne leicht ins Zittern geriet.

Schon war sein Gegner zur Stelle. *Er* tauchte im Lichtkreis auf, als habe *Er* das gewohnte Zögern abgelegt. Sofort entdeckte *Sein* Blick in dem chaotischen Bild der Bälle die zwei, die *Er* gebrauchen konnte. Eine Hand wurde fest auf das Tuch aufgesetzt, die andere fand im Augenblick den für den Stoß erforderlichen Winkel. Das Queue fühlte sich jetzt irgendwie anders an, bald leichter, bald schwerer, als ob sich darin etwas Lebendiges bewegte, das sich nur *Ihm* allein unterwarf. Nach zwei kurzen zielenden Bewegungen stieß *Er* zu – exakt um Haaresbreite oberhalb der Mitte. Ein schöner, starker Schlag: Der Ball schoss über den Tisch wie ein Projektil, traf den Zielball, sprang von der rechten Bande und danach der linken zurück, berührte dabei noch mehrere Bälle, verlor an Tempo und blieb schließlich kaum eine halbe Handbreit vor dem Loch liegen.

Am Tischrand schob sich bereits das Gesicht des Führers entlang. Er ging in die Hocke, drückte den Schnauzbart gegen den Rahmen, legte seine beachtliche Nase darauf und bewegte sich langsam hin und her, um den besten Winkel für seinen Stoß zu finden. Die Nasenflügel bewegten sich, als ob er an dem lackierten Holz schnuppern wollte. Dabei hinterließ er auf dem gemaserten Eschenholz eine feuchte Spur, die von der Wärme der Lampe allerdings rasch getilgt wurde. Als er die gesuchte Position gefunden hatte, kroch der Führer förmlich über den Tisch, legte die Brust und das unter dem Tweed-Jackett deutlich hervortretende Bäuchlein darauf, streckte die Ellenbogen in die Höhe und führte mit aller Kraft einen Stoß gegen den Ball, den sein Gegner vor einer Minute hatte liegen lassen.

»Dieser Schurke!«, entfuhr es dem auf Russisch.

»Verflucht! Was für 'ne Schweinerei!«, schimpfte der Führer seinerseits auf Deutsch. Den Ball, der ihm praktisch in den Schoß gefallen war, konnte er nicht einlochen. Aus günstiger Position ungeschickt gestoßen, prallte er von der Bande ab und rollte in die Mitte des Feldes.

Fehler des Gegners auszunutzen – dagegen konnte man eigentlich nichts einwenden. Spiel ist Spiel. Jetzt entschied sich der erste Mann der Sowjetunion dafür, die beiden Bälle Nummer fünf und sieben zu spielen, die fast von Anfang an vor den Ecklöchern lagen, aber bisher von beiden Rivalen nicht beachtet worden waren. Liebevoll strich *Er* mit den Fingern über das Queue, ließ den Oberkörper auf das warme Wolltuch sinken, atmete tief ein, langsam wieder aus, wartete noch eine Sekunde und stieß dann so rasch und hart gegen den Ball vor, dass *Er* selbst nicht wusste, ob *Sein* Arm oder das Queue den Schlag geführt hatte. Treffer! *Sein* zweiter in dieser Partie.

Dem folgte der dritte. Es wäre eine Schande gewesen, hätte *Er* den zweiten so günstig vorgelegten Ball nicht auch noch getroffen. Den vierten schoss *Er* auf lange Distanz über den ganzen Tisch. *Er* tat es auf der einzigen Linie, wo das möglich war, ohne dass er andere Bälle berührte. *Er* traf den Zielball – wobei *Ihm* schien, er hätte sogar ein paar bläuliche Funken geschlagen –, der in das mittlere Loch sauste, während *Sein* Spielball das Eckloch traf. Zwei Treffer mit einem Stoß! Nun stand es fünf zu fünf.

»Ist das klar, du Hund?«, murmelte *Er* dabei, überzeugt, dass der Führer das auch ohne Übersetzung verstand.

Der hatte die ganze Zeit am Tischrand gehockt, die Nase

auf dem Rahmen, und war mit seinen grauen wässrigen Äuglein den hin und her rollenden Bällen gefolgt. Bei jedem Treffer des Gegners entfuhr ihm ein leiser Quiekser, als hätte das Queue nicht die Bälle, sondern seinen Kopf getroffen.

Als er endlich wieder an der Reihe war, sprang er freudig auf, dass die Haarsträhne hüpfte. Mit vor Aufregung offen stehendem Mund wischte er seine feuchten Handflächen ausgiebig an dem Tuch ab, was auf der grünen Fläche lange dunkle Streifen hinterließ. Dann, die Zungenspitze zwischen den Zähnen, bearbeitete er das Ende des Queues mit Kreide, was an Stirn und Kinn weiße Spuren hinterließ. Völlig geistesabwesend steckte er das Stück Kreide nicht in seine Tasche, sondern in den Mund, bemerkte es nicht, schob es, in tiefes Nachdenken versunken, hin und her, als lutsche er ein Karamellbonbon, überschaute dabei die Lage auf dem Tisch, verschluckte die Kreide unzerkaut und lächelte zufrieden: Er hatte die Möglichkeit für einen Schnittstoß entdeckt.

Der Führer schwang sein krummes Bein in einer wollenen Gamasche auf den Tisch, wobei es seinem Gegner schien, dass es von der Sohle seines klobigen Schuhs eindeutig nach Kot roch, und setzte sich rittlings auf die Bande. Den Oberkörper platzierte er daneben, legte sich mit Bauch, Brust und Kinn auf das grüne Tuch, schurrte mit dem Tweed und klapperte mit den Knöpfen auf dem hölzernen Rahmen. Dann spreizte er die Ellenbogen, schob das Queue zielend vor und summte dabei die Schlagermelodie:

»Ein Freund, ein guter Freund – das ist das Schönste, was es gibt auf der Welt …«

Die außerordentlichen Vorbereitungen halfen nichts: Statt eines Stoßes glitt die Spitze des Queues nur leicht über die Oberfläche des Balls, der Führer hatte peinlich gepatzt. Als er sah, was passiert war, jaulte er auf wie ein Schlosshund, schlug seine Fingernägel in das Tuch, zerrte grüne Fasern heraus und strampelte mit den Beinen. Da bohrte ihm sein Gegner die Spitze seines Queues in den zappelnden Leib und stieß ihn vom Tisch. Und begann, ohne auf das Kläffen von unten zu achten, das Spielfeld von den Bällen zu leeren.

Mit einem geschickten Stoß von oben trennte *Er* zwei dicht beieinanderliegende Bälle, von denen der eine sofort in ein Loch rollte. Exakt beförderte *Er* den anderen in die ferne Ecke. Ach, hätte diesen brillanten Stoß doch *Sein* gestrenger Lehrer Tschemodanow sehen können! Ebenso gut war *Er* auf die kurze Distanz: Es war einfach genial, wie *Er* sich die restlichen Bälle für weitere Stöße zurechtlegte.

Genauso entschlossen war *Er* damals, 1933, gegen den Führer bei der Unterbindung von dessen verleumderischer »Hungerkampagne« vorgegangen. Als Antwort auf die verlogenen Heftchen der Deutschen hatte *Er* eine eigene Broschüre »Brüder in Not? Stimmen von Sowjetdeutschen« herausgeben lassen (Treffer!). Auf den ersten Seiten der Zeitungen erschienen überzeugende Beweise dafür, dass es in der UdSSR keinen Hunger gab: Reportagen über die öffentliche Vernichtung von Lebensmittelpaketen der Verwandten von Sowjetdeutschen im Ausland, die von Zeit zu Zeit trotz allem ins Wolgagebiet gelangten, zahlreiche Briefe von Sowjetdeutschen mit dem Angebot, hungernde Kinder aus Deutschland »zum Herausfüttern« bei sich aufzunehmen; ein Brief der Kolchosbauern an den deutschen Konsul in Sibirien, Herrn Großkopf, die ihnen zugesandte materielle Hilfe zurückzunehmen und an die »hungernden Bürger des faschistischen Deutschlands« zu schicken (Treffer! Treffer! Treffer!). Berlin wehrte sich träge, versuchte immer wieder das Thema der »Brüder« in Russland ins Spiel zu bringen, aber inzwischen hatte Moskau die Initiative in der Hand. Im Herbst 1934 trat die Direktive des ZK der KPdSU (B) »Gegen die faschistische Hilfe« in Kraft. Damit wurde ein verstärkter Kampf gegen deutschen Nationalismus und gegen faschistische Elemente in den deutschen Dörfern aufgenommen. Das war im Grunde ein gewaltiger Kulturkampf: In den Schulen und Hochschulen wurde statt des Deutschen der durchgängige Unterricht in russischer Sprache eingeführt und die Kampagne der Verwurzelung eingestellt. (Treffer! Treffer! Treffer!) Die deutschen Konsulate beendeten die gezielte materielle Hilfe für einzelne Sowjetdeutsche. Personen, die man beim Organisieren von »Hitlers Hilfe« ertappte, wurden festgenommen.

Die zitternde Haarsträhne tauchte jetzt am hinteren Rand des Tisches auf. Krumme Finger krochen über das grüne Tuch – der Führer versuchte heimlich einen Ball vom Feld zu entwenden. Da holte sein Gegner mit dem Queue aus wie mit einem Schwert und ließ es mit aller Kraft auf die über das grüne Tuch hängende Nase niedersausen. Blut spritzte, der Führer schrie so durchdringend auf, dass fast die Glühlampen geplatzt wären, und verschwand, sich klagend um seinen sofort anschwellenden Zinken drehend, unter dem Tisch. Schade, dass *Er* ihn nicht abgeschlagen hatte, dachte der Gegner bei sich.

Er wandte sich wieder dem Tisch zu und spielte die letzten drei Bälle – brillant, hätte Tschemodanow dazu gesagt. Einen schickte *Er* mit einem langen Stoß längs der Bande ins Loch. Den zweiten mit einem kurzen Stoß samt Abprall. Und den letzten durch ein Triplet: Der schlug an der

Bande erst rechts und dann links an, bevor er ins Loch fiel. Partie beendet!

Im Billardzimmer war es still geworden. Hin und wieder knisterte eine Glühlampe. Langsam kroch Tschemodanow unter dem Tisch hervor. Immer noch auf den Knien, betastete er seine blutige Nase und schaute sich um. Im Zimmer war niemand. Auf dem leeren, hell erleuchteten Tisch lagen zwei Queues kreuzweise übereinander. Die Nasenwurzel schmerzte unerträglich, möglicherweise war das Nasenbein gebrochen. Doch Tschemodanow konnte sich ein glückliches Lächeln nicht verkneifen. Zum ersten Mal seit sieben Jahren regulären Unterrichts war sein Schüler heute aus sich herausgegangen. Warum es gerade bei einer Partie geschehen war, die so unglücklich begonnen hatte und keinerlei Überraschungen versprach, konnte Tschemodanow nicht verstehen. Er wusste nur: Wenn ein Billardspieler diesen Rausch einmal erlebt hatte, konnte er nicht mehr davon lassen. Von nun an würde er immer besser spielen und sich über seine raschen Fortschritte wundern. Jetzt begann für ihn eine ganz andere Art des Spiels.

Und Tschemodanow lächelte im Dunkeln glücklich in sich hinein.

Die Kinder

26

Die Kinder kamen nicht zurück – weder am nächsten noch am übernächsten Tag. Auch Bachs Empfindungen kehrten nicht wieder. Sie lebten noch in seinem alternden Körper, aber auf seltsame Weise, getrennt von ihm und völlig losgelöst von den Vorgängen um ihn herum. In seinen Ohren pfiff unaufhörlich ein Wind, dabei war das Wetter an diesem Tag windstill. Doch vielleicht war es dort windig, wo sich Annchen jetzt aufhielt? Gerüche stiegen ihm in die Nase – fremde, abstoßende: Aus allen Ecken des Hauses stank es nach muffigem Tabak und Kohlenstaub. Wenn er die Hände vors Gesicht hielt, dann rochen sie nach Karbol, und seine Kleidung roch nach ungewaschenem Körper. Ob Karbolseife, Kohlenstaub und Schweiß jetzt Annchen riechen musste? Alles, was die Zunge berührte – ein Apfel, der Handrücken, die eigenen Lippen –, trug einen unerträglichen Brandgeruch. Geruch, Gehör und Geschmack verrieten Bach, so wie die geliebte Tochter ihn verraten hatte. Zwar verbot er sich, das Wort »Verrat« zu benutzen, aber es drängte sich ihm immer wieder auf. Allein der Gesichtssinn blieb seinem Besitzer treu und zeigte ihm die Welt ohne Verzerrungen.

Den ersten Tag ohne die Kinder saß er am Ufer, schaute auf die graue, leicht gekräuselte Wasserfläche und lauschte dem Pfeifen des Windes in seinem Kopf. Das Versagen seiner Empfindungen mochte auch von Vorteil sein: Zwar fielen ihm Regentropfen auf Gesicht und Kleidung, doch seine Haut spürte die Nässe nicht, und sie war ihm nicht unangenehm, weder am Tag noch in der darauf folgenden kühlen Nacht.

Am zweiten Tag stellte Bach fest, dass sein Blick immer wieder an dem lädierten Boot hängen blieb, das vor ihm am Ufer lag und die mit dem Beil beschädigte Seite in den Regen hielt.

Am dritten Tag holte sich Bach Werkzeug und ging daran, den Schaden an dem Boot zu beheben.

Zwei Tage lang sägte, flickte und schmirgelte er. Klebte und teerte, füllte Lücken mit Sägespänen und klebte erneut. Trocknete das Boot am Feuer, nachdem er über seinem Arbeitsplatz eine Filzdecke aufgespannt hatte. Inzwischen regnete es zwar nicht mehr, aber unter den tief hängenden Wolken war es immer noch feucht. Beim Arbeiten musste er vorsichtig sein: Leicht konnten die gefühllosen Finger aus Versehen unter die Schneide der Axt oder in den kochenden Teer geraten. Als am fünften Tag eine trübe Sonne durch die grauen Wolken blinzelte, setzte sich Bach in das geflickte Boot und machte sich auf die Suche nach Annchen.

Der kleine Kahn roch nicht nach Rauch, sondern nach nassem Eisen und Rost, die Wellen nach saurem Kupfer und Vitriol. Das Heulen des Windes in seinem Kopf wurde so stark, dass er sich am liebsten die Ohren zugehalten hätte. Manchmal drangen durch den imaginären Wind auch Laute der realen Welt – die Schreie der Möwen über den Wellen oder das Quietschen der Rudergabeln. Bald konnte Bach zwischen eingebildeten und echten Geräuschen nicht mehr unterscheiden. Das störte ihn nicht und hinderte ihn nicht daran, auf Pokrowsk zuzuhalten.

Was er tun würde, wenn er Annchen wiedersah, wusste Bach nicht. Sollte er sie scharf anknurren und ihr zu verstehen geben, sie möge nach Hause zurückkehren? Sie zwingen, sich ihrer beider Sprache der Atemzüge und Bewegungen zu erinnern, und ihr in Gedanken befehlen: »Komm mit«? Vor allem fürchtete er, dass er sich nicht in der Gewalt haben, sie beim Arm packen und zum Boot zerren oder ihr eine Ohrfeige verpassen könnte.

Dann überkam ihn die Hoffnung, dass der unerträgliche Schmerz ihm vielleicht die vor Jahren verstummte Zunge löste. Dass er einfach sagen würde: »Komm zurück!« Wenn auch mühsam lallend und in einer Sprache, die Annchen nicht verstand. Worte sind manchmal stärker als Hände. Vielleicht gelang es Bach ja auf diese Weise, sein Mädchen umzustimmen.

Er zog die Ruder ein und trommelte mit den Fingern gegen die Lippen. Nicht sehr stark, nur um den starren Mund ein wenig weich zu klopfen. Dann öffnete er ihn weit und immer weiter, aber es kam nur ein Heulen heraus. Nun packte er die Zunge mit den Fingern und zog sie heraus, so weit er konnte, als wollte er sie sich aus dem Rachen reißen. Aber es half nichts, seiner Kehle entrang sich ein Blöken, tief und langgezogen wie von einem aufgeregten Hammel. Verzweifelt schlug er sich mit der flachen Hand ins Gesicht – einmal, zweimal … Aus den Lippen sickerte es warm und klebrig, doch er wischte es nicht einmal ab.

Gegen Mittag erreichte er Pokrowsk. Er verbarg das Boot im Schilf und machte sich über ein Netz von Uferwegen auf zur Stadt. Er ging schnell, nicht weil er sich auskannte, sondern von wachsender Erregung getrieben.

Die Wege unter seinen Füßen waren vom Regen aufgeweicht, die Stämme der Espen und Ahornbäume dunkel vor Feuchtigkeit, doch Bach schien es, als hänge ein erstickender Brandgeruch in der Luft. Aus den Büschen am Ufer roch es nach versengter Wolle, vom Fluss her nach verbranntem Kartoffelkraut. Er brauchte nur den Mund zu öffnen und spürte, wie ihm Rauch in die Kehle stieg, wie es auf Zunge und Gaumen bitter schmeckte. In seinen Ohren rauschte immer noch Wind, obwohl die Zweige der Bäume und das Schilf am Ufer sich kein bisschen bewegten.

Nach dem Weg fragen konnte Bach nicht und wollte er wohl auch nicht. Er beschloss, einfach kreuz und quer durch Pokrowsk zu laufen. Bis zum Abend war Zeit genug, und das Kinderheim zu finden schien ihm nicht allzu schwierig zu sein.

Seit fünf oder sechs Jahren war Bach nicht mehr unter Menschen gewesen. Wäre es nach ihm gegangen, hätte er sich sofort unsichtbar gemacht wie eine Maus, um unbemerkt über die Erde zu huschen, so entwöhnt war er fremden Blicken und der vielköpfigen Menschenmenge. Bald zeigte sich jedoch, dass er keinerlei Aufmerksamkeit erregte. Die Menschen waren nicht neugierig, ihre Blicke konzentriert und nach unten gerichtet, ihre Bewegungen knapp und schnell. Irgendwie erinnerten sie selbst an Mäuse, huschten eilig aus Haustüren und -toren, wichen den Blicken anderer aus. Auch waren die meisten stumm wie Fische. Kein einziges Mal bemerkte Bach, dass Vorübergehende ein paar Worte miteinander wechselten.

Statt der Menschen sprachen die Losungen, von denen es ungewöhnlich viele gab. Von jedem Haus, jedem Torflügel und jedem Laternenpfahl schrien Großbuchstaben, die mit Farbe auf Stofffetzen gemalt waren, ihnen folgten Frage- und Ausrufungszeichen. Überall hingen Agitationsplakate. Die Strommasten waren mit Losungen umwunden, sie prangten auf Autokarossen und an den Kutschböcken vorüberfahrender Bauernwagen. Bach entzifferte mit

Mühe die ihm ungewohnten russischen Buchstaben und verstand nur wenige gelesene Wörter.

»Wir schaffen!«, wurde da erklärt. »Wir stärken!«, »Wir bauen!«.

»Wir schlagen!«, drohten andere. »Wir zerschmettern!«, »Wir vernichten!«.

»Mit dem eisernen Besen!«, verkündeten dritte. »Mit der Faust!«, »Mit dem Stiefel!«.

Von den vielen Drohungen völlig verwirrt, wollte sich Bach in einen Hauseingang zurückziehen. Aber da befahl ein Plakat am nächsten Baum: »Vorwärts, Genosse!« Und Bach ging weiter.

Lange lief er so durch die Stadt. In östlicher Richtung bis zum Stadtrand, dann die nächste Straße nach Westen, die folgende wieder nach Osten. Die Häuser ragten wie Felsen vor ihm auf. Ströme von mäuse- und fischähnlichen Bürgern flossen vorüber. Von überall her roch es nach kochendem Teer, und in seinen Ohren pfiff immer noch der Wind. Manchmal drangen andere Geräusche durch – klappernde Hufe, stotternde Automotoren, kreischende Bremsen und quietschende Wagenfedern. Bach kümmerte sich nicht darum, er konzentrierte sich auf Fassaden und Eingangstore, um nicht an dem Kinderheim vorbeizulaufen. Doch seine Sorge erwies sich als unbegründet.

Die zweistöckige Villa aus dunkelrotem Backstein mit den weiß gestrichenen halbrunden Fensterrahmen, mit weißen Vasen in den Mauernischen, mit putzigen Türmchen an den Dachfirsten und einem schmiedeeisernen Balkon über der Eingangstür konnte man gar nicht übersehen. Und das nicht wegen des aufgeputzten Äußeren, sondern wegen der Gesichter, die aus den Fenstern schauten. Diese Kinder wirkten so froh und lebhaft, unterschieden sich so sehr von den erstarrten Masken der Erwachsenen, dass Bach augenblicklich klar war: Er hatte sein Ziel erreicht. Ohne sich mit dem Lesen des Spruchbandes über dem Eingang – »Kinderheim Clara Zetkin« – aufzuhalten, öffnete er die Tür und ging hinein.

Der Brandgeruch, die Geräusche in den Ohren und der bittere Geschmack im Mund waren mit einem Schlag verschwunden. Annchen musste hier ganz in der Nähe sein.

In dem Haus roch es nach Milchbrei und gebügelter Wäsche. Bach stand in einer kleinen Diele und wusste nicht, wohin. Seine Gestalt bildete den einzigen Fixpunkt, denn alles Übrige in diesem Hause schien in ständiger Bewegung zu sein. Vom Klang der Schritte im Obergeschoss zitterte die von der Decke herabhängende Glühlampe und verteilte nach allen Seiten gelbe Lichtreflexe. Die Türen, die nicht verschlossen, sondern nur angelehnt waren, öffneten sich unablässig, klingende Stimmen und Liedfetzen oder auch die Bewohner selbst strömten daraus hervor. Die Kinder, einheitlich in graues Nessel gekleidet und alle, Jungen wie Mädchen, mit kahl geschorenen Köpfen, liefen geschäftig hin und her, die Holztreppe mit den ausgetretenen, quietschenden Stufen hinauf und hinunter. Hinauf trugen sie gefüllte Wassereimer, Rollen Papier, einen mit bunten Bändern geschmückten Besen, eine Leiter, Stapel von Büchern, einen rostigen Samowar, eine Schreibmaschine, einen Autoreifen, einen ausgestopften Bären, dessen Fell vom Alter schon kahle Stellen hatte, der aber immer noch recht bedrohlich wirkte. Die Treppe hinunter trugen sie Stapel von Kleidung, eine alte Posaune, eine zerbrochene Staffelei, Zügel und ein bemaltes Halfter, ein rotes Transparent, von dem noch die frische Farbe tropfte, Arme voller getrockneter Blumen und Ähren, dazu schon wieder den ausgestopften Bären. Sie lachten, stießen in der Eile zusammen und lachten wieder.

Erwachsene waren nicht zu sehen.

Bach ging durch das lachende Haus, schaute in jede Tür und suchte Annchen. Er kam in den Schlafsaal mit Reihen gleicher schmaler Betten, wo Vorschulkinder Scherzliedchen pfiffen und sangen. Er sah den Speiseraum mit Reihen gleicher Blechschüsseln auf den Tischen, wo ältere Kinder Ziehharmonika spielten und Pioniermärsche einübten. Dann kam er in die Bibliothek mit Regalen voller Bücher bis unter die Decke. Er sah das Waschhaus mit einer riesigen Eisenwanne und kochenden Wäschekesseln. Und erst in einem großen Unterrichtsraum des Obergeschosses entdeckte er endlich sein Mädchen.

Dort lief gerade die Probe eines Theaterstücks. Schulbänke und Stühle hatte man in Richtung Tür geschoben, und in dem freien Raum vor der Wandtafel, die noch mit Resten von Buchstaben und Zahlen bedeckt war, wurde gespielt. Annchen in einem langen »altmodischen« Kleid, das aus Zeitungen gemacht war, und mit einer dazu passenden Haube stand neben zwei großen Körben voller Äpfel und hielt einen dürren Jungen, ebenfalls in einem Kostüm aus Zeitungspapier, fest beim Arm gepackt. Sie rief voller Zorn etwas und stieß Wassja (der mit einem angeklebten Bart aus Hanf und mit schwarzem Pappzylinder kaum zu erkennen war) verächtlich von sich fort. Die Masse – ebenfalls in verschiedenfarbigen »alten« Kostümen – lärmte zustimmend und drohte Wassja mit den Fäusten.

Dem Regisseur, einem hoch aufgeschossenen Zwölfjährigen, sagte die Szene überhaupt nicht zu. Er lief zwischen den Schauspielern hin und her, schnitt tierische Grimassen und machte vor, wie sie lärmen und drohen sollten. Die Episode wurde wieder und wieder geübt.

Bach ließ sich auf einem Stuhl an der Tür nieder und beobachtete, von einem Stapel Schulbänke verdeckt, sein Annchen. Sie bewegte sich, lächelte ihrem dürren Partner und den anderen Kindern zu, sprach ihren Text, starrte Wassja böse an, und das alles mit so aufrichtiger Begeisterung, dass es Bach unmöglich war, diese freudvolle Beschäftigung zu unterbrechen.

Wie hatte sich Annchen in diesen wenigen Tagen verändert! Nie hatte Bach ihr Gesicht so beseelt und ihre Augen so strahlend gesehen. Ihren Mund umspielte unablässig ein ungewolltes Lächeln, und Annchen musste ständig die Lippen zusammenpressen, um ihm die erforderliche Strenge zu verleihen. Das papierne Kostüm stand ihr erstaunlich gut und machte sie sehr erwachsen. Über ihre Brust, ihre Schultern, um den Rocksaum und um den Rand der Haube liefen große Schlagzeilen. Aus der Ferne konnte er sie nicht entziffern, er sah nur die vielen Ausrufungs- und Fragezeichen, die über das ganze Kostüm verstreut waren.

Plötzlich hieb Annchen im Eifer des Spiels mitten im Satz mit der Faust gegen Wassjas Zylinder. Der fiel zu Boden und entblößte den kahl geschorenen Kopf des Jungen. Die Masse starrte wie gebannt. Doch ehe sie weiterspielen konnten, riss Wassja Annchen rachsüchtig die papierne Haube herunter. Auch ihr Kopf war kahl geschoren. Die perlmuttfarbene Haut mit einem Schimmer von Blau lugte zart durch den blonden Flaum, der an den Schläfen und über der Stirn schon nachgewachsen war. Wassja und Annchen lachten sich halb tot, die Statisten waren begeistert; nur der Regisseur brüllte alle an und rollte hoffnungslos die Augen.

Bei dem Trubel erhob sich Bach geräuschlos von seinem Stuhl und zog sich zurück. Er lief den Gang entlang und die Treppe hinunter. Von der Glühlampe geblendet, suchte er blinzelnd nach dem Ausgang. Er taumelte auf die Straße voller Brandgeruch hinaus, tat ein paar unsichere Schritte und lehnte sich, das Gesicht zur Wand, an die nächste Hausecke.

Lange stand er dort, die Wangen an den rauen Backstein gedrückt, und lauschte dem Wind in seinem Kopf. Er musste etwas tun, die Beine bewegen, die Arme schwingen, weitergehen, blinzeln, atmen, nachdenken ... Letzteres fiel ihm besonders schwer. Gedankenfetzen gingen ihm durch den Sinn und verschwanden wieder; sie gehorchten seinem Willen nicht mehr.

Was blieb ihm jetzt? Einzig und allein, seine Kinder zu lieben. Aus der Ferne, ohne sie zu sehen. Die Kinder, die noch nie seine Stimme gehört hatten und sie wohl kaum je zu hören bekämen. Die sich in einer anderen Sprache verständigten. Die bereit waren, ihn zu verlassen, zu vergessen und zu verraten. Diese merkwürdigen, fremden Kinder, die er aus unerfindlichem Grund immer noch für seine eigenen hielt.

Die Äpfel in den Körben waren künstlich, aus bemaltem Pappmaché gemacht ...

Was blieb ihm noch? Zu glauben, dass alles nicht umsonst gewesen war. Die Märchen, die er geschrieben, die Kinder, die er aufgezogen, die Äpfel, die er gezüchtet hatte.

Wie leid tat es ihm um Annchens abgeschnittene Locken! Hatte man sie wirklich auf den schmutzigen, kalten Fußboden fallen lassen? Sie und das Haar der anderen Kinder mit einem groben Besen hinausgefegt? Waren sie etwa zusammen mit faulem Abfall und Schmutz in einer Müllgrube gelandet?

Eigentlich ist es nicht schön, dass die Äpfel im Theaterstück künstlich sind. Nicht richtig ...

Wie gern wäre er jetzt für immer hier geblieben – als Staub auf den kühlen Ziegeln, als Erde auf den Steinen des Fundaments.

Vielleicht konnte er sich im Kinderheim als Hofkehrer anstellen lassen. Nur für das Essen. Auf einer Bank im Waschhaus oder auf zusammengeschobenen Stühlen im Klassenraum schlafen, wenn es für den Hofkehrer im Haus kein Kämmerchen gab …

Ein Glück, dass Annchen Wassja an ihrer Seite hatte. Er konnte sie schützen, wahrscheinlich besser als Bach. Zweifellos besser, denn er hatte nie jemanden schützen können …

Man musste den Kindern echte Äpfel bringen. Die konnten sie für das Theaterstück benutzen und hinterher aufessen. Alle, nicht nur Annchen und Wassja, sondern auch der dünne Junge im Papierkostüm und der hoch aufgeschossene Regisseur …

Die törichte Idee von den Äpfeln kreiste aufdringlich in seinem Kopf herum und verdrängte nach und nach alles andere. Das kam ihm gerade recht: Es war einfacher, einen dummen Gedanken zu haben als ein Dutzend. Er unterwarf sich diesem Gedanken, löste das Gesicht von der Hauswand, wischte sich den Ziegelstaub von den Wangen und trollte sich zum Ufer. Er wollte zum Gehöft zurückfahren und am nächsten Tag wiederkommen – mit Äpfeln.

Im Unterrichtsraum probte man weiter. Zum zehnten Mal an diesem Tag gingen sie bereits die Schlussszene durch. Die Geduld der Schauspieler war erschöpft, alle sehnten sich nach dem Klingelzeichen, das zum Mittagessen rief. Nur der Regisseur hatte noch Elan und Enthusiasmus. Ihn interessierte überhaupt nicht, dass wunderbarer Milchreis, mit ein wenig Wasser gestreckt, gerade in der Küche auf kleiner Flamme gar köchelte.

»Nur Geduld!«, rief Wassja in tragischem Ton und streckte den anderen Beteiligten seine gespreizten Hände entgegen. Aus seinem Hanfbart tropfte der Schweiß, Kinn und Nacken juckten unerträglich, ebenso der Hinterkopf, den der Kartonzylinder drückte. »O meine geliebte Tochter! Wie glücklich bin ich, dass ich dich wiederhabe! Erlaube mir, dass ich für dich sorge, damit du nie wieder Unglück und Entbehrungen erleiden musst!«

»Nein, Vater!«, gab Annchen unter ihrer in die Stirn gerutschten Papierhaube mit finsterem Blick zurück. Die Kopfbedeckung hätte sie natürlich zurechtrücken können, aber diese eigenmächtige Geste hätte zweifellos einen weiteren Durchlauf der ganzen Szene zur Folge gehabt. »Ich kann jetzt selbst für mich sorgen.«

»Dann erlaube mir wenigstens, einen würdigen Ehemann für dich zu finden!« Wassja riss die Augen auf und ließ den Blick über die Masse gleiten, als suche er bereits nach einem passenden Schwiegersohn. »Der Herrscher dieses Landes wäre glücklich, unser Verwandter zu werden.« Selbstzufrieden klopfte sich Wassja auf den mageren Bauch, den er hervorstreckte, so gut es ging, und bleckte die Zähne. »Auf dich wartet ein sorgenfreies Leben bis ins hohe Alter.«

»Nein, Vater!«, rief Annchen erneut aus und stampfte mit dem Fuß auf. Bei früheren Proben hatte sie Wassja sogar mit der Faust vor die Brust gestoßen, aber dann wurde beschlossen, bei der Aufführung auf Gewalt zu verzichten. »Ich will nichts von dir! Ich werde allein von meiner Arbeit und nur gemeinsam mit meinem geliebten Lehrer leben.« Mit aller Kraft drückte sie den Arm ihres Partners im Papieranzug und riss ihn nach oben, als erkläre sie ihn zum Sieger in einem Boxkampf. Ihrem schwächlichen Partner entrang sich bei dieser Geste jedes Mal ein kleiner Schrei, entweder vor Begeisterung oder weil sie ihm wehtat. »Er wird die Kinder unterrichten, und ich werde Äpfel züchten!«

»U-u-u!«, ächzte da Wassja, als hätte er einen Faustschlag unter die Gürtellinie bekommen. Dann griff er sich an den Hals, als wollte er sich selbst würgen, und brach zusammen. Der Regisseur hatte ihm schon mehrfach befohlen, sich nicht an den Hals, sondern ans Herz zu fassen, aber eine derart platte Theatralik war Wassja zuwider, und er blieb dabei, mit seinen Fingern den dürren Hals zu umklammern.

Das Sterben gelang Wassja am besten. Unendlich lange konnte er krächzen, seine Augen hervortreten lassen und sich in Todeskrämpfen am Boden wälzen. Schade, dass auf Anweisung des Regisseurs die Masse den Bourgeois als Vater bald verdeckte und den Schlussgesang anstimmte. Das gelang bei dieser Probe nicht mehr. Es klingelte, die Kinder warfen die Requisiten von sich und rannten zum Speiseraum.

27

Von nun an fuhr Bach einmal in der Woche am Sonntag nach Pokrowsk. Bei einem seiner ersten Besuche hatte er Papiere auszufüllen. Er gab Annchens Familiennamen und Geburtsjahr sowie den Namen ihrer Mutter – Klara Grimm – an. Das gleiche wollte er auch für Wassja tun, aber das wurde von ihm nicht verlangt.

Wenn er an der Tür des Kinderheims auftauchte, blieb er in der Regel am Eingang stehen und wartete geduldig, bis einer der kleinen Bewohner auf ihn aufmerksam wurde.

»Bach!«, rief dann endlich jemand, der den alten Mann an der Tür gesehen hatte. »Anja! *Deiner* ist da!«

Oder: »Wolgin! Wassja! *Deiner* ist gekommen!«

Bach begriff nicht sofort, dass Wolgin ein Familienname war, den Wassja sich selbst ausgesucht hatte. Offenbar kam man in der Welt ohne Familiennamen nicht aus. Gern hätte er Wassja seinen eigenen gegeben, aber der hatte sich anders entschieden. Und eigentlich war dieser Name das Letzte, das Bach interessierte.

Nun kamen auf den Ruf aus der Tiefe des Hauses die Kinder gelaufen, seine Kinder. Jedes Mal erschienen sie ihm größer, erwachsener. Aus ihren Augen strahlte die Freude über das Wiedersehen, doch sie erlaubten sich kaum, Gefühle zu zeigen. Nach einem neuen, Bach unbekannten Brauch drückten sie ihm die Hand. Er erbebte vor Zärtlichkeit, wenn Annchens warme Finger seine Handfläche berührten. Dann setzten sie sich alle drei auf die Bank neben der Tür.

Wassja erzählte Bach etwas, zeigte ihm Zeichnungen, Lehrbücher oder Hefte mit beschriebenen Seiten. Bach nickte und hörte zu. Es bereitete ihm Freude zu sehen, wie Wassja immer gesetzter und vernünftiger wurde. Wie hatte er sich doch in ihm geirrt: Er hatte nur seine Raubeinigkeit und seinen Eigensinn gesehen, von seinem Herzen und seinem Talent aber nichts bemerkt. Dabei hatte der Junge alles – Einfühlsamkeit, eine ungewöhnliche Begabung für Sprachen und Sehnsucht nach Liebe ... Wassjas Redeweise reinigte sich rasch von allem Hässlichen, näherte sich zunehmend der russischen Literatursprache, und plötzlich begann Bach einzelne Wörter zu verstehen. Noch keine Sätze, nicht einmal Phrasen, aber gewisse Inhalte blieben ihm nach jedem Gespräch im Gedächtnis. Schon zwei, drei verstandene Worte – wie viel bedeuteten sie ihm! Über sie konnte er nachdenken – auf der Rückfahrt zum Gehöft, bei Nacht in dem leeren Haus und die ganze folgende Woche bis zum nächsten Wiedersehen.

Annchen hingegen sprach kaum etwas. Schweigend saß sie auf der Bank, hielt ein wenig Abstand, beobachtete Bach mit gerunzelten Brauen und wandte sich zuweilen gar von ihm ab. Niemand außer Bach bemerkte, dass ihre Finger dabei nach seiner Hand tasteten und sie drückten, nicht so trocken und offiziell wie zur Begrüßung, sondern lange und mit ganzer Kraft. Bach erwiderte den Druck, wagte Annchen aber nicht anzusehen, um sie nicht abzuschrecken. Wahrscheinlich brauchte sie diese Art von Liebkosung und schämte sich zugleich dafür. Und Bach musste mit dieser knappen, versteckten Art von Zärtlichkeit nun wohl vorliebnehmen.

Er brachte den Kindern Nüsse, Trockenfisch oder Mohrrübenmehl. Und Äpfel – tüten-, säcke- und körbeweise, ohne sich darum zu sorgen, dass seine Vorräte bald aufgebraucht sein könnten. Mit dem ewigen Haushalten war es nun vorbei, nicht einmal für den Winter legte er noch Vorräte an. Wie sollte er diese Äpfel für sich aufheben, wenn die Kinder sie jetzt essen konnten? Annchen und Wassja nahmen seine Geschenke entgegen, aber aßen nichts davon sofort auf der Bank neben ihm. Alles Essbare wurde in die Küche gebracht und dort gerecht an alle Kinder verteilt. Bach tat es ein bisschen leid, dass er sie dabei nicht sehen konnte, aber durchs Fenster in den Speiseraum zu schauen, wagte er nicht. Das wäre Annchen und Wassja vielleicht peinlich gewesen. Ihre roten Wangen sagten ihm, dass sie keinen Hunger litten. Und die glänzenden Augen verrieten, dass sie hier glücklich waren.

Ihre Begegnungen waren stets kurz. Wann er bei ihnen auch auftauchte – morgens, mittags oder bei Sonnenuntergang –, immer war im Haus etwas los, immer hatten sie etwas zu tun, was unbedingt ihre Anwesenheit erforderte – lebensgroße Figuren und Transparente für eine Demonstration anzufertigen, im Blasorchester zu proben, einen Literaturwettbewerb zu organisieren, einen Film anzuschauen, beim Zirkel Junger Propagandisten mitzumachen, eine Rundfunksendung zu hören, eine Kinderversammlung vorzubereiten, am OSOAWIACHIM-Zirkel teilzunehmen. Dauernd rief jemand: »Wolgin! Wo steckst du denn?«

»Bach! Komm her! Ohne dich geht es nicht!«

Dann drückten sie ihm zum Abschied eilig die Hand und flatterten davon. Er blieb noch eine Weile auf der Bank sitzen, lauschte dem Rufen und Lachen hinter den vielen Türen, stand schließlich auf und ging.

Die Besuche in Pokrowsk wurden jetzt zum Maß seines Lebens von Sonntag zu Sonntag. Gab es in diesem Leben noch etwas anderes neben den kurzen Minuten, in denen er die Kinder sah? Er hatte den Garten, den er pflegen musste, damit er Früchte trug – für die Kinder. Da war die Wolga, die mit Fischen nicht geizte – für die Kinder. Und Bachs eigener Körper, der in der letzten Zeit stark gealtert war. Seine Haut wurde dunkler und runzliger, legte sich an vielen Stellen in tiefe, schlaffe Falten. Doch eine gewisse Beweglichkeit hatte er sich bewahrt. Sollten ihm die Beine oder der Rücken den Dienst versagen, dann konnte er Annchen und Wassja nicht mehr besuchen. Daher schenkte er seinem eigenen Organismus jetzt wesentlich mehr Aufmerksamkeit, zog sich warm an, deckte sich zur Nacht sorgfältig mit dem Federbett zu und vergaß auch nicht, regelmäßig zu essen.

Die merkwürdigen Geräusche und Gerüche plagten

Bach nicht mehr. Nur manchmal erhob sich in seinem Kopf noch ein imaginärer Sturm, spürte seine Nase noch Brandgeruch. Aber Bach wusste jetzt, was er dagegen tun konnte: Er dachte an die Äpfel. Daran, wie er die größten aussuchte und in einen Korb legte, wie er diesen Korb den Kindern brachte, wie sie hineinbissen, dass es krachte und der Saft spritzte. Dann legte sich der Sturm, und der Brandgeruch wurde von Apfelduft verdrängt. Allerdings konnte er mit der Zeit immer schlechter riechen und hören. Mit dem Sehen und Tasten ging es ihm ebenso. Nach und nach wurde die Welt für ihn leiser, blasser und verschwommener.

Morgens quälten Bach zuweilen falsche Erinnerungen. Er war sich sicher, dass am Abend zuvor, als er bereits die Fensterläden geschlossen und die Lampe zur Nacht gelöscht hatte, an die Tür geklopft wurde. Die Kinder waren zurückgekommen. Sie traten ein, müde vom Weg, hungrig, aber mit einem Lächeln auf den Lippen. Sie schüttelten sich die Regentropfen von den Sachen und liefen zum Ofen, um nach etwas Essbarem zu suchen. Sie schauten so gierig in alle Töpfe und Pfannen, dass ein am Rande schon leicht verbogener Topfdeckel zu Boden fiel und Bach vor die Füße rollte … Die Vernunft sagte Bach, dass dies in Wirklichkeit nicht passiert war, das Gedächtnis hingegen behauptete, es sei so gewesen. Der Streit zwischen Gedächtnis und Vernunft währte nicht lange, und nach ein paar Minuten klärten sich die Dinge. Das Gedächtnis räumte ein: Die Kinder waren nicht zurückgekehrt. Und je mehr Zeit verging, desto gefügiger wurde das Gedächtnis, desto rascher gab es nach.

Was die Kinder getragen hatten (Hosen, Hemden und Kleider), packte Bach zusammen und brachte es ins Internat. Aber Annchen und Wassja nahmen die Sachen nicht an, sie wollten nichts anderes tragen als die für alle gleiche Heimkleidung. Das freute Bach, er nahm alles wieder mit und verteilte es im Haus, legte es über Stuhllehnen, Betten und den Ofen, als lebten die Kinder noch bei ihm.

Die Leere, die in seinem Leben entstanden war, konnte nicht gefüllt werden. Doch Bach gewöhnte sich an sie, wie der Mensch sich an alles gewöhnt – wenn er ein Bein oder einen Arm verliert, wenn die Eltern sterben oder wenn er in der Fremde leben muss. Aus dieser Leere entstand zuweilen ein bisher unbekanntes, aber durchaus angenehmes Gefühl: Wenn er sah, wie sich an den Rundhölzern der Hauswand Schimmel bildete, dann schämte er sich zum ersten Mal nicht mehr dafür, fing nicht gleich an, ihn mit dem Messer abzukratzen und Salz auf die Stelle zu streuen. Wenn das Unkraut im Gemüsegarten wucherte, wenn sich Staub auf den Möbeln sammelte oder er Löcher in seiner Kleidung entdeckte, dann war nur noch Gleichgültigkeit in ihm. Er musste nicht mehr jäten, aufräumen, kochen oder flicken. Er musste nicht in aller Frühe aufstehen und hektische Betriebsamkeit entfalten. Er stand nicht mehr in der Pflicht – für nichts und vor niemandem.

Die Welt schuldete Bach auch nichts mehr. Sie musste ihm nicht Minuten, Stunden und Jahre des Glücks schenken. Begeisterung und Leidenschaft. Eine liebende Frau und liebende Kinder. Das war vorbei. Bach und die Welt waren miteinander im Reinen.

Diesem ihm bisher fremden Gefühl konnte man verschiedene Namen geben: Gleichgültigkeit oder Abstumpfung, plötzliche Seelenkälte, Faulheit oder Altersträgheit. Alles Unwichtige – der Schimmel, das Unkraut, der Staub – trat zurück, fiel von ihm ab, ging über Bord. Das Einzige, das blieb, waren die Kinder. Nur ihnen war er verpflichtet, am Sonntag zu erscheinen, Äpfel zu bringen und ihnen die Hand zu drücken. Die restliche Zeit konnte er unter dem Federbett liegen und auf das nächste Wiedersehen warten.

Und er lag, lauschte dem Flüstern des Regens vor dem Haus und dem Rascheln der Apfelbäume im Garten. Wenn er den grauen Wasserfäden zusah, die über die Fensterscheiben rannen, dann konnte es sein, dass er die Lider schloss, als wollte er zwinkern, und sie erst wieder aufschlug, wenn schon Nacht war. Auch das Umgekehrte konnte geschehen: Er schloss bei Nacht für einen Moment die Augen, doch schon graute der Morgen. Dieser rasche Wechsel von Tag und Nacht durch einen Wimpernschlag hatte sein Gutes: Er half ihm, die Woche leichter zu überstehen und den ersehnten Sonntag näher zu bringen.

Zusammen mit Bach, ebenso langsam und unmerklich, verfiel auch das Gehöft. Wie ein alter Kamerad. Wie ein Bruder. Wie ein Spiegelbild. Diese unaufdringliche Kameradschaft mochte Bach. Sein Leben und das des Anwesens erloschen nach und nach; umso heller und stärker brannte das Lebenslicht der Kinder. Umso richtiger erschien es Bach mit jedem Tag, dass sie von ihm fortgegangen waren.

Eines Nachts wachte Bach davon auf, dass er sich unerwartet leicht fühlte. Sein erster Gedanke war, er sei gestorben. Aber nein: Er spürte Arme und Beine, konnte Finger und Nasenspitze bewegen. Doch seine Glieder waren unvorstellbar leicht, als seien sie mit Luft gefüllt. Ebenso sein Inneres, Hals und Kopf. Ja selbst das Haar schien kein eigenes Gewicht mehr zu haben und ein wenig über dem Kissen zu schweben. Etwas war seinem Körper entwichen, etwas Großes, Fühlbares hatte sich verflüchtigt wie der Schweiß auf der Stirn oder die Luft beim Ausatmen. Er stürzte zur Lampe und zündete die Kerze an. Dann musterte er seinen Körper von den krummen Fußzehen mit den platten Nägeln bis zu den knorrigen Händen mit der faltigen Haut. Der Körper war unverändert, fühlte sich aber anders an.

So hatte in seinem Nacken ein Leben lang etwas gezogen und geklemmt, ihn niedergebeugt, seinen Rücken gerundet und den Kopf zwischen die Schultern gedrückt. Jetzt nicht mehr.

Tief in seinem Bauch hatte ewig etwas gehockt, das Därme, Magen, Leber und Galle zu einem einzigen Knäuel zusammengepresst hatte. Jetzt nicht mehr.

Seine Muskeln, Sehnen und Gelenke hatten oft den Eindruck erweckt, sie seien von Reif bedeckt und eingefroren. Jetzt nicht mehr.

Der Mühlstein um seinen Hals war weg.

Die Eisnadel in seinem Gedärm war fort.

Seine Muskeln waren nicht mehr starr.

Bachs Angst hatte sich verflüchtigt.

All das wurde ihm bewusst, als er in tiefer Nacht beim flackernden Schein der Kerze seinen Körper untersuchte. Jetzt wusste er, dass er weder hartherzige Dorfbewohner noch finstere Kirgisen fürchten musste, keinen Hunger, keinen Krieg und keine umherziehenden Räuber. Weder der Verlust der geliebten Frau noch die Sinnlosigkeit seines Mühens machten ihm noch zu schaffen. Nicht einmal der Weggang der Kinder. Alles war aus und vorbei wie der Sand, den die Wolga fortspült.

Auch die Angst.

Zum ersten Mal nach über fünfzig Lebensjahren.

Bach blies die Kerze aus und blieb noch eine Weile im Dunkeln sitzen. Diese Leichtigkeit des Körpers war ihm so erstaunlich ungewohnt und unbehaglich, dass er lieber einen kleinen Teil der verschwundenen Angst zurückgehabt hätte, um seine inneren Organe und Muskeln ein wenig zu kräftigen, sie wieder zusammenzuführen und dem Organismus wenigstens ein bisschen Gewicht zu verleihen.

Er ging in die Nacht hinaus und öffnete alle Fensterläden. Er setzte sich auf die Vortreppe und betrachtete den trüben Mond, der immer wieder hinter Wolken verschwand. Dann zog er sich wärmer an, schloss die Tür ab und begann durch die Umgebung zu streifen.

Seine Beine, den gewichtslosen Körper nicht gewohnt, gingen immer schneller, jederzeit bereit, in den Laufschritt zu verfallen, doch er bewegte sich bewusst langsamer, denn er wollte dem Wald lauschen. Da es nicht regnete, waren die Laute der Nacht deutlich zu hören: Feuchte Baumstümpfe knarrten, nasses Laub und das Wasser der Pfützen patschten unter den Schuhen, hier und da fielen von den Zweigen dicke Tropfen mit einem lauten Glucksen herunter. Von weit her ließ sich eine traurige Stimme hören. War es ein Vogel? Oder ein anderes Tier? Es war so dunkel, dass man keinen Pfad erkennen konnte. Ob nun die Füße von selbst den rechten Weg fanden oder der Wald sich lichtete, jedenfalls stolperte Bach nicht ein einziges Mal, stürzte nicht und blieb ohne jeden Kratzer.

Als er sah, dass seine Füße ihn zum Steilufer geführt hatten, stieg er zum Fluss hinab. Dort saß er ein Weilchen neben dem Boot und strich über die feuchten Bordwände. Dann schob er es ins Wasser und ruderte nach Gnadental.

Vielleicht hatte sich Gnadental in all diesen Jahren verändert, vielleicht auch nicht. Bach, der sich allmählich an die angenehme Leichtigkeit der Bewegungen gewöhnte, ging durch die Straßen. Aber weder die bekannten Häuser noch der große Platz, wo die Reste der verbrannten Ulmen standen, auch nicht das Haus des Dorfsowjets, wo der schlaflose Hoffmann nächtelang gewacht hatte, lösten in ihm eine Gefühlsregung aus.

Bach durchquerte Gnadental und ging in die Steppe hinaus. Durch das kurze trockene Tal gelangte er zum Soldatenbach. Das Süßholzufer entlang zum Abhang der Drei Ochsen. Durch die Brombeermulde und die Mückensenke zum Mühlenberg und dem Pastorensee, in dessen Nähe das Teufelsgrab lag. Von dort immer weiter in die Steppe hinein.

Die Stängel des Federgrases streiften seine Knie und Waden. Die Beine wurden nicht müde, den Körper zu tragen, sein Rücken war gerade, sein Schritt leicht, der Kopf hoch erhoben. Die Nacht wollte nicht zu Ende gehen, der wolkenverhangene Himmel senkte sich tiefer und tiefer, was ein Gewitter verhieß.

Da bewegte sich vor ihm die Erde und kam ihm entgegen. In derselben Minute sah Bach, dass es nicht die Erde war, sondern ein Wolfsrudel. Er roch es früher, als er die Augen sah, Dutzende Augenpaare, vielleicht gelbe oder auch farblose. Sie umringten ihn und bewegten sich durch ihn hindurch. Die Wolfsrücken streiften seine Hüften, die Schwänze seine Handflächen. Eine Wolke Wolfsatem, hungrig und heiß, drang in Bach ein und verließ ihn wieder. Das Rudel schwebte weiter durch die Steppe. Erneut war er allein und ohne Furcht.

Bach hob das Gesicht. Der ganze Himmel über ihm hatte sich lila gefärbt, in der Luft hing eine solche Spannung, dass ihm schien, ein Wimpernschlag könnte blaue Funken sprühen lassen. Die aufgeblähten Wolken knackten und knisterten, der erste Donner grollte. In einer blitzte es plötzlich schneeweiß auf, es krachte gewaltig, und schon ging auf Bach ein heftiger Regenguss nieder. Das Wasser peitschte seinen Körper, die Beine spürten, wie die Erde bei jedem neuen Donnerschlag erzitterte. Blitze in Gelb, Blau und fast schwarzem Lila schlugen immer öfter und immer näher ein, man glaubte sie mit der Hand greifen zu können.

Doch in Bachs Herz rührte sich nichts, kein Schreck und keine Begeisterung. Gleichmütig und gelassen schaute er auf das Wüten der Elemente.

Angst kannte er nicht mehr.

Bach wandte sich von dem Gewitter ab und kehrte nach Hause zurück.

28

Noch lange nach dieser Nacht versuchte Bach, die verschwundene Angst wiederzufinden. Er ging in den Rinderstall des Kolchos und ließ die wilden Bullen Salz aus seiner Hand lecken. Im Krankenhaus von Pokrowsk suchte er die Typhusbaracke auf und strich den fiebernden Todgeweihten über die Stirn. Er bestieg den Kirchturm von Gnadental, beugte sich weit aus dem Fenster und blickte aus der Vogelschau auf die Erde. Bei alledem verspürte er keinerlei Angst. Sie musste Bach wohl für immer verlassen haben.

Doch fehlende Furcht bedeutete nicht Verwegenheit. An ihre Stelle trat nicht Mut, sondern Abgeklärtheit. Sein nachdenklicher Blick sah vieles besser als zuvor, als habe man von den Gegenständen und Menschen einen Schleier fortgezogen, und erst jetzt konnte Bach sie zum ersten Mal so betrachten, wie sie waren. Grelle Farben und Schattierungen verschwanden, es blieben nur Schwarz und Weiß, nur das Wichtigste, das Wesen der Dinge. Bach sah die Welt nicht nur, er durchschaute sie.

Wenn er jetzt die Passanten auf den Straßen von Pokrowsk erblickte, dann begriff er: Sie schwiegen wie

Fische und huschten hin und her wie Mäuse, nicht weil sie so für ihre Beschäftigung brannten, sich um sie mühten und sorgten, sondern weil sie Angst hatten. Alle fürchteten etwas, liefen vor etwas davon.

Die beiden Masken von Fischen und Mäusen verbreiteten sich rasch, wurden von Mensch zu Mensch weitergegeben wie eine ansteckende Krankheit oder ein böses Gerücht. Die Epidemie erfasste auch Gnadental. Bach war mehrfach dort, und jedes Mal fiel ihm auf, wie sehr die Dorfbewohner sich verändert hatten.

Ihre Gesichter wurden länger und spitzer, die Münder fest zusammengekniffen; die Nasen streckten sich und schienen ständig nach etwas zu schnuppern. Die Augen waren kleiner geworden und flitzten hin und her, die Ohren waren gewachsen. Die Gnadentaler schienen jetzt von kleinerer Gestalt zu sein und kürzere Arme zu haben, die sie ständig an die Brust drückten. Die fleißigen Grass', die geizigen Langes, die gottesfürchtigen Wenders, die kinderreichen Brechts – alle Mäusemenschen vom ergrauten Familienvater bis zum jüngsten Sprössling wirkten jetzt wie Blutsverwandte, wurden einander so ähnlich, dass man sie kaum noch unterscheiden konnte. Sie alle huschten mit einer Geschwindigkeit, die das Auge kaum noch erfasste, von Tor zu Tor und von Tür zu Tür, ohne den Blick zu heben und länger als ein paar Sekunden an einem Ort zu verweilen.

Die Physiognomien anderer Gnadentaler bekamen, im Gegenteil, dicke Backen und erstarrten. Ihre Augen wurden rund und traten hässlich hervor, die Münder schrumpften zu einer dünnen, kaum sichtbaren Falte mit tief nach unten gezogenen Winkeln. Die Lippen öffneten sich nur noch selten, bei manchen schienen sie regelrecht zusammengewachsen zu sein. Die großen Pupillen in den Augäpfeln standen beinahe still, die Bewegungen wurden langsam und gleichmütig. Die einst stets fröhlichen Manns, der Maler Anton Fromm, der Schmied Benz, die hagere Witwe Koch, der Kolchosvorsitzende Dietrich, ja selbst Melonen-Emmy – all diese Fischmenschen schwammen vorsichtig durch die Straßen von Gnadental und nickten kaum zum Gruß mit dem Kopf.

Wovor fürchteten sie sich? Welche Verstörtheit hatte Menschen zu Fischen und Mäusen gemacht? Bach bemühte sich nicht, eine Antwort zu finden, er wusste nur, dass er von dieser Epidemie verschont geblieben war. Ruhig ging er an fremder Angst vorüber wie durch eine seichte Furt und wurde nicht nass dabei.

Nur die Kinder schienen gegen die Epidemie der Angst gefeit, nicht nur Annchen und Wassja, sondern alle Bewohner des Kinderheims – die dünne, braungebrannte Mamlakat, die beim Lächeln ihre schneeweißen Zähne zeigte, der blauäugige Klaus, Lenz mit den starken Augenbrauen, die sommersprossige Manja mit Grübchen in den Wangen, der freche Petja, der dürre Aschat und die winzige Engelsina mit ihren schmalen schwarzen Augen, die wie zwei mit Tusche gezogene Striche wirkten.

Die Kinder hatten vor nichts Angst. In ihren vertrauensvollen Blicken und offenen Gesichtern erkannte Bach die Furchtlosigkeit, die er in Annchens Augen seit ihrer Geburt gesehen hatte. Die Stimmen der Kinder waren voller Glauben und Leidenschaft, ihr Lächeln voller Liebe und Hoffnung. Ihre Bewegungen waren froh und frei, sie trugen diesen Geist auf die Straßen von Pokrowsk, in die engen Räume der Arbeiterklubs, der Theater und Leseräume der Stadt. Die Fisch- und Mäusemienen der Erwachsenen schreckten die Kinder nicht, wahrscheinlich fielen sie ihnen gar nicht auf. Sie schritten durch die Angst anderer wie durch eine flache Furt und blieben trocken dabei.

Die Welt zerfiel in zwei Teile: die der geängstigten Erwachsenen und die der furchtlosen Kinder – sie existierten nebeneinander und überschnitten sich nicht.

Auf unerklärliche Weise zerfiel auch die Zeit. Dem Anschein nach floss sie wie stets von Sonnenaufgang bis Sonnenuntergang, vom Tag zur Nacht dahin. Aber sie hatte einen Bruch erlebt, eine merkwürdige Störung, die alle bemerkten, oder nur Bach allein? Der Herbst nahm kein Ende. Genauer gesagt, sein letzter Monat, der November, wollte dem Winter nicht Platz machen.

Wie sehr sich die Wolga auch mühte, sie konnte sich nicht mit Eis bedecken. Die Wellen plätscherten gegen Sand und Steine der Ufer und führten statt Schaum bereits Eisbrei mit sich. In dem klaren grünen Wasser blitzten Kristalle, schlossen sich zu Blättchen zusammen, tauten und zerfielen aber wieder. Der Eisbrei floss als endloser Strom dahin, so wie am Himmel über ihm die Wolken zogen. Aus denen fiel Regen. Auf dem Weg nach unten wurden aus den Tropfen Schneeflocken, die wieder tauten und als Schneeregen die Erde erreichten, ein von Eiskristallen durchsetzter, der die Gesichter zerkratzte. Der Wind peitschte Bäume und Steine, Steppe und Häuser, wehte unablässig, Tage, Wochen und Monate lang nur aus nördlicher Richtung.

Die allgegenwärtige Feuchtigkeit, die bald zu Raureif erstarrte, doch dann erneut schmolz, kroch über Fenster und Fensterläden, Pfähle und Tore, die Wände von Geflügel- und Schweineställen, über rote und schwarze Tafeln, wo sie die mit Kreide aufgetragenen Ergebnisse des sozialistischen Wettbewerbs löschte. Sie bedeckte die Gesichter der Kolchosbauern, die Hörner der Kolchosschafe und -ziegen, die Leiber von Kühen und Traktoren, die Borsten der Schweine und das Gefieder der Hühner. Sie ließ die Glühlampen in den Häusern erlöschen. Sie kroch ins Heu und knirschte als Eiskristalle zwischen den Zähnen von Kamelen und Pferden. Sie drang selbst in das Gefieder der Möwen ein, die wie Steine in die Wolga fielen, weil sie ihre schweren Körper nicht mehr in der Luft halten konnten.

Bach, der keinen Kalender besaß und es gewohnt war, das Jahr nach dem Wechsel von Hitze und Kälte, Schnee und Gras zu messen, verlor jedes Zeitgefühl. Genauso erging es den Menschen in Gnadental, in Pokrowsk und an der ganzen Wolga. Weihnachten kam heran, das in den Dörfern immer noch insgeheim gefeiert wurde. Dann der Gründungstag der Roten Armee. Der Internationale Frauentag. Das Frühjahr. Doch der November war immer noch nicht zu Ende.

Die Pflüger mit den Fisch- und Mausgesichtern zogen in die vom Regen völlig durchweichte Steppe. Ihre Traktoren, die ohnehin lange schon am Rost litten, der sie zerfraß, blieben in der aufgeweichten Erde stecken, und keine Bemühungen der Mechaniker brachten sie wieder von dort fort. Bald war die Steppe mit Traktorenwracks übersät wie zuvor mit Heuschobern.

Da begannen die Bauern, wie in alter Zeit mit Pferden zu pflügen. Sie versanken im Lehm, schleppten sich dem Pflug hinterher, verloren im Morast ihre Schuhe und rissen sich die nackten Füße am dünnen Eis auf, das immer wieder die Pfützen überzog. Sie pflügten nicht die Erde, sondern einen Eisbrei. Aber sie säten, sie warfen feuchtes Getreide in diesen Brei. Und die Saat ging auf – sie war von weißer Farbe, ergrauten Haaren ähnlich. Doch der November war noch immer nicht zu Ende.

Die Kolchosbauern, blass wegen der ausbleibenden Sonne, mit blaugefrorenen Wangen und von der ständigen Feuchtigkeit runzligen Fingern zogen aus, um die Ernte einzubringen. Da waren Wasser- und Zuckermelonen, groß wie eine Faust, Rüben wie Nüsse, Mohrrüben wie dünne Fäden, Äpfel wie Erbsen. Die Früchte waren alle von gleicher Farbe und Geschmack, der Farbe und dem Geschmack des Wassers.

Der Herbst kam. Erst der September und dann der Oktober. Doch der November war immer noch nicht zu Ende.

Die Zeit des *Ewigen Novembers* war angebrochen.

Bach störten weder der ständig tröpfelnde Regen noch die mit Feuchtigkeit getränkte, trübe Luft, die sich entweder zu weißem Nebel oder zu winzigen Eisnadeln wandelte. Nicht einmal die nassen Füße und die feuchte Kleidung, die selbst an einem heißen Ofen nicht trocken wurde. Bach lebte vor sich hin und bemerkte den November gar nicht.

Das Gehöft versank in Kälte und Feuchtigkeit. Die Stämme der Bauten, schwarzglänzend vor Nässe, trockneten nicht, faulten aber auch nicht. Das Stroh, mit dem das Dach gedeckt war, wurde schwarz und klebrig, doch das Dach blieb dicht. Die Öfen im Haus qualmten und spendeten nur wenig Wärme, funktionierten aber noch. An den Fensterscheiben blieben nasse Blätter kleben, aber ein wenig Licht sickerte durch. Das Unkraut, das den Gemüsegarten überwuchert hatte, bestand nur noch aus braunen Strünken. Dazwischen waren Eichenschösslinge aufgegangen, doch im Wachstum stecken geblieben.

Das alte Gehöft verlangte von Bach keine Kraft und Hingabe mehr. Das kam ihm sehr zupass. Er hätte ihm weder das eine noch das andere geben können. Dankbar tätschelte er die von Rissen durchzogenen Wände aus Holzstämmen und den abblätternden Kalk des Ofens. Auch den Apfelbäumen war er dankbar, die zwar keine Früchte mehr trugen, aber immer noch am Leben waren und Klara bewachten. Sie suchte er selten auf, er sparte seine Kräfte für die Besuche bei den Kindern.

Jeden Sonntag brachte er ihnen nach wie vor Äpfel. Da er keinen Kalender hatte, wartete er nach einem Besuch sechs Tage ab und fuhr am siebenten erneut nach Pokrowsk. Sehr merkwürdig war allerdings, dass die Äpfel im Vorratslager nicht ausgingen. Bach zählte sie nicht mehr wie früher, als er sie noch sorgsam umgeschichtet und mit frischem Heu abgedeckt hatte. Er kam einfach nur, füllte einen Sack und trug ihn ins Kinderheim. Eine Woche später tat er das Gleiche. Und nach der nächsten Woche wieder ... Gegen alle Gesetze der Mathematik und den gesunden Menschenverstand wurden die Äpfel nicht weniger und blieben dabei sogar frisch, als seien sie gerade erst gepflückt worden.

Bach interessierte dieses Phänomen wenig. Das Einzige, was ihn leicht verwirrte, war das Gefühl, aus der Zeit gefallen zu sein. Doch wie sollte man ihren Lauf spüren, wenn die Anzeichen dafür in der Natur fehlten? Weder Wald noch Garten konnten Bach helfen. Die Apfelbäume waren verstummt, erstaunt über die anhaltende Kälte, ebenso Eiche und Ahorn im Wald. Manchmal tauchten auf den schwärzlichen Zweigen weiße Schimmelflecken auf, die aber bald wieder verschwanden. Darin bestand das ganze Leben der Bäume. Bach hätte sich sehr gewundert, zu erfahren, dass es sich gar nicht um Schimmel handelte, sondern um winzige taube Blüten. Auch die Wolga konnte ihm nicht helfen. Ihre müden Wasser, die nicht zufrieren konnten, waren voller Fischschuppen und zogen verwirrt und traurig an den Ufern vorüber. Die Fische verschwanden, doch ihre Schuppen blieben. Ein kräftiger Wind konnte sie vom Boden aufwirbeln, dann wirkte der Fluss wie glitzernde Kaltschale.

Da versuchte Bach, den Lauf der Zeit nach den Veränderungen an seinem Körper zu messen – den braunen Flecken auf den Handrücken, den grauen Strähnen im Bart. Aber auch dieser Kalender erwies sich als unzuverlässig: Die Altersflecken spielten mit ihm, sie kamen und gingen, die grauen Strähnen versteckten sich im dichten Bart und ließen sich kaum zählen. Doch er fand einen Ausweg: Jetzt maß er die Zeit daran, wie die Kinder wuchsen.

Die Körper seines Mädchens und seines Jungen waren der beste Kalender. Die Veränderung der Gesichter, die sich streckenden Arme und Beine, die längeren Finger – daran maß Bach jetzt die Zeit. Die kaum sichtbaren Brusthügelchen unter dem Nesselstoff bei Annchen. Der kaum sichtbare dunkle Flaum auf der Oberlippe bei Wassja. Die schwellenden Lippen und runderen Schultern bei Annchen. Der spitze Adamsapfel bei Wassja ... Dieser wunderbare Kalender musste nicht gedruckt sein. Er blieb von selbst im Gedächtnis. Aber wie jeder Kalender musste er ein letztes Blatt haben. Wo war es, dieses letzte Blatt?, fragte sich Bach. Und gab sich selbst die Antwort: Offenbar an dem Tag, da die Kinder ihm über den Kopf wuchsen. Wenn sie größer waren als er, und sei es nur um Haaresbreite, dann konnten sie weiter schauen und besser sehen, dann waren sie stärker, schwerer und gesünder als er. Dann brauchten sie ihn wohl nicht mehr. Dann konnte er gehen, und der wunderschöne Kalender war abgelaufen. Ob danach ein neuer begann?

Mit gelassener Freude wartete Bach nun auf den Tag, da Annchen seine Körpergröße erreichte. Der Tag kam. Als sie ihm zum Gruß die Hand drückte und ihn zum ersten Mal nicht von unten, sondern auf Augenhöhe anblickte, sah er, dass es geschehen war.

Jetzt galt es abzuwarten, bis auch Wassja Bach überflügelte.

Seitdem hatte sich in seinem Herzen etwas festgesetzt – nicht Bangigkeit, nein, eine leichte Ungeduld. Vielleicht konnte man das gar einen echten Wunsch nennen, den ersten, den er seit mehreren Jahren hatte.

Was danach aus ihm selbst wurde, darüber machte sich Bach keine Gedanken. Anders sah das im Hinblick auf das Gehöft aus. Sein guter Weggefährte und Freund, das alte Anwesen, wie sollte es ohne Bach weiter existieren?

Weder Wassja noch Annchen brauchten es. Sie hatten es einmal geliebt, doch seitdem sie in der Stadt waren, hatten sie nicht ein einziges Mal zurückkommen, Haus und Garten wiedersehen wollen. Vielleicht kamen sie nach vielen Jahren als Erwachsene, bereits mit den ersten Spuren des Alters im Gesicht, noch einmal hierher, um in Erinnerungen zu schwelgen. Doch so lange konnte das Gehöft wohl kaum auf sie warten, es würde verfallen und vom Wald überwuchert werden.

Was sollte Bach mit dem Haus anfangen, das bereits reichlich verwittert, aber immer noch warm war? Mit diesen vom Alter geschwärzten Apfelbäumen? Mit Schuppen und Scheune, die halb verfallen waren? Mit dem unter Wasser stehenden Eishaus? Mit dem bemoosten Brunnen?

Die Antwort kam ganz von selbst – die einfache und einzig richtige. Als er eines Nachts unter dem Federbett lag und auf den Regen lauschte, wurde ihm plötzlich klar, dass er die Antwort seit vielen Jahren kannte, viel eher, als er sich die Frage gestellt hatte. Mit dieser Erkenntnis stand er auf, zündete die Lampe an und machte sich an die Arbeit – im selben Augenblick, ohne den Morgen abzuwarten.

Er wusste, dass ihm viel Arbeit bevorstand. Dass der endlose November diese wesentlich erschweren werde. Dass die Zeit nicht ausreichen könnte. Doch Bach wollte dieses Werk unbedingt vollenden. Auch das konnte man einen echten Wunsch nennen, den zweiten, den er seit mehreren Jahren hatte.

Aus der Scheune holte er Werkzeug – Axt, Brecheisen, verschiedene Hobel, Meißel, Schlägel, Schabeisen, Stemmeisen und Bohrer –, alles, was gebraucht werden konnte. Lange säuberte er sie, befreite das Holz von morschen Teilen und das Metall von Rost. Das tat er, bis die schwarzen Wolken am Horizont sich grau färbten und den Tagesanbruch verkündeten.

Er begann mit dem Wichtigsten. Kroch das Fundament entlang, beschaute und betastete jeden Stein, ob er sich gelockert hatte, gesprungen war und ersetzt werden musste. Es war, als umarme er die Steine und streichle sie. Sie waren wärmer als der nicht enden wollende Sprühregen. Vom Flussufer schleppte er große Steine heran. Holte Sand aus einer Grube. Setzte, wo notwendig, neue Steine ein, streute Sand darüber und verschmierte die Fugen mit Lehm. So verstärkte er das Fundament.

Das dauerte eine Woche. Beinahe hätte Bach den sonntäglichen Besuch bei den Kindern verpasst. Aus Pokrowsk zurück, befasste er sich mit dem Blockhaus.

Wieder tastete er mit den Händen jedes Rundholz, jede Erhebung und jede Einbuchtung ab. Verfaultes Werg holte er Faser für Faser aus den Ritzen und dichtete die Stellen mit frischem, trockenem ab. Risse im Holz verstopfte er mit getrocknetem Moos und verschmierte das Ganze mit Harz. Dafür brauchte er wieder eine Woche.

Die Reparatur des Daches nahm längere Zeit in Anspruch. Die dafür gedachten Vorräte an Stroh und Schilfrohr warteten schon seit Jahren im Schuppen auf ihre Stunde, und zu Bachs Glück waren sie weder feucht geworden noch verschimmelt. Er schnitt vom Stroh die leeren Ähren ab, streute Salz darüber und band es zu Garben. Dann kletterte er mit Hilfe einer Leiter aufs Dach, kontrollierte es Meter für Meter, befreite es von abgefallenem Laub und Ästen und schnitt akkurat die defekten Teile heraus. Danach legte er vom First bis zum Dachrand neue trockene, mit Salz bearbeitete Strohbündel auf. Ein paar Vogelnester, die er auf dem Dach fand, trug er in den Wald.

Bach nahm alle Fensterläden heraus und hobelte sie ab, so dass ihr frisches Blassgelb einen schönen Kontrast zu den dunklen Wänden bildete. Abgehobelt wurden auch die Haustür und das Geländer der Vortreppe. An den beiden eingeschlagenen Fenstern in der Küche und in Annchens Zimmer setzte er neue Scheiben ein.

Als außen alles erledigt war, begann er das Haus von innen zu erneuern. Auch hier wurde geschmirgelt, gehobelt und frisch abgedichtet. Der Schornstein wurde gefegt, der Ofen neu gekalkt. Läufer und Matten wurden in der Wolga gewaschen, die Fensterrahmen und -bretter mit dem Messer abgeschabt.

Lange überlegte Bach, was er mit den Wänden im Mädchenzimmer anfangen sollte. Die von Klara dort eingeritzten Inschriften anzutasten tat ihm leid. Aber einfach alles so lassen, wie es war, konnte er auch nicht. Anfangs hatte er vor, sie mit Sand abzuschleifen – zärtlich, um sich selbst und die Stämme nicht zu beschädigen, aber er brachte es nicht fertig. Schließlich fuhr er nach Gnadental, kam mit einem Eimer Farbe zurück und strich das Holz neu. Mit einem Pinsel über die Worte zu fahren und sie unter dieser undurchsichtigen Schicht trotz allem zu erhalten, schmerzte nicht so sehr.

Mit dem Rest der Farbe schrieb er an die Haustür: »Kinderheim Dritte Internationale«. Was diese Dritte Internationale war und wessen sie sich rühmen konnte, wusste Bach nicht. Er erfüllte einen Wunsch Hoffmanns, wenn auch erst nach so vielen Jahren.

An Hoffmann musste Bach in diesen Tagen häufig denken. In Gnadental standen die Bauten, die im denkwürdigen *Jahr der Überreichen Ernte* auf seine Initiative errichtet wurden. Sie waren alle noch da und wurden genutzt: das Lesehaus, das Klubhaus mit Möglichkeiten zur politischen, militärischen, landwirtschaftlichen und kulturellen Betätigung, der Kindergarten, die Kinderkrippe, das Hotel, das Wohnheim, die Krankenstation, die Kolchosverwaltung, die Maschinen- und Traktorenstation, die Rinderfarm, die Geflügelzuchtstation und das Lagerhaus, die Gemeinschaftsställe für Pferde und Schweine, das Haus des Kolchosbauern und das Haus des Fischers. Sogar die Häuschen auf Rädern (drei für die Schnitter und Pflüger, zwei fahrbare Geflügelställe) waren intakt und wurden gebraucht. Doch erinnerte sich jemand in Gnadental an den wunderlichen Mann mit dem Buckel?

Bach hatte ihn nicht vergessen. Besonders jetzt, da er von früh bis spät im Haus werkelte – sägte, bohrte, klopfte, Bretter anschleppte und abhobelte –, fühlte er sich häufig wie Hoffmann. Erst jetzt begriff er, mit welcher Zufriedenheit ein reparierter Stuhl oder ein wiederhergestelltes Dach einen erfüllen konnten, wenn man sie für andere, Unbekannte in Ordnung brachte.

Nun blieb ihm nur noch, in dem gereinigten und erneuerten Haus die Zimmer einzurichten. Wie viele Kinder man hier unterbringen würde, wusste Bach nicht, er wollte aber, dass es eine möglichst große Zahl sein sollte. Daher entschloss er sich, die alten, riesigen Betten zu opfern und daraus schmalere Lagerstätten herzustellen. Ein paar Monate später waren das Mädchenzimmer und das Schlafzimmer des Hausherrn nicht wiederzuerkennen: Längs der Wände standen jetzt dreistöckige Betten. Es gab kürzere für die Kleinen und längere für die Heranwachsenden. Betten für Erwachsene sah Bach nicht vor. Er selbst nächtigte auf einer der Lagerstätten der Jugendlichen, zog die Beine an und drückte sich fest gegen die Wand, um nicht herunterzufallen. Tildas ehemalige Kammer sollte als Lagerraum dienen. Er räumte sie leer und ließ nur die Truhen stehen.

Der große Tisch war seit Längerem wacklig und schief. Bach zimmerte neue Beine für ihn. Auch neue Stühle kamen zu den vorhandenen hinzu. An den Wänden des Wohnzimmers befestigte er überall Bücherregale. Er war überzeugt, dass es in diesem Hause viele Bücher geben werde. Als Erstes und vorläufig einziges stellte er das Bändchen Goethe-Gedichte mit dem arg zerlesenen Einband in eines der Regale. Er nähte Matratzen und Kissen und füllte sie mit Stroh. Aus Holz schnitzte er Löffel und Schüsseln und stellte sie ordentlich auf der Bank neben dem Küchenherd ab. Er hackte so viel Brennholz, wie er auf dem Stapel, in der Scheune und hinter dem Ofen unterbringen konnte.

Während er monatelang das Anwesen in Ordnung brachte, ließ Bach hin und wieder sogar einen Besuch bei den Kindern aus. Wenn er am Sonntagmorgen feststellte, dass ein Tag ohne Regen bevorstand, blieb er im Gehöft und arbeitete. Trockene Tage waren selten, und die kostbare Zeit für den langen Weg zu vergeuden schien ihm ein unerlaubter Luxus zu sein.

Umso mehr freute er sich dann auf das nächste Wiedersehen. Zu dieser Zeit begannen die Kinder im Unterricht Deutsch zu lernen. Annchen tat sich mit der fremden Sprache schwer, doch Wassja, zäh wie immer, war nach wenigen Wochen bereits in der Lage, erste Sätze zu bilden. Flink fügte er Wort an Wort, ohne sich um Wortfolge oder Artikel zu kümmern, baute von den Grammophonplatten aufgeschnappte Liedzeilen in seine Rede ein. Zum ersten Mal verstand Bach den Jungen voll und ganz, wenn ihre Gespräche auch auf schulische Themen begrenzt waren – das Einbringen der Ernte, den Kampf gegen die Religion und Aktionen der Pioniere.

Bach fand es merkwürdig, zu Annchen aufschauen zu müssen. Daran konnte er sich überhaupt nicht gewöhnen, wunderte sich jedes Mal und stand wie erstarrt da. Wassja sah er mit gemischten Gefühlen, denn er wartete ständig darauf, wann es passierte, wann endlich? Auch Wassja wurde größer, wuchs aber kaum sichtbar, als ob er es nicht wollte.

Als Bach die Arbeit am Haus beendet hatte, nahm er sich den Hof mit seinen Bauten vor: reinigte den Brunnen, schöpfte das Wasser aus dem Eishaus, erneuerte das Dach, reparierte Schuppen, Scheune und Stall, besserte die Abdeckung des Holzstapels aus. Als das alles erledigt war, reichte ihm Wassja bis zum Kinn.

Endlich konnte sich Bach auch mit dem völlig verwilderten Gemüsegarten befassen, riss Berge von Unkraut und Strauchwerk aus, grub ihn gründlich um, legte neue Beete an und streute dort die noch vorhandenen Samen aus. Da reichte ihm Wassja bis zum Mund.

Als er den Obstgarten umgegraben, die Bäume beschnitten, eine Reihe uralter gefällt und den freien Platz mit neuen Setzlingen bestückt hatte, war Wassja bis zur Höhe seiner Augen herangewachsen.

Danach meißelte Bach in Klaras Grabstein ihren Namen und ihre Lebensdaten, damit es niemandem einfiel, den Stein beiseitezuschaffen. Als dies erledigt war, war Wassja so groß geworden wie er selbst.

An diesem Tag blieb Bach länger bei den Kindern als üblich. Wieder wurden Wassja und Annchen von ihren Kameraden gerufen, die vorbeigelaufen kamen und ungeduldig ihre Namen nannten, doch er legte ihnen die Hände auf die Schultern und hielt sie zurück. Sie gehorchten und blieben bei ihm.

Er saß auf der Bank und wusste nicht, wann er die Hände von den zarten Schultern nehmen sollte.

Die Kinder warteten, und er wartete.

Seine Hände waren leicht, doch er konnte sie nicht rühren.

Die Kinder warteten, und er wartete.

Dann schloss er die Augen und nahm die Hände fort.

Als er sie wieder öffnete, waren die beiden verschwunden.

Bach kehrte zum Gehöft zurück, zog das Boot an Land und brachte es so zwischen den Steinen unter, dass es nur vom Pfad her zu sehen war.

Dann stieg er den Abhang hinauf.

Schritt durch Hof und Garten.

Trat ins Haus.

Deckte den langen Tisch mit Tellern und Löffeln, als bereite er das Abendessen vor.

Breitete auf den Betten alle Kleidung aus, die sich noch in den Truhen befand.

Legte sich schließlich nieder, hüllte sich in das Federbett und lauschte dem gegen die Fensterscheiben prasselnden Regen …

Bach träumte von Kindern. Nicht nur von Annchen und Wassja, sondern auch von anderen – braungebrannten, weißhäutigen, mit Locken und mit kahlgeschorenen Köpfen, mit hellen und dunklen Augen –, von allen, die einmal in diesem Haus leben sollten.

Von Erwachsenen träumte Bach nicht. Sie fand er fade: sowohl die Mausmenschen – die winzigen und betriebsamen – als auch die Fischmenschen – die ruhigen, glubschäugigen –, die trägen Karpfen ähnelten.

29

Die Karpfen waren riesig und träge. Langsam kreisten sie in dem runden Becken und ritzten ab und zu mit der Klinge einer ihrer stachelbewehrten Flossen die glatte Wasserfläche. Wenn von dem Mandarinenbaum am Beckenrand eine Blüte ins Wasser fiel, dann schossen alle Fische dorthin, rissen gierig die weißlichen Lippen auf, zerpflückten die Blättchen in wildem Durcheinander, spuckten sie enttäuscht aus und nahmen die träge, feierliche Kreisbewegung wieder auf. Es war so still, dass man zu hören glaubte, wie die Blütenblätter durch die Luft glitten und ins Becken sanken; das Brodeln des Wassers bei jedem Gerangel der Fische wirkte ohrenbetäubend.

Stalin saß auf einer vierfach zusammengelegten Filzdecke am Rand des Beckens und schaute den Fischen zu. Der Beckenboden war mit einem Mosaik aus Kobaltglas ausgelegt, das die silbrigen Körper der Karpfen golden schillern ließ. Die Spiegelschuppen an ihren Bäuchen blitzten unablässig in der Sonne, so dass *Er* die Augen schließen musste. Die Blitze, die durch Lider und Augäpfel drangen, brannten noch lange auf *Seiner* Netzhaut. Doch *Er* konnte den Blick nicht abwenden, denn *Er* wurde das Gefühl nicht los, dass der Reigen der Fische in *Seinem* Inneren, in Brust oder Magen eine Bewegung auslöste. Etwas Kaltes, Raues wühlte in *Ihm* – sollten das noch ungeborene Reime sein?

Linde, leichte Frühlingsluft umwehte *Ihn*. Es roch nach Tannen, nach Meer und Mandarinenblüten, ein ganz klein wenig nach süßlichem Rauch – den brennenden Scheiten im Kamin hatte man ein paar Schnitzel Apfelholz hinzugefügt – und frisch gebrühtem Tee der ersten Frühjahrspflückung. Zugleich glaubte er hinter den Bäumen den Geruch eines stark erhitzten Körpers, von fremdem Atem, vielleicht auch von Pulver oder feuchtem Metall wahrzunehmen. Das konnte eigentlich nicht sein, denn die Regierungsvilla war das einzige Gebäude auf diesem Berg und wurde von sechshundert Soldaten bewacht, die unsichtbar am Fuße des Gebirgsausläufers verteilt waren. Eine einzige Straße von der Breite eines Wagens führte in verschlungenen Serpentinen hier herauf. Hinter den Bäumen konnte niemand sein.

In dem kleinen Pavillon in der Nähe sah *Er* schon seit Längerem die Gestalt des Kochs stehen, wo der Tisch für eine Person gedeckt war – mit Teegeschirr aus hauchdünnem Porzellan, silbernem Besteck und einem Teller mit Piroggen, die er mit einer Leinenserviette sorgsam abgedeckt hatte. Die Piroggen wurden langsam kalt. *Er* wusste, dass im Ofen eine zweite Portion der mit Pilzen oder Huhn gefüllten Delikatesse für den Fall bereitstand, dass die erste erkaltet war, bevor *Er* sich zum Tee niedersetzte. Auf einem Klapptisch wartete sogar der fertig ausgerollte Teig für eine dritte. Der Koch wollte gerade in die Küche laufen, um das Gericht zu wechseln, da hob *Er*, ohne den Blick vom Becken zu nehmen, die Hand und winkte ihm ärgerlich zu, er möge *Ihm* das Mahl ans Becken bringen und verschwinden. Der Koch griff erfreut nach dem Teller und kam zum Becken gelaufen. Der Granitsplitt knirschte unangenehm unter seinen Füßen.

»Warum liegen da Steinchen auf dem Weg?«, fragte *Er* müde. »Die haben scharfe Kanten, man kann sich daran verletzen.«

Der Koch nickte zunächst zustimmend und schüttelte dann ebenfalls entrüstet den Kopf. Vorsichtig stellte er den Teller auf den Beckenrand und nahm die Serviette ab. Ein starker Geruch von gedünsteten Pilzen stieg auf. Er wartete noch ein paar Augenblicke und zog sich dann zurück.

Die Piroggen waren ein wenig zu braun geraten, man hatte sie wohl vor dem Backen mit etwas zu viel Eigelb bestrichen. *Er* nahm die erste, ein schweres, lockeres Stück, von dem *Ihm* die flüssige Butter über die Finger lief, und warf sie ins Wasser.

Das rauschte sofort wild auf, die Pirogge wurde in Stücke gerissen, vor Erregung zitternd, balgten sich die Karpfen um sie, schlugen sich gegenseitig mit den Schwänzen, dass die Schuppen nur so flogen. Dann lauerten sie auf neue Beute. Im schäumenden Wasser glaubte *Er* deutlich das Schmatzen der aufgerissenen Fischmäuler zu hören. *Er* warf ihnen eine weitere Pirogge zu, dann noch eine …

Auf dem Schreibtisch in *Seinem* Arbeitszimmer wartete der Bericht über die Deutsche Operation auf *Ihn*. *Er* hatte ihn in das Haus am Schwarzen Meer mitgenommen, den dünnen Hefter bisher aber noch nicht angerührt. Das war auch nicht notwendig, denn *Er* wusste ohnehin, was darin stand.

Deutschland bereitete sich auf einen Krieg vor, das tat es schon lange. In seinem umfangreichen Arsenal lag zwischen anderen eine bisher nicht erprobte, doch ernst zu nehmende Waffe: die Menschen deutscher Nationalität, eine Herde Trojanischer Pferde, die, über den ganzen Erdball verstreut, auf ihre Stunde warteten. Hitler war ein Wahnsinniger, ein Hysteriker, aber zweifellos auch ein demagogisches Genie. In seinen stundenlangen Reden konnte er in Rage geraten, wenn er von der ungerechten Behandlung dieser treuesten Söhne der arischen Nation in den Staaten berichtete, wo sie lebten. Er dürstete danach, diese Söhne unter den Bannern des Reichs zu versammeln. Er hatte bereits den Kampf – vorerst nur den Kampf – für ein nazistisches Deutschland jenseits seiner Grenzen ausgerufen. Zu diesem Zweck hatte er den Begriff des »absoluten Deutschen« geprägt, womit er jeden, in dessen Adern edles arisches Blut floss, automatisch zu einem Nazi-Anhänger stempelte, denn Blut sei stärker als ein Pass.

Er riss den weichen Teig in Stücke und warf diese ins Wasser.

Jetzt, im Mai 1938, lebten in der UdSSR 1 300 000 Menschen deutscher Nationalität.

Das Reich scheute keine Mühe, um die Trojanischen Pferde auf den bevorstehenden Krieg vorzubereiten. Daraus wurde kein Hehl gemacht. Fünf Jahre zuvor hatte Hitler die Verantwortung für die »Volkstumspolitik« seinem Stellvertreter Rudolf Hess übertragen. Der gründete als sein Organ eine Volksdeutsche Parteidienststelle. Da Hess' Ergebnisse Hitler zu gering erschienen, übergab er das Thema der Volksdeutschen an das Büro für Verbindungen zu den Deutschen im Ausland, das Ribbentrops Auswärtigem Amt unterstand. Jedoch auch diese Maßnahme wurde bald als nicht wirksam genug angesehen. Daher gründete man 1936 zur Zusammenführung der Söhne der arischen Nation unter dem Banner des Reichs eine besondere Behörde, die Volksdeutsche Mittelstelle (VoMi). Ihre Leitung wurde SS-Obergruppenführer Werner Lorenz übertragen. Fotos dieses Mannes hatte man *Ihm* vorgelegt: ein beleibter, gut aussehender Kerl mit kantigem Kinn und finsterem Blick. Wahrscheinlich hatte man ihn als Kind oft geschlagen. Der Obergruppenführer stürzte sich mit Elan in die Arbeit: Schon nach einem Jahr hatte die VoMi dreißig Mitarbeiter. Ihr Budget war mit dem des Auswärtigen Amtes zu vergleichen. Unter der Losung »Heim ins Reich!« initiierte sie eine aktive Kampagne zur Übersiedlung ethnischer Arier in ihr Vaterland. Dieser Plan nahm teilweise phantastische Züge an. So hatte man zum Beispiel vor, Kinder und Jugendliche aus anderen Ländern »einzudeutschen«.

Die Sowjetdeutschen ließ die VoMi außen vor, zumindest erweckte man diesen Eindruck. Nach den heftigen politischen Scharmützeln während und nach der Hungersnot im Wolgagebiet gab Hitler zu verstehen, dass das Thema der Russlanddeutschen kein Stolperstein mehr sein sollte. Damit überließ er eine Karte, die er fast zehn Jahre lang aktiv gespielt hatte, der Sowjetunion. Das war kein gutes Zeichen. Offenbar hatte er vor, das Spiel um die Sowjetdeutschen nicht mehr wie bisher mit offenen Karten, sondern verdeckt zu führen. So wurde erst kürzlich nicht von ungefähr zum deutschen Konsul in Nowosibirsk der ehemalige Russlanddeutsche Maximilian Maier-Heidenhagen ernannt, der hervorragend Russisch sprach.

Vor-Ort-Berichte bestätigten *Seine* Befürchtungen. In den letzten Jahren konnte das NKWD eine Vielzahl von

Sowjetdeutschen initiierter konterrevolutionärer Grüppchen und antisowjetischer Verschwörungen ermitteln: den Fall »Freunde« (Wer gab einer ernsthaften Operation einen solchen Namen?!), den Fall der »Arier«, den Fall der Lehrer am Deutschen Pädagogischen Institut, Verschwörungen in Balzer und Warenburg, in den Fabriken des Wolgagebiets »Karl Liebknecht«, »Clara Zetkin« und »Rosa Luxemburg«.

Die Karpfen, die bereits den größten Teil der Piroggen gefressen hatten, gebärdeten sich mit jeder Minute aggressiver. Entweder steigerte die Fütterung ihren Appetit, oder sie spürten, dass das Festmahl dem Ende zuging. Einige sprangen vor Ungeduld aus dem Wasser und klatschten zappelnd wieder zurück in die brodelnde Masse der aufgerissenen Mäuler und hervortretenden Augen ihrer Artgenossen. Besonders wild gebärdete sich einer, der längste und kräftigste, dessen zerfetzte Rückenflosse davon zeugte, dass er ein echter Kämpfer war. Einmal brachte er es sogar fertig, bei einem besonders gewagten Sprung *Seinen* mit Mehlstaub bedeckten Zeigefinger zu erhaschen. *Er* erschrak und riss den Arm zurück. Dann warf *Er* dem frechen Kerl die größten Stücke zu, denn besonderer Eifer musste belohnt werden.

Aus diesem Grund hatte *Er* auch Nikolai Jeshow zum neuen Chef des Volkskommissariats für Innere Angelegenheiten ernannt. Er war als Sohn eines Arbeiters und bekannten Alkoholikers am Rande von Piter ohne Mutter aufgewachsen, ungebildet bis zur Anstößigkeit, doch ebenso ergeben, klein und unansehnlich wie ein Seifenrest. Es mochte an all diesen Besonderheiten liegen, dass er sich nach seiner Ernennung als »Eiserner Volkskommissar« aufführte und das ganze Land hart an die Kandare nahm. *Er* stellte sich Jeshow mit 1,51 Meter Größe neben dem hochgewachsenen, wohlgenährten Obergruppenführer Lorenz vor. Dabei spielte ein Lächeln um *Seine* Lippen: *Sein* Mann war klein, aber oho. Die Härte und die unerschütterliche Treue des Volkskommissars wurden jetzt so dringend gebraucht wie nie zuvor: Im Vorfeld des Krieges musste das große Land sein Blut reinigen.

Der Generalplan dieser Reinigung bestand aus drei Teilen, zwei offenen und einem geheimen. Im ersten Teil sollte die Sowjetunion von den »Ehemaligen« gesäubert werden: den trotz Kollektivierung übrig gebliebenen Kulaken, Beamten des Zaren und weißgardistischen Offizieren, die sich wie Chamäleons dem neuen Leben angepasst und sich sogar unter die Partei- und Wirtschaftsfunktionäre der verschiedenen Ebenen gemischt hatten, von Sozialrevolutionären und Menschewiken, Popen und Kriminellen. Im zweiten Teil galt es, die Spionage- und Diversionsbasis der Länder der kapitalistischen Umkreisung (vor allem Deutschlands, Polens und Japans) zu beseitigen. Den dritten Teil stellte allein *Er* sich bisher in ersten Konturen vor. Er hatte zum Ziel, die Parteielite von Grund auf auszudünnen und zu erneuern. Das betraf vor allem die langjährigen Mitkämpfer, deren Ergebenheit sich in den zwei Jahrzehnten seit der Revolution arg abgenutzt hatte. Nur wenn es gelang, den Organismus von allen Leiden und Krankheiten zu befreien, konnte man in diesem unvermeidlichen Krieg mit einem Sieg rechnen.

Der Volkskommissar teilte *Seine* Sorge und hatte Mitte des vergangenen Jahres zum Großangriff an den ihm zugewiesenen inneren Fronten geblasen. Unter anderem hatte er auch die Deutsche Operation gestartet. Sie wurde mit Jeshows Befehl Nr. 00439 eröffnet, der verlangte, »die erschöpfende Entlarvung bisher unerkannter Agenten der deutschen Aufklärung zu erreichen«. Darin war festgelegt, die »ermittelten deutschen Agenten, Spione, Diversanten und Terroristen« unverzüglich zu verhaften. Es stellte sich heraus, dass es sie in beeindruckender Zahl im Lande gab. Jeden Mittag nahm Jeshow telegraphische Informationen aus dem ganzen Land über den Gang der Operation entgegen. Zwischenberichte wurden regelmäßig *Ihm* vorgelegt. Jedes neue Dokument bestärkte *Ihn* darin, dass die Entscheidung richtig war, »die Deutschen in die Enge zu treiben«.

Die Operation, die ursprünglich nur für fünf Tage geplant war, zog sich achteinhalb Monate hin. Sie begann mit der Festnahme einzelner deutscher Staatsbürger, weitete sich dann aber zu einer Jagd auf große Diversionsgruppen und terroristische Organisationen unter den Sowjetdeutschen aus. Listen der Kreise, die »von den deutschen Geheimdiensten genutzt werden« und deshalb zu überprüfen seien, stellte das NKWD mit wahrhaft deutscher Gründlichkeit zusammen. Dort fand sich alles wieder, was auch nur im geringsten Zusammenhang mit dem Thema stand, darunter ein so verschwommener und völlig frei interpretierbarer Begriff wie »Verbindungen«. Mit Ermittlungen wurde das ganze Land überzogen, vor allem Industrie, Verteidigung und die Eisenbahn sowie sämtliche Regionen, wo Deutsche kompakt siedelten – die Ukraine, die Küsten von Schwarzem und Asowschem Meer, die Krim, Kasachstan, Sibirien und die Deutsche Republik im Wolgagebiet. Aufgedeckt und unschädlich gemacht wurden dabei ein »Nationaler Bund der Deutschen in der Ukraine«, eine »Deutsche Spionage- und Diversionsorganisation bei der Eisenbahn« und eine »Gruppe deutscher Studenten am Medizinischen Institut Saratow«. Landesweit Aufsehen erregten die Fälle »Feinde«, »Verwandte« und »Erben«. Mehrere Zehntausend Menschen wurden verhaftet.

Der unerwartete Umfang, den die Aktion annahm, machte es erforderlich, die Art und Weise des Vorgehens zu verändern. Bald wurden Verfahren, die Nationalitäten betrafen, nicht mehr als Einzelfälle, sondern nur noch en bloc geprüft. Die Akten zu den einzelnen Beschuldigten, darunter auch die Urteile der örtlichen Organe von NKWD und Staatsanwaltschaft, wurden, in dicken Ordnern abgeheftet, nach Moskau geschickt und dort Volkskommissar Jeshow und dem Generalstaatsanwalt der UdSSR, Wyschinski, zur Bestätigung vorgelegt. Die taten das zur Beschleunigung der Verfahren ebenfalls en bloc.

Niemand, weder *Er* noch Jeshow, hatten verfügt, bei der Deutschen Operation dieses Verfahren anzuwenden. Das tat das System selbst, die Initiative kam von unten. *Ihn* beunruhigte das. Ebenso der geradezu manische Eifer, der sich in den letzten Monaten an der Basis entwickelte. Die vorgeschriebenen Rahmen für Säuberungen unter den Nationalitäten wurden ständig überschritten, lokale Verwaltungen des NKWD forderten gierig deren Ausweitung. Die Listen der zu kontrollierenden Kreise wurden eigenmächtig verlängert, Dokumente gefälscht und im Rahmen dieser Kampagne auch Angehörige anderer Schichten – zur Arbeit Angesiedelte und ehemalige Strafgefangene – festgenommen. Ohne Auftrag von oben kam es sogar zu zwei weiteren Operationen gegen Nationalitäten, die der Generalplan gar nicht vorsah: zur Finnischen Operation im Leningrader Gebiet und in Karelien sowie zur Rumänischen Operation in der Ukraine. Woran lag das? An Stillstand in der Kaderpolitik und Massenverdummung, was Arbeitseifer in Lüge und Anmaßung umschlagen ließ? Oder waren es Machtkämpfe vor Ort, die das System in seinen Grundfesten erschütterten, so dass es außer Kontrolle geraten konnte?

Endlich löste *Er* den Blick von der im Becken wirbelnden Masse der Fische und schaute sich um. Was ging hinter den sich kaum im Wind bewegenden Tannenzweigen, hinter den Bergketten des Kaukasus, hinter den Steppen Kalmückiens im Lande vor? Seit mehreren Monaten begriff, vor allem aber spürte *Er* das nicht mehr. Als sei in *Ihm* ein unsichtbares, aber sehr wichtiges Organ erstarrt. Oder als sei ein starkes Pferd unter seinem Sattel plötzlich zu einem fleischlosen Schatten geschrumpft: Wenn man es berühren wollte, griff die Hand ins Leere. Dabei waren *Seine* Sinne in der letzten Zeit aufs Äußerste gespannt. In aller Schärfe nahm *Er* nicht nur seine Umgebung wahr, ihre Farben, Laute und Gerüche, sondern auch Signale *Seines* eigenen Organismus – wie sich *Sein* Herz heftig zusammenkrampfte, wie der Blutstrom in den Adern pulsierte, wie ein Gelenkkopf sich am Knorpel rieb oder ein Klümpchen Speichel die Speiseröhre hinablief. Heute zum Beispiel hatte *Er* gespürt, wie etwas längere Zeit quälend in *Seinem* Leib rumorte. Anfangs schrieb *Er* das *Seiner* Arbeitsüberlastung zu, dann einem schlecht verdauten Abendessen oder einem Darmpolypen. Doch soeben war ihm der Gedanke gekommen: Vielleicht war es nur diese innere Unruhe? Die Sorge um das Land, das für *Ihn* unvermittelt nicht mehr spürbar und nicht mehr absolut gehorsam war?

Er warf das letzte Stück Pirogge dem *Ihm* lieb gewordenen Kämpfer unter den Karpfen zu, spülte die Hände in dem immer noch brodelnden Wasser des Beckens, schüttelte die Krümel von seinen Knien ab und erhob sich. Auf *Sein* Zeichen erschien schon nach wenigen Augenblicken der Koch, der diesmal entweder ganz am Wegesrand balanciert oder durch die Luft herbeigeschwebt war, denn der Splitt unter seinen Füßen knirschte nicht. Aus der

Küche kam ein scharfer Geruch von Senf und überhitztem Sonnenblumenöl. *Er* bewegte nur angewidert die Nasenflügel.

»Den großen mit der zerfetzten Rückenflosse brätst du mir zum Abend«, sagte *Er* und wies ins Becken.

Dann ging *Er* ins Haus, um zu arbeiten.

Im Becken schwammen 23 Karpfen herum. Vier waren groß und hatten zerfetzte Rückenflossen. Wie sollte er herausfinden, welchen Fisch *Er* im Auge hatte? Da fällte der Koch eine weise Entscheidung: Er wollte alle vier braten.

Während die Fische, dick bestreut mit gehacktem Knoblauch und frisch gemahlenem Pfeffer, in den gusseisernen Pfannen brieten und reichlich durchsichtiges Fett aus ihnen floss, las *Er* den Abschlussbericht zur Deutschen Operation. En bloc verurteilt hatte man 55 005 Personen deutscher Nationalität. Dreimal die Fünf – eine interessante Zahl. Davon erhielten 41 898 Personen die Höchststrafe. Da hätte man besser 77 Prozent schreiben sollen, denn zweimal die Sieben klang genauso gut. *Er* klappte die Mappe zu. In dem Dokument war es exakt so, wie *Er* es sich vorgestellt hatte. Phantasie hatte Volkskommissar Jeshow nicht, das war beruhigend. Dafür verfügte er für seinen schmächtigen, genetisch sicher nicht gesunden Körper über eine phantastische Arbeitsfähigkeit. Neben der Deutschen Operation leitete er noch zwei weitere, die ersterer im Umfang in nichts nachstanden – die Polnische und die Harbin-Japanische. Außerdem eine Handvoll kleinerer – die Estnische, die Lettische, die Chinesische, die Bulgarische, die Mazedonische und die Afghanische.

Dank des unermüdlichen Eifers des Volkskommissars waren alle Gefängnisse der Sowjetunion im späten Frühling des Jahres 1938 mit politischen Gefangenen überfüllt. Für Kriminelle herrschte ein katastrophaler Mangel an

Plätzen. Dabei lagen im zentralen Apparat des NKWD noch über 100 000 ungeprüfte Fälle, das heißt, mehrere Tonnen Akten, die einzelne Nationalitäten betrafen. Das System des Strafvollzugs bewältigte das nicht – es hatte mehr verschlungen, als es verdauen konnte, und drohte daran zu ersticken. Es war Zeit, die Bremse zu ziehen, damit das Land nach diesen gewaltigen Operationen wieder zu sich kommen, sich in die aktuelle Lage finden konnte und wieder regierbar wurde.

Insgesamt war *Er* mit den Ergebnissen der Deutschen Operation zufrieden, selbst wenn sie zu Komplikationen in den Beziehungen zu Deutschland führte. Fünf der sieben deutschen Konsulate waren bereits im vergangenen Jahr geschlossen worden, und im März dieses Jahres teilte die deutsche Botschaft auch die Schließung der restlichen beiden in Nowosibirsk und Kiew mit. Im Gegenzug forderte Deutschland die Schließung der sowjetischen Konsulate in Hamburg, Königsberg und Stettin. Wie richtig und sogar notwendig die Aktion der sowjetischen Führung war, bestätigten Zahlen: Während in den letzten eineinhalb Jahren im Durchschnitt des ganzen Landes nur ein Prozent der Einwohner zu verschiedenen Strafen verurteilt wurden, waren es in der deutschen Autonomie eineinhalb Prozent. Sogar unter den eigenen handzahmen Sowjetdeutschen hatte man also fünfzig Prozent mehr Feinde ermittelt. So sah die Dankbarkeit der Deutschen Republik gegenüber ihrem Taufpaten aus! Von den echten Deutschen gar nicht zu reden.

Der Karpfen wurde *Ihm* noch dampfend und mit einer Zitronenscheibe im verächtlich zugeklappten Maul aufgetragen. Die anderen warteten auf Platten unter Glasdeckeln für den Fall, dass der Gast seinen so lecker hergerichteten Auserwählten nicht erkennen sollte. Aber es ging alles gut. *Er* nahm das Besteck, beugte sich über den Fisch und hielt nachdenklich inne. Dann zog *Er* die Zitronenscheibe aus den heißen Lippen, die vor einer Stunde noch so räuberisch und beweglich gewirkt hatten, steckte den Finger in das Maul und tastete nach den kleinen, harten Zähnen. Danach stocherte *Er* mit der Gabel in der goldgelb gebratenen Haut und blickte auf die perlmuttfarbenen kräftigen Muskeln. Eigentlich war *Ihm* gar nicht nach Essen zumute. In *Seinem* Leib rumorte es wieder. Einen so gewichtigen, fettigen Karpfen konnte *Er* seinem Magen jetzt nicht auch noch zumuten.

»Pack ihn ein und nimm ihn mit«, sagte *Er* leise in den Raum. Dabei wusste *Er* selbst nicht genau, warum der Koch ein kaltes Gericht nach Moskau mitschleppen sollte. Aber *Er* war sicher, dass man *Ihn* hörte.

Der Koch, der das natürlich vernahm, nickte verständnisvoll und unterdrückte seine Verwunderung. Er verpackte den Karpfen zuerst in Wachspapier, dann in gewöhnliches Papier, legte das Päckchen in eine Schachtel, um die er eine dicke Schnur schlang und mit zwei Seemannsknoten festzurrte. Das geschah auf *Seinen* Wunsch, den Karpfen auf dem Sitz neben sich mitzunehmen.

Später im Wagen, einer schwarzen, spiegelblanken Limousine »Packard Twelve« mit strahlend weißen Streifen an den Rädern, hockte *Er* müde in den weichen Polstern und schaute abwesend durch das Dreifachglas. Draußen zogen Fichten, Buchen, Kastanien und Buchsbäume vorüber, bis endlich die wie polierter Edelstahl glänzende Fläche des Meeres auftauchte. Die gepanzerten Türen hielten fast alle Geräusche fern. *Er* hörte nur das weiche Surren des Motors und den Schlag des eigenen Herzens. Der Karpfen fuhr in der Schachtel neben *Ihm* mit. Sein Geruch vermischte sich mit dem der Lederverkleidung des Wagens, was seltsamerweise nicht störte. Im Gegenteil, es war erstaunlich und erfreulich zugleich, dass *Sein* Geruchssinn den Fischduft, der *Ihm* eigentlich zuwider war, so bereitwillig ertrug. Schwächte sich die krankhafte Überempfindlichkeit, die *Er* in der letzten Zeit verärgert an sich festgestellt hatte, etwas ab und *Sein* Organismus fand die frühere Ruhe wieder? Dankbar legte *Er* die Hand auf den Karton mit dem Karpfen. Er war immer noch warm.

Während *Seine* Wagenkolonne in hohem Tempo über die Trasse jagte, warnte sie schon von Weitem mit dem Martinshorn. Die wenigen Wagen, die an diesem Sonntagabend auf der Chaussee nach Suchumi unterwegs waren, hielten respektvoll bei den Felsen am Straßenrand und ließen die Kolonne passieren.

Bis zum Militärflugplatz bei Gudauta blieben nur wenige Kilometer – fünf Minuten Fahrt –, als urplötzlich Befehl zum Halten gegeben wurde. Der »Packard« blieb ein paar Sekunden lang mitten auf der Fahrbahn stehen und stieß dann, ohne zu wenden, langsam zurück. Die Fords der Begleitung, einer vorn und zwei hinten, waren gezwungen, es ihm gleichzutun.

So rollten sie ziemlich lange rückwärts, bis sie an die Stelle kamen, wo unterhalb der Straße ein schmaler Strand voller umherliegender großer Steine in Sicht kam. Die Tür des »Packard« ging auf, *Er* stieg aus, die Schachtel in der Hand, und kletterte vorsichtig den Geröllhang zum Meer hinunter. Unter *Seinen* weichen Stiefeln lösten sich Steine und rollten hinab. Der Chef der Leibgarde warf dem Fahrer einen fragenden Blick zu. Der zuckte nur verständnislos mit den Schultern. Daraufhin gab der Sicherheitsmann seinen Leuten zu verstehen, dass die Hälfte der Begleitmannschaft bei den Wagen bleiben, die andere Hälfte ihrem Schutzbefohlenen in respektvoller Entfernung folgen sollte.

Der schritt langsam den Strand entlang, suchte etwas und stellte zugleich fest, dass zum ersten Mal seit vielen Wochen das Knirschen der Steine unter *Seinen* Schuhen das Gehör nicht mehr störte und *Er* die Berührung des Windes als angenehm empfand. Schließlich entdeckte *Er* hinter einem großen Stein, was *Er* von oben gesehen hatte – einen riesigen grauen Hund. Das räudige Tier schaute finster drein, das Fell hing ihm in Fetzen von den eingefallenen Flanken, aus denen die Rippen hervorschauten. Er blieb liegen, die Schnauze zum Meer gerichtet, nur seine gelben Augen schielten gleichgültig zu dem sich nähernden Mann.

Der zerriss den Karton, die zahlreichen Papierschichten, holte mit den Fingern ein Stück Fisch hervor und warf es dem Hund zu. »Da, friss«, sagte *Er* dabei. »Schade, wenn es umkommt. War ein guter Fisch.«

Der Hund fing die Gabe im Fluge auf und schlang sie, ohne zu kauen, hinunter. Nur seine Zähne klapperten laut und seiner Kehle entfuhr ein dumpfes Geräusch, als die Nahrung in den Magen befördert wurde. Dann erhob er sich und wedelte unsicher mit dem Schwanz.

Sofort kam hinter dem Stein eine zweite Schnauze hervor, lang und rothaarig wie von einem Fuchs. Eine Hündin humpelte auf *Ihn* zu und schlug sich mit dem Schwanz heftig die Seiten. *Er* warf auch ihr ein Stück hin.

Da stürzte sich der große Graue ohne Warnung auf die Rothaarige. Die heulte laut auf, und schon wälzte sich ein knurrendes, quietschendes Knäuel den Strand entlang, Blut und Fetzen von Fell hinter sich lassend.

Inzwischen war *Er* jedoch von weiteren offenen Mäulern umringt – ein ganzes Rudel streunender Hunde war auf den Geruch wie aus dem Nichts aufgetaucht und drängte sich winselnd um *Ihn*. *Er* hob die Schachtel über den Kopf und ließ wahllos alles in die aufgerissenen Rachen fallen – Fisch, Gräten, das fettgetränkte Stück Zitrone, zusammengeklebte Petersilienblätter, das Wachspapier, das gewöhnliche Papier, Karton und raue Schnur. Alles wurde augenblicklich verschlungen. Nach wenigen Sekunden stand *Er* mit leeren Händen da. Doch der Hunde waren noch mehr geworden. Sich gegenseitig beißend, vor Schmerz aufheulend und bedrohlich knurrend, zogen sie den Kreis um *Ihn* immer enger und wollten gar nicht begreifen, weshalb die Fütterung so rasch zu Ende war.

Da spürte *Er*, wie es in seinem Leib rumorte und eine schmerzhafte Kälte *Ihn* durchfuhr, die gleiche, die *Ihn* schon am Morgen beunruhigt hatte. Kein Polyp, kein Geschwür, nicht die Sorge um das Land und keine böse Vorahnung, sondern Angst, große, drängende Angst zappelte in *Seinem* Bauch, zerriss *Ihm* mit scharfen Flossen den Magen, verfing sich mit dem Schwanz in den Därmen und kratzte mit den Schuppen an den Knochen.

Von dem Gebell und Geheul fast taub, von dem übel riechenden Atem der Tiere angewidert, hielt *Er* sich mit der linken Hand ein Ohr zu und zeigte die rechte ölig glänzende vor, um zu demonstrieren, dass sie leer war. Sofort sprang ein geflecktes Hundevieh mit gefletschten Zähnen hoch und schnappte danach. Zubeißen konnte es nicht, denn ein Schuss krachte, und der Hund fiel auf die Steine. Einer aus der Begleitmannschaft hatte geschossen. Die anderen hatten wie erstarrt den Vorgang beobachtet und es nicht gewagt, das merkwürdige Spiel ihres Chefs zu stören.

Jetzt stoben die Hunde auseinander und weitere Schüsse ertönten. Jemandes kräftige Arme fassten *Ihn* bei den Ellenbogen, jemandes breite Schultern schirmten *Ihn* gegen den scharfen Pulverdampf ab, gegen das unerträglich grelle Licht der untergehenden Sonne, gegen das ohrenbetäubende Winseln der Hunde, gegen den Übelkeit verursachenden salzigen Seewind, gegen die scharfkantigen Steine und das widerliche Knirschen des Sandes unter seinen Füßen. Dankbar ließ *Er* sich in diese fürsorglichen, zuverlässigen Arme sinken, atmete tief durch, setzte vorsichtig einen Fuß vor den anderen, schwebte oder flog fast, bis *Er* sich in der Kühle der Limousine wiederfand.

»Fort, bloß fort von hier«, flüsterte *Er* den sich über *Ihn* beugenden verstörten Gesichtern zu. *Er* wollte allein sein. »Nein, einen Moment noch!«, sagte *Er* dann und hielt einen der mit Rhomben aus Metall besetzten harten Kragen fest. »Wer hat da unten am Strand als Erster geschossen? So ein hochgewachsener Mann.«

Man nannte ihm den Namen.

»Nach allen Punkten sorgfältig überprüfen. Schließlich hätte er danebenschießen können, versteht ihr …«

»Verstanden!«, schnarrte der Kragen zurück. »Wird überprüft! Noch heute! Sobald wir Sie ins Flugzeug gebracht haben! Und wie wir den überprüfen!«

»In welches Flugzeug?!« Eine Sekunde lang stellte *Er* sich die runden Bordfenster vor, hinter denen sich die Erde immer weiter entfernte, und schon zappelte der Fisch wieder hysterisch in *Seinem* Bauch, dass ihm ganz übel wurde. »Kein Flugzeug, auf keinen Fall! Zurück zur Villa, auf der Stelle!«

Die gepanzerte Tür schlug zu und ließ *Ihn* in der langersehnten Stille allein zurück. Die Kolonne wendete vorsichtig und entfernte sich dann in hohem Tempo von Gudauta. Am Strand lag mindestens ein Dutzend toter Hunde, zehn dicht beisammen, und zwei, ein grauer und ein rothaariger, weiter weg am Wasser. Die Kugeln hatten sie im Kampf ereilt, und so, ineinander verbissen, lagen sie da.

Davon sah *Er* nichts mehr. Völlig entkräftet sank *Er* auf *Seinem* Sitz zusammen, schloss die Augen und lehnte eine Wange an die weiche Polsterung. Das Leder roch kaum spürbar nach gebratenem Fisch.

30

An diesem letzten Morgen lag Bach lange unter dem Federbett aus Entendaunen und lauschte dem Regen, der an die Fensterscheiben prasselte. Der Wind krachte bald gegen die eine, bald gegen die andere Wand des Hauses, als wollte er es umwerfen. Die Dachsparren ächzten. Der Schornstein heulte, die eisernen Angeln der Fensterläden quietschten.

Der Lärm, von dem der *Ewige November* begleitet wurde, war Bach schon lange lästig. Doch jetzt, da er etwas Wichtiges erwartete, was jeden Augenblick eintreten konnte oder bereits eingetreten war, störte dieses Krachen und Heulen ihn beim Fühlen, Lauschen und Warten. Bach wusste nicht, was an diesem Tag geschehen sollte, aber er wollte den Ereignissen mit offenen Augen und vollen Sinnen entgegentreten. Dafür wünschte er sich Stille.

Mit ärgerlich gerunzelter Stirn streckte er die gekrümmten Beine und kroch unter dem Federbett hervor. Als er sich von dem schmalen Kinderlager erhob, hätte er sich an dem oberen Bett beinahe den Kopf gestoßen. Die Lampe zündete er nicht an, die Kerzen konnten die künftigen Bewohner des Hauses gut gebrauchen. In der Dunkelheit strich er den eingedrückten Strohsack glatt, klemmte sich das Federbett unter den Arm und ging davon. Er schlüpfte weder in die Felljacke, noch setzte er sich die Pelzmütze auf, nicht einmal die ewige Filzkappe. All das sollte den Kindern bleiben. Er ging in dem, was er am Leibe trug – in der Unterwäsche, über die er nur die Kirgisenweste geworfen hatte.

Bach trat auf die Vortreppe hinaus, schloss sorgfältig die Haustür hinter sich und schob den Riegel vor. Ein Schloss wollte er nicht vorhängen. Mit dem Rücken an die Tür gelehnt, fasste er das Federbett bei den Zipfeln und breitete es über seine ausgestreckten Arme.

Das Himmelswasser klatschte ihm auf Gesicht und Brust. Ohne darauf zu achten, dass Hemd und Weste davon immer schwerer wurden, schüttelte Bach das Federbett einmal auf, dann ein zweites und ein drittes Mal, bis es wie eine dicke Wolke über seinen Armen lag. Regentropfen fielen darauf, doch sie drangen nicht ein, sondern sprangen wie Perlen zurück. Die Daunen drinnen sogen gehorsam Luft an und plusterten sich auf.

Aus der Wolke stiegen – mit jedem Schütteln stärker – Düfte der Vergangenheit auf: der zarte Geruch von Kinderkörper und Kinderhaaren, Klaras längst vergessener Duft, die Gerüche des Schulhauses, seiner Junggesellenkammer, von Tinte, Papier und Büchern. Mit den Gerüchen drangen jetzt auch Federn und Daunen aus dem morschen Inlett, anfangs nur wenige, dann immer mehr.

Die feinen Daunen waren inzwischen fast zu Mehl oder Puder zerfallen, zu Kreidestaub, der als weißer Nebel von dem Federbett stiebte. Etwas gröbere Wolken erinnerten an Pulverschnee. Und die Federn, von durchsichtig bis groß und schwer, an dicke Schneeflocken. Ringsum wurde es heller, entweder von der nahenden Morgendämmerung oder von dem Weiß der Federwolke, die sich jetzt nach allen Seiten ausbreitete. Der Regen hatte aufgehört, der Wind sich gelegt.

Bachs Schultern und Arme wurden müde, doch er konnte nicht aufhören, er schüttelte sein Federbett weiter und brachte immer neue Wolken von Weiß ans Licht. Die Federn flogen ihm ins Gesicht und streichelten seine Wangen, die Daunen blieben ihm im Haar hängen. Bach bemerkte nicht sofort, dass vom Platschen der Regentropfen, dem Heulen des Windes und dem Rauschen der Äste nichts mehr zu hören war. Die lang ersehnte Stille war eingetreten. Der einzige Laut war das Klatschen des Federbetts. Mit jeder Minute wurde es leichter, verlor Federn und Gewicht, und das Schütteln kostete weniger Mühe. Bach schüttelte immer schneller und heftiger.

Bald war die Federwolke über der Vortreppe so dick, dass er weder die Bauten des Gehöfts sah noch die Baumwipfel dahinter, ja nicht einmal den über dem Hof hängenden dunklen Himmel. Allein die feste Tür in seinem Rücken und die Vortreppe unter seinen Füßen spürte er. Alles Übrige ringsum wurde weich, bestand nur noch aus schwebenden Federn.

Als das Inlett endlich leer und völlig gewichtslos war, ließ Bach die Arme sinken. Der von ihm ausgelöste Federwirbel beruhigte sich allmählich und sank zu Boden. Noch schwebte das Gestöber ein wenig auf dem Hof und über den Dächern, aber immer langsamer und tiefer. Bach hängte das Inlett sorgsam über das Treppengeländer – daraus konnte man noch Handtücher oder Scheuerlappen schneiden – und überschaute das Gehöft.

Die weißen Daunen bedeckten alles: Boden, Wände, Dächer, Türen und Fensterläden, Gemüsebeete und Zäune. Ein weißes Kleid trugen die Apfelbäume im Garten, die Eichen, Birken und Kiefern im Wald. Noch immer sanken weiße Daunen von oben herab, entweder von den Dächern oder vom Himmel. Überall, wohin Bachs Auge reichte, sah er dieses Weiß. Waren es denn noch Daunen? Bach trat von der Treppe herunter in das duftige Etwas, das den Hof bedeckte. Es knirschte unter seinen Sohlen. Er nahm eine Handvoll davon und legte es sich auf die Zunge: Es waren keine Daunen, es war Schnee.

Auch die Luft roch jetzt zum ersten Mal nach vielen Jahren nicht nach Feuchtigkeit, sondern nach Schnee. Aus den Wolken fielen zum ersten Mal seit langer Zeit nicht Tropfen, sondern Flocken. Und hinter diesen Wolken zeigte sich die Morgensonne – groß und rot wie bei Frostwetter.

Bis zu den Knien in Schneewehen versinkend und das Gesicht den Flocken zugewandt, schritt Bach zur Wolga. Warum, wusste er nicht. Ihm schien es richtig so.

Seine Füße in den Hausschuhen aus Filz stapften durch den knirschenden Schnee. Genussvoll sog er die Luft ein – sie war scharf und leicht süßlich von der zunehmenden Kälte – und atmete weißen Dampf aus.

An der Kante des Steilufers blieb Bach stehen und ließ den Blick über die Wolga schweifen. Vor seinen Augen wurde die bleigraue Fläche immer heller, bedeckte sich rasch mit Flecken von Schneematsch. Der Eisbrei schob sich über den Fluss, fror bereits zusammen und schimmerte rosafarben in den Strahlen der Morgensonne. Eisplatten in verschiedenen Formen und Größen wurden ins Fahrwasser gezogen. In der Ferne, kurz vor Gnadental, war ein schwarzer Punkt zu erkennen – ein Boot.

Wie konnte es Bach mit seinen halbblinden Augen bei diesem Wetter ausmachen? Doch er sah es. Genauer gesagt, er erkannte es. Und zweifelte keine Sekunde lang: Das Boot kam ihn holen.

Er hob die Arme und winkte froh: Hier bin ich! Vom Schütteln des Federbetts völlig erschöpft, riss er sie trotzdem hoch, dass die Schultern schmerzten, und fuhr fort zu winken.

Das Boot bewegte sich langsam. Die Ruderer, es schienen zwei zu sein, agierten flott und abgestimmt, aber der Eisbrei auf dem Wasser und der auflebende Wind erschwerten ihnen das Vorankommen.

In den dichten Schneefall blinzelnd, zog Bach die Weste aus und wedelte damit wie mit einer Fahne, damit man ihn besser sehen konnte. Dann beschloss er, zum Wasser hinunter dem sich nähernden Boot entgegenzugehen.

Er glitt auf vereisten Steinen aus, konnte sich nur mit Mühe an gefrorenem Gras festklammern und erreichte irgendwie das Ufer. Dabei fiel ihm die Weste herunter, die der Wind sofort erfasste und zur Seite wehte. Er nahm sich nicht die Zeit, nach ihr zu suchen. Er stellte sich auf einen großen Stein und begann wieder zu winken: Hier bin ich!

Bach sah nur die Rücken der Ruderer. Die kräftigen Männer in den grauen Uniformmänteln arbeiteten im gleichen Takt – ein Schlag, noch ein Schlag. Gleichmäßig tauchten die Ruderblätter aus dem Wasser heraus und wieder hinein: ein Ruck, noch ein Ruck.

Der Schnee fiel jetzt so dicht, dass das Boot und die Männer darin kaum noch zu erkennen waren. Die Ruderer wandten sich nicht um. Wie konnten sie so die Richtung halten? Wieso kamen sie bei dem Schneegestöber nicht vom Kurs ab? Oder doch?

Er winkte heftiger, um die Aufmerksamkeit der Ruderer zu erregen. Aber die schienen ihn nicht zu bemerken.

Er probierte es noch einmal. Keine Reaktion.

Da sprang er von dem Stein in den Fluss und watete ihnen entgegen. In dem Eiswasser konnte er nur mit Mühe die Beine bewegen. Er stieg bis zu den Knöcheln ins Wasser, dann bis zu den Knien. Unerwartet glitt er auf einem schrägen Stein aus und fiel in die Wolga.

Das Wasser erfasste ihn sofort. Es zog ihn mit sich, warf ihn zuerst mit dem Hinterkopf, dann mit einer Wange gegen scharfkantige Steine. Riss ihm die Schuhe von den Füßen, blähte Hemd und Hose auf, umspülte ihn von den Fußzehen bis zu den Fingern, vom Nabel bis zum Scheitel. Drang ihm in Ohren, Mund und Augen. Zog ihn immer weiter und weiter.

Er spürte keinen Schmerz. Und keine Angst. Auch kalt war ihm kein bisschen. Die Kälte war dort oben geblieben, wo silberne Lichtflecken über die Wasserfläche huschten. Doch hier in der Tiefe war es schön.

Hier waren die Laute dumpf und langgezogen, die Bewegungen langsam und fließend. Es gab wenig Licht, doch viel war auch nicht nötig: Die Unterwasserwelt war nicht hell und daher bei Dämmerlicht am besten zu beschauen. Leuchtete nicht auch das Wasser ein wenig? Die Wasserpflanzen, die auf dem schlammigen Grund wuchsen? Oder kam dieses gelb flimmernde Licht etwa von den Schuppen vorüberschwimmender Fische? Wie dem auch sei, als Bach endlich die Augen weit öffnete, konnte er klar sehen. Das Wasser störte nicht beim Atmen – es drang wie Luft in ihn ein und trat ebenso leicht wieder aus. Die mit Flüssigkeit gefüllten Lungen arbeiteten störungsfrei und versorgten den Organismus mit Energie.

Er blickte auf seine Hände – sie wirkten blass und grünlich. Auf seine Beine in der an den Knien durchgewetzten Hose. Und auf die nackten Füße. Sein Körper war heil und ganz. Er griff nach dem Bart und dem von der Strömung zerzausten Haarzöpfchen – auch der Kopf war unversehrt.

Nun schaute er sich um. Er saß, leicht vornübergebeugt,

irgendwo im Schlamm am Grund der Wolga. Das Wasser über ihm maß viele Meter. Rechts, links und nach allen Seiten hin wucherte grünes Dickicht, das von der Strömung sacht bewegt wurde, glitzerten schuppige Fischkörper. Die Umrisse der Gegenstände – Steine, Wurzeln und Büsche von Wasserpflanzen – wurden in der Ferne immer verschwommener, aber dicht um sich herum sah er scharfe Bilder. Das Wasser stupste ihn sacht, kaum spürbar in den Rücken. Er stand auf und schritt langsam über den Grund des Flusses, den gemessenen Bewegungen dieser Welt angepasst.

Bei jedem Schritt wirbelte er eine Wolke schwarzen Bodensatzes auf. Die hing noch im Wasser, als er schon lange davongegangen war, vorbei an großen, mit Schichten von Schlamm bedeckten Steinen, an Bergen kleinerer Kiesel und Bodenwellen, an Hügeln von Muschelschalen und dem Dickicht von Wasserpflanzen.

Da stolperte er mit einem Fuß über ein leichtes, hohles Ding, eine Konservendose oder ein Stück Rohr. Ohne es zu beachten, ging er weiter. Nach ein paar Schritten geschah es wieder, offenbar lagen diese Dinger hier überall herum. Bach hob eines auf und schaute es genauer an. Es war ein kleiner Zylinder von rötlicher Farbe, das konnte man auch bei diesem Licht erkennen. Wahrscheinlich war er aus Bronze gemacht und schimmerte erstaunlich neu, als komme er geradewegs vom Fließband. Bach ließ ihn fallen und trat jetzt vorsichtiger auf.

In der Tat schritt er über verschiedensten Unrat in größeren und kleineren Formen. Da waren zerrissene Stücke von Fischernetzen, gebrochene Ruder, Scherben von Geschirr, ein zusammengebundenes Päckchen Briefe, mehrere Schiffsanker, wild durcheinandergeworfene Kleidersäcke und Reisekoffer, Flaschen, ein schartiger Steigbügel, mehrere Frauenkleider, ein Aschenbecher, ein umgekippter Billardtisch, eine halbzerfallene Kommode und sogar die Schneiderpuppe einer Näherei. Um manches schlug Bach einen Bogen, über anderes stieg er hinweg. Dabei staunte er darüber, dass all diese Dinge im Wasser keinerlei Schaden genommen hatten. Obwohl sie im Schlamm steckten, hatte der sie nicht zugedeckt, waren sie nicht verrostet, nicht nachgedunkelt oder von Patina überzogen.

Da ragte aus dem Sand des Flussbetts der gelb gestrichene Bauch eines Bootes hervor, wie sie von Stadtbewohnern sonntags für Ausflüge in Ufernähe benutzt werden.

Unweit davon lag eine kleine, stabile Brücke aus frisch gehobeltem Holz, die das Hochwasser fortgerissen haben musste. Sie war zehn bis zwölf Meter lang, hatte ein dickes Geländer und solide Verstrebungen.

Aber das war noch gar nichts! Gleich daneben stand ein ganzes Blockhaus, wahrscheinlich in demselben Hochwasser versunken. An den Wänden aus Rundhölzern war noch die Maserung des Holzes zu erkennen, an den Schnittflächen klebten Harztropfen, und die mit Schnitzereien verzierten Fensterrahmen strahlten so hell, als seien sie erst Minuten zuvor fertig geworden.

Bach ging weiter, zunehmend verwundert über diese Vielfalt der Unterwasserwelt und deren erstaunliche Fähigkeit, die Gegenstände vor den Einwirkungen von Zeit und Natur zu schützen. Das letzte große Frühjahrshochwasser hatte es nach Bachs Erinnerung im *Jahr der Überreichen Ernte* gegeben. Konnte ein solches Haus ein Dutzend Jahre auf dem Grund der Wolga stehen, ohne sich auch nur ein bisschen zu verändern?

Er wanderte an schneeweißen, in Tuniken gehüllten Gipsfiguren vorüber und fragte sich, ob die absichtlich in die Wolga geworfen worden oder per Zufall hierher geraten waren. Dann sah er eine Schultafel voller mit Kreide geschriebener Rechenaufgaben, Haufen von Büchern und Zeitschriften, bei denen er am liebsten sitzen geblieben und ohne Ende in ihnen gelesen hätte. Er sah schiefe Palmen in Steingutkübeln, Seidenvorhänge, die in der Strömung wehten, und halb im Sand versunkene Kronleuchter. Er kam an einem Handwebstuhl mit einem schön gemusterten, halb fertigen Stück Leinen vorüber, an Bauernwagen, die ihre Deichseln zum Himmel streckten. Dann folgte eine ganze Kolonne versunkener »Zwerge«. Hier also waren die ihm so ans Herz gewachsenen Kleintraktoren gelandet!

Auf dem Fahrersitz eines der »Zwerge« bemerkte er ein anscheinend schlafendes Wesen, entweder einen großen Fisch oder ein Tier. Als er näher kam, stand er starr vor Schreck: Das war weder ein Fisch noch ein wildes Tier, sondern da lag eines der ungeborenen Kälber mit herabhängenden Beinchen und geschlossenen Augen. In der Nähe entdeckte er noch mehr dieser Wesen, an deren Köpfen die großen Stirnen, die nur angedeuteten Ohren und die menschenähnlichen Lippen auffielen, dazu die dürren Beinchen mit den gespreizten Paarhufen, die zarten Rippen unter der von blauen Venen durchzogenen rosigen Haut. Hierher also hatte die Wolga sie in jenem schrecklichen Frühling des Jahres 1920 gespült. Hier, an ihrem Boden, hatte sie sie versteckt. Wie konnten sie hier fast zwanzig Jahre lang liegen, ohne dass Hechte oder Welse sie anrührten? Ohne sich aufzublähen und vom Wasser in Stücke zerlegt zu werden?

Aber nicht nur die Kälber hatte die Wolga erhalten, wie sie waren. Weiter flussabwärts stieß Bach auf den ersten Menschen, eine Frau. Sie hatte ihrem Leben selbst ein Ende gesetzt, das stand ihr ins Gesicht geschrieben. Man sah es an den traurigen Augen und den vor Kummer zusammengepressten Lippen. Ihre Züge, das wehende schwarze Haar und der zarte Hals, der aus dem Ausschnitt des Spitzenkleides aufstieg – all das atmete Frische, als sei sie nicht tot, sondern schlafe nur. Halb auf einer Wolke von Wasserpflanzen liegend, schwebte sie mit ihnen, erhob sich ein wenig mit ihrem Lager und sank dann wieder in das üppige Grün zurück. Ihr langes Kleid flatterte, hin und wieder lugten bleiche Knie daraus hervor. Bach zupfte das Kleid glatt und bedeckte die nackten Beine.

Sollte er weitergehen? Oder besser in der erkundeten Gegend bleiben – in der angenehmen Gesellschaft von Büchern, klassischen Statuen und leeren Häusern? Bach wollte sich auf dem Fahrersitz eines der »Zwerge« niederlassen, um über diese Frage nachzudenken, doch das Wasser stieß ihn weiter in den Rücken, sacht, kaum spürbar, aber unablässig. Es trug Bach Stück für Stück immer weiter flussabwärts. Er fand sich damit ab.

Die Menschen um ihn herum wurden immer mehr.

Das Gewehr fest an sich gedrückt, lag an einem Abhang ein halb von Sand bedeckter Soldat.

In einem aus dem Schlamm ragenden Auto saßen drei, alle in Lederjacken und mit runden Staubbrillen. Die hatten sich inzwischen mit Sand gefüllt, so dass die Augen nicht zu sehen waren.

Von Muschelschalen fast völlig bedeckt, lag ein Schlitten auf der Seite. Die vorgespannten Pferde schwebten im Wasser, nur vom Geschirr festgehalten, ihre Mähnen und Schwänze wehten in der Strömung. Neben ihnen am Boden ruhten die Insassen des Gefährts in dicken Soldatenmänteln mit Karakulpelzkragen und riesigen Pelzmützen. Daneben ein Maschinengewehr mit nur halb leer geschossenem Patronengurt.

Bach schaute den Ertrunkenen nicht in die Gesichter, die ganz lebendig wirkten und denen Wasser und Fische ebenfalls nichts hatten anhaben können. Er ging einfach an ihnen vorbei. Er wollte seinen Schritt beschleunigen, aber in dieser trägen Unterwasserwelt war das schwierig. Also zog er langsam weiter, vermied es, die Toten genauer anzusehen, wich ihnen aus, wenn das möglich war. Einige kamen ihm bekannt vor, wahrscheinlich hatte er sie im *Jahr des Hungers* in den Eislöchern auf der Wolga beigesetzt. Auch bei ihnen blieb er nicht stehen, um seine Vermutung zu prüfen.

Doch zwei Gestalten – die große eines Mannes und die schmächtige einer Frau, erweckten seine Aufmerksamkeit. Wer lag da an einer Senke hingestreckt mit einem Bauch wie ein Wolga-Findling, mit Fingern, dick wie Aale, mit einem Bart wie ein Haufen Schlamm – war das nicht Udo Grimm? Und die alte Frau mit dem faltigen Gesicht, den Haaren, weiß wie ein Fischbauch, die neben ihm hockte, war das nicht Tilda?

Sie waren es.

Hatten sie von Saratow per Schiff weiterfahren wollen und dabei Klara wegen ihrer Flucht verwünscht? Oder waren sie auf dem Weg zum Gehöft zurück gewesen, um nach dem verschwundenen Mädchen zu suchen? Sie waren also nicht wirklich fortgegangen und nirgendwo angekommen. Da lagen sie nun auf dem Grund der Wolga, entkleidet bis auf die Unterwäsche und ohne Schuhe. Vielleicht hatten Banditen sie ausgeraubt und in den Fluss geworfen.

Bach trug keine Mütze, die er hätte abnehmen können, um den Toten die letzte Ehre zu erweisen. So blieb er einen Augenblick bei ihnen stehen, doch die erbarmungslose Strömung stieß ihn in den Rücken, drückte gegen seine Knie, zog ihn weiter. Und keine Wurzel oder ein Stein in der Nähe, wo er sich festhalten konnte, um noch ein wenig bei den Toten zu sein. Traurig und ärgerlich über das gnadenlose Wasser, das ihn nicht eine Minute länger bei für ihn wichtigen Menschen verweilen ließ, schloss er die Augen und ging blicklos weiter.

Doch jemand oder etwas wollte nicht unbemerkt bleiben, schwamm auf Bach zu, blieb an ihm hängen wie in einer Umarmung. Er schüttelte sich und wäre beinahe auf den Rücken gefallen, versuchte, dieses schwere, kühle Etwas von sich zu stoßen. Dabei öffnete er die Augen und sah: Es war ein junger Mann. Sein völlig nackter Körper war schön wie eine dieser Statuen, die Bach hinter sich gelassen hatte – die weiße Haut, die ausgeprägten Muskeln, die vollendeten Proportionen. Und das bildschöne Gesicht. Kein Gesicht, sondern ein Antlitz, so delikat und fein, wie man es nur bei Ikonen findet. Daraus strahlte ein wundervolles Augenpaar. Die Lippen ideal geformt und blutrot, darüber zarte, rosige Wangen. Der Blick hingegen wirkte so erwachsen und traurig wie der eines alten Mannes. Der tote Hoffmann schaute Bach an und schwamm dann in die Finsternis davon. Zu spät besann sich Bach. Er streckte die Arme aus und wollte ihm nacheilen, aber das gelang ihm nicht. Sie konnten sich nicht vereinigen. Hoffmanns herrliche junge Gestalt entfernte sich, von einer unsichtbaren Strömung getragen. Eine andere trieb Bach in entgegengesetzter Richtung von ihm fort.

Wieso hatte Hoffmanns Gestalt sich verändert? War das ein Hinweis auf seinen Märtyrertod? Oder nur ein Spiel von Bachs Phantasie? Oder Hoffmann zeigte sich Bach erst im Tode so, wie er wirklich war?

Und was war das für Wasser, das ihm so weich und zärtlich schien und ihn dabei so herzlos vorwärtstrieb? Das

Menschen, Tiere und Gegenstände in ihrem ursprünglichen Zustand erhielt? Das den Schlaf der Toten so sorgsam bewachte, aber einen nicht länger als ein paar Augenblicke bei ihnen ließ? Und was sollte er, Bach, in diesem Wasser, wenn er noch gar nicht tot war?

Bach stieß sich vom Grund ab und ruderte mit den Armen, um aufzutauchen. Aber er kam nicht weit, der für das Wasser typische Auftrieb fehlte hier. Bald stand er wieder am Grund der Wolga, und die Strömung zog ihn bei jedem seiner Sprünge weiter vorwärts.

Wohin? Was war das Ziel dieser seltsamen Reise?

Er hielt die Beine still, um dem Wasser nicht auch noch zu helfen. Doch ein langsamer Sog trug ihn voran, als gehe er selbst weiter. Er drehte sich ein wenig darin, legte sich auf die Seite, dann auf den Bauch und auf den Rücken, wie man sich in einem weichen Bett wälzt. Schließlich fand er die für ihn angenehmste Lage und schickte sich drein. Er hätte auch die Augen schließen und das Ende dieses Weges blind abwarten können. Aber Bach entschied, wenn schon reisen, dann mit offenen Augen, um nicht erneut etwas Wichtiges zu verpassen, wie es ihm bei dem kurzen Wiedersehen mit Hoffmann beinahe passiert wäre.

Jetzt kam er an einem mit vielen Geschützen bestückten untergegangenen Kriegsschiff vorüber.

Dann an einem Güterzug, in dem Pferde eingesperrt waren.

Danach an einem Lastkahn, auf dessen Deck sich Säcke mit Getreide stapelten.

Bach meinte, die Bilder müssten einen Sinn ergeben, doch der erschloss sich ihm nicht. Das lag entweder an dem dunkelgrünen Wasser oder an dem vielen Sand und den Bergen von Schlamm ringsum. Worin bestand dieser

Sinn? Was sollte Bach hinter der Vielzahl der vorübergeschwommenen Toten und im Fluss versunkenen Gegenstände erkennen? Was begreifen?

Er vermied es jetzt, sich auf die gut sichtbare nahe Umgebung zu konzentrieren, sondern versuchte nach vorn zu schauen und in der braunen Tiefe vor ihm etwas auszumachen. Die Strömung trug ihn langsam voran, und seine Augen hatten genügend Zeit, den trüben Raum zu durchdringen. Aber auch dort sah er nichts anderes als Menschen und Dinge, zwischen denen ab und zu silbrige Fischkörper aufblinkten.

Nun richtete er seinen Blick nach oben. Doch vom Grund der Wolga wirkte die Wasseroberfläche wie ein ferner Himmel, von dem trübes grünes Licht herabsickerte.

Da Bach gar nicht mehr wusste, was er noch unternehmen und wohin er noch schauen sollte, sah er nach unten, auf die aus dem gelben Sand herausragenden Steine, über die sein Schatten lautlos dahinglitt.

Aber waren das überhaupt Steine? Schien es Bach nur so, oder erblickte er dort Gesichtszüge, geöffnete Münder, Augen und Zähne? Wuchsen Wasserpflanzen darunter hervor oder war es Haar, das aus Köpfen spross? Sah er merkwürdige Sandwellen und Erdhügel oder etwa menschliche Körper?

Nein, das war keine Erscheinung, sondern Wirklichkeit.

Es waren keine Steine, sondern Gesichter.

Es waren nicht Sand und Schlamm, sondern Körper.

Sehr junge, jugendliche und reife Körper. Von Männern und Frauen. Von Greisen und Kindern. In Roben und teuren Gewändern, in Leinen und Nessel, in Eisen und Leder, nackt oder in stählerner Rüstung. Sie alle waren wie zu einem unlösbaren Massiv zusammengeschoben – blonde, schwarze und graue Köpfe, Zöpfe von Mädchen und kirgisischen Kriegern, mit Kreuzstich bestickte Hemden, Stiefel aus Kalbs- und Schweinsleder, Biesen, Überschuhe, Fußlappen, Sporen, Knie und Schultern, pelzgefütterte Schnürschuhe, nackte Füße, Reithosen, Helme, Stirnen, Nasen, Kinne, Sicheln, Galoschen, spitze Zobelpelzmützen, Hände und Ellenbogen, Schilde und Köcher, Tscherkessenjacken aus feiner Wolle, Brillen und Schirmmützen ... Die Menschen lagen übereinander, auf der Brust, auf dem Bauch, auf dem Rücken, die Finger verschränkt oder die Hände gefaltet, Wange an Wange, Mund an Mund. Als wären sie einander sehr teuer. Sie lagen in Richtung der Strömung und gegen die Strömung, links und rechts, überall, soweit das Auge reichte. Sie bedeckten den ganzen Grund der Wolga, genauer gesagt, sie bildeten den Grund des Flusses. Ihre Augen waren hell, dunkel, grau, blau, weit aufgerissen, mit langen Wimpern, schmal und unter den hängenden mongolischen Lidern kaum sichtbar. Von allen Seiten blickten sie ruhig auf Bach. Aber all das – Stoffe, Panzer, Rüstungen aus Knochen und Holz, Mäntel, Uniformblusen, Schleier, Pelzmützen, Körper und Gliedmaßen, Gesichter und Haare, Zähne und Nägel –, all das war von Pfeilen, Speeren und Bajonetten durchbohrt, überall klafften Einschusslöcher und Messerschnitte. Wie Krampen, Nadelstiche oder Nägel.

Von dem Anblick tief erschrocken, riss Bach den Mund auf und wollte schreien. Aber in der Unterwasserwelt waren Schreie nicht möglich. Er begann zu strampeln, um von diesem Boden wegzukommen, aber die Anziehung war stärker. Bach schwebte im Wasser, kaum eine Armlänge über den erstarrten Leichen, unfähig, sich von ihnen zu entfernen.

War es denkbar, dass er all die Jahre gelebt hatte, ohne

von all dem zu wissen? Dass die Menschen oben, die an beiden Ufern des Flusses lebten, es ebenfalls nicht wussten? Dieses Wasser tranken, in ihm badeten, damit ihre Kinder tauften und die Wäsche spülten?

Was nicht wissen? Dass dieser Fluss so voller Tod war? Dass sein Grund aus Leichen bestand, sein Wasser aus Blut und den Flüchen Sterbender? Oder war er, im Gegenteil, voller Leben? So sehr, dass selbst die, die dort ihr Ende fanden, vor dem Zerfall geschützt wurden?

Dass dieser Fluss eine einzige Grausamkeit war? Ein Friedhof für Waffen und letzte Zeugnisse? Oder umgekehrt, ein wahres Erbarmen? So geduldig, dass er alles Schlimme, Grausame und Barbarische fortspülte?

Dass dieser Fluss ein glatter Betrug war? Eine scheinbare Schönheit, die beispiellose Hässlichkeit verbarg? Oder, im Gegenteil, die reine Wahrheit? Die reine, sorgsam gehütete Wahrheit, die seit Jahrhunderten jene erwartete, die furchtlos mit offenen Augen über seinen Grund schritten?

Von all den Fragen verwirrt, auf die es keine Antwort gab, und einer unerklärlichen Eingebung folgend, hielt sich Bach an etwas fest. Es war ein Gewehr. Bach packte es beim Lauf, ließ sich weiter absinken und legte sich mit Gesicht und Brust auf jemandes Jacke. Seine Stirn stieß an Schulterstücke. Neben seiner Wange wand sich etwas Langes, Dünnes, das eine Lederpeitsche oder ein Mädchenzopf sein konnte. Direkt vor seinen Augen wallte ein wirrer roter Bart.

Was hier vorging, empfand Bach als richtig und war es zufrieden. Er wollte sich schon fest auf den Boden legen und für immer hier bleiben. Doch die Strömung ließ das nicht zu, sie spülte ihn weiter. Eine Zeitlang wehrte er sich, aber gegen die Wolga kam er nicht an. Des Kämpfens müde, löste Bach die Finger und ließ sich wieder von der Strömung treiben.

Das Wasser wurde immer weicher und angenehmer. Es war jetzt wie geschmolzene Butter, wie ein Atemhauch, wie Seide. Es glättete die tiefen Falten auf Bachs Stirn, löste und kämmte sein Haar. Spülte an seiner Unterwäsche anhaftende Reste von Wasserpflanzen und Fischschuppen fort, wusch seine vom Schlamm dunklen Füße. Erleichtert vergaß er die soeben noch verfolgte Absicht, streckte sich wonnevoll, warf Arme und Beine weit auseinander und legte den Kopf in den Nacken, so wie es die Kleinsten in der Wiege tun. Das Wasser zog an ihm – entweder es beförderte ihn schwebend an weitere Orte, oder es zerrte seinen erschlafften Körper nach und nach auseinander.

Er spürte, wie Arme und Beine immer länger wurden, wie sich sein Brustkorb vergrößerte und weitete. Wie das Rückgrat Wirbel für Wirbel aufgerichtet und gerade gezogen wurde, wie sich die Rippen aufstellten. Wie seine Muskeln sich mit Wasser füllten und anschwollen. Wie die Lunge sich entfaltete und die zusammengepressten inneren Organe sich aufblähten. Wie die jetzt nicht mehr notwendige Haut sich in den Wellen auflöste. Bachs Organismus sprengte alle Grenzen, dehnte sich in die Breite und Länge und wurde von der Strömung auf dem Boden der Wolga von den Quellen bis zur Mündung auseinandergezogen.

Seine Fußzehen trieb es in die stillen Wasser der Flüsschen Scheksna und Mologa, zu den flachen Ufern von Dubna und Kostroma. Unterschenkel und Knie streckten sich in der Oka aus, die Hüften im blauen Wasser der Swijaga. Seine Arme reichten bis zur Kama und dehnten sich durch die Windungen von Wjatka, Tschussowa und

Wischera. Der Rumpf legte sich längs des Shiguli-Gebirges und der Drachenberge bei Saratow bis zu den Mündungen von Irgis und Jeruslan. Sein Haar breitete sich durch den Mündungsarm Achtuba über das ganze Delta aus und erreichte mit seinen Spitzen das Kaspische Meer.

Bach löste sich in der Wolga auf. Es fehlte nicht viel bis zu dem Augenblick, da der Fluss seinen Blutkreislauf ersetzte, seine Knochen zu Sand und Steinen, sein Haar zu Wasserpflanzen wurden …, da packte ihn eine brutale Kraft derb bei Brust und Bart und zog ihn nach oben.

Eiskalte Luft fuhr ihm scharf ins Gesicht und in die Nase, wo eben noch Wasser gewesen war. Bach, der nicht mehr gewohnt war zu atmen, begann zu husten und wollte sich losreißen, um in den Fluss zurückzukehren, aber man ließ ihn nicht. Jemandes Hände hielten ihn fest. Sie packten ihn beim Schlafittchen, dann am Gürtel, und da lag er auch schon am Boden eines Bootes, patschnass und mit aufgerissenem Mund.

Über sich sah er die rot gefrorenen Gesichter zweier Kirgisen. Das eine, noch jung, wurde von einer Stoffmütze mit heruntergelassenen Ohrenklappen gerahmt. Das andere war von Runzeln durchfurcht und trug eine blaue Schirmmütze mit himbeerrotem Rand.

»Abhauen wollte er«, sagte der Jüngere, den Bach nicht kannte.

Der zweite schwieg. Bach kannte dieses Gesicht, wenn die Jahre auch weitere Falten hinzugefügt hatten. Es war Kaissar, der finstere Fährmann von Grimms Gehöft.

Die Gesichter verschwanden, die Kirgisen griffen nach den Rudern. Bach lag in dem schaukelnden Boot und musste wieder atmen lernen. Schneeflocken fielen ihm auf

Stirn und Wangen. Eisschollen schoben sich knirschend die Bordwände des Bootes entlang.

»Fahren wir?«, erklang da Kaissars Stimme.

Bach sog die stechende, mit Schnee vermischte Luft ein und antwortete: »Ich bin bereit.«

Epilog

Jakob Iwanowitsch Bach wurde zu fünfzehn Jahren Haft verurteilt und bald darauf zur Verbüßung der Strafe nach Kasachstan gebracht. Er lebte zunächst in Dscheskasgan, später in Kengir und Dschesda. Bach wurde beim Bau von Staudämmen, Überlandleitungen und Eisenbahntrassen sowie im Manganbergbau eingesetzt. Nach unbestätigten Berichten schrieb er in seiner Freizeit Gedichte. Belege dafür sind nicht überliefert. Tochter und Sohn hat er nicht wiedergesehen. Zusammen mit weiteren elf Häftlingen kam er bei einem Grubenunglück ums Leben.

Anna Jakobowna Bach erwarb an der Internatsschule »Clara Zetkin« der Stadt Engels (vormals Pokrowsk) den Mittelschulabschluss und wollte die Militärfliegerschule von Engels besuchen. Das gelang nicht, weil der Krieg ausbrach. Im September 1941 wurde sie mit dem größten Teil der Bevölkerung der Deutschen Republik nach Kasachstan deportiert. Sie wurde zur Arbeitsarmee einberufen und war in Arbeitskolonnen beim Bau von Staudämmen, Überlandleitungen und Eisenbahntrassen sowie beim Anbau von Hafer eingesetzt. Ihren Vater sah sie nicht wieder. Infolge eines Arbeitsunfalls wurde sie Invalidin – ein Bein musste bis zur Hüfte amputiert werden. Nach dem Krieg fand sie eine Anstellung als Buchhalterin in einem Staatsgut.

Wassili Wassiljewitsch Wolgin studierte am Pädagogischen Institut Saratow und wurde Deutschlehrer. Eine entsprechende Tätigkeit konnte er nicht aufnehmen, weil der Krieg begann. Im September 1941 ging er als Freiwilliger an die Front. Den 8. Mai 1945 erlebte er im sächsischen Gnadental an der Elbe. Nach dem Krieg kehrte er ins Wolgagebiet zurück und arbeitete im Kinderheim »Dritte Internationale« (vormals Gehöft Grimm). Er fuhr nach Kasachstan, um nach Jakob Iwanowitsch Bach zu suchen, dessen Aufenthaltsort er von einer Ansichtskarte kannte. Statt des umgekommenen Vaters fand er Anna Bach wieder. Er blieb in Dscheskasgan, heiratete Anna Bach und war an der Schule des Dorfes als Deutschlehrer tätig.

Der Kalender des Jakob Iwanowitsch Bach

1918 – Jahr der Verwüsteten Häuser
1919 – Jahr des Wahnsinns
1920 – Jahr der Ungeborenen Kälber
1921 – Jahr der Hungernden
1922 – Jahr der Toten Kinder
1923 – Jahr der Sprachlosigkeit
1924 – Jahr der Rückkehrer
1925 – Jahr der Gäste
1926 – Jahr der Überreichen Ernte
1927 – Jahr der Schlimmen Vorahnungen
1928 – Jahr des Versteckten Getreides
1929 – Jahr der Flucht
1930 – Jahr der Empörung
1931 – Jahr der Großen Lüge
1932 – Jahr des Großen Staudamms
1933 – Jahr des Großen Hungers
1934 – Jahr des Großen Kampfes
1935–1938 – Jahre des Ewigen Novembers, Jahre der Fische und Mäuse

In die Tiefen der Wolga

»Woher hast du alle diese Einzelheiten?! Davon dreht sich einem ja fast der Magen um. Es ist, als sähe ich das alles mit eigenen Augen, du Hundesohn! Du struppiger Shakespeare! Du zottiger Schiller! Was geht da vor in diesem stummen, zerzausten Schädel? Was für Teufel hocken in dir?« Wie stets in solchen Momenten sprang Hoffmann auf Bach zu, kam ihm mit seinem schönen Gesicht ganz nah, die Nasenflügel bebten, und die Wimpern zitterten.

Das möchten wir Gusel Jachina jetzt schon zum zweiten Mal zurufen, wenn wir ihren Zeilen mit unseren schönen Gesichtern ganz nah sind. Und nicht mehr davon loskommen. Je weiter wir lesen, desto größer wird unser Staunen. In ihrem ersten Roman, der so rasend schnell berühmt wurde, ein Jahr nach dem Erscheinen bereits in dreißig Übersetzungen vorlag und weltweit höchste Literaturpreise erhielt, hat Gusel Jachina uns nach Sibirien entführt und dabei das Tatarische in sich selbst, in Russland, vielleicht gar in uns allen ans Licht gebracht. Jetzt aber lässt sie den Leser in die kalten Wasser der Wolga, der Etel, Bulga oder Su, wie die verschiedenen Völkerschaften an ihren Ufern sie nennen, in Moos und Torf, in Schlieren und Wellen eintauchen, in die »Gedankenwelt des Volkes«, wie die Wolga so tief, und tastet dabei nach dem Deutschen in sich, in Russland, vielleicht gar in uns allen.

Dieses Buch handelt von Liebe und Tod, vom Werden

und Wachsen eines Kindes, aber auch von Geschichte, Politik, Krieg und künstlerischem Schaffen. Die Lebenslinien seiner Helden, der Wolgadeutschen, kreuzen einander in Freud und Leid; sie sind verflochten mit jenen des Tyrannen, der ungeborene Kälber töten, halbfertige Kleintraktoren zerstören lässt und auch sie vernichten will. Diese Verflechtungen sind voll von ganz eigener Phantasie. Es drängt den Leser, die Einzelheiten zu enträtseln.

Ist das eine zyklische Geschichte wie bei Màrquez? Ist es Magie? Wieso werden Bachs Märchen wahr? Ist Stalins Anrede »Brüder und Schwestern« eine Wiederholung der Worte der deutschstämmigen Zarin Katharina II., als sie die von ihr ins Land geholten deutschen Siedler mit »meine Kinder« ansprach?

Im Roman erscheint die Zarin, deren wohlklingendes Versprechen einer »anderen Entwicklung« der russischen Geschichte sich nicht erfüllte, als eine Bronzefigur ähnlich dem *Ehernen Reiter.* Sie wird jedoch gestürzt, in einen Ofen geschoben und zu Bauteilen für Panzer und Traktoren umgeschmolzen. Der inzwischen zu gigantischer Größe gewachsene Tyrann stampft mit schwerem Schritt durch die Stadt und lugt in die Fenster der oberen Stockwerke der Häuser. Die schimmernden Bauteile aus der Bronze der Statue lässt er auf seiner Handfläche rollen und wirft auch sie ins Wasser der Wolga.

Mit dem zweiten Roman wurde eine Probe bestanden. Er ist noch brillanter, spannender und ehrlicher als der erste. Das erlebt man nicht oft. Gusel Jachina versetzt uns ein zweites Mal in Erstaunen.

Jelena Kostjukowitsch

Anmerkungen

17 *Pokrowsk bzw. Flecken Pokrowsk* – Frühere Namen der Stadt Engels, von 1922 bis 1941 Hauptstadt der Deutschen Autonomie, 1931 Umbenennung in Engels.

21 *Chroniken der Übersiedlung deutscher Bauern nach Russland* – 1762/1763 unterzeichnete Katharina II. zwei Manifeste, in denen sie Ausländer aufforderte, sich in unbesiedelten Gebieten des Russischen Reiches niederzulassen. Von 1764 bis 1773 wurden am Unterlauf der Wolga 105 deutsche Dörfer gegründet – der Grundstein für das Wolgagebiet der Deutschen.

31 *»Der Kirgise kommt und nimmt dich mit!«* – In den ersten Jahren ihres Bestehens wurden die deutschen Dörfer immer wieder von den Nomadenstämmen der Kirgis-Kaisaken überfallen. Kirgisen oder auch Kirgis-Kaisaken nannte man damals die Vorfahren der heutigen Kasachen. Dank der Schutzmaßnahmen der russischen Behörden nahmen die Überfälle ein Ende.

66 *Aufstand des schrecklichen Jemeljan Pugatschow* – Während des Pugatschow-Aufstands 1774 hatten die friedlichen deutschen Ansiedlungen schwer zu leiden. Die Bauernarmee eroberte Saratow, plünderte Katharinenstadt (das heutige Marxstadt), den Flecken Pokrowsk, Sarepta und viele weitere Ortschaften.

112 *das Jahr der Verwüsteten Häuser* – Vom Ausplündern der Wirtschaften wohlhabender deutscher Siedler berichtet Anna Janecke in ihren Erinnerungen: *»Wolgadeutsches Schicksal«*, Leipzig 1937.

114 *das Jahr des Wahnsinns* – 1918/19 spielten sich zahlreiche Schlüsselereignisse des Bürgerkriegs im Wolgagebiet ab. Als Verband der Roten Armee war an der Unteren Wolga die Kriegsflottille Wolga-Kaspisches Meer aktiv, die aus 200 Schiffen und einer Flugzeugbrigade bestand.

120 *das Jahr der Ungeborenen Kälber* – Die Ablieferungspflicht wurde im Dezember 1916 noch im Russischen Reich eingeführt und ein zweites Mal Anfang April 1919 von der Sowjetmacht angesichts von Bürgerkrieg und Zerrüttung der Wirtschaft. Die Beschaffungs-

kampagne von 1920 betraf neben Getreide auch Fleisch und andere Nahrungsmittel. Eine entsprechende Episode findet sich in den Erinnerungen von Anna Janecke.

123 *das Jahr der Hungernden* – Die Hungersnot 1921/22, die in 35 Gouvernements Sowjetrusslands wütete, ist als der *Hunger an der Wolga* bekannt geworden, weil die Folgen dort am schlimmsten waren. Ihr fielen etwa fünf Millionen Menschen zum Opfer.

das Jahr der Toten Kinder – Während dieser Hungersnot verloren etwa 1,5 Millionen Bauernkinder ihre Eltern. Sie lebten auf der Straße, streunten umher, ernährten sich von Diebstahl und Almosen. Viele starben.

145 *»Heute wurde die Republik geboren – die Sowjetrepublik der Wolgadeutschen!«* – Am 19. Oktober 1918 wurde an der Wolga das erste autonome Gebiet der RSFSR gegründet – die Arbeitskommune der Wolgadeutschen. Am 13. Oktober 1923 unterzeichnete Jossif Stalin den Beschluss »Über den Umbau der Deutschen Kommune zur Autonomen Sowjetrepublik der Wolgadeutschen«. Am 6. Januar 1924 fasste der XI. Gebietssowjetkongress in Pokrowsk den Beschluss »Zur Ausrufung der Autonomen Sozialistischen Sowjetrepublik der Wolgadeutschen«.

146 *Die Villa in Gorki bei Moskau* – Das Anwesen »Gorki« bei Moskau war die Residenz W. I. Lenins außerhalb der Hauptstadt.

149 *Otfried Foerster* – (1873–1941), Neurowissenschaftler und Neurologe, einer der Begründer der weltweiten Neurochirurgie, von 1922 bis 1924 Lenins behandelnder Arzt.

Georg Klemperer – (1865–1946), Internist, von 1922 bis 1923 Lenins behandelnder Arzt.

Max Nonne – (1861–1959), Neurologe, wurde 1923 zu Lenins Gesundheitszustand konsultiert.

Moritz Borchardt – (1868–1948), Chirurg, wurde 1923 aus Deutschland angefordert, um bei Lenin oberhalb des Schlüsselbeins ein Projektil zu entfernen.

Adolf von Strümpell – (1853–1925), Neurologe, wurde 1923 zu Lenins Gesundheitszustand konsultiert.

Oswald Bumke – (1877–1950), Psychiater und Neuropathologe, wurde 1923 zu Lenins Gesundheitszustand konsultiert.

153 *die Friedensverhandlungen von Brest-Litowsk* – Der Friedensvertrag von Brest-Litowsk zwischen Sowjetrussland und den Mittelmächten (Deutschland, Österreich-Ungarn, Osmanisches Reich und Bulgarien), welcher der Teilnahme Russlands am Ersten Welt-

krieg ein Ende setzte, wurde nach langwierigen Verhandlungen von dreieinhalb Monaten am 3. März 1918 unterzeichnet.

241 *»Die Jungfrau im Turm«* – Das Sujet und die Zitate im Text sind dem Märchen der Brüder Grimm »Jungfrau Maleen« entnommen.

251 *das Jahr der Rückkehrer* – In den frühen Jahren der Sowjetunion waren aufgrund der schwierigen Lebensbedingungen rege Migrationsbewegungen im Land zu verzeichnen. 1924 vernichtete eine Frühjahrsdürre die Saaten, was zu einer panischen Flucht der Bauern aus der Deutschen Republik führte. Der Beschluss des Zentralexekutivkomitees und des Rates der Volkskommissare der Autonomen SSR der Wolgadeutschen »Über eine Amnestie aus Anlass der Gründung der ASSR der Wolgadeutschen« vom 5. April 1924 und entsprechende Propagandamaßnahmen hingegen lösten Ströme von Reemigranten und Übersiedlern aus Deutschland in die Deutsche Republik im Wolgagebiet aus.

290 *Traktor »Zwerg«* – Von dem Ingenieur Jakow Mamin (vgl. Anm. zu S. 327) entwickelt, erster in Massenproduktion hergestellter Traktor der Sowjetunion. Produzent war Mitte der 1920er Jahre das Werk »Wosroshdenie« (Wiederaufbau) in Marxstadt (bis 1915 Katharinenstadt, ab 1942 Marxstadt), 60 km nordöstlich von Saratow.

294 *das Jahr der Überreichen Ernte* – 1926 wurde in der Sowjetunion die höchste Getreideernte seit der Revolution eingebracht. Eine reiche Ernte erzielte auch die Deutsche Republik.

299 *Dritte Internationale* – Ein internationaler Zusammenschluss kommunistischer Parteien verschiedener Länder, der von 1919 bis 1943 bestand.

306 *Julinacht des Jahres 1927* – Die eilige Rückkehr Stalins nach Moskau erfolgte aufgrund zunehmender Aktivitäten der Opposition. Bald darauf wurde der Anführer der linken Opposition, Lew Trotzki, aus dem ZK der KPdSU (B) entfernt. Nach dem misslungenen Versuch eines Staatsstreichs im November 1927 wurde er aus der Kommunistischen Partei ausgeschlossen, Anfang 1929 aus der UdSSR ausgewiesen und 1940 von einem NKWD-Agenten ermordet.

309 *OGPU* – Geheimpolizei. Ressort des NKWD.

323 *Denkmal von Katharina II.* – Das Denkmal für Katharina II. in Katharinenstadt (heute Marxstadt) wurde auf Initiative deutscher Siedler und mit den Mitteln einer von ihnen durchgeführten Geldsammlung errichtet. Es stammt von dem Bildhauer Baron Peter Clodt von Jürgensburg. Ende der 1920er/Anfang der 1930er Jahre

wurde es demontiert und 1941 für den Bedarf der Front eingeschmolzen. 2007 wurde am ursprünglichen Standort ein neues Denkmal eingeweiht, das man mit Spenden von Mäzenen und Einwohnern finanziert hat.

325 *Jakow Wassiljewitsch Mamin* – (1873–1953), russisch-sowjetischer Erfinder, Konstrukteur der Traktoren »Russki Traktor«, »Bogatyr« (Recke), »Gnom« und »Karlik« (Zwerg); vgl. Anm. zu S. 292.

335 *Beschluss, die Produktion des Kleintraktors »Zwerg« einzustellen …* – Mit Beginn der Kollektivierung wurde der Kleintraktor »Zwerg« als »Kulakentechnik« bewertet, weil er für die Nutzung durch Einzelbauern konzipiert war. Seine Produktion wurde eingestellt.

443 *Dsershinalda* – In der Sowjetzeit wurden mehrere Hundert neue Vornamen mit ideologischem Bezug erfunden. So zum Beispiel *Wiljura,* eine Kurzform des russischen Satzes »Wladimir Iljitsch Lenin liebt die Arbeiter«, *Budjona,* zu Ehren des Bürgerkriegshelden Marschall Semjon Budjonny, oder *Dsershinalda* nach Feliks Dzierżyński, dem Gründer und ersten Chef der Tscheka, des sowjetischen Inlandsgeheimdienstes.

469 *Basmatschen* – Muslimische Gegner der Sowjetmacht in Zentralasien.

486 *Andrej Petrowitsch Tschemodanow* – (1881–1970), russischer und sowjetischer Billardmeister, Billard-Trainer Jossif Stalins.

494 *»Kampagne zur Verwurzelung der Bevölkerung«* – Kampagne der Sowjetregierung in den 1920er und Anfang der 1930er Jahre zur Überwindung der Skepsis unter den nichtrussischen Nationalitäten gegenüber der Sowjetmacht durch verstärkte Entwicklung ihrer Sprache und Kultur und den Einsatz einer größeren Zahl nationaler Funktionäre.

521 *OSSOAWIACHIM* – Gesellschaft zur Förderung der Verteidigung, des Flugwesens und der Chemie, eine Massenorganisation in der Sowjetunion, in der in den 1930er und 1940er Jahren der Nachwuchs der sowjetischen Luftstreitkräfte eine erste Schulung erhielt.

530 *Mamlakat Nachangowa* – (1924–2003), Begründerin der Stachanow-Bewegung unter den Pionieren, wurde als erster Pionier der Sowjetunion mit dem Lenin-Orden, der höchsten staatlichen Auszeichnung der UdSSR, geehrt. Das Foto der elfjährigen Mamlakat mit Jossif Stalin fand im ganzen Land Verbreitung.

Engelsina Tscheschkowa – (1928–2004), wurde in der ganzen Sowjetunion bekannt durch ein Foto mit Jossif Stalin, der sie als Sechsjährige auf dem Arm hält. Eineinhalb Jahre später wurde

Engelsinas Vater, Mitglied des Zentralexekutivkomitees der UdSSR und Volkskommissar für Landwirtschaft der Burjat-Mongolischen ASSR, wegen angeblicher konterrevolutionärer Tätigkeit und Spionage verhaftet und bald darauf erschossen. Ihre Mutter wurde ebenfalls festgenommen und ins Gefängnis geworfen. Später wurde sie zusammen mit Engelsina in die Stadt Turkestan im Gebiet Süd-Kasachstan verbannt.

579 *September 1941* – Bekanntgabe des Erlasses des Präsidiums des Obersten Sowjets der UdSSR »Zur Umsiedlung der im Wolgagebiet wohnhaften Deutschen« (28. 8. 1941). Auf dieser Grundlage wurden im September 1941 438 000 Sowjetdeutsche aus dem Wolgagebiet deportiert.

Arbeitsarmee – russ. Trudarmia: militarisierte Form der Zwangsarbeit in der Sowjetunion von 1942 bis 1946.

583 *Stalins Anrede »Brüder und Schwestern«* – Erstmals gebraucht in Stalins Rundfunkrede am 3. Juli 1941, zwei Wochen nach dem Überfall Hitlerdeutschlands auf die Sowjetunion.

Jelena Kostjukowitsch – Gründerin der literarischen Agentur Elkost.

Dank

Mein aufrichtiger Dank gilt allen, deren Unterstützung und Verständnis dazu beigetragen haben, dass dieses Buch erscheinen konnte – meinem Ehemann, meinen Eltern und der Schwiegermutter für ihre unendliche Geduld und ihr Verständnis, meiner lieben Tochter für ihre erwachsene Haltung. *Jelena Kostjukowitsch* für Ermutigung und Ansporn; *Julia Dobrowolskaja* für ihre unablässige Unterstützung mit Wort und Tat in komplizierten Zeiten, für freundschaftlichen Halt als mein Kammerton und Kompass; *Sascha Klimin* für die Hilfe bei der Überwindung von Fehlern und Lapsi im Text; *Jelena Schubina* für ihre Geduld und Weisheit: Ihr habe ich als Erster von der Idee für dieses Buch erzählt. *Galina Pawlowna Beljajewa* für ihr hochpräzises Lektorat; *Anna Kolesnikowa, Tatjana Stojanowa* und den übrigen Kollegen der Redaktion Jelena Schubinas, dem Gestalter *Andrej Bondarenko.* Ebenso *Christina Links* für ihren wertvollen »deutschen« Blick auf den Text und die Unterstützung in Deutschland; *Helmut Ettinger* und *Marlies Juhnke* für ihre professionellen Ratschläge; *Andrea Doberenz* für Vertrauen und Hilfe bei meinem Studienaufenthalt im Literarischen Colloquium Berlin; den Kolleginnen und Kollegen des Aufbau-Verlages Berlin. Ola Wallin für die Hilfe bei meinem Aufenthalt im Baltischen Zentrum für Schriftsteller und Übersetzer in Visby auf Gotland in Schweden; den Kolleginnen und Kollegen des Verlages »Ersatz«, Stockholm. *Arkadi*

German für seinen wissenschaftlichen Blick auf den Roman und für wertvolle Hinweise; *Ricard San Vicente* für den mir sehr wichtigen Fernaustausch; *Vera Kostrowa und Iwetta Litwinowa* für ihr engagiertes Lesen. *Natalja Koschkarjowa, Olga Rebkowez* und den anderen Mitgliedern des Expertenrates »Tolles Diktat« für ihr Vertrauen, ihren philologischen Blick auf einige Passagen des Romans, insbesondere für die unvergessliche Diskussion über Winde. Meinen teuren Übersetzern für das Vergnügen des Austauschs mit ihnen, für ihr hohes professionelles Niveau und ihr Herzblut, das in meine Texte eingegangen ist. Meinen teuren Verlegern und Lesern in der ganzen Welt: Ohne ihre Unterstützung und Aufmerksamkeit wäre diese Geschichte niemals erdacht und aufgeschrieben worden.

In tiefer Hochachtung, Gusel Jachina

Inhalt